① デューラー（1471—1528年）の描いた昔のドイツの農村．ニュルンベルク市近くのカルヒロイト村．1507年頃の作品．どことなく日本の農村を思わせる．

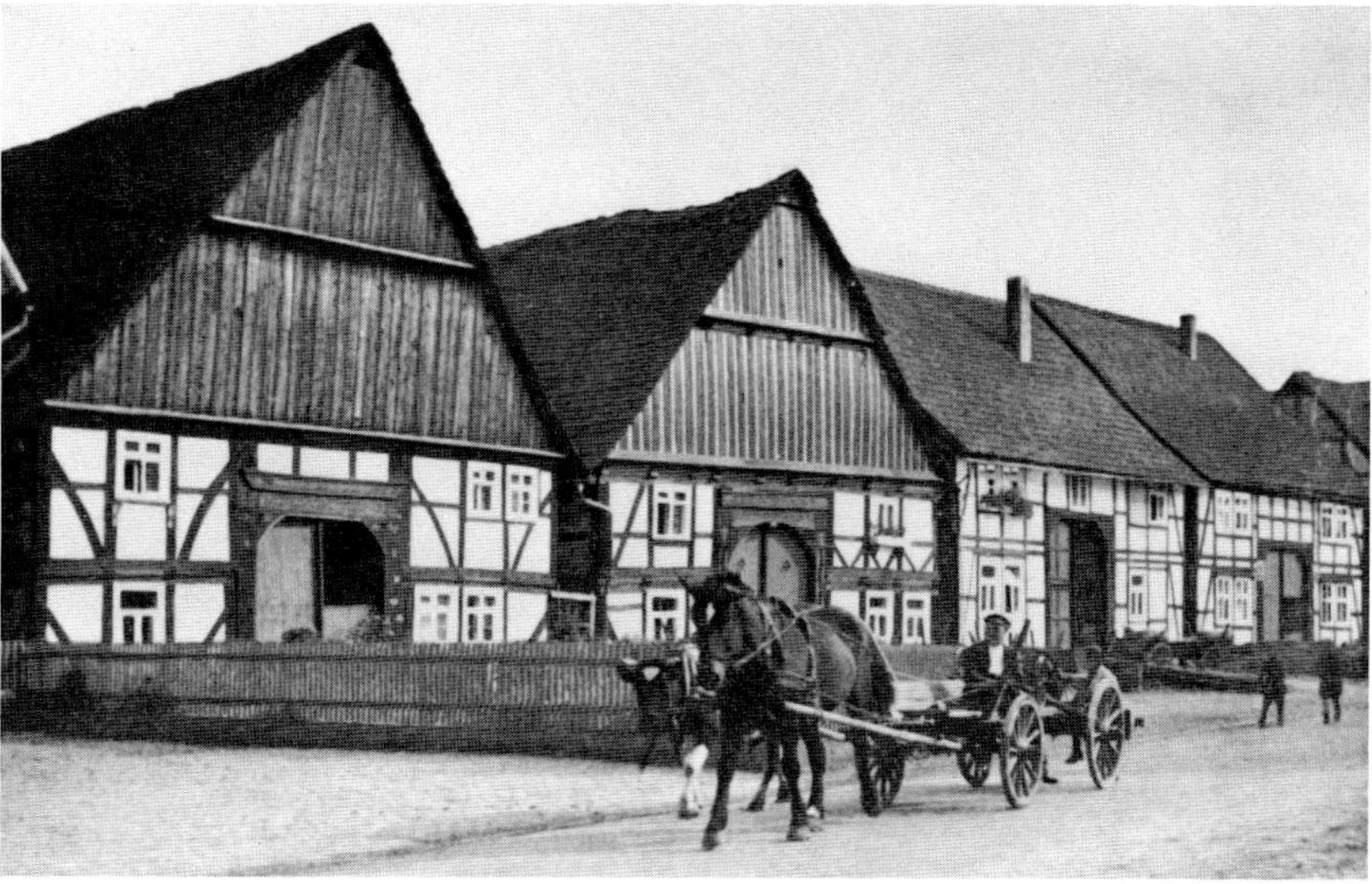

② 40年ほど前のドイツの農村風景．農家は18—9世紀の建築．大きな出入口は牛馬用，隣の小さいのは人用．ヴェストファーレン地方ダイゼル村．1938年．

③現在のドイツの農村．農家はほとんど兼業農家となり，牛馬用の出入口からは自家用車が出入している．ヴュルテンベルク地方のヒルリンゲン村．1970年．

④この村に残っているたった二軒の専業農家のうちの一つ．昔の大農家で，他の中小農家はすべて兼業農家に変ってしまった．ヒルリンゲン村．

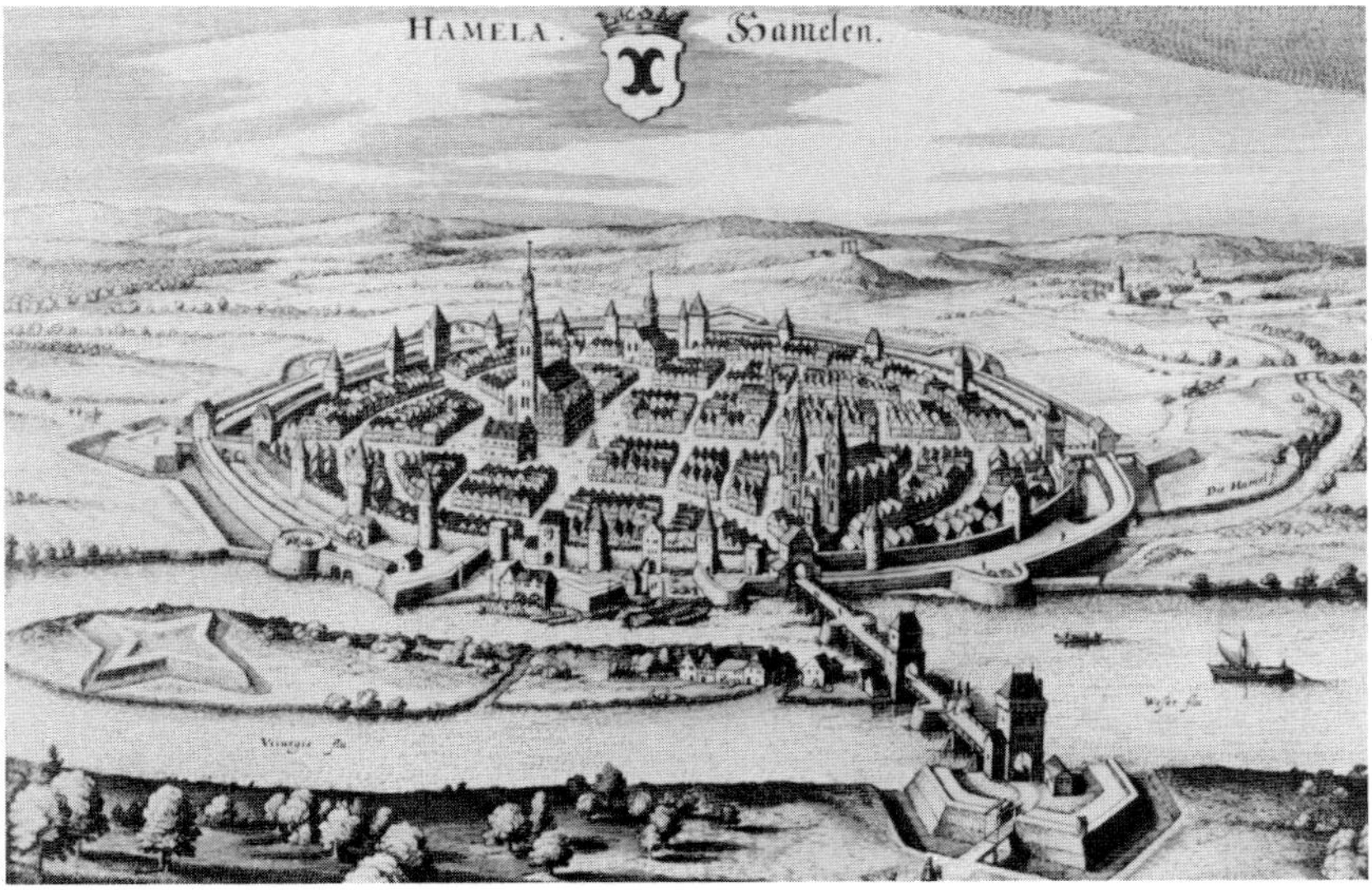

⑤昔のドイツの町は町全体を川や堀や城壁で囲って守りを固めていた．
そのため町なかの土地不足はその当初からの課題．ハメルン市．

⑥町の土地不足のため高層建築が早くから発達した．小さな町でも５～６階建など
珍しくなく，中都市では８～９階建もみられる．ニュルンベルク市．1829年．

⑦現在の西ドイツの郊外のごく普通の一戸建民家．屋根裏部屋と建坪いっぱいの広さの地下室があり，合計四階建ということになる．チュービンゲン市．

⑧一戸建民家の内部．子供の絵．屋根裏部屋は物置や物干し場やときには下宿人の小部屋になる．この他に貯蔵所，洗たく場などになる地下室がある．

⑨ 昔のドイツの父親像と母親像（19世紀の絵解き版画から）.「父親は家族の第一人者，母親は家の内部の仕事を父親の代理として主宰する」（1806年頃の「家庭本」より）.

⑩ 昔のドイツの家庭風景．多くの子供をかかえた三世代家族が，女中を雇って生活している（お仕置をしようとしている左端の女性が養育係）．1700年頃.

⑪ 神父の終油の儀式．イエッセン(1833—1917年)作．いまの人は病院で生まれ，養老院か病院で死ぬが，昔は家庭がお産の場であり，養老院であり，臨終の場でもあった．

⑫ 女性労働者の集い（1890年の絵入り新聞から）．婦人解放運動が日本より早く進んだドイツでは，反面離婚率も高く，現在では家庭崩壊の危機さえ感じられるという．

⑬いまでも，自分の信仰する特定の教会へ歩いて行く巡礼の習慣はわずかながら残っている．写真はきまった日に四つの山の教会を巡るケルンテン地方の巡礼．

⑭農家の軒下に祀られている家の守護神．シュヴァルツヴァルトのザンクト・メルゲン村．

⑮道端のマリア像．日本の地蔵さんのように花が供えられている．ヒルリンゲン村．

⑯ 昔は病気の平癒や家畜の無事を感謝して，その祈願の対象の体の部分や，家畜の姿をかたどった金属の打抜きなどを教会に供えた．

⑰ 昔の絵馬．上段には信仰する聖者像，中段には聖者に助けられた災難の状況，下段には説明文が記入してあるのがもっとも一般的な形式．19世紀のもの．

ドイツ民俗紀行

坂井洲二

法政大学出版局

目次

はじめに

ドイツ文学に志しながら、日本人流のドイツ文学の研究法に疑問をいだきはじめたのは、もう二十数年も昔のことになる。日本人の学者の講ずるドイツ文学は、それは実際ドイツに実在しているドイツ文学ではなく、ただ日本人の学者が、自分なりに脳裏に描きあげた、自己流のドイツ文学を講じているに過ぎないのではあるまいか、という疑問が湧きはじめた。

ドイツ文学とか、ドイツ哲学とか、とにかくドイツに花開いた文化を知るためには、なによりもまずドイツ人自身を知らなければなるまい、ドイツ人自身を知らずに、彼らの文学や哲学を論ずることは、それはきつねのことを知らずに、きつねの毛皮ばかりを鑑賞しているようなものであろう。そんな風に考えはじめた私が、ようやくたどりついた道は、ドイツ民俗学を学ぼう、ということであった。ドイツにも民俗学という学問分野があることを知り、それに手をそめはじめてみると、日本における柳田国男などの民俗学は、むしろドイツをはじめ、ヨーロッパで行われている民俗学の、ほんの支流であるに過ぎないことも分かった。そしてとにかく、この分野にはドイツ文学にはみられない、ドイツ人自身の息吹きとでもいうべきものが、直接膚に感じられるような思いがしたものであった。

そのころにまた、日本のなかにも、西洋の文化を知るためには、西洋の風土をはじめ、生活文化一般を知らなければならない、という動きがはやくからあり、現在でもそういった一群の学者たちが活動していることも分かった。和辻哲郎の『風土』（一九三五年、岩波書店）をはじめ、会田雄次や『肉食の思想』（一九六六年、中央公論社）をかいた鯖田豊之などの著作のことであるが、しかし私には、彼らの説くところにも、かすかな疑問が湧いてきた。

私が西ドイツのチュービンゲン大学の民俗学科に客員として滞在できたとき、私はある日、この研究所での研究会で、これらの日本人の学者の仕事に対する疑問の打診を試みたことがあった。私は和辻氏の『風土』と、鯖田氏の『肉食の思想』を織り込みながら、この種の文化論というものを紹介し、それに対するドイツ人学者の反応を観察してみようと考えたのである。

私の発表はまず成功であったが、しかし彼らには、これらの文化論の内容に納得がいかない様子であった。特に『肉食の思想』、つまり動物を殺してその肉を主食とする民族には、動物は人間より下等なものと区別する意識が働き、それがひいては人間社会の階層化を強める結果となって、西洋の身分制の意識には日本以上のきびしいものがある、というこの文化論は、彼らにとってまったく気分的に納得のいかない思想のようであった。それはなにも、自分たちへの批判に対する反感から納得がいかないというのではなく、なにかぜんぜん見当違いのところで力んでいる滑稽さに対する苦笑のような反応でもあった。じっさいまた自分自身が西洋で生活してみると、なにも肉食の生活であってみても、鯖田氏の説くような気分が生まれてくるような環境などではなく、氏の理論は、たんに自己流の推測にもとづいた、幻影の思想のようにも思われてきた。

私はまずとりあえず、和辻哲郎の『風土』の説くところの真偽をたしかめるべく地中海沿岸に向かって車を走らせた。和辻氏の説くところによると、日本の風土とヨーロッパの風土とは根本的といっていいほど違っており、例えば地中海は死の海であって、魚などはほとんどすんでいない。地中海に魚のいるところは、ポー川とかローヌ川などの大きな川の川口とその付近だけで、それらの大河の吐き出す有機物のあるところ以外には、魚は非常に乏しいし、藻《も》や貝殻などもあまりみかけることがない、ということだった。

この趣旨をひきついだ会田氏は、その著書『合理主義』(一九六九年、講談社)や『日本の風土と文化』(一九七二年、角川書店)のなかでこの点にふれ、例えば『合理主義』のなかでは、この『風土』を「たぐいまれな名著の一つ」とほめたうえ、和辻氏がナポリの海岸の波打ち際の水中から石を拾って、それをホテルに持ち帰ったところ、この石には藻が少しも付着してない、ということに気がついた話などを引用している。

「――日本ならば、海岸の水中にしばらくつかっていた石は、各種のもや貝がらにおおわれて、その姿がすっかり変わってしまう。だから、かわいたところで、道ばたに転がっている石と同じようなものになることはありえない。ところが、地中海というのはいったいどういう海なのだろう。よく見ると、もや貝がらがちっともないではないか。これは驚くべきことだ――。」(一〇二頁)

ところが、私がじっさい車を走らせて地中海に着いてみると、地中海の海岸では、どこでも岩には藻がたくさんついていたのだ。私は南フランスの海岸線からスペインの海岸線、それに和辻氏の訪れたナポリの海岸からユーゴスラビアの海岸線までも回ってみたけれど、そのどこの海岸でも、岩には日本と同じような海藻がちゃんと付着して波にゆられていた。しかし藻というものは、だいたいが付着すべき岩には付着し、砂浜や小石などばかりの海岸には生育しないのが普通の状態であって、それは地中海でも日本の海岸でも同じことなのである。和辻氏が拾ったような海岸の小石の場合ならば、たとえそれが日本の海岸であっても、藻も貝も付着していないのが、むしろ当然の現象といえるのである。

地中海には魚もいた。海岸の町の市場には、どこでもたいてい豊富に魚が売られていた。スペインの小さな漁村には、いか釣りをしている小舟もあった。ユーゴスラビアの避暑地では、ドイツの観光客が大きなえびをとった自慢話をしていた。そこではまた毎年、鮫に水泳客がおそわれるのだという。それに近頃は、日本の漁船が、イタリアのシチリア島の漁港へ、かじきまぐろの買付けにでかけていくことも、日本のテレビで放映されていた。

しかし不思議なことに、日本では海岸にいけば必ず漁村があるというのに、そういった風景はみられなかった。だいたいが人口密度の稀薄なフランスやスペインなどでは、海岸には村落も人影さえも少なく、ときには海岸の見渡す限りの草原に、放牧の牛が遊んでいたりすることもあった。つまり日本ほどに人口が密集していないこの土地では、魚をとるより、牛にのんびり草を食べさせて、その牛を食べているほうが、むしろ有利な方法ということなのでもあろう。趣味の釣り人をみかけたこともあったけれど、小魚を食べる習慣のないこの土地では、一五センチにもみたない魚など、問題にもされずにほうり捨てられてしまう。

しかしなぜ和辻氏は、このような間違いをおかしたのであろうか。『風土』を読んでいると、彼が地中海を死の海と判断した根拠は、ただ「漁船の姿がみえない」ことや「海岸の岩に藻も貝も付着しておらず、また磯《いそ》の匂《にお》いがしない」ということなどだけであって、しかも彼は、主に都市の海岸の、コンクリートで岸を固めた砂浜を散歩したり、海岸づたいの崖道を、ただ車を走らせて海を上から眺めてみていただけに過ぎないらしいことが分かる。けれども、漁船の姿がみえないのは、日本のようにやたらと漁村がないのだから当然のことであるし、磯の匂いがしないということも、ヨーロッパでは海岸で魚やわかめを干したりする習慣がないのだから、これも当然のこと。日本でも魚や海藻が干してなかったり、それらのくずが打ち捨てられてなければ、一昔前の日本の海岸に特有な、磯の香りなどあまり匂ってはこないものなのである。それに、地中海の海岸の高い崖の上をただ車で走るだけでは、水中の藻がみえないのも当然のことであって、私が車をとめて高い崖を下りていった場合には、たとえ地中海であろうと大西洋側であろうと、岩に藻が付着していない場合などは、ただの一回もなかった。

鯖田氏の『肉食の思想』の根拠も、私には疑問になった。私はじっさいドイツの農家の屠殺を手伝ってみると、それが人々の思想を変えて、身分階層意識を助長するような、そんな感情を生むものではないという感触を得た。農村の豚の屠殺は、たしかに豚を殺すことにはちがいないけれども、その環境になれてみれば、なにもそのように大げさなものではなく、その残忍さは、いうなれば日本の川魚料理の、鯉の活作りの残忍さを大きくしたような程度であろう。西ドイツの農村の豚の屠殺は、残忍というよりはむしろ楽しい雰囲気をかもしだしており、冬の日の朝早くから、親類知人が集まって、農家の台所で豚肉の加工にわいわい立ち働くその情景は、大なべにたぎる湯の蒸気もたちこめていることでもあり、ちょうど日本の年の暮のもちつきを連想させるものであった。日本人が魚の刺身の山盛りをみてなまつばをのみこむように、彼らは豚の屠殺の話で、つぶしたての豚のおいしさを思い出すのであったが、そこから直ちに動物に対する蔑視の感情や、身分階層意識の助長を結論することは、理論の飛躍というべきであろう。それにまたドイツの民俗学関係の資料によれば、肉食の歴史も鯖田氏の説く状態とは違っていた。氏は軍隊や王宮や都会の人々など、当時としては特殊な人々の肉食率ばかりを主体とするデータを引用してその根拠としているが、民俗学による一般人の肉食率は、それとは違った結果を示していた。それにまた同じヨーロッパ内でも、地域差や時代差や社会層別差がはなはだしくて、ヨーロッパを一律に肉食社会ときめつけることにも疑問があった。

私は和辻氏をはじめ諸氏の学問的業績に非を鳴らすつもりはないし、それはそれなりに大いに刺激剤としての役割は果たしてくれたものと思っている。しかし私はこういった大げさな文化論を論ずるよりは、まずヨーロッパの一地域でもいいから、そこの人々の日常生活の実際を正確に知り、その歴史的背景を文献によって正しく位置づけることこそ、真実をあやまらず理解するための、なによりの第一歩であろうと考えたのである。

私がチュービンゲン大学の民俗学科に滞在していたころ、西ドイツの民俗学界には、従来の行き方を変えようという新風潮が流れはじめていた。田舎に残る奇習や農村の古い習慣ばかりを研究していた、これまでの民俗学の方法に批判の声があがり、これからは農村の近代化の問題や、現代のドイツ人が悩んでいる社会問題など、むしろ多数の一般人がかかえている生きた問題を研究すべきであろうという、民俗学の近代化の主張が行われはじめたのである。私の関心にとっても、田舎の奇習よりは、多数の一般人に共通した、現実の生活上の諸問題の研究こそが、かえってありがたい研究対象であった。

また、新聞や雑誌の記事を、民俗学の資料として使用することも、チュービンゲン大学の民俗学科で学んだことであった。新聞とは政治面だけでできているものではなく、とくに地方紙の場合は、自分の足で実地調査を行なったほどに、民俗学的に価値のある記事がのる場合がままあり、チュービンゲン大学の民俗学科では、いくつかの地方紙の記事を切り抜きにして項目別に整理し、これを研究上の資料にしていた。

このような西ドイツの民俗学の新風潮にも刺激され、また私自身の一九六九年一〇月から七〇年九月にかけての、実地の調査や体験にもとづいてかきあげた以下の仕事は、いうなれば文化論の前提としての、その第一歩ということができようかとも思う。最初の部分は一九七二年にできあがり、その後二年目ごとに、私の職場である関西医科大学教養部の紀要に掲載してきた。しかし、西ドイツの様子でもごく最近の事情をとりあつかっている部分も多いだけに、こまかくみていけばそのかきあげた年月によって、多少現在とは内容がそれなりに数年間分変化しているような場合もある。そのため区切りごとにその完成年を付記してはおいたが、しかし現象を歴史的流れの一環としてとらえようという私の目論みからすれば、たとえ数年の年代差があったとしても、それはただその傾向がその年月差分だけ進行した、というだけのことに過ぎないと思っている。

とにかく、このささやかな成果が、日本におけるドイツ文化研究の基礎的方法を生む一助にもなり、また日本における文化論一般の在り方に、多少なりと正確さを期待する風潮が生まれてくる機縁ともなってくれるなら、微力ながら私の努力のかいもあった、と思っている。

第一部　農村の変化

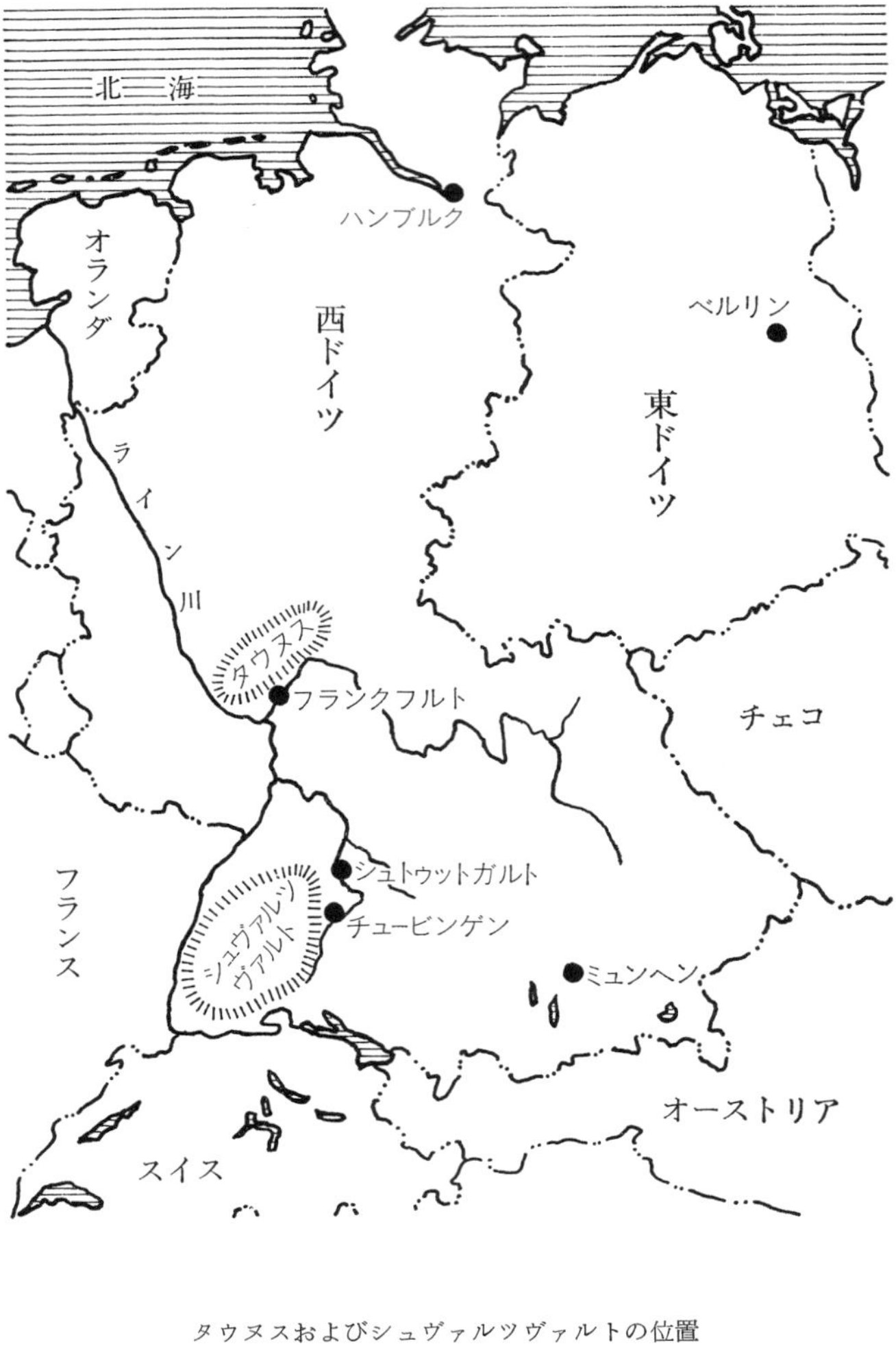

タウヌスおよびシュヴァルツヴァルトの位置

1　タウヌスの山村 (一)

地　形　ゲーテの生まれたフランクフルトの町は、第二次大戦でその大半を焼き払われてしまった。それでその後復興した新しい町並みには、現代的で特徴のない建物がかなり入り混じっていて、フランクフルトは世界中どこにでもみられるような近代都市に変貌してしまった。近代とか現代とかいう付加語は、一面世界中どこにでもあるという特徴のなさを意味している。

住民数約七〇万をかかえて自動車でごったがえすこのフランクフルト市をのがれ、ヨーロッパ第一を誇る西ドイツの美しい自動車道路を北西に突っ走ると、都会の匂いは案外早く絶ち切れて、道はやがてゆるい起伏を帯びた森林地帯にさしかかる。これがタウヌス（Taunus）の入口である。

森林といっても西ドイツにはもう原始林などはほとんどない。タウヌスでは、ぶな、かしなどの広葉樹、それに、もみ、ドイツとうひなどの針葉樹が交互にあらわれるが、これらはすべて人工的な造林の産物であって、日本の山林にみられるような自然の林の面白味は感じられない。この広大な造林地の起伏のなかに二〜三〇〇軒ほどの小さな村落があちこちに点在する風景、それがタウヌスという総称で呼ばれる細長い地域の特徴であるが、その長さは約七〇キロ、中心部はフランクフルト市から約三〇キロはなれた距離にある。

西ドイツ全体の地形を頭に入れることはそうむずかしいことではない。北は海、南はアルプスに接する西ドイツは南からしだいしだいに低くなって、北半分はほとんど凹凸のない平地になっている。そしてその平地もやがては冷たい北の海に没していく。だから高い山はただ西ドイツ南部にあるだけで、西ドイツ中部ではたとえ山と呼ばれるものがあるにしても、それは地表が多少大げさに波打っている程度のもの。西ドイツ北部へゆけば、山らしい山は一つもなく、ただみわたすかぎり平らな土地が地平線のかなたまで続いている。そしていま我々が訪れようとしているタウヌスは西ドイツ中部に位置しているので、ドイツ人はこれを山岳地帯（Gebirge）などという名で呼んではいるが、日本人の我々にとって、山とか山脈とか呼ぶにしては、どうもその起伏があまりにたよりなさ過ぎるように思われるのである。

昔のフランクフルト市の町並み（絵）

それでもタウヌスで一番高いフェルトベルク山は、海抜八八一メートルの高さがある。それにその頂上にはテレビや長距離電話用の大きな中継塔が建てられているので、その山の姿は遠くからでもすぐそれと見分けることができる。けれどもこのフェルトベルク山にしてみても、その勾配はほとんど車でまっすぐのぼれる程度のゆるやかなもので、平地から勢いよく盛り上がった山とか、そういった山が横に長く連なるいわゆる日本の山脈といったようなおもむきは感じられない。もしドイツでそういった山をみたければ、オーストリアとの国境近くか、いっそのこと、オーストリアかスイスの国内まで踏み込んでいけばよいのである。そうすればこんどは、日本のアルプスよりはるかに険峻な山々が、氷河をいただいて天高くそびえている様子をみることができる。

山村のイメージ　小高い山並みの打ち続くタウヌスには、二〇〇軒三〇〇軒と民家が点在して村落を形成している。しかしこれらの民家のなかには農家がほとんど含まれていない。このあたりの民家は、長方形の箱型二階建に、勾配の急なとんがり屋根がのった単純な構造のものがほとんどである。とんがり屋根はそのなかに屋根裏部屋か物置をかかえていたりするので、このような家をドイツ人は二階半建の家と呼ぶ。この地方では農家の場合でもほとんど同じ構造であるが、農家の場合は入口のドアの横に、もう一つ二階までとどく大きなドアが認められる。これは家畜用のドアで、その陰には二〜三頭の牛が飼われている。しかし現在では牛の代りにトラクターが入っていたり、また農業をやめてしまった場合には、自家用車が入っていたりする。

西ドイツ南西部の農家

タウヌスは山岳地帯であるから、タウヌスに散在する集落は山村ということになる。しかし我々が山村という言葉でいだくイメージはここには当てはまらない。山村といえば、我々は山ふところにいだかれたわらぶき屋根の家を思い浮かべがちであるし、じっさい日本ではいまでもそういった風景を田舎へいけばまだ目にすることができる。しかし西ドイツには、もうそういった意味の山村はなくなってしまっている。

西ドイツでもっとも山村らしい風景をみせるところは、シュヴァルツヴァルト地方（Schwarzwald）であろうか。シュヴァルツヴァルトは西ドイツ南西部のスイスとの国境近くにある。山と森の打ち続くこ

巨大なわら屋根のシュヴァルツヴァルトの農家

の地方では、傾斜地を切り開いた牧場に、大きな鈴を首にぶらさげて、カランカランと音をたてながら、牛がのどかに草を食んでいる情景を目にすることができる。それに見上げるような巨大な農家のわら屋根もこの地方独特のもので、まだこの地方全体で約二千戸の農家はそのような屋根をいただいている。私が訪れたこの地方の一軒の農家は、家の高さが一八メートル、わら屋根の面積が二千平方メートルもある巨大な建物であった。そしてこの屋根の下には、人の住居のほかに、トラックが二〜三台も入りそうな乾草用の倉庫と、牛四四頭、豚五〇頭が入っていた。しかし西ドイツでは珍しいこれらのわら屋根は、法令によって強制的に保存されているのである。タウヌス地方の場合には、わら屋根がなくなりかけたのは、もういまから一〇〇年も前のことである。

タウヌスの集落の形態は、アスファルトの主要道路に面して、道の両側に家が群がっているような場合がほとんどである。集落の中心部はたいてい商店になっており、大きなガラス張りのショーウインドーなどがみられる。集落の外側には庭の広いベランダ付の平屋建があったりするが、これは最近たてられた通勤者向きのサラリーマン住宅である。ドイツの肉屋やパン屋は自分の家で屠殺を行なったりパンを焼いている店が多いけれど、これらの店のなかには、喫茶店やレストランや宿屋を兼業している場合がままある。タウヌスの山中のこういった宿屋やレストランは最近の遊山客の需要の増加に応えて、たいていは客間を増築しつつある。ことさら大きな建物は田舎には立派すぎるようなホテルである。このような集落が森のなかに点在するのがタウヌスの山村の現在の姿であるが、私はそのような村をいくつか通り過ぎて、ほぼタウヌスの中心部に当たる目的地の上《オーバー》ライフェンベルク村（Oberreifenberg）に到達した。

上ライフェンベルク村

タウヌスの小高い山並みの背には、中世以来の石の砦が、半ばくずれかけたその輪郭を空に浮かせて突っ立っていることがある。上ライフェンベルク村にもその中心部あたりの崖淵に、円筒形と方形の石の砦の廃墟が遠目にも分かるようにそそりたっている。なんの付属物もなく、ただ円筒形と方形の石の構築物を立てただけの砦は、我々日本人には異様な感じを与えるが、住居用であったという方形の六階建の建物は、さしずめ中世の兵隊の公務員宿舎と考えればまちがいがないのであろう。しかしこのほうはほとんどくずれ落ちてもう半分も残っていない。

上ライフェンベルク村の石の砦

私が上ライフェンベルク村を目的地としたのは、なにもこの村に特別の特徴があるからではない。上ライフェンベルク村を歩いて一〇分ほど下った所には下《ニーダー》ライフェンベルク村があり、またちがった方向へ三〇分ほど下ればアルノルツハインの集落がある。しかしこの二つの村の性格も上ライフェンベルク村とは大差がない。だいたいがこれらの村の特徴はタウヌス一帯のどの集落とも共通するものであるし、それはまた保養地や通勤者の住宅地に生まれ変った、西ドイツの山村すべてにある程度共通する特徴なのである。しかしこの目立った特徴がないという性質こそが、平均的な一般人の生活のなかに、現代的な問題を探ろうという新しい民俗学のいきかたにとっては、特に重要な特徴ということができる。それに上ライフェンベルク村には、この村

砦から見下した上ライフェンベルク村。遠くの山はタウヌスで一番高いフェルトベルク山

の古い姿が比較的正確に記録されているという利点がある。

離農　先進国ではどこでもそうであるが、西ドイツでも農業は斜陽産業である。西ドイツ政府の統計局の調査によると、一九五八年から六八年の一〇年間の消費者物価の上昇率は二五%であるのに、この同じ一〇年間に、例えば小麦の生産者の販売価格は逆にほぼ一一%安くなっている。この傾向は他の穀類でも同じことで、例えばじゃがいもやホップなどの農産物でもこの一〇年間では安くなる一方であった。値段の上昇している農産物は牛肉やバターなどであるが、酪農は休暇をとることができないので、農家ではきらわれだして、大量生産形態以外では酪農をどんどんやめていく傾向にある。

一方西ドイツの農業は機械化されて、現在一人の農業労働者が耕作できる耕地面積は二〇ヘクタールだという。そのため七〜八ヘクタール以下の農家は採算があわず、彼らはほとんど兼業農家に切り替えるか離農してしまっている。西ドイツでは労働力の需要はかなり大きいし、自動車道路は日本よりはるかによくととのっているから、彼らは自家用車あるいは会社さしむけのバスにのって、早朝に田舎から町へでかけていく。西ドイツの農業労働者数は一九五〇年で五一九万六千人、即ち全労働者数の二二%であったものが、一九六八年にはその約半数の二六五万八千人、即ち全労働者数の一〇%弱にまで落ち込んでしまっている。

土地に起伏があり、海抜六〇〇メートルという不利な条件をかかえているこの上ライフェンベルク村で

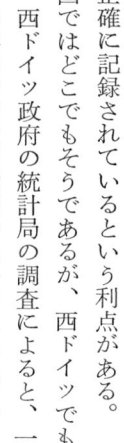

は、農業はかなりはやくからもうとだえてしまっている。私はこの村を端から端まで回ってみたけれど、もう農家の形態を備えている家屋は一戸もなかった。たいていの家は外からみただけではなんの職業か分からぬサラリーマンや労働者の住宅で、村の中心部に数軒商店があるだけであった。家屋はすべて小ぎれいだったし、商店のなかにはかなり大きなスーパーマーケットが一軒含まれていた。石の砦の近くのホテルは、この近辺の旅館としてはかなり上等のほうで、また村の中心部の教会も、村の大きさの割にはかなり立派であった。上ライフェンベルク村は農業をやめてしまってはいたが、けっして貧乏村ではないようにみうけられた。

村役場の統計

村の中心部からややはずれた所に、とんがり屋根の一般民家と同じかっこうの建物の村役場があった。私はあらかじめ村長に手紙で申し込んでおいたので、訪ねていくと彼は心よく会ってくれた。彼が書類のあいだから探しだしてくれた数字によると、上ライフェンベルク村の総人口は一一三五名（一九七〇年一月）である。

上ライフェンベルク村の総人口	1135(人)
そのうち21歳以上の者	807
村外へ通勤する者	207
当村へ通勤してくる者	23
当村で働く者の職業別人数	
林業	16
各種生産業(小工場など)	635
商業，交通関係	200
公務員(教員，役場職員など)	30

表1　上ライフェンベルク村の職業別人口

しかしそのほかに第二住民の登録者が一六六名もあった。第二住民とは本住所をほかにもっていながら、別荘などを当地にもっている人であるから、この数字は当村が住民の約一・五割の不定住の外来者の住民をかかえていることを意味している。それに村長の話によると、定住の住民でもその約三分の二はフランクフルトあたりから移住してきた外来者だということであった。村長自身もルール工業地帯のドルトムント市出身の外来者であったが、西ドイツの村長は、その道の専門教育を受けたものが選挙にうってでるケースが多いから、これはべつに異例というわけではない。しかしともかく、上ライフェンベルク村では、もう土着者の勢力が希薄であることは、たやすく想像されることであった。

さて、村長が探しだしてくれた数字をまとめてみると、この村の人々の職業別は表1のようになる。農業従事者は想像していたように一人もいなかった。農業はもう一〇年ほど以前に皆目なくなってしまったということであった。もともと農業よりは林業の盛んな土地柄であったが、その林業従事者も大半がこの村以外の出身者だ、ということなのである。では本来の土着者はどのような仕事をしているのか、と尋ねると、彼らはそのほとんどがフランクフルト市あたりへ通勤しているという答えであった。

教　会　私は西ドイツではよく教会へでかけていった。私はべつにキリスト教の信者ではないけれども、日曜日のお勤め（ミサ）にはよく顔をだした。牧師の説教をきいているとその村の様子が分かるときがあるし、またそのあとで近くの酒場へ入っていくと、かならず教会帰りの村人が朝からビールやぶどう酒をのんで談笑しているので、村の雰囲気をそれとなく知ることができる。ときに山間部の教会などでは、婦人たちが古くからの伝統的な衣裳をまとって、教会のミサにやってくる姿をみかけることもあった。

西ドイツのキリスト教徒の宗派別は、プロテスタント（新教）がやや多い程度で、そのカトリック（旧教）との比率はほぼ相半ばしている。一般的にいうなら西ドイツ北部ではプロテスタントが多く、南部ではカトリックが多いが、これはそう截然と分離しているわけではない。ことに第二次大戦後東ドイツや東欧からの難民が全西ドイツに分散して以来は、一村のうちに新旧両教徒をかかえている村も少なくない。上ライフェンベルク村はカトリック七三％、プロテスタント二三％、そして四％のその他をかかえていた。

キリスト教徒は日曜日には教会のミサに出席せねばならないたてまえなのであるが、しかしじっさいには全員がやってくるわけではない。西ドイツのアルレンスバッハ世論調査所の資料によると、「先週の日曜日に教会へいきましたか」というアンケートの結果は、「はい」と答えたものが一九六四年の場合で、プロテスタント一七%、カトリック五九%であった。一般的にいってカトリックは保守的であるから、まだ半数ほどが日曜日には教会へ顔をだしているけれど、しかしその内情に立ち入ってみれば、先進国ではどこでも宗教家はかなり困難な立場に立たされている。じっさい西ドイツでは、教会と関係があるのは葬式のときだけ、というようなプロテスタントやインテリ層によく出会うことがある。

シュヴァルツヴァルトの民族衣裳

上ライフェンベルク村の教会は一八六五年の開基であるが、もともとカトリックの村であるのでカトリックに属していた。村人でプロテスタントの人は、もし礼拝したければ隣村のアルノルツハイン村まででかけていく。またアルノルツハイン村には小さなプロテスタントの教会があるだけで、この村のカトリック教徒は歩いて一〇分ほどのシュミッテン村の教会へでかけていく。しかし西ドイツでも、もっと人里はなれた不便な村になると、一つの教会を新旧両教徒が交互に礼拝に使用しているところもある。一般に落ち目になってきた宗教家たちは、このところ新旧両教徒が相たずさえて、宗教意識を盛り上げようと協調する場合が多くなってきているのである。

民族衣裳　シュヴァルツヴァルト地方の教会へいくのは楽しみであった。この地方はほとんど純然たるカトリック地帯であったが、日曜日のミサには女性たちが昔からの黒いレース編

ザンクト・メルゲン村の万聖節

みのような民族衣裳を身につけてやってくる。娘たちは頭に美しい髪飾りを一面にさして、祭の日のようにはでやかに着かざっていることもある。男も正装用の黒い背広をきて礼拝にくるが、この地方では教会の建物自体も概して立派でみごたえがある。それに宗教的なお祭りの数も多く、思わぬ見事な儀式に偶然出合ったりする。

一一月一日は万聖節（Allerheiligen）といって、カトリック教徒にとっては死者を祀る大祭日に当たっている。この日私はたまたまシュヴァルツヴァルト地方のザンクト・メルゲン（St. Märgen）という村の教会を通りかかったが、教会の横の墓地では運よく儀式の最中であった。西ドイツの墓地は、たいていいつも草花などできれいに飾ってあるけれど、この日は特に美しく花や常緑樹の枝などを編んで作った花輪で飾られ、カンテラ風の燈火などが供えられたりして、まるで墓地は花畑のようにはなやかであった。婦人たちは民族衣裳を身につけ、男たちは正式の黒い背広を着、僧侶は黒や白のゆったりとした僧衣をまとって、ぞろぞろと墓地のなかを行列していた。僧侶が先頭にたち、ついでコーラスの会員がこれにつづいて歌をうたい、そのあとには一般人が二、三列になってぞろぞろとつづいていく。彼らは小さな学校の運動場くらいの大きさの墓地をゆっくりと一周するのであるが、そのあいだに三カ所ほど礼拝堂やキリスト像のある所でたちどまって、僧侶のあげる祈りの言葉にききいったり、唱和したりする。私はその様子をみながら、とやかくいわれながらも、この村ではまだキリスト教が生きつづけている実態を感ずることができた。

このザンクト・メルゲン村の教会の日曜日のミサに、パイプオルガンをひくのは私の知人の大学生であった。私はある日曜日、彼の隣に坐ってパイプオルガンの演奏をききながら、高い場所から見下して村の教会のミサを拝見したことがある。西ドイツではもう全部の教会にパイプオルガンが備え付けられてあるが、天井が高く、頑丈な石の壁で構築された教会の建物は、音響効果の点からいって実にすばらしい。村によっては、特別の祭の日に、教会の建物の中で、村の楽団やコーラス会員が演奏をする所もある。そのような場合、じっさい教会の建物は音楽堂用に構築されているのではなかろうかと疑うほどなのである。

祭の日に民族衣裳をつけて教会からでてきた娘たち。
シュヴァルツヴァルトのザンクト・ペーテル村

さて、タウヌス地方の上ライフェンベルク村の日曜日のミサにも私は出席してみた。カトリックの村だけあって出席率はよく、教会の椅子は七割がた埋《うず》まっていた。しかしこの村では民族衣裳をつけている婦人の姿は一人もなく、男も女もすべて日常の服よりやや上等のものをまとっている程度にすぎなかった。神父の説教も、儀式の運びも、べつに都会の教会と変りはなかった。シュヴァルツヴァルトの教会では、ときによるとその村独特のミサの方法が残っていたりするのであるが、そのようなこともなかった。シュヴァルツヴァルトのエルツァハ(Elzach)という村の教会では、普通のミサが終わったあとで、信者が男女別のグループで、男、女、男、女、と交互に短い祈りの文句を順番にくりかえすという古くからの祈りの習慣がまだ行われていた。このお経のような単調な祈りの文句は、実にえんえんと一時間以上も続いた。しかし上ライフェンベルク村の場合には、人々の服装もミサの方法も、すべて都会の教会と変りがなかった。もう村独特の習慣などは、宗教の点からいってもこの村では消失してしまっているようだった。

ところで、実はシュヴァルツヴァルトの民族衣裳についても、それを身につけているものには補助金がでるという裏話がある。それにえんえんと一時間以上も続くお経のような祈りの文句のくりかえしに、参加していた熱心な信者たちはすべて老人だけであったという先細りのさびしさもある。シュヴァルツヴァルトはタウヌスのように、近くにフランクフルト市のような大都会が控えていないだけに、やや近代化のテンポの遅れがあるが、しかしいまや中小都市への通勤者の居住地や保養地に変貌しつつあるという事情は、タウヌスの場合と同様であった。そしてこの変化は、ひとりシュヴァルツヴァルトやタウヌスに限らず、ボーデン湖岸、バイエルンの山地、北海沿岸などなど、通勤者の居住地や保養地に生まれ変ってしまった西ドイツのすべての地域に共通する同質の変化なのであった。

休暇（ウルラウプ）　上ライフェンベルク村のホテルは高級すぎるので、私は隣のアルノルツハイン村でパン屋が経営している宿屋に泊った。しかし増築したばかりのこの宿屋も、各室バス・トイレ・スチーム付きで、その設備は高級ホテルと比べてもべつに遜色はなかった。七月のことなので保養客がかなりいたが、中年以上の年寄りが多いのは、近くに若者にも魅力のある高い山や湖がないからなのであろう。休暇客たちは、森の中を散策したり、部屋の中でのんびりと過ごしたりして、数日間から長くは数週間もゆっくりと滞在していた。

タウヌスの山村の変化を論ずる場合に、農業の斜陽に次いで考えるべきは休暇の問題であろう。現在西ドイツでは大部分の職場が週五日制を採用しているが、その他にも年間何週間かの休日をまとめてとることができる。この長期間の休暇をドイツ人はウルラウプ（Urlaub）と呼んでいる。

一九七一年秋の西ドイツのある新聞に、「日本人もウルラウプを発見した」などという見出しの記事がのっていたことがあった。日本もこのごろは週五日制の会社がふえてきたり、海外旅行ブームが話題をにぎわせているが、西ドイツやフランスや北欧諸国などの休暇ブームは、もう一けた規模が大きいのである。

例えば一九七〇年には、西ドイツの総人口の四二％がウルラウプを楽しんでいる。このうち外国へでかけていった者は四〇％であるが、外国といってもヨーロッパの場合は陸続きであったり川向うが外国であったりするから、それはもちろん日本の場合とは事情がちがっている。またウルラウプの現象で面白いのは、雇用者側より被雇用者側のほうがゆっくりと楽しめるということであろうか。アルレンスバッハ世論調査所の一九六五年の資料をみてみると、年間を通じて一回もウルラウプをとらなかったものは、被雇用者側で八％であるのに、雇用者側では四五％もいた。雇用者側は責任が重いから職場を離れにくいのであろうが、こうなってくると現代生活の恩典を享受するには、むしろ被雇用者側にいたほうが有利な立場にあるということもできる。休暇の日数も、二一日以上とったものが被雇用者側では六五％であるのに、雇用者側ではわずか二九％である。

このところアメリカでは週四日制が広まりつつあるという。西ドイツでも一九七一年になって、週四日制が話題になりかけている。しかし、休暇が多くなるということは、ただ喜ばしいことばかりではないようである。

まず、保養地に膨脹した休暇客を受け入れる適当な設備が十分ととのっているか、ということが問題になっている。保養地には急激にホテルや別荘が立ち並び、それが自然の美観をそこなってくる、ということもある。また、長期の休暇になれぬ人々にとっては、週末の二日つづきの休暇も、精神的不安の原因になるのか、西ドイツの警察の調査では、夫婦げんかなどで離婚の危機が生ずる率は週末に多いという結果がはっきりとでている。それに三日つづきの休みが続いたりすると、自殺のカーブは急激に上昇するという。自由な時間が多くなることは、むしろ苦痛を生む場合もあり、かえって憂鬱症の原因になったりすることもある。

夏の民族移動　ともかく夏のヨーロッパの休暇シーズンは、予想以上にすさまじいものであった。寒冷地の中部及び北部ヨーロッパの住民は、夏の太陽にさそわれて、北の海やアルプスや南の地中海へと列をなして移動する。

保養地へ向かう主要道路には車の列が絶えることがないが、これらの休暇客をのせた自動車は、移動住宅やモーターボートを引いていたり、なかにはヘリコプターまで引っぱって走っているものさえある。

スペインやイタリアやユーゴスラビアの海岸に向かう車の列は、実に国際色が豊かであった。それらの国自体の車よりも、西ドイツ、フランス、イギリス、スイスなどの外国の車の数の方が多いくらいで、ナンバープレートの色も、白、黒、赤、など色とりどりなのは、日本では想像もできない光景である。

これらの保養客を受け入れる国の人々は、自分の家に、英語、ドイツ語、フランス語などで「部屋」とかいた看板をかかげ、いたるところで民宿をはじめていた。ヨーロッパの民宿はただ部屋を貸すだけの味けないものが多いのであるが、ときには話好きの主人や奥さんがいたりして面白い体験をすることもある。

外国まででかけぬ休暇客たちは、西ドイツの北の海や、シュヴァルツヴァルトや、バイエルンの湖、そしてタウヌスの山地などへもでかけていくのである。そのほか都会や中小都市や目立たぬ田舎でさえも、多少有名な観光対象や静かな森でもあれば、このシーズンには観光客が絶えることがない。ほんの片田舎でも宿屋はほとんど連日満員であるし、これらの地域では、新規に宿屋を開業している光景をみかけることも多い。農家が新たに宿屋に改装した場合など、牛の匂いがまだ部屋にしみついていたりして、寝ていると頭が痛くなるような経験をしたこともある。それに、いかつい農家のおかみさんがにわか化粧をし、自分の家を改造したレストランでサービスをしている様子などは、なんとなく板につかず滑稽でもある。しかしともかく、この休暇ブームのおかげで、西ドイツの一部の農村は、農業の斜陽による不況のあとで、ある程度経済的にたちなおることができた。

このシーズンの西ドイツは、少し大げさに表現するなら、全住民を、遊ぶ人とその遊ぶ人にサービスをする人に分類できるほどなのである。一方の人々にとっては、この時期こそかき入れの絶好のチャンスというわけである。そして大きくはヨーロッパ諸国全体が、遊ぶ国とその国の人々にサービスをする国とに分類できるのである。遊ぶ国の筆頭は、近代化に先んじた西ドイツ、フランス、北欧諸国、イギリスなどで、サービスをする国は、風景もよく、物価も安く、近代化にややおくれをとった、スペイン、ポルトガル、イタリア、オーストリア、ユーゴスラビア、ギリシアなど、それに物価は安くはないが風景のよいスイス、南フランスなどである。これらの国は、近代化にやや遅れをとったその経済的代償を、休暇ブームのおかげで、別の形でとりもどしているのである。

一九七〇年の休暇旅行シーズン中のことであったが、オーストリアの首都ウィーンのある新聞は、休暇旅行の記事を第一面いっぱいにとりあげて論じていたことがあった。それによると、昨年（一九六九年）の夏のシーズンには、自国の旅行客一人に対し、二人の割で外国人の旅行者がオーストリアで休暇を楽しんでいたということである。しかもその外国人の旅行者の数は、シーズン中だけでも延べで二五三〇万人にも及んでいたが、これは実にオーストリアの総人口約七三〇万人の三倍強にも当たっている。じっさいこのシーズン中にオーストリアを訪れると、都会にいっても田舎にいっても、観光地は外国ナンバーの車や外国人でごったがえしている。

この年オーストリアへやってきた外国人の国籍は、西ドイツ、アメリカ、オランダ、フランス、イタリアの順で、そのあとにベネルックスやスカンジナビアと並んで日本がのびてきているということであった。この新聞によると、二年後には自国の休暇旅行客一人に対し、五人の割で外国人がシーズン中にオーストリアを訪れるであろう、という推定であった。この夏、オーストリア議会は、来年度の休暇旅行客受け入れのための、予算額の大幅増加を検討していた。休暇ブームは、いまや国会で真剣に討議されねばならない、国家的な重大問題になっている。

オーストリアへは、ただ物価が少々安いということだけではなく、ウィーン、ザルツブルク、インスブ

1.	スウェーデン	121
2.	フィンランド	114
3.	ノルウェー	112
4.	デンマーク	112
5.	ベルギー	111
6.	スイス	110
7.	イギリス	110
8.	アイルランド	109
9.	オランダ	103
10.	フランス	101
11.	**西ドイツ**	**100**
12.	イスラエル	95
13.	ポルトガル	86
14.	チュニジア	85
15.	ハンガリー	85
16.	チェコ	83
17.	オーストリア	82
18.	ギリシア	78
19.	イタリア	75
20.	ルーマニア	74
21.	ユーゴ	73
22.	ブルガリア	70
23.	トルコ	68
24.	スペイン	67

表2　物価の比較

ホテル，食事，飲物など観光に必要な物価の比較（西ドイツを100とした場合。1971年）

ルックなどの諸都市、それにチロルやケルンテン地方などの美しい風景を求めて観光客がやってくるのである。しかしポルトガル、スペイン、南イタリア、ユーゴスラビアなどの場合は、明らかに他のヨーロッパ諸国とのあいだに経済的な落差があり、繁栄している国々の旅行客に仕える、これらのややおくれぎみの国々の人の様子は少しあわれでもあった。

西ドイツの週休二日制と年一回の長期休暇の習慣は、もう一般民衆の生活にとけこんでおり、日本の一部の会社の週休二日制のような不調和は感じられない。しかし週休三日制となると、まだその効果に疑問をいだく者は西ドイツでも多く、アルレンスバッハの一九七一年の調査でも、三〇歳以下の場合のみ、賛成五五%、反対三八%と賛成が上回っているだけで、それ以上の年齢層では、反対数がいずれも、大半を占めて批判的であった。あまりに多すぎる休暇は、仕事にも神経にもさしつかえができかねないし、それにあふれる休暇客のため、交通も保養地も麻痺してしまいはせぬかという、マイナス面も考えなければならないのである。

西ドイツの保養地にも、日本の保養地と同じく、ホテルやレストランが乱立しつつあるが、このところ特に問題になってきているのは、別荘や休日菜園の農具小屋の乱立である。これらの小さな建物が無秩序に立ちだして自然の美観をそこねるというので、例えば西ドイツ南西部のバーデン・ヴュルテンベルク州では、一九七一年にこういった建築物の規制の立法化を検討しはじめている。同州ではその年の秋に州議会の選挙があったが、そのときの各党のスローガンの最大関心事は自然環境保護であった。森が多数の小さな宿屋でうずまってしまい、湖がホテルや別荘ですっかりとりかこまれてしまうようになっては、もうそんな所へ休暇客もやってはこないであろう。それからではおそすぎるのである。などという文句が、新聞の選挙広告にでかでかとのっていたりしていた。タウヌス地方はこの州に隣接する州に属しているのであるが、このような恐れはタウヌスの森林地帯でも同じことなのである。西ドイツの様子をみていると、日本が数年後にゆきつくであろう姿が現実となって目の前に実現されている感じをもつことがままあるけれど、おそらく日本にも、別荘地の建築規制の立法化のおそかったことを嘆く日が、いずれやってくることであろう。

2　タウヌスの山村　㈡

九〇年前のある日　いまから九〇年ほどまえの西暦一八八一年のことである。一台の馬車がタウヌスの森の切れ目に姿を現わし、打ち開いた谷間に向かってかけおりていった。そこから見上げると、斜面にとりついてたっている上《オーバー》ライフェンベルク村がよくみえるのである。

馬車のなかには上ライフェンベルク村の工場主の息子が乗っていた。彼はこの村で初めて大学の門をくぐった青年であったが、ちょうどいま医師検定試験を終えて、故郷の家へ立ち帰ってきたところなのである。しかし彼には、この村に残って開業しようなどという意志はなかった。

上ライフェンベルク村には、これまで医者が住んでいたということがない。それはこのあたりの数カ村でも同じことで、医者を呼ぼうと思ったら、村から一〇キロもはなれた小さな町まで山道をかけくだっていかなければならない。北国のドイツの冬は寒かったし、標高六〇〇メートルのこの地方は、一メートル近くの雪が数カ月間も積っている。医者のくる間を待つのも長かったが、そのうえ医薬分業のドイツでは、医者の処方箋をかかえて、またもう一度一〇キロの山道を、町の薬局までかけくだっていかなければならないのである。

さて、工場主の息子が森の茂みを出て上ライフェンベルク村を見上げる谷間に姿を現わしたとき、その村の崖《がけ》にそそりたつ石の砦のあたりから大砲が鳴りひびいた。大砲はつづけざまに何発か谷間にこだましたが、青年には今日がなんの記念日に当たるのか、どうも見当がつかないでいた。

やがて村に入ると多くの旗が彼を出迎えた。そこでようやく青年は、村人の歓呼が自分のためであることを悟ったのであった。夕やみが迫ったころ、松明行列が彼の家をめざしてやってきた。村長と小学校の先生が前へ進みでて、どうかこの村の出身者として、この貧しい故郷にあわれみの心をいだいていただきたい。しばらくでいいから医者としてこの村にとどまっていただきたい。その後また世に出ていかれることはかまわないが、いったんそうしていただければ、きっとつぎに医者を探すのが楽になることでしょう、と演説した。青年は心動かされて説得されたのであった。

それから九〇年たった現在でも、私が調べてみたところでは上ライフェンベルク村には開業医が一軒も見当たらなかった。けれども、この村から歩いて一〇分ほどさがった下《ニーダー》ライフェンベルク村には開業医が一軒、そしてそこからさらに谷間を三〇分ほどくだったシュミッテン村には、二軒の開業医がみつかった。それにこれらの開業医たちの手におえないような重症患者の場合には、いまでは車で四〇分も走れば、大学病院でもなんでもあるフランクフルト市に到達できるのである。ほぼ九〇年の歳月のあいだに、タウヌス山中の僻村であった上ライフェンベルク村には、これだけの変化がおとずれた、というわけであった。

家　屋　一八八〇年頃の上ライフェンベルク村の様子は、その当時のこととしては例外的といっていいほどくわしく知られている。それは、ある社会学者が博士論文作成のためにこのあたり一帯に立ち入り、上ライフェンベルク村をはじめ、近在四カ村の生活調査を行なっていたからである。彼は後世に名を残すほどの有名人にはならなかったが、彼のこの論文はちかごろ見直されて、一九六三年にあらためてまた日の目をみたのである（Gottlieb Schnapper-Arndt: Hoher Taunus, eine sozialstatistische Untersuchung in fünf Dorfgemeinden. Verlag für Demoskopie, Allensbach und Bonn 1963)。

当時、上ライフェンベルク村は貧しい山村であった。民家は現在の家とは比較にならないほど小さく、一階は豚小屋かじゃがいも置場になっていて、人の住む二階へは直接道路から石の階段を数段あがって入るような構造になっていた。部屋数は一部屋か、せいぜい多くて三部屋どまりであったが、村の全民家の八〇％がたった一部屋だけの小さい家屋であった。その一部屋には、平均五人の家族が寝起きをしていた。それに家族といっても、両親の家に娘夫婦が同居している場合もあるし、まれではあるが、ぜんぜん血筋のつながらない他人が同居している場合もあった。部屋の大きさも一部屋住宅としてはたいしたものではなかった。四・八メートル×四・二メートル、即ち約二〇平米（約一二畳）に二・四メートルの高さがあれば、珍しく大きな部屋だといわれていたが、貧乏だから各人が一つずつベッドを持っているわけではない。子供などは、かなり成長しても男女の区別なく、三人一緒に一つのベッドに寝かされるなどということはあたりまえのことであった。

人が死ぬと三日間はわらの上に寝かせておくのが習慣であったが、死人のために一部屋あける余裕はないから、死人も一緒に同じ部屋に横たわっていた。また、チフスのような重病人がでても、病人だけに特別ベッドをあてがう余裕はないから、健康人も病人も一つのベッドに一緒にもぐって寝ているのである。

家　具　家具といっても、大きな机、椅子それに衣裳入れの木の箱があるくらいのものであった。椅子の数は家族の人数よりも少なく、はみでた者は板を横に渡したベンチのようなもので間に合わせている。しかし当時をさらに五〇年もさかのぼれば、椅子の代りに丸太を輪切りにしたものを腰掛けにしている家が多かったのだから、四脚の椅子状のものがあるだけでも、けっこう大きな進歩といえるのである。小型の鉄製の暖炉の上には、何本かの細い鉄の棒が横につるされていたが、それはパンの置場になっており、また洗濯物やかごなどがそこからぶらさがっていることもある。

食器はスプーン、フォーク、ナイフである。しかし質も上等でなければ、数もそろってはいない。顔を洗う洗面器は一戸の家に一つで、手ぬぐいの数も少なく、使用中のものは一家でたいてい一本だけである。体を洗いに川へいくことはごくまれで、生まれてからこのかた、体を全部洗った記憶などはない、などという人がほとんどである。

ベッドの質もたいしたものではない。ベッドは横板にわらを敷き、さらにその上にわらをつめた敷ぶとんを重ねてつくっていた。枕の中身もわらであったが、外袋のほうは麻製であった。しかし掛けぶとんは、木綿袋にあひるかにわとりの羽がつめてあった。

部屋の照明には石油ランプを用いていた。カーテンはどの窓にもかかっているというわけではなく、観賞用の草花の植木鉢などはこの村では珍しいほうであった。上ライフェンベルク村やその近在の村々は、他地方の村々にくらべて比較的始末屋のようにみうけられるのであった。飾りといえば、安物のキリスト十字架像が壁にかかっているくらいのもので、これといったものはなかったが、しかしシュヴァルツヴァルトから行商人が売りにくる、例の木製の掛け時計は、当時もうたいていの家で用いられていた。

主　食　では、この村の人々はなにを食べていたのであろうか。上ライフェンベルク及び近在四カ村の当時の農作物の作付面積は表3のようであった。即ちじゃがいも、ライ麦、燕麦、大麦が主産物であったが、小麦は土地及び気候が合わず育ちが悪いのでまったくつくられていなかった。一番多量につくられていたのはじゃがいもで、総作付面積の約五〇%に及んでいる。

いまでも、ドイツ人とじゃがいもとは切っても切れない関係があるけれど、しかしドイツにじゃがいもが入ってきたのはそう古い昔の話ではない。上ライフェンベルク村は当時ナッサウ領に所属しており、当領内に初めてじゃがいもが入ってきたのは一七世紀初期のことであった。医学校の教授をしていたヨーハン・マティウスという人が、観賞用植物としてイギリスから入手したのがその最初であったのだが、その後じゃがいもは、ものを食べあきた食道楽がデザート用にもちいていた。じゃがいもがこの上ライフェンベルク村一帯に広まったのは一七七二年の飢饉以来のことで、当時はもうぜいたく品などではなくなっていた。じゃがいもが他の穀物を駆逐しえた理由の一つは、その収穫量が多いからであった。例えば当時上ライフェンベルクあたりでは、ライ麦なら播き種の量の五、六倍の収穫、燕麦なら五倍、大麦なら六、七倍の収穫があげられているのに対して、これがじゃがいもとなると、一五倍から二〇倍もの収穫があがっている。ともかく、当時上ライフェンベルク村及び近在四カ村の作付総面積の約半分は、じゃがいも畑だけで占められていたのであった。

農作物の種類	作付面積（ヘクタール）	比率 %
じゃがいも	165.0	50.7
ライ麦	61.5	18.9
燕麦	50.4	15.5
大麦	22.5	6.9
キャベツ類	8.5	2.6
かぶらはぼたん＊	6.5	2.0
クローバー	3.2	1.0
砂糖大根	3.0	0.9
小低木または草状の果実	2.3	0.8
豆類	1.0	0.3
小放牧地	1.0	0.3
休耕地	0.3	0.1

表3　上ライフェンベルク村及び近在四カ村の作付面積　＊Kohlrübe

ある人が、上ライフェンベルク村の少年にこうきいたことがある。お前は犬にどんなえさを与えているのか。じゃがいものスープ、と少年は答える。ではお前はお昼になにを食べたのか。じゃがいものスープ。ではお前は夕飯になにを食べるのか。じゃがいも。

上ライフェンベルク村のある中程度の家庭の一一五日間の献立が知られている。それによると、食事の回数は一日五回であったが、それは朝昼晩のほかに、朝に一回と午後に一回間食をとるからであった。朝の最初の食事と午後の間食の内容は年がら年中同じことで、パン一切れとコーヒー、そして二度目の朝食はコーヒーなしのパン一切れだけであった。ドイツでは一番ごちそうを食べるのが昼食、ついで夕食というのが一般的であるが、この家ではこの昼食と夕食以外は、すべて毎日パン一切れだけで軽くすましていた。即ちこの地方での食料は、パンよりもむしろじゃがいもに重点がおかれていたのである。

献立　では、一日で一番の腹ごしらえをすべき昼食にはどんな献立を用意していたのであろうか。それは、およそ献立などという名で呼ぶほどのことはないものなのであるが、ともかくこの一一五日間の献立表を整理し、祭日と日曜をのけた九一日間のお昼の献立だけを調べてみると、それはまた年がら年中じゃがいもばかりであった。即ち、じゃがいものスープ二四回、じゃがいもとザウエルクラウト（キャベツの漬物。生ではなく煮て食べる）のスープ一三回、じゃがいも何個かと水スープ（Wassersuppe）と呼ばれる薄いスープ一二回、ザウエルクラウト付きのじゃがいもがゆ八回、これでしめて合計七一日になるが、あとの二〇日間はこれらの料理の組合せで、肉を使用した料理は一回もなしであった。

日本でもそうであるが、ドイツでも昔はよくかゆを食べたものであった。きびがゆの話などがグリムの童話集のなかで目につくけれど、この村の人々はじゃがいもがゆをすすっていたのであった。スープとはかゆの薄目のもので、昔のスープは食事の前座ではなく、食事の主体であった。それに調味料などは、当時はただ塩味だけですましていた。

夕食もまたじゃがいも料理であった。日曜と祭日を除く九一日のうち、八二日はゆでいもか花輪いもにコーヒーを飲んでいる。花輪いも(gekränzte Kartoffel)とは、じゃがいもの皮をところどころ筋状に残してむいたものを塩水でゆでたもので、特別うまいごちそうということになっていた。残りの四日はゆでいもと牛乳、五日はパンとコーヒーであった。

当然のことながら、日曜祭日の料理は常の日よりもやや上等であったが、それがじゃがいも料理を主体としている点では変りばえはしていなかった。一一五日間のうち日祭日は二四日間であったが、まずお昼の献立をみてみると、牛乳を加えて煮たじゃがいもとザウエルクラウトのかゆが一三回、米のかゆが二回、じゃがいもだんごが二回、その他のじゃがいも料理が五回（うち一回は大麦入り）となっている。復活祭の日曜と聖霊降臨祭の日曜は、キリスト教徒にとっては、特別の祭日なので、この日は特に一・五キロほどの牛肉をふんぱつした肉入りうどんスープを食べている。

日祭日の夕食は、じゃがいものサラダ（サラダといっても副食ではなく主食）一〇回、ゆでいもまたは花輪いもとコーヒー六回、いもと米のスープ一回、いもと豆のスープ一回、そして残りの六回はコーヒーだけのとき、サラダ菜とじゃがいものとき、それからお昼の肉が残っていたときなどであった。

以上の献立は冬の終りから夏の初めにかけてのもので、上ライフェンベルク村の中級程度の家庭のものである。そしてこの献立なら、この程度の家庭としてはかなり上等の部類に属するであろうという。ただし、このクラスの他の家庭なら、もう少し牛乳、ソーセージ、それに豆類をとる回数が多いかもしれないとのことである。

飲み物　さて、献立のなかにはしばしばコーヒーがでてくるが、この村でのコーヒーの飲み方は現在のようなぜいたくなものではない。コーヒーがこの村に入ってきたのは一八世紀の末、つまりこの当時より八〜九〇年ほど以前のことで、当時コーヒーは貴重品であった。そのため、他人にみられぬようこっそり地下室で豆をいったりつぶしたりしていた、などという語り草が伝わっているくらいなのである。さて、この村でのコーヒーのだしかたは、まずコーヒー豆を鉄のなべでいってつぶし、そのあとでこれを沸騰したお湯のなかへ入れる。そしてこのお湯のなかにはコーヒー増量用に、あらかじめきくにがなの根っ子が入っているのである。きくにがなは、空色の花の咲く菊科の植物で、その根っ子をいって煮出すと、コーヒーに似たような味がするという。その根っ子はチヒョリという名で呼ばれているが、チヒョリを用いる習慣がこの村に入ってきたのは、コーヒーにおくれること約一〇年のことであった。

コーヒーを飲んでしまっても、コーヒーのだしがらはそのままにしておき、つぎにだすときに、少し新しいのを加える程度にして何回も煮出すのである。だしがらがしだいに多くなれば、新たに加える量はしだいに少なくなるが、コーヒー沸しがだしがらであふれてくると、これをなべにとりだして最後にもう一回だけ煮つめ汁をとる。煮つめ汁はつぎのコーヒーの増量用にもちいるのである。

ではコーヒーの習慣がこの村に入るまえには、なにを飲んでいたのかというと、大根や麦類の煮出し汁を飲んでいたということである。大根とは、たぶん砂糖大根のことと思われる。またコーヒーに砂糖を加えて飲んでいたかどうかは、この史料だけからでは判断できかねるのであるが、しかし幼児の洗礼日に、名親がコーヒーと砂糖を贈る習慣が当時この村にあったところをみると、おそらく多少は砂糖を加えて飲んでいたであろうと推測される。

蛋白源及び酒　このような食生活をみていると、西洋は肉食の国という日本人一般の考え方には、大きな修正を加える必要があると思われてくる。西洋でもこの当時はいまのように一般人まで肉を食べてはいなかったし、現在でも貧しい西洋人はあまり肉を食べることはできないのである。「すぐこのあいだまで、多くの人々はただパンかじゃがいもだけで過ごしていた。ちかごろの西ドイツの家庭の台所には、一〇種二〇種と調味料のびんを並べることが流行しているが、これもついこのあいだまではなかったことで、それ以前はただ一種類の調味料だけですましていた。その調味料とは塩のことである」と、チュービンゲン大学の民俗学のバウジンガー教授は私に話してくれたことがあったが、この、ついこのあいだまでとは、ほんのこの二〇年まえほどのことを意味しているのである。日本でも二〇年以上もさかのぼれば、食料事情の特にひどかった第二次大戦中及び直後を度外視してみても、多くの人は、ただいく切れかのたくあんで一食のめしを腹につめこんだり、西洋の昔のスープに相当する、雑炊やかゆだけで腹をふくらしたりして満足していた。（しかし中世の頃には、また一般人も雑多な肉類を多食している時代もあって、肉食の歴史はそう簡単なものではない。この方面の重要な研究書には、民俗学の Günter Wiegelmann 教授の Alltags-und Festspeisen, N. G. Elwert Verlag, Marburg 1967 及び der Wandel der Nahrungsgewohnheiten unter dem Einfluß der Industrialisierung, Vandenhoeck & Ruprecht 1972 がある。）

九〇年前の上ライフェンベルク村では、肉はお祭り日の食べ物であった。魚を食べる習慣はぜんぜん知られていなかったし、バターもまたお祭り日のお菓子をつくるときに用いられるだけで、そのほかの日にはまったく使用されてはいないのである。りんごや野生のこけもの実のジャムは、その季節季節でつくられていた。チーズはほかの土地でできたあまり上等でないものがでまわっていたが、ヨーグルトは自分でつくっている家庭もあった。石の砦のそびえる崖のあたりに生えている、ともしり草という野草（Scharbockkraut きんぽうげと同種）は、わさびに似た味がするとかで、サラダの薬味に用いている家がかなりあった。自分の家で酒を飲むなどはごく少数の金持だけのやることで、一般人は酒場へいったとき、りんご酒、ビール、ブランデーなどを、それもごく少量飲むだけであった。ぶどう酒はぜいたく品であったから、教会の開基祭のときに限って飲まれていた。

上ライフェンベルク村及びその近在は、標高五〜六〇〇メートルという不利な条件をかかえて、当時のドイツ全体としてみても貧しい部類に属していた。しかしこの貧しさは、当時のドイツ全体にある程度共通する貧しさであった。上ライフェンベルク村はナッサウ領に所属していたが、そのころ出版された『ナッサウ領の生活及び健康状態の統計』という本は、ナッサウ領全般の食生活についてこう記述している。「この地方のおもな食料はパン、ザウエルクラウト、豆、コーヒー、じゃがいもであるが、ただこれだけしか食べていないという場合も珍しくはない。蛋白源になる豆類の量はごく少なく、肉類はまるで断食日と思われるほどにでてくる回数が少ない。料理のやりかたはあらっぽくて、病人も子供も健康人も区別がなく、酒は一般人の大部分は飲むことがない。」

九〇年の歳月　その後九〇年をへだてた現在、上ライフェンベルク村の肉屋の店頭には、牛や豚の生肉をはじめ、各種のハム・ソーセージ類がずらりと並んでおり、食料品店の店頭は、都会のスーパーマーケットとほとんど変るところがない。住居ももはや昔のような一部屋住宅ではなく、各家屋が六―八部屋くらいを持つ立派な一戸建て建築が並んでいて、上ライフェンベルク村は、もう昔のような貧乏村などではなくなっている。

この生活環境の変化は、第二次大戦後のこの二〇数年間が特にはげしかったが、しかしそれ以前でも、ゆっくりとこの村の近代化は進んでいたのである。もう一度、九〇年前に立ち返ってみれば、火災に強い瓦ぶき屋根が、わら屋根にとってかわったのはちょうどそのころの少し以前のことであった。食生活の主食が収穫の有利なじゃがいもにかわったのは当時の一〇〇年前、そしてコーヒーが入ってきたのは八〇年ほど以前のことであった。また、同じく当時より八〇年ほど以前に、このあたりでは家の床に板を張るようになり、そしてこの床板を洗って部屋を清潔に保とうなどという習慣が広まったのは、ほぼ当時の三〇年前のことであった。そしてそのころにまた、丸太を輪切りにした椅子から、四脚の椅子にかわりつつあったのである。

さて、このいまから九〇年前のころに、この村でおこった大きな変化に、釘鍛冶の栄枯盛衰があった。釘鍛冶がこのあたりの村に導入されたのは一八世紀の初期のことで、それは当時の領主の方針によるものであった。釘鍛冶産業は最初順調な足どりをみせていたが、一八世紀初頭になると、新しい生産方式と工場組織の大量生産に押されはじめてきた。釘は一九世紀初めまでは、一本一本手作りでつくられていた。しかしやがて針金のような鉄線を切ってつくる新方式や、また鋳物方式が開発され、そのうえ工場組織の大量生産に圧迫されてくると、上ライフェンベルク村あたりの手工的釘鍛冶は、どんどん衰退していったのである。

村の収入のかなりのパーセントを占めていた釘鍛冶産業の不振も原因となって、このころ女子や子供たちの手仕事労働が盛んになってくる。木細工、わら細工、手袋編み、ヘアネット、刺しゅう入りカーテンなどの手内職は、女子供の互いの競争意識も手伝って、しだいしだいに労働がはげしくなり、一八八〇年頃になると、金持も貧乏人も八歳以上の子供はほとんど手内職をするようになっていた。彼らの労働時間は朝の五時から夜の七時または一〇時頃までで、村の小学校の教師の査定するところによると、小学生の労働時間は、学校にいるとき及び食事時間を除いて、一日六〜七時間にも達している。これが子供たちの健康に悪影響を与えたことはいうまでもない。

だが、全体からいって、当時でも生活水準は向上しつつあった。以前はただ食べるためにだけ働いていたのに、このころは衣料やその他の生活水準改善のために働いているところがあった。そのころより四〜五〇年もさかのぼれば、貧しさのため悪徳の巣のようだといわれ、道ばたには毎日のように酔っ払いがふらついていた上ライフェンベルク村であったのに、このころにはそのような自堕落な光景もみられなくなっていた。体力を酷使して無理強いに働いているのではあったけれど、村民の生活は徐々に徐々に改善の方向をたどりつつあったのである。

西洋の進んだ保険制度のはしりも、もう当時このような寒村にさえみられたのであった。公的な貧民救済資金もあったし、私的な各種の貧民救済資金もあって、上ライフェンベルク村や近在の村々はその支給を受けていた。それに村によっては、村経営の独自の健康保険制度をもっているところもあった。隣村のアルノルッハイン村は一八五〇年頃にこの制度をもっていた。しかしそのころ、一人の釘鍛冶屋が雪山のなかで製品を運んでいたとき凍傷にかかり、一年半も寝込んだために、この保険制度の資金は破産してしまった。それはいまからみれば、こっけいなほど弱体な制度であった。

ドイツ風のとんがり屋根の立派な住宅が立ち並ぶ現在の上ライフェンベルク村は、もう寒村でもなければ、我々日本人が頭に描く山村というイメージも当てはまらない。住民の三分の二は、フランクフルトあたりの都会から移住してきた外来者であり、土着者のほとんども、毎日フランクフルトあたりの工場や会社へ通勤しているサラリーマンか筋肉労働者になっている。農業はもうまったくとだえてしまい。釘鍛冶屋の家も、いまでは一軒も残ってはいない。上ライフェンベルク村は、この九〇年のあいだに、完全に通勤者及び休暇客の村に変貌してしまったのである。

変らぬものは、村の崖淵にそそり立つ六階建ての円筒形及び方形の二つの並んだ石の砦だけ、ということができるのであろうか。だがこの石の砦も、一七世紀前半の三〇年戦争のさいにもかなり破壊されてしまっていたという話であるし、私があぶなっかしい階段を鉄柵につかまりながら登ろうとしたとき、ふと見上げると、「登る場合の危険については責任はもたない」(Das Besteigen des Turmes auf eigene Gefahr) などというヘッセン州の文部省の掲示板がみられたのである。中世以来の石の砦の寿命も、けっして永久とはいいきれないもののようであった。

3　ヒルリンゲン村

位　置　西ドイツの南西部に、チュービンゲン市（Tübingen）という古くからの大学都市がある。大学都市というのはこの町の正式の名称であるから、当市では市役所の建物にも、市で発行する印刷物にも、「大学都市チュービンゲン」（Universitätsstadt Tübingen）などとわざわざ断ってかかれてある。

チュービンゲン市の人口は約五万五千人であるが、そのなかには学生数約一万一千人が含まれている（一九六八年の春から秋にかけての数字）。だから春休みや夏休みになって学生が少なくなると、市内は人影がめっきり減って静かになる。大学都市とは、じっさい大学があって成り立っているような、日本ではみることのできない珍しい町なのである。

チュービンゲン市の中央の高台には、長方形の建物にいくつかの円筒形の塔の組み合わされた、クリーム色の自然石の古い城がそびえている。城の一方の崖下には幅五〇メートルほどのネッカー川が静かに流れ、城下町の情緒をかもしだしているが、このネッカー川を一〇キロほどもさかのぼると、ロッテンブルク市（Rottenburg）という人口一万四千ほどの小さな町にさしかかる。このロッテンブルクはカトリックの地方本山（司教《ビシヨツプ》のいる教会）があるので、宗教都市などと呼ばれている。しかし町の大きさからいっても、ここにはチュービンゲン市ほどの活気は感じられない。そしてこのロッテンブルクからさらに南へ八キロ、

ネッカー川の流れるチュービンゲン市。右上は教会，遠くの高台の上は城

ネッカー川からはなれて、田舎道をバスにゆられていくと、我々の目的地のヒルリンゲン村に到達するのである。

ヒルリンゲン村（Hirrlingen）はこのあたりの村のなかではやや大き目のほうで、人口はちょうど一九〇〇、戸数は約四〇〇（一九六九年）、森や畑や牧草地にとりかこまれた、本当の農村である。土地にはやや起伏が認められるが、しかしタウヌスのような山村ではない。農耕の季節になれば、戦車のようなトラクターが、広い平らな土地をつぎつぎと耕していく。

農村といってもアスファルトの道路が村中をはしり、瓦ぶきの民家が並んでいることは、ここでもタウヌスと同じことである。しかしヒルリンゲン村の民家の半数ほどには、まだ農家の家屋の形態が残っている。

家の構造はタウヌスと同じく、長方形の箱にとんがり屋根ののった二階半建て形式が多い。しかし農家の場合には、正面入口のドアの横に、もう一つ二階までとどく大きなドアが備えてある。これは牛用の出入口で、じっさいいまでも牛が中に飼われている場合には、この入口の前に、牛の排泄物のしみこんだしきわらの山が積まれているからすぐそれと分かる。ヒルリンゲン村の村なかの道を歩いていると、この尿のしみこんだしきわらのにおいがぷーんと流れてくることがあって、いかにも農村らしい感じがする。

日本の農村風景を思い合わせてみると、ドイツの農村では実に人影が少ない。畑でも村の中でも、一般に人をみかけることが少なく、田舎で道をきこうと思ってもきく人がみあたらない、とこぼした日本人がいた。ヒルリンゲン村も、西ドイツ一般の例にもれず、こういった人影の少ない静かな農村なのであるが、しかしいったんこの村の生活に入りこんでみると、その活気のあることは実におどろくばかりである。

秋祭の夜　私が初めてこの村を訪れたのは、一九六九年の一〇月一八日の夜のことであった。私が通っていたチュービンゲン大学の民俗学科は、この村とはいろいろ関係をもっていたので、バウジンガー教授が気をきかせてくれ、この日私は博士課程の学生のシェック氏の車にのせられて、霧のたちこめる夜道をこの村まで運ばれていった。この夜はちょうどヒルリンゲン村の秋の大祭の初日に当たっていたのである。

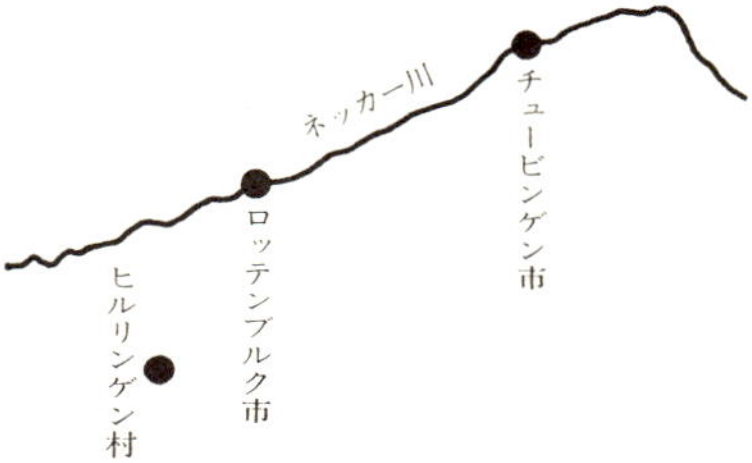

ヒルリンゲン村の位置

宿屋に荷物をおいたあとで、我々は祭の会場が設営されているという、村はずれの牧草地へでかけていった。村はずれといっても、小さな村のことであるから、五分も歩けばもう人家がとだえて、そのあとは畑か牧草地になっている。その牧草地の一角に、千人も収容できるという大テントが張られており、中ではもう何百人もの人たちが、ビールを飲み、フランクフルトソーセージを食べながら、大声で談笑していた。

入口で三日間の祭の会費二マルク（約二〇〇円）を支払わねばならないとのことなのであるが、私はお客だということで、無料で会員のバッジとパンフレットを受け取り、テントの一番奥にしつらえられた、舞台の前の

ヒルリンゲン村の家並み

貴賓席のベンチに坐らされた。遠路はるばる北極の空を飛び越えてやってきたという、稀少価値が手伝ってのこととはいえ、貴賓席とは少少おもはゆい場所であった。

テントの中の一角にはビール売場やうまそうな匂いをただよわすフランクフルトソーセージの売場などがあった。また民族衣裳を着こんだ娘さんたちが、テーブルのあいだを回って村の絵はがきや、この地方独特のたまねぎパイ、ドイツの焼酎ともいうべきシュナップスなどを売り歩いていた。シュナップスとは、果実酒や穀物酒などを蒸溜した度の強い酒のことで、小さなグラスで一息にぐっと飲みほすのがドイツ人の習慣である。ビールでは酔わなかったり、寒くなったりしたときに、ビールを飲む合間にこれで景気をつけるのだが、ドイツ人はこうやって飲んだほうが体にいい、などといって一気にグイとやる。真似をしてやってみると、たしかに腹の中へ懐炉を飲み込んだように暖まってくる。

やがて舞台の上では楽団の演奏がはじまった。ドイツの楽団は、ラッパや太鼓のような耳をつんざく暴力的なものが多く、ながくきいていると、聴覚も頭もしびれたように麻痺してくる。演奏のあとには民族舞踊があったり、コーラスがあったりするが、楽団がダンス音楽をはじめると、村人もお客も、男女のペアが二〇組ほど舞台の上にあがって、年寄りも若者も、汗をかくほど踊り回るのである。

日本の村祭の宴会とちがうところは、各人が飲みたいだけ自分で支払って飲み、食べたいだけ支払って食べる、ということであろうか。それに日本の村祭ではかならず神社か寺院の宗教行事が関係してくるのに、西ドイツの村祭では、もうそういった関係はほとんど断ち切られてしまっている。祭の主宰者は村人の組織する同好会の会員たちで、彼らは教会とも村役場とも関係なく、独立して祭の諸行事をとりしきっている。

さて、祭のほうはダンスが終わると、こんどは他の村から招待した楽団の演奏、それにつづいては滑稽話の一人漫才、といったふうに、つぎからつぎへとプログラムがつづいて、夕方の七時半に始まった祭の行事は、夜の一一時一二時になってもいっこう勢いがおとろえる様子をみせない。隣に坐った人と腕を組んで体を波のように左右にゆすりながらうたう習慣になっている歌では、会場の全員が互いに腕を組み、体を左右にゆすりながら大声をはりあげて歌をうたう。うたいながら立ち上る習慣になっているところでは、彼らはかけ声をかけ、勢いよく立ち上って気合いを入れながら歌をうたう。そうするたびにあちこちに笑いの渦《うず》がまきおこり、そうやっていると、彼らはもう時間のたつのも忘れてしまうのである。巨体のドイツ人が、巨大な声で歌をうたい、笑いころげている様子におどろいたりみとれたりしながら、私もつい時間のたつのを忘れていたのであったが、私はこの祭の夜に、このあといろいろと村の様子を教えてくれることになった、ザイレ君と知り合いになることができたのであった。

ヒルリンゲン村

祭の大テントの内部。奥の方には舞台が設けられている

ザイレ君

ザイレ君は合唱同好会と民族舞踊同好会に属していた。それで、この夜も出番になると、舞台でうたったり、おどったり、アコーデオンの伴奏をしたりしていた。それにビールやフランクフルトソーセージの販売も同好会の経営であるから、手のあいたときには、ソーセージ焼きの手伝いもしていた。その忙しい合間をぬって、彼は私の隣の席に腰をおろし、いろいろと祭の説明をしてくれるのであった。

その夜ザイレ君は、赤いチョッキに黄色い羊の皮のズボンという、この村独特の民族衣裳を着用していた。彼は元来親方《マイスター》（Meister）の資格をもつ仕立屋であったのだが、西ドイツでは仕立屋の仕事は既製服に押されて斜陽になってしまったので、やむなく彼は父親の代からの仕立屋を廃業し、チュービンゲン市内にある工場へ通っていた。彼は当時三七歳、私は三九歳であったが、やがて半年近くもつきあうあいだに、我々は他人行儀のジー（Sie あなた）という呼び方をやめて、親しい間柄だけに通ずるドゥ（du 君）で呼び合うようになったのである。

この村の秋祭の正式の名称は故郷祭（Heimatfest）であった。この祭の当日には、この村をはなれていまは他の地方に移り住んでいる人々も全員ヒルリンゲン村に集まろう、というのがこの祭の一つの主旨であったが、とにかく盛大なもので、プログラムは一晩ではおさまりがつかないのである。祭の二日目はもう朝の六時にラッパ隊が村中を練り回って、村人の目を覚ましていた。この祭の朝の目覚まし（Weckruf）

の習慣は西ドイツ南部一帯に広くひろまっているものであるが、村によっては朝の暗いうちから空きかんや太鼓をでたらめにガンガンとたたいて回り、人々の耳をおどろかして歩くという少々乱暴な所もある。しかしこの滑稽な騒音を耳にすると、ああ今日も祭の日だな、というなんとなくうきうきした気分にかきたてられるのである。

祭の当日には朝から飲もう、という気持は日本も西ドイツも変りがない。ましてや祭がなくとも、日曜日ともなれば、いつも教会の帰りがけに酒場に立ち寄って朝からビールを飲むのが男どもの習慣であるヒルリンゲン村においてのことである。朝の一一時には、すでに例の牧草地のテントで、村の楽団による朝酒コンサート（Frühschoppenkonzert）が演奏されていた。この日私はもう、朝からザイレ君と行動を共にしていた。

祭の日にはしゃぐザイレ君（中央）と同好会長のリンダ氏（左）

祭の二日目と三日目　祭の二日目の呼び物は、古くからの伝統行事の羊踊り（Hammeltanz）であった。これはテントの張ってある牧草地で午後二時に行われた。この踊りは古くから伝わっている習慣ということと、青年男女が参加するということで人気があったが、しかしべつに派手な面白い踊りなどというものではない。

まず徴兵検査まえの一九歳になった青年たちが、それぞれ彼らの選んだ女の子とペアになって腕を組み、大きな輪をつくって左回りにぐるぐると歩く。そのとき一本のサーベルを一人の青年が肩にかついでいるが、そうやってしばらく歩いたのちそのサーベルを地面につきさす。するとその後ろの組の青年がこれをとりあげ、彼もまたこれをしばらくかついで歩いたのち同じく地面につきさす。こうやってサーベルはつぎからつぎへと後ろの組へ渡っていくのである。

一方牧草地には杭が立てられていて、これには目覚まし時計がぶらさがっている。しかしこの目覚まし時計からは針がとりさってあるので、いつ鳴りだすのかはだれにも見当がつかない。そして、この目覚まし時計が鳴りだしたときに、ちょうどサーベルを肩にかついでいた青年が、この踊りの勝者ということで、賞品の羊を手に入れるということになる。

この祭の起源は、領主が領民に羊を一頭与えて、秋祭りをとりおこなわせたその古事に由来する、と推測されている。同じような形式の祭の伝統は、またこのあたりの他の数カ村にも伝わっている。しかし現在ヒルリンゲン村では、羊が一頭も飼われていないので、この村ではこの日他の村から羊を借りてきて祭を行うのである。それにいまでは、この祭の勝者は賞品の羊を手に入れるどころか、他の青年たちにその日のビールをおごらねばならない、というしきたりに変ってしまっている。

さて、祭の二日目の夜も、例のテントでは楽団が耳をつんざくような大きな音をたてて演奏をしていたが、ザイレ君と私は、そこを適度にきりあげ、村の酒場のほうへでかけていった。

西ドイツの酒場——といってもたいていはレストランのように立派である——は普通二階以上が宿屋になっていて、酒場・食堂・宿屋を兼業している場合がほとんどである。西ドイツではどんな田舎へいって

市の日に持ち込まれた豚。ヒルリンゲン村

も、だいたい村に一軒以上はこういった宿屋があって、それもまま田舎にしてはおどろくような立派な集会用の大広間を備えていたりする。祭の夜は酒場もまた人であふれ、人々は大声で雑談し、にわとりの丸焼や、秋から春さきにかけての呼び物料理である屠殺皿（Schlachtenplatte 屠殺したての豚でつくった血ソーセージ、普通のソーセージ、肉のソース煮の三品の組み合わされたもの）を注文し、興がのれば、民謡やオペラや古い流行歌などを、部屋もゆれんばかりの大声でうたっていた。

祭の日の露店。ロッテンブルク市

さて、祭の三日目には、教会の前の広場に市が立った。この市は教会市（Kirbemarkt）と呼ばれているから、もともとは教会も関係していた秋の収穫祭の市の名残りであったのであろう。しかしいまは、ただ紅白の縞《しま》模様のテントを張った露店が何軒か店を並べているだけであった。昔はこの村の秋祭の牛豚市は盛大なものであったと伝えきくが、しかしこの年はただ豚の子が二〇頭近くもちこまれただけ。しかもザイレ君の話によると、それは収益をあげることより、祭の気分をかもしだすことのほうが大切なのだ、ということなのである。

露店のほうは衣類、子供のおもちゃ、アクセサリー、薬味、家庭用品などを売っていた。その売っている品物も種類も、日本の祭の露店と似たり寄ったりであることはまったくおかしなくらいであった。こういった露店商人のなかには、各地の祭を経巡って歩く人々も多いとのことで、彼らのなかにはマッツラという村の出身者が多く、マッツラの人という言葉は軽蔑の意味を含む、という話をきいたこともある。祭のテントの張ってある例の牧草地にも露店が立っており、そのなかに

針の糸通しを売る男。日本の同種の品物より精巧である。ロッテンブルク市

はくじを引いて人形などを当てる店、回転木馬、空気銃で賞品を射当てる店、南京豆の砂糖煮を売る店などなどがあった。要するに露店がかもしだす祭の雰囲気は日本と大同小異なのであるが、ただ賞品の人形やアクセサリーなどすべて日本のものより一まわりも二まわりも大きく、例えば射的場の空気銃の玉にしてみてもコルクではなく鉛の玉であって、それで陶器の管を割って賞品を射落す仕組になっているなど、なにかにつけて規模が大きいのが、日本と比較した場合の相違点ということができるであろうか。ともかく、ヒルリンゲン村はこのあたりではやや大き目の村であるだけに、祭の日には隣村の子供たちもでかけてきており、村の市はかなりのにぎわいをみせていた。

祭と教会との関係　この秋祭のあと、私はほとんど毎月のようにヒルリンゲン村を訪れるようになった。そして一見平穏なこの村の中で、祭を含め、実にさまざまな行事がつぎからつぎへと取り行われていることにおどろいたのである。この秋の故郷祭のあとには、一二月五日のニコラウス祭があった。ニコラウスはサンタクロースと同じものであるが、ヒルリンゲン村のサンタクロースは、ルプレヒトというひげをぼうぼう生やした山男のような家来をつれている。この夜、村はずれの丘の上では大きな木を燃すどんど焼きも行われていた。そしてサンタクロースは、馬にのり家来をつれて、このどんど焼きの丘まで登ってくるのであった。

一二月二四日の夜は、もちろんクリスマス・イブである。しかしヒルリンゲン村のサンタクロースは、すでに一二月五日の晩にやってきているので、この日の晩にはもう現われない。この夜ドイツの人々は、家の中にひきこもり、プレゼントの交換などをして、家庭的な静かなお祭気分にひたるのであった。

一二月三一日の夜中には、村はずれや村の中で花火があがる。やがて一二時も過ぎて新年になると、人人は道いく人ごとにお祝いのあいさつを交すのである。

二月初旬の一週間ほどには、この地方でもっともにぎやかな祭のファスナハトがある。ファスナハトは西ドイツのライン川ぞいや南欧諸国で行われるカーニバルと似ているが、その発生系統は別物であるという。西ドイツ南部からスイス、オーストリアにかけての村々では、この一週間くらいをばか騒ぎに騒ぐ村が多い。

ヒルリンゲン村から自動車で1時間ほどはなれたロットバイル市のファスナハト。ここでは写真のような道化跳び（Narrensprung）が有名

ファスナハトが終わって、気が抜けたようになったあとはしばらくおとなしくしているが、三月末から四月にかけては復活祭である。キリストの復活を祝うこの全キリスト教徒の祭を、私は南スペインでみていたのでドイツのものは直接みることができなかった。しかしザイレ君の話によれば、ヒルリンゲン村でもかなりにぎやかな祭があったとのことである。

五月下旬には、御聖体の祝日という厳粛な宗教行事がある。五月はドイツの春で、牧草地には一面に黄や白や赤の花が咲きみだれ、夢の国としかいいようのない美しい風景をみせるのであるが、この祭の前夜に、ヒルリンゲン村では色とりどりに染めたおがくずと天然の花びらでもって、村の道々にさまざまな色模様のじゅうたんを敷きつめる。翌日神父を先頭とする村人たちの行列は、この美しいじゅうたんの上を通って村の中を練り歩き、途中二ヵ所に設けられた祭壇で宗教儀式をとり行う。

やがて五月が過ぎて六月になれば、もうドイツの夏も間近い。夏は中部及び北部ヨーロッパの人々全体がまちわびた休暇シーズンであって、彼らは太陽を求め、思い思いに海へ山へとでかけていく。

このように、ヒルリンゲン村は年がら年中行事行事で追われているのである。だからヒルリンゲン村の人々とながくつきあっていると、彼らの季節感は祭の推移によってかなり強く意識づけられているのを感じることができる。祭の準備には相当の時間がかかるし、相当の労力も費やさねばならない。しかし彼らは一般にかなり祭好きであって、ことに祭好きのザイレ君やその仲間たちにとっては、まるで祭が人生の生きがいであるかのようにさえみえるのである。

ところで考えてみると、日本では祭といえば、かならずといっていいほど神社か寺院がからんだ宗教行事が多いのである。じっさいに祭を行なう人に宗教意識があるかどうかは別問題としても、ともかく神社か寺院に関係のない祭は、大都会やその周辺地域での商工祭か、学校での学園祭くらいのものであろう。村や町などで行われる祭については、宗教と関係をもたない祭は日本の場合あまり見られない。

ところがヒルリンゲン村で行われている祭をみていると、例えば祭のなかではもっとも盛大なファスナハトでも故郷祭でも、村の教会とはほとんど完全に無関係に行われているのである。故郷祭の当日の日曜日の朝のミサには、私もヒルリンゲン村の教会に顔をだしてみたけれど、この日の神父の説教の内容は故郷という概念についてであった。もし教会がこの祭と関係をもっているとすれば、その関係はわずかにこの説教の内容だけのことであって、あとはいっさい教会と祭とは関係なしにことが行われているのである。

これ以外の祭でも、教会が関係してくる部分はそれほど多くはない。ニコラウス祭では、サンタクロースの一行がいったんどんど焼きの丘まで登ったあとで、こんどは丘から教会の前の広場まで行進してくるが、しかしこれは教会の前で子供たちがサンタクロースを迎える歌をうたったり、サンタクロースの演説をきくためだけのことであって、それ以上の関係はない。

クリスマス・イブの晩には、教会で夜おそくミサがある。しかし教会が一番関係をもっているのは御聖体の祝日の祭で、これは純然たる宗教行事である。この日は、ほとんど村人の半数と思われるほどの人数が祭に参加しており、村人の顔つきは厳粛で常の祭の日とはちがっていた。

御聖体の祝日。ヒルリンゲン村

ヒルリンゲン村の神父は、みるからにやさしそうな老人であって、村人にも愛され人気もあった。彼は自力で子供の遊園地をつくってもいるし、また資金集めのために、教会主催の園遊会をもよおしたりもしていた。しかしこと祭に関しては、教会はもはや二次的あるいは三次的の役割しかもたされていないのであった。

祭は御聖体の祝日やクリスマス・イブのミサなどを除いては、すべて同好会の主催であった。これはヒルリンゲン村だけの特徴というのではなく、西ドイツ一般がそうなっているのであった。それにヒルリンゲン村は、近在でも特に祭好きで名の通っているような村ではあったが、だいたいが大なり小なり西ドイツの南部一帯は祭好きであり、その祭を主催するものは、この同好会という組織であった。

同好会　同好会は、ドイツ語でフェルアイン（Verein）またはツンフト（Zunft）などと呼ばれている。ヒルリンゲン村にある同好会を、創立年代順に全部列挙すると、合唱同好会、射撃同好会、音楽同好会、スポーツ同好会、小動物飼育同好会、故郷同好会、となる。これらの同好会から各役員が選出され、その役員のなかから同好会全体の長が選出されるが、ヒルリンゲン村のこの全体の同好会長は、五〇歳くらいの仕立屋のリンダ氏であった。

リンダ氏は、教会の近くに洋服屋の店をもっていた。彼はこういった組織に関する才能のある人で、彼の人柄のよさは村人のだれもが是認するところであった。彼はまた音楽の才能にも恵まれており、彼が第二次大戦後に戦場からもどってきたとき、村はずれの丘にのぼり、そこの菩提樹の木の下から、ヒルリンゲン村を見下して作ったという故郷の歌は、よく村の宴会のときなどにうたわれていた。ザイレ君も同好会の役員の一人であったが、彼ら数名の役員たちは、ときどき集っては同好会で行う諸行事の相談などをしていた。

このほかにも、同好会の枝分れのような各種の同好グループがたくさんあった。例えば、ザイレ君の入っているコーラスグループ、民族舞踊グループなど。またファスナハトにはいつも魔女の仮装をして出場する魔女グループ、それに狩猟会、鳥打会など。それにまた同好会とはいえないけれど、消防団や赤十字の会員などもあり、彼らもまた祭になると、けっこうその方面の仕事の割当てがあるのであった。

ヒルリンゲン村の人口は、一九〇〇人であるが、同好会会員の延人員は約千名、即ち約五〇％の加入率である。これはこの村の属するチュービンゲン郡全体の平均値である三一％をかなり上回っているから、これだけでもヒルリンゲン村の祭好きは想像ができよう。しかし、こういった同好会の制度は、タウヌスのように大都会の通勤地に変貌し、よそ者が多数入りこんだ土地をべつにすれば、西ドイツ南部一帯の町や村に、程度の差こそあれ一般に広くひろまっている習慣なのである。

同好会などという名称をきくと、これはそう歴史の古いものではあるまい、と我々は想像する。しかしその歴史はそう浅いものとばかりは限っていない。例えば、ヒルリンゲン村で一番古い同好会は合唱同好会であるが、その創設年は一八六一年、即ち江戸末期の文久元年に当たっている。前章及び前々章で触れたタウヌスの上ライフェンベルク村も、今から九〇年前、即ち明治初期にはもう合唱同好会をもっていた。

同好会の活動は、祭のためだけにあるのではない。例えば、射撃同好会（一九〇九年創設）は村はずれに射的場をもっており、週末には非会員も集ってきて射的を楽しんでいる。またスポーツ同好会（一九二九―三〇年創設）はスポーツ会館をもっていて、週末には他町村グループとの試合を目標に練習にはげんでいる。これらの射的場やスポーツ会館の設備は、会員たちが財力と労力をだしあってつくったもので、そこではビール、軽食などの販売も行なっており、その収益は同好会の運営費に当てられている。

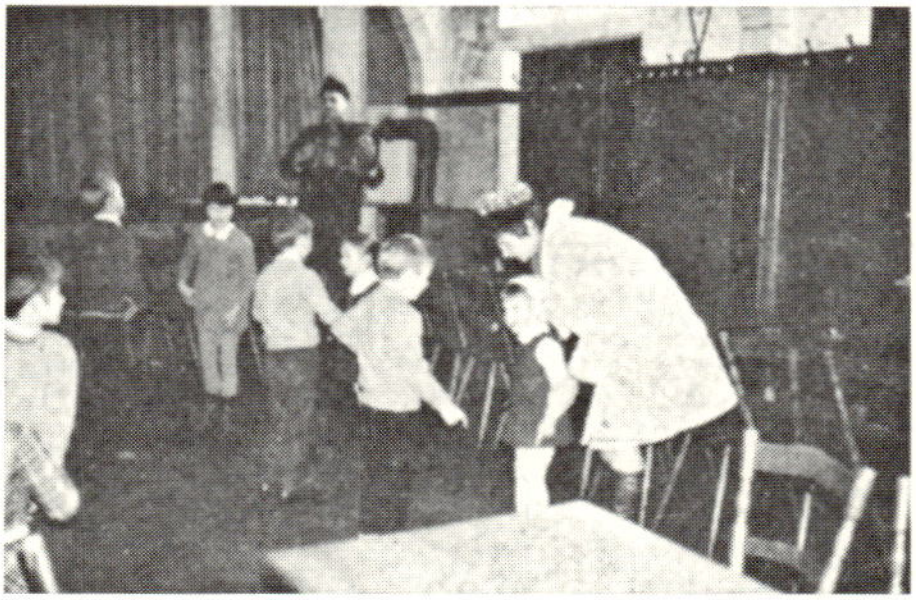
酒場の大広間で民族舞踊同好会の子供グループを教えているザイレ君（中央の奥）

ごく最近できた同好グループに、音楽同好会から枝分れした、「ヒルリンゲン歴史的ファンファーレ行進隊」というのがある。これは一九六四年の創設であるが、会員は青色に黄色い縞の入った中世の兵士のような服装をし、太鼓をたたき、ラッパを吹きながら町や村を行進して歩くのである。この服装をつくるときには、仕立屋で同好会長のリンダ氏が指導をし、会員の妻や母親たちが大わらわで縫いあげて、最初の晴れの舞台に間に合わせたということであった。旗手が振り回す旗は、手先の器用な壁紙張り職人のクルッ氏が自分でつくって寄付をした。このグループは人気がでてきたので、現在

ファンファーレ行進隊。背景は現在村役場になっている昔の領主の城

は（一九六七年の調べ）会員数三二名をかぞえるという。

その後このグループの評判は村の外へも喧伝され、西ドイツ各地や遠く南フランスの町へまで招待されて、その地の祭に行進をしにでかけていく。ザイレ君の属する民族舞踊グループの評判もよく、このグループも南フランスやハンガリーの町の祭に招待されて、その地で芸を披露している。このようなグループにとっては、各地の祭に招待されることは名誉でもあり、またその機会に、旅費をむこうもちで各地の観光ができるのである。

私もあるとき、このファンファーレ行進隊と民族舞踊グループに同行して、ヒルリンゲン村から一〇キロほどはなれた、ある村のビール醸造所の招待に同行したことがあった。我々は貸切りバスでおしかけ、ちょうど日本の地酒屋に相応するこのビール醸造所の前に整列したが、まず同好会長のリンダ氏が大声をはりあげて一席あいさつをし、ファンファーレを吹き鳴らし、民族舞踊を披露し、そのあとその醸造所の経営するレストランで、無料のビールをたらふく飲んで帰ってきた。

現在アメリカやヨーロッパの先進諸国では、いかにして余暇を楽しく有意義に過ごすかが大きな社会問題になってきている。やがて日本もこの問題に悩まされることであろうけれど、私はそのような課題に対しては、この同好会の制度が一つの解答例であろうと考える。ヒルリンゲン村の同好会加入率は、延べで五〇％に達しているうえ、じっさいにはなにかとその家族もかりだされるので、村人はほとんど全員なんらかの形で同好会と関係をもっているという。ある村人が、同じ同好会や同じグループの会員同士は、第二の家族だと私に語っていたが、じっさい彼らは、そのような雰囲気の付き合いをしていた。彼らはほとんど毎週のように互いに顔を合せ、遠慮のない愉快な会合や練習を行なっており、その様子はうらやましいくらいであった。日本の農村に、もしこのような雰囲気を導入しようと思うなら、まず宴会費などの金銭関係の習慣からして改造していかなければならないものと思う。

ビール醸造所の前で日頃の芸を披露する民族舞踊同好会

デンマークの大学では、自由な時間をどのようにして使うかという専門科目が独立した学科として設けられているという。一九七〇年の初めには、西ドイツでもフルダ（Fulde）という町に、フルダ郡の財政援助によって、自由な時間の使い方を指導する専門教師（Freizeitlehrer 余暇講師）の養成学校がつくられている。この学校の評判はよく、卒業後の就職口は、最初の卒業生がまだでていない以前からすでにきまっていると伝えられている。余暇の問題が、日本の大学で論ぜられる日も、もうそう遠くない将来のことであろうと思うのである。

兼業農家　西ドイツの町や村では、かならずといっていいほどその中心部に教会が立っている。ヒルリンゲン村の真中にも教会があるけれど、この村の場合は、教会の向い側に、四階半建てのかわいい小城も立っている。この城は昔この村の領主であったオウ男爵 (Freiherr von Owe) が所有していたもので、いまでは村役場と診療所に変っている。ある日私はここに村長を訪ね、いろいろと村の様子をうかがってみた。

ヒルリンゲン村の農家数は、戦争中で二〇〇戸であった。当時全村の戸数は四〇〇戸をかなり下回っていたから、村の半数以上は農業を営んでいたわけであった。それが、一九五四年には一八〇戸になり、一九六九年になると、農家数はわずか八八戸に減ってしまっている。

西ドイツの農家の定義は、〇・五ヘクタール以上の耕地をもっていることである。しかしじっさいに農業一本でやっていくには、現在では最低七〜八ヘクタール以上の耕地をもっていなければ無理であるが、一人で二〇ヘクタールも耕せるようになった現在では、七〜八ヘクタールの耕地の農家でももう苦しい状態に立たされている。

ヒルリンゲン村に残ったこの八八戸の農家のうちわけは、五ヘクタール以下の農家が六二戸、五—七・五ヘクタールの農家が二四戸、それ以上の農家はわずか二戸であった。しかもこの二戸の農家の耕地面積も二〇ヘクタールには満たないのであるが、しかしともかくこの二戸の農家だけは、純然たる農家として現在も農業を営んでいる。

そのほかの農家は、すべて兼業農家に変質してしまったのである。一家の主人、あるいは息子や娘も会社づとめに変っている。西ドイツの求人率はかなり高いし、給料のほうも悪くはない。彼らは会社さしむけのバスかあるいは自家用車にのって、朝早くロッテンブルクや、チュービンゲンや、またはその他の通勤地へとでかけていく。変質した農業に適応すべく、トラクターやその他の農機具を購入するためにも、彼らは現金収入を必要としているのである。

西ドイツの労働者は、賃金を計算する場合には時間単位で行なっている。一九六九年頃には一時間五〜六〇〇円が相場であったが、週休二日制であるから月にならすと約八万円程度になる。当時日本で同じような仕事をした場合の賃金の見当は月約四〜五万円程度であったと思われるので、ほぼ日本の二倍くらいの給料がもらえる。西ドイツの給料表は一般に日本よりも年齢による上昇率が少ないのであるが、このような制度は転業者にとっては有利ということができるであろう。しかしそのため会社は求人競争に追われ、一ヵ所にながく腰をおちつける労働者の率は日本よりかなり少ないようである。

給料が日本のほぼ倍であるから、生活は二倍も楽かというとそれはそうでもない。物価は物によっていろいろであるが、概していうと、日本より質が上等であるかわりに値段は一・五倍くらいは高いように思う（一九六九年）。だいたいが物価の高低や生活が楽か苦しいかの国際的比較は非常に複雑なもので、単に数字だけから割り出せるような問題ではない。例えば同じ条件で同じだけの給料をもらった場合には、日本人のほうが有利ということもできると思う。なぜというに、日本人は体格が小さいから、食料も衣服も住宅も小さなもので満足がいくため、同じ満足感に対しては支出の割合が少なくてすむからである。しかしそういった満足感まで考慮した国際的比較となると、これは複雑すぎておそらく結論のだしようもあるまいと思う。ともかくそういうこまかいことは一応無視するとしても、ヒルリンゲン村及び西ドイツ一般の兼業農家には、いろいろと有利な条件がそなわっている。

まず西ドイツでは日本の大都会のような極端な産業の集中化が少ないから、どこの農村からでも、三〜四〇分、おそらく最高一時間も自動車にのれば、なんらかの職にありつける町に到達できるということがある。つぎに彼らの職場は週休二日制であるから、農業は土曜日に機械を使って一気に片付けてしまうことができる。しかしやはり農繁期ともなれば、日曜日やまた平日の夜に、ライトをつけてトラクターを運

西ドイツでは老婆もトラクターを運転して農作業をする。ロッテンブルク市近郊

転することにもなる。だが、戦車のようなトラクターを使う大農法の農業では、農繁期はそう長くはない。ドイツは北国であるから冬はほとんど農作業がないし、日曜日は法律的にも宗教的にも原則として労働が禁じられているので、兼業農家でもふだんのときは日曜日には働かないのである。だからヒルリンゲン村のあたりでは、兼業農家のことを俗に土曜農家とも称している。

さらに、もしもっと現金収入を得たい場合には、正規の労働以外に残業をするかあるいは副業をすればよいのである。西ドイツの会社や工場で残業をした場合の割増率は日本よりかなり高いようで、一般の労働者の給料が八万円程度のときに、土曜日や夜おそくまで働いたりして、月二〇万円もかせいでいる労働者にたまにであうことがあった。一般にドイツ人は勤勉だから、こういった芸当を割と平気でやってのけている。

ヒルリンゲン村でも、いろいろな副業をもっている者がかなりいた。兼業農家で会社につとめているエーベルハルト氏は、人一倍早起きをして、朝の通勤者用の会社のマイクロバスを運転していた。兼業農家でダンプカーの運転手をしているマーチン君は、土曜日になると、注文をきいていたビールやぶどう酒を村の各家庭に配っていた。ザイレ君はもともと仕立屋であったから、土曜日には注文を受けていた背広やズボンの型直しや修繕をやっていたし、もともと壁紙張り職人であったクルッ氏は、土曜日になると頼まれていた壁紙張りにでかけていった。

また村の中には婦人たちのやっている手内職もあった。内職は内職屋が材料を運んでくるか、彼女たちが村の中にある仕事場へでかけていくのである。賃金のほうは日本の内職よりかなり率がよいようで、例えばザイレ君の奥さんは電動ミシンを使って子供のパンツを縫っていたが、一個二〇ペニヒ（約二〇円）で、朝から晩までやると一八〇から二〇〇個、即ち一日で約四千円になるとのことであった（一九六九年）。しかし彼女には小学生の子供が二人いたし、老人も家にいたので、月二万円程度の収入できりあげているという。

ヒルリンゲン村の人々が祭を楽しみ、同好会の練習を楽しんでいるそのささえには、このような経済的な裏打ちがあったのである。農業は斜陽であったが、ヒルリンゲン村には暗い影は感じられなかったし、事実ヒルリンゲン村の人口は、終戦時の一五五九人から一九〇〇人（一九六九年）に達し、現在でも人口は減少する傾向にはないということである。村人たちは生まれた村や親類知人に愛着をもっており、都会に移住しようなどという気持はさらさらないのだ、と村長もザイレ君も断言していた。

住宅　ドイツの住宅では、一階が仕事用に当てられ、二階以上が住居用に当てられている場合がかなり多い。農家では一階に牛や農機具が入れられ、人は二階に住んでいるのであるが、都会の商店などでは、一階が店や事務所や物置になっていて、二、三、四階に、家族、店員、間借人などが住んでいるケースが普通である。

そのためことに古い形式の家などでは、台所も便所も二階にとりつけられている場合が多く、そのような家はいまでもちょくちょくみかけられるのである。このような場合には、便所は二階でしたものが下のたまり場所へ落ちる仕組みになっていて、そのあいだの空間は板などで囲ってある。西ドイツ南東部の諸都市のなかには、町なかの二〜三〇〇年もたった古い家などで、この汚物のたまり場に雨樋が引き込んである習慣の地域があるが、この場合には、雨が降ったとき水洗式に汚物が下水設備へ流れ込むような仕組みになっている。

このような高所からの汚物の落下式のなかでの傑作は、なんといってもザルツブルク市の司教の城内の便所であろう。司教（Bischof）とは地方の僧としての最高の位にある僧のことで、昔は司教も自分の領地や城をもっていたものであった。ザルツブルク市も昔はこのような司教の治めていた都市であったが、いまでもこの昔の司教の城は小高い丘の上にそびえている。そしてそこに残っているかつての司教用の便所は、その落差が三〇メートルもある深いもので、穴をのぞいてみると、はかる下方の暗い所に、チラチラする外の明りがもれてくるのがみえるのである。

ザイレ君一家とその家（二階半建て）

ヒルリンゲン村やそのあたり一帯の農家でも、古い形態を残している農家はやはり人が二階に住んでいる。一階は入口を入った右か左側が牛舎になっていて牛が二、三頭入っている。その反対側は農具やその他の物置場である。真中の通路を通り抜けて、階段を登り二階へあがると、そこには居間や台所や便所などがある。牛と人間が一つ屋根の下に住むことはドイツではあたりまえのことで、ことに寒い冬などには、昔は牛の体温が暖房用の役割も果たしていた。

しかし、いまでは一階に便所やダイニングキッチンがある家が多くなってきている。商店や職人の場合には、一階の入口の右側か左側が店や仕事場になっているが、ときには一階にも居間が設けられていることもある。ザイレ君の家も、一階左側が仕立仕事や奥さんの内職の仕事部屋になっていて、右側には台所、便所、寝室があった。

　ドイツの民家を日本の民家と比較した場合、一番大きな相違は、階層が高いことと地下室があることであろうか。農家でも二階半の多層家屋が多く、三階目に当たる屋根裏の半階は物置になっているが、町なかなどでは三〜四〇〇年ほども以前の家というのに、四〜五階半建ての高層建築も珍しくはない。昔はこれらの高層建築の上の階には、店員、徒弟、女中などが住みこんでいたものであったけれど、いまではたいてい間貸しなどになっている。

　地下室《ケラー》（Keller）の習慣はもっと大きな日本建築との相違点といえるであろう。ケラーは日本の穴蔵のような簡単なものではない。ドイツではケラーのない家は皆無といっていいほどケラーの習慣が普及しているが、その広さはほとんど地上の建物と同じだけの面積がある。高さは人が立ってゆうゆうと歩けるほどで、部屋に改造した場合など、かなり大きな部屋がいく室かとれる。

チュービンゲン市の古い家並み。一階は商店になっている

　ケラーはまず物置に用いる。じゃがいも、野菜、漬物類など。それから石炭、まきなどの冬の燃料類など。また全室スチームを通す場合には、ここがボイラー置場の燃焼室にもなる。それから我々日本人にとって奇妙なことは、ここが洗濯場になることである。主婦はここで湯を沸かし、その日の洗濯物を洗ったあとで屋根裏部屋などでかわかす。だからドイツの家では洗濯物が窓の外に干してあるような満艦飾の風景はみかけることがない。その理由は、我々には

古い家を取り除いているところ。隣家の下層部にケラーの外壁が見える。チュービンゲン市

思いがけないことであるが、ドイツの町では一九世紀の中ほどに、町の美観と人に迷惑をかけぬため、屋外に洗濯物を干すことを町の法令で禁止してしまったからである（例えばチュービンゲン市では一八六五年）。

ドイツでケラーの発達しえた原因の一つには、ドイツの土地が乾燥しているということも考えられると思う。ドイツの土地は地下水の水位が低く、井戸を掘るにしても一〇メートル以上も掘らねばならぬことは珍しいことではない。古い城などでは、石を落しても水の音が返ってくるまでには数秒間もかかる、などという深い井戸をよくみかけたりする。ケラーはまた民家にばかりあるのではない。学校でも会社でもたいていの建物にはケラーがあって、それぞれの用途に利用されている。しかし我々にとってももっとも驚くべきは城のケラーであろう。古い城の地下に入っていくと、人の背丈の三〜四倍はありそうな大きな地下道が実に縦横に掘り進めてある。なかにはおそらく昔罪人がほうりこまれていたと思われる薄気味の悪い穴蔵もあるが、ときには何百年の歴史のなかで、たった二回だけ樽いっぱいに満たされたことがあった、などというぶどう酒の、見上げるばかりの大樽がおさまっていたりすることもある。

一般民家のケラーでうらやましいことは、ここに食料がたくさん貯蔵できるということである。彼らは食料が安いときに買いだめてここに貯えておくが、自家製のきゅうりの酢漬、各種の果物の砂糖漬など、それにりんごのしぼり汁を木樽につめて、三〜四ヵ月で発酵するのを待つ、自家製のりんご酒などを並べておく、これが少なからず西ドイツの主婦の家計をうるおしている。

地価及び建築費　西ドイツの総面積は約二五万平方キロメートルである。日本の総面積は約三七万平方キロメートルであるから、日本の約七割の広さに当たるわけである。人口のほうは約六〇一八万人（一九六八年）で日本（約一億一三二万人、同年調べ）の約六割弱に当たっている。一平方キロメートル当たりの人口密度をくらべてみると、日本が約二七四人であるのに対し、西ドイツは二四二人となっている（いずれも一九六八年調べ）。だから、ただ人口密度だけで論ずるならば、日本の土地の面積は西ドイツのそれとくらべてそう狭くはないということになる。

城のケラー。チュービンゲン市（Südwest Presse）

　ところがここにいろいろな条件が加わってくる。まず第一に、日本には山岳地帯がやたらと多い。国土総面積の七割以上が山岳地帯であるが、牧畜の習慣が一般的でない日本では、これがほとんど森林のままで放置してある。だから日本の国土の七割弱は、人のあまり住まない森林地帯で占められている。

　西ドイツの場合は国土総面積の三割弱が森林地である。しかし西ドイツの森林というのは平野地に造林されている場合も多いのであって、畑や宅地に改造しようと思えばできないこともない土地柄なのである。それにヨーロッパでは山岳地帯といっても、二～三千メートルの高所まで牧畜

城のケラーの中に収まっているぶどう酒の大樽。1546年に90本のオークの木を用いて作られたという。チュービンゲン市（Südwest Presse）

に利用している場合が多く、これらの山岳地帯では、山が半ば牧草地になっている。

さらにまた森林の種類が日本とはちがっている。日本の森林は七割が自然林で三割が造林だそうであるが、西ドイツの場合はほとんど全部が造林である。即ち、西ドイツでは利用されていない国土はほとんど皆無といっていいくらいなのである。

これに加えて日本では都会への人口集中化が西ドイツとは比較にならないほどはなはだしい。東京をはじめ、太平洋沿岸および瀬戸内海沿岸の諸都市に年々人口は集中する一方で、それ以外の土地は概してさびれる一方である。ヨーロッパも例えばフランスなどパリ一本に集中する傾向はあるが、日本と比べればまだましなのではなかろうか。なにしろ日本は山岳地帯が縦に横に走っているので、山のこちら側とむこう側とではかなり距離的に疎遠になってしまう。そのうえ日本の国土は、外国人がみたら滑稽なほど南北に細長く、これがまた交通を不便にする大きな障害になっている。

したがって当然のことではあるが、日本の宅地はおどろくほど高価である。日本の土地は一方では実におうように放置されている反面、一方では寸土の土地に万金をはたいて開発されているのである。

西ドイツの土地の値段を政府の統計で調べてみると、人口二万から五万の都市で、整地済みの土地が一平方メートル約三五〇〇円（一マルク一〇〇円の計算）、人口二〇万から五〇万の都市で一平方メートル約四八〇〇円、人口五〇〇万以上の都市で六八〇〇円である（一九六七年）。西ドイツの都市の人口は、西ベルリンが約二〇〇万、ハンブルクが約一八〇万で最大であるが、こういった大都市は西ドイツではむしろ例外で、人口五万から五〜六〇万の都市が各地の文化経済の中心地になっている。だから東京や大阪のような気違いじみた宅地の争奪戦は、西ドイツでもあることはあっても、日本ほどのひどい問題にはなっていない。

土地の値段の政府の統計などはそう当てにはなるまいと思ったので、民俗学のバウジンガー教授や、その他の知人にチュービンゲン市の土地の値段を直接きいてみた。それによると、一平方メートルあたり一万円もだせば、町なかのいい宅地が買えるとのことであった（一九六九年）。チュービンゲン市の人口は約五万五千であるが、大学都市であるから人口の割以上に高値だとのことである。しかし一万円くらいはするだろうという土地を、私が実地にみた感じでは、日本ならまず確実に二万円以上はださねばならない土地であった。

ヨーロッパでは2〜3千メートルの高所でも牛や羊が飼われている。スイスの夏の風景

だが、ドイツ人は日本人より大きな家を必要とするのである。私がよく遊びにいっていたチュービンゲン市のフーバーさんの家は、敷地一八〇平方メートル（約五五坪）、家の建坪五〇平方メートル（約一五坪）であったが、これは西ドイツの個人住宅としては最小のほうであった。フーバーさんの家は一九五四年に建てたもので、当

時は西ドイツもまだ貧しかったから、こういう家を建てることになったのであろう。しかし戦前や近頃の西ドイツの住宅は、一般にもっと大きく、普通の家でも敷地が五〇〇平方メートル（約一五〇坪）見当に、一〇〇平方メートル（約三〇坪）ほどの家が建てられている。

こうなるとドイツ人にとっても家を建てることは簡単ではない。しかし土地の問題は、高ければ郊外か田舎に建てればよいのであるし、通勤の便は自動車道路が発達していて日本よりは楽であるから、日本にくらべれば比較的容易に解決している様子である。彼らにとって頭の痛いのは、むしろ建築費の値上りのほうであろう。

大工左官の日当は、一九六九年で、手伝いの労働者が一時間六〇〇円、資格をもった大工左官（Meisterの免許所持）が一時間千円であった。当時日本の大工左官の日当は、一日二～三千円見当と記憶するが、そうすると一日八時間働いたとして、二倍から三倍の開きがある。しかも建築費の高騰は、西ドイツでもほかの物価上昇率を抜いて毎年あがる一方なのである。

西ドイツの新聞でも日本の新聞と同じく、住宅の広告がほとんど連日のように掲載されている。彼らにとっても、住宅問題が最大の関心事の一つであることは我々と変りがない。一九七一年の秋には、ウルム（Ulm）という町で建売住宅の展示会があった。その値段の一覧表が新聞にのっていたので、それを要約してみると、住宅の広さは最小が九五・五平方メートル（約二九坪）、最大が三四四平方メートル（約一〇四坪）で、大部分は一二〇―三〇平方メートル（三五―四〇坪）の家である。値段のほうは最低が六四〇万円、最高が三九五〇万円で、大部分は一千万円見当になっている。これが現在の西ドイツの人々のほぼ平均的な要求であり、なんとかかなえられそうな夢である、と理解してよかろうと思う。

しかし最近はやりだしたものに面白い試みがある。それは一二四種のタイプも備えている週末大工用の既製住宅である。この会社は、木材をはじめ、鉄材、ブロック、窓枠、ガラス等々、すべて希望のタイプの家に合わせた建築材料を販売し、あとの組立てを購入者が自力で行う仕組みになっている。その値段は二五〇〇万円見当であるから、普通の家の約四分の一くらいの値段でかなり立派な家が建てられるわけである。

ヒルリンゲン村の村はずれにも、近頃はこういった新聞広告にのっているような近代的な家が建ちだしている。近頃の西ドイツの一戸建の家は平屋あるいは一階半建てがふえつつあるが、屋根の傾斜もゆるいものが多くなってきており、窓ガラスも大きく、ベランダなどがついたものは、もう従来のドイツ風民家と構造的にいってなんの関係もない。村はずれにできつつあるこれらの新住宅地の住民は、村の青年や娘たちが結婚して構えた、新世帯が多いということである。

自分で組立てる家の一例（287万円）

このように西ドイツの住宅事情もそう楽ではないのだけれども、しかし日本とくらべれば、すべて条件がととのっているといえると思う。西ドイツ政府には住宅専門の住宅建築大臣（Wohnbauminister）というポストがあるが、この大臣が一九七一年の秋に言明したところによると、一〇年後には、各家族が一戸の、しかも自分の持家の住居をもつことができるであろうということである。この予想が当たるかどうかは今後の問題であろうけれど、ともかく西ドイツは日本とくらべると、住宅問題に関しては、自然的条件も政治的条件も、好調のように思えるのである。

食　事　西ドイツには主食の三大区分帯というものがある。北部はじゃがいも地帯で、南部は西がうどん地帯、東がだんご地帯になっている。この区分は現在ではかなり互いに混合しているが、しかしいまでもこの原則は明瞭にみてとることができる。

では主食はどうやって食べるのかというと、まずじゃがいもならばこれをゆでるかゆでたものをつぶして、食卓の中央の大皿に盛っておく。これとはべつに、肉や野菜を主体とする汁気のあるあたたかい料理もつくっておくが、これも大皿に盛って食卓の中央におく。さてそこでまずじゃがいもを各自の皿にとり、ついで汁気のある料理をこのわきにのせ、少しずつこの汁気とじゃがいもをかきまぜながら食べていくのである。

うどんやだんごでも同じことで、汁気のある料理の汁気をまぜながら、これらの主食を食べていく。うどんは日本のうどんとかなり似ている。昔は各家庭で作ったものであるが、いまではほとんど既製のものを使う。食べるときはフォークとナイフで食べるのであるから、食べる前にフォークとナイフで縦横に切ってこまぎれにし、汁気をまぜたうえ、フォークにのせて食べるのである。この食べ方は、日本人にとっては少々むずかしい。

うどんと似ているが、もっと短く、しかもうどん地帯で、うどんよりはるかにひんぱんに食べられる主食に、シュペッツレ（Spätzle）という料理がある。この地方ではシュペッツレが作れなくてはお嫁にゆくな、という格言があるくらいであるが、ヒルリンゲン村もうどん地帯に属しているので、このシュペッツレをよく食べている。

シュペッツレの作り方は、まずボウルの中で小麦粉を練る。日本ならば板の上で練るところであるが、ドイツの主婦はボウルの中で粉と水を棒でかきまわして練る。固めに練れば練るほどおいしいので、ドイツの主婦は、男の私でさえもかなわないような腕力をふるって一生懸命に練る。

練り上った小麦粉の一部をおろし金のような輪郭の板の上にひきのばす。そしてこれを端のほうから包丁状のもので細く切りながら沸騰している塩水の中へ落し込んでいく。こうしてできあがったシュペッツレは、うどんよりは短いが歯ごたえがある。

しかしいまでは、シュペッツレも既製品を使う家庭が多くなっている。既製品のシュペッツレは形はよいが歯ごたえがないことは日本の既製のうどんと同じことである。西ドイツのレストランのなかには、「自家製シュペッツレ」などと書いた看板をわざわざ掲げている店があるのも、日本の食堂の手打ちそばやうどんの広告と同じことと思う。

ドイツでは元来一日で一番ごちそうを食べるのは昼食であった。いまでもそうやっている家庭もあるが、しかし会社づとめの主人が多くなった現在では、夕食にごちそうを食べる家がふえている。シュペッツレや、じゃがいもや、小麦粉だんごにあたたかい肉料理をそえて食べる献立は、本来この昼食用の、一日で一番のごちそうのためのものなのである。しかし、いまではこれを夕食に回す家庭も多くなっている。

シュペッツレを作る主婦。チュービンゲン市

朝食はパンとコーヒーまたは紅茶である。朝食にパンとコーヒーまたは紅茶をとる習慣は、もう国際的になりつつあるようで、全ヨーロッパどころか、アジアにまでこの習慣はひろまりつつある。

夕食はパンとソーセージ類である。べつにあたためる必要がないので、ドイツ人はこれを冷食（kaltes Essen）などと呼ぶ。大人はこのときビールかぶどう酒を飲む。日本人にはこの夕食の冷食がにがてであるが、ドイツのソーセージ類は実に種類が多く、それに、ぶどう酒の味などが分かりだしてくると、これはこれでまたこたえられない味がある。

パンはどこの国にもいろいろな種類があるが、国によって主要な形というものはきまっている。フランスは例の棍棒のような細長いパン、スペインはコッペパン状のパンといった風であるが、ドイツのパンは直径四〇センチほどもある大きな円形の平たいパンである。これをドイツ人は百姓パン（Bauernbrot）などと呼ぶ。これがドイツ本来の伝統的なパンの形で、このパンが現在でも各家庭にもっとも多く普及している。

ヒルリンゲン村では、この百姓パンを城のわきの共同パン焼きがまで焼いていた。パンのもとは各家庭で作るのである。まず小麦粉を練り、イーストをまぜ、わらで編んだ大きなどんぶり型の入れ物に入れておくと、発酵して四〜五時間で大きくふくれ上る。パンを焼く日は毎週土曜日ときまっており、もっていくべき時間も予約したときにきめられる。料金は職人の手数料を支払うだけで、まき代は村の補助であるから、一つ三五円（一九六九年）しかかからない。直径四〇センチもある大きなパンは、一つか二つあれば五人家族でも一週間は十分もつ。食べるときは包丁でうすくそいで食べるのである。

ヒルリンゲン村のパン焼きがまは煉瓦製で、まきを用いていた。まきで焼いたパンはおいしいなどとドイツ人はいう。しかしもっと昔のパン焼きがまは、石製のかまどに同じくまきで焼くのであっても、焼き方自体が少しちがっていた。

昔のパン焼きがまは、横穴が一つしかなかった。そしてまずこのかまの横穴にまきをくべて、かまの石自体をあたためるのであった。石が焼けつくように熱くなったとき、まきをとりだし、もえがらもきれいにそうじをする。そしてこの同じ横穴の中にパンのもとを入れ、穴の入口にふたをするのである。パンは余熱で四〜五時間もたつとこんがりと焼き上るが、こうやって焼いたパンは特においしいといわれている。しかしいまでは西ドイツでも一部の農家しかこの方式で焼いていない。かまどのほうは、古い農家自体をそのまま博物館に改造したようなところを訪れるか、古いお城に残っているパン焼きがまなどをのぞいてみると、いまでも昔のままの姿をみることができる。

日本で普及している食パン型のパンは、ドイツではあまりみかけることがない。この型のパンは、フランスやスペインやイタリアなどでもあまりみかけることがなかった。あのような型のパンは、多分アメリカかイギリスあたりから日本へやってきたものと思うが、パンよりももっと変った日本版の洋食の習慣は、スープではなかろうかと思う。日本の洋食のスープは、一流のレストランのものでも、あまり感心したものに出合った経験がない。

ヒルリンゲン村のパン焼きがまと焼きあがったパン

スープとはもともと粥から発達したものであるから、本来もっと中身が多いものなのである。それに日本人はスープといえばポタージュかコンソメしかないようにきめてかかっているけれど、スープはもともとポタージュとかコンソメとかにきめてかかる必要のないもので、その日の都合によりいろいろなものを中身に加えればよいのである。

南ヨーロッパで人気のある料理に魚のスープがある。これはだしの濃厚な魚のみそ汁と思えばまず当らずといえど遠くはないもので、魚や貝やその他の中身がたくさん入っているから、それだけでもけっこう腹がふくれるほどの内容がある。その他の地域でも、スープの中身は一般に濃厚かつ腹にたまるものが多く、西ドイツの学生食堂などでは、前の日の料理の残りを中身に入れたりしていたが、けっこうそれでも日本のスープより味はおいしかったように思う。要するにスープはヨーロッパの粥か雑炊から発達したもので、本来腹ごしらえの目的をもっていたものなのである。だから、イタリアなどでは、食事の前座としてスープの代りにスパゲッティやマカロニを食べ、そのあとで本番の料理にかかることもある。ドイツでスープがつくとすれば、それは原則として一日で一番ごちそうの昼食（家によっては夕食）だけで、それもこのときにはかならずつくというわけのものでもない。

それに日本に伝わっているスプーンの使い方もおかしいと思う。西洋料理の講習会などではスープを音たてずに飲ませるため、スプーンの使い方に勝手な説明を加えてむずかしくしているようであるが、音をたてずにスープを飲むことはべつにむずかしいことではない。スプーンを縦に口もとへもっていき、そのままスプーンを口の中へほうばってしまえばよいのである。日本人は口を大きくあけることを不作法と心得る意識がしみこんでいるから、日本流の西洋料理の食べ方というものを考えだしたのでもあろう。しかしドイツでみていると、ドイツ人はみんなこうやってスプーンを口にほうばってスープを飲んでいる。

屠殺　日本では長いあいだ肉食の習慣がとだえていたため、我々にとって屠殺の情景はあまりなじみの深いものではない。それゆえ屠殺の習慣のちがいをもって、東洋と西洋の文化の相違を論ずるような極端な学者も日本にはいるが、しかし屠殺の習慣という点では、日本は東洋内でも例外的な存在なのである。豚を殺す光景をみて驚くような国民は、多分世界でも日本人以外にそう多くはおるまいと思う。

しかし日本人にとっては、なんといっても屠殺を見るのはあまり感じのいいものではない。ドイツの農村では冬になると、朝の暗いうちから豚があげるきいきいという悲鳴を耳にすることがある。ヒルリンゲン村でも冬には豚の屠殺をする家が多かった。ドイツの食事の習慣を知ろうと思うなら、けっきょく屠殺の様子もみなければなるまいと考えていた私は、ザイレ君に頼んで、兼業農家のマーチン君の家の屠殺をみせてもらうことにした。

前の夜はザイレ君の家に泊り、朝早くマーチン君の家へでかけていった。しかし豚はもうピストルで脳天を撃ち抜かれ、のどを包丁で切りさかれていた。ピストルは屠殺専用の簡単な構造のもので、またのどからでた血は二杯のバケツにためられていたが、これらの仕事はすべて屠殺屋（肉屋）の親方がやってくれるのであった。

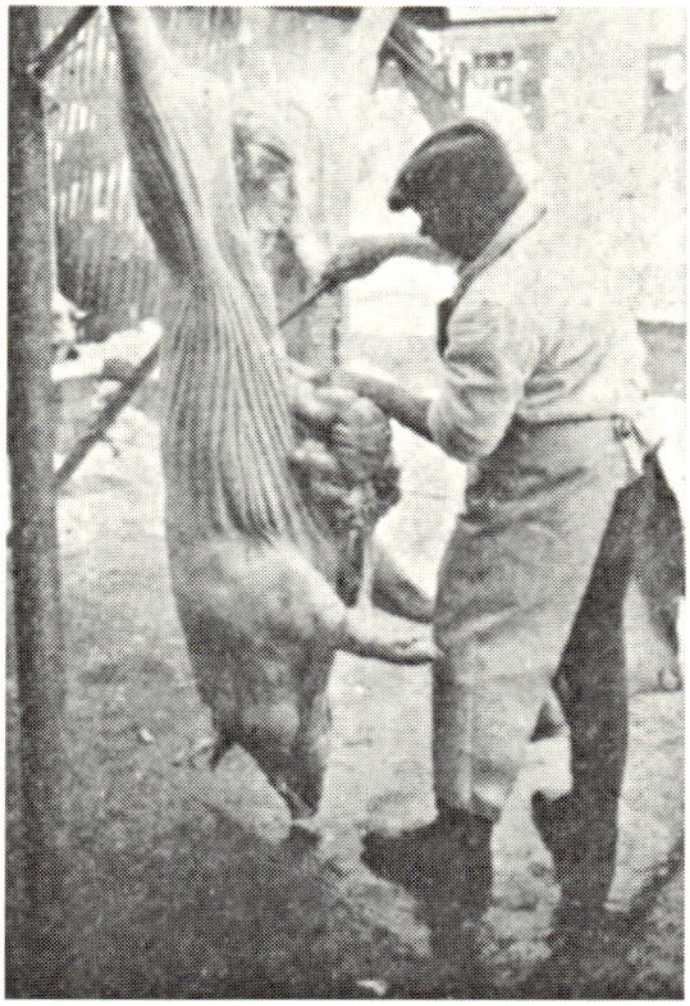

内臓をとりだす屠殺屋の親方。マーチン君の家で

西ドイツの職人は、すべて州の検定試験制度によってその資格をとることになっている。屠殺屋の場合も同じことで、六年の修業の後、親方（Meister）の資格の検定試験を受けるのである。親方の資格がなければ、店をもつことも弟子をとることもできないことになっており、親方という称号は、けっして悪くはない社会的地位なのである。屠殺の当日は朝早くこの親方がやってきて、むずかしい仕事はすべてやってくれる。肉食をいやしむ習慣など知らなかった西洋では、肉屋の親方もべつにいやしむべき職業などではない。

まずドラムかんを縦に二つに割ったような大きな容器に熱湯を注ぎ、これに豚を入れてあたため、鉄の鎖でこすって毛をむしりとる。ついで、二本の柱に豚の後足をゆわえてぶらさげ、腹を斧でたちわる。中からは内臓がはみでてくるが、内臓はそれぞれ用途があって捨てるところは一つもない。ちょうど腹をたちわったころに、あらかじめ届け出てあるので、保健所の係官がやってくる。彼はざっと豚をみまわし、虫のついた部分を切りとって捨て、そのあとで豚に検印を押して帰っていく。べつに複雑な検査があるわけではない。

屠殺の当日は、台所では朝から釜に湯がたぎり、親類の手伝いの人もやってきたりして、ちょうど日本のもちつき風景のような陽気なものになる。寒いので、人々はときどきシュナップスをあおって景気をつけながらいそがしく立ち働くが、いっしょに加わってわいわいやっていると、屠殺などはぜんぜん残酷なものではないというような感じがしてくる。

足のついたもものところは燻製か塩漬にする。はんぱの肉はすべてミンチにしてソーセージを作る。ソーセージの袋は、小腸大腸を裏返して洗ったものを用いる。血は少々固まったとき、脂身《あぶら》のミンチと香料を混入し、攪拌したあとで腸詰めにする。これが血ソーセージ (Blutwurst) である。そのほか、ブリキかんの口をゴムのパッキングでしめる自家製の肉のかん詰も作る。かん詰はかんに詰めたあと、熱湯で四時間ほど煮つづけるのである。

そうこうしているうちにお昼になるが、お昼にはこのつぶしたての豚の肉のぶつ切りをお湯で煮たものに塩をつけて食べる。ビールと百姓パンがつくが、これはなかなかの珍味で、これが屠殺の日の人々の楽しみなのである。

昔は暖炉の上にもも肉をつるして自家製の燻製を作っていた。しかしいまでは昔ながらの暖炉をもっている家が少なくなったので、村共同の燻製小屋を用いている。また家がせまくて屠殺をする場所がない人は、借り賃を払って村の共同屠殺小屋を利用する。この年ザイレ君も、生きた豚を一頭親類の農家からゆずりうけて屠殺を行なったが、そのときはその親類の農家の台所を借りて仕事をした。このときも私はでかけていき少し手伝いをした。屠殺にもなれてくると、この日をドイツ人が楽しみの一つにしている気分がよく分かってくるのである。豚は普通一家で一頭もあれば一年近くはもつのだそうで、肉屋で肉を買うことを考えれば大分割安になるとのことであった。

こういう国であるから、ドイツには日本人にあまりなじみのないような料理もある。牛の屠殺はいまでは普通の農家ではあまり行わないが、牛の生肉のミンチはタルタール (Tartar) と呼ばれる上等の料理である。牛のミンチに卵の黄身や香料を加えて練り、パンにのせて食べるのであるが、やや上等のレストランか肉屋の経営するレストランへでもいかないと、この料理はメニューにのっていない。ヒルリンゲン村の屠殺のときに、親方は豚の肉も生で食べていたが、レストランのタルタールは牛だけのようである。生肉の味は、牛も豚もまぐろの刺身のような味がして非常に美味である。

さて、西洋の文学や歴史を読んでいると、てんかん病の話のでてくる率が多いように思う。ギリシアではてんかんを神がのりうつったしるしだとして神聖な病気と考えたこともあった。私が以前専門に研究していた中世から近世にかけての魔女裁判史でも、てんかん持ちがいるとそれは悪魔がとりついたのだということで、それがもとで魔女裁判がはじめられた例がいくつかある。作家では、ドストエフスキーなどがてんかん持ちであったという。生肉を食べるとジストマにおかされることがあり、ジストマが頭にのぼるとてんかんになるとのことであるが、これが西洋の歴史や文学に、てんかん病が多くでてくる一つの理由なのではあるまいか。

農業以外の職業　第二次大戦直後の一九四八年の史料には、ヒルリンゲン村の農業以外の職業としてつぎのようなものがあげられている。即ち、左官、大工、石膏細工師、錠前師、指物師、蹄鉄・車鍛冶、ガラス細工師、石工、車大工、機械工、ブリキ職、水道ガス工事、時計屋、屠殺業・肉屋、パン屋、庭師、ろくろ師、果実酒製造、脱穀業、馬具師、仕立屋、靴屋、電気施工、陶工、壁紙張り師、搾油所、委託製粉所、床屋、桶屋、ラジオ屋、シュナップス製造所、また当時できたばかりの貸洗濯場、製材所、映画館などである。このほかに酒場・レストランが九軒あったが、うち三軒は昔自分の家でビールもつくっていた。しかしこのうち二軒は一九二〇年にビール製造をやめたので、当時はただ一軒だけがビールとシュナップスの製造を続けていた。

ところで、それから約二〇年たった一九六七年の調査によると、ヒルリンゲン村の農業以外の職業としては、建築業、運送・道路工事業、製材・工作所、壁・床張り業、ブリキ職、壁紙張り師、電気施工、ガラス細工師、石工、金属工作、繊維製品工作、賃縫い、靴製造、帽子製造、家具工場、紙製品工作、庭師、桶屋、製粉所、果実酒製造、脱穀業、豚商、ガソリンスタンド、床屋、食料雑貨商、屠殺業・肉屋、パン屋、靴屋、電気屋、時計屋、帽子屋、仕立屋があげられている。蹄鉄・車鍛冶、車大工、馬具師などは村に馬がいなくなると共になくなってしまったし、ろくろ師、陶工などの職人もいなくなっている。

この反面新しくできた職業は、建築業とか運送・道路工事業、製材・工作所、靴製造、帽子製造、家具工場のような、小規模ながら会社や工場組織のものがほとんどである。つまり農村の農業以外の職業も近代化の波に洗われた、ということなのであろう。

村でたった一軒残っていた自家製のビールおよびシュナップスをつくるレストラン兼宿屋も、いまはもうその製造をやめている。自家製ビールは大工場のビール会社におされ、採算が合わなくなってきたとのことで、いまでは西ドイツ全体でも、自家製ビールをつくっているレストランはごく少数しかない。

イタリアやスペインあたりへいくと、店のガラス戸越しに、職人が靴の修繕をしている様子のみえるような靴屋がまだたくさん残っているが、西ドイツではもうそういった靴屋の店はごく珍しくなっている。靴も服も工場生産の既製品におされ、職人風の靴屋や仕立屋は、ほとんど転業を強いられてしまったのである。

ザイレ君も、本来は親方の免許までとった仕立屋であったのだが、自分の仕事に見切りをつけて、チュービンゲン市のかなり大きな暖房器具製造工場の倉庫の事務員にかわった。ザイレ君は、給料さえ多ければ職業の種類はなんでもいいなどといってはいたものの、しかし日本では仕立屋の親方の腕をもっていれば、店をもってやっていけないことはない、などと私がいうと、彼も仕立屋でやっていければそれにこしたことはないのだが、とさびしそうな顔をみせたこともあった。

昔は少し大きな村なら、ドイツのどの村にも陶工がいたものであった。陶工は大部分注文制で、水がめや鉢類などを焼いていた。しかしこういった陶工も需要が減ってきたので、西ドイツ全体からもうその姿を消してしまっている。

水がめなどの日用品を作る陶工と、置物や人形などの装飾品をつくる陶芸家とは、ドイツでは区別されているが、ブラウンシュヴァイク市（Braunschweig）の博物館につとめているシュピース博士（Spies）は、陶工関係の研究家であったので、私は一度氏を訪ねてその方面の現状をきいてみたことがあった。氏の話によると、西ドイツの北半分は砂地であるから焼き物用の土がなく、この地方の陶工はいち早くすたれてしまったとのことであった。南部では、その後もしばらく続いていたが、しかしそれももう微々たるもので、多分現在はたった二人しか残っていないであろう、という話であった。

私は氏からその二人の住所を聞きだし、それぞれ一日がかりで、田舎道をたどって訪ねてみたことがあった。一人はかなりの老人で、私が訪れた前年（一九六九年）には、惜しくも亡くなっていた。仕事はもうかなり前にやめていたとのことで、仕事場も改造されて残ってはいなかった。もう一人は五〇歳ほどの年齢の人であったが、彼のほうは最近仕事場も大きくし、従業員も七〜八人はやとっていた。彼は近代感覚をとり入れた、半ば芸術的な民芸品に切り替えたため、それが当たって、注文は応じきれないほどやってくるということであった。作品は花びんや家庭用品などで、日本の陶器を思わせるような色合いや形をしたものもあった。シュピース氏の話によると、ドイツの陶工には芸術家意識はなく、日本の陶工のように、作品に自分の名前を書き入れることはないということであったが、この人の場合も、名前ではなくただ作品番号だけが書き込まれていた。仕事場は日本の陶工のものと同じ感じで、ろくろの前にはかわいい女の子が一人坐って練習をしていた。彼女はこの道に興味があるのでこの方面に進みたいのだそうであるが、親方の話によると、まだ海のものとも山のものとも見当がつかないとのことであった。ろくろは電気ではなく手で回していた。日本のように足で回す式のろくろは知らない様子であった。ともかく変形はしていたのであったが、この親方が西ドイツ最後のたった一人の昔ながらの陶工の生き残り、ということになる。

インゲンの語尾のつく地名

ヒルリンゲンのほかにも、ドイツにはチュービンゲンとかロイトリンゲンとかゲッチンゲンとか、インゲンという語尾に終わる地名は多い。インゲンとは、その人が住んでいる土地とか支配している土地とかいう意味があるのだそうで、ヒルリンゲン（Hirrlingen）が昔フルニンゲン（Hurningen）といわれていたのは、それはフルノー（Hurno）家という豪族がここに住んでいたからなのだという。

語尾にインゲンの付いている地名の土地が開けた年代はだいたいきまっており、それはドイツの歴史では一番古い時代のことに属するのである。ヒルリンゲン村が開けはじめたのも、ローマ人がドイツ南部に住んでいたころのことで、紀元前後のことなのであった。このようにインゲンの地名の付く土地は、古くから開けた昔も人の住みやすかった土地が多いのであって、いまでもインゲンの地名の付く町や村は、大概土地の肥沃な気候のいい土地柄に当たっている。

ヒルリンゲン村もこの例にもれず、ドイツとしては気候もよく人の住みやすい土地、ということができる。そのためもあってか、この村の人々は陽気で、農業や職人業は斜陽であっても、西ドイツ全体が経済的にうるおっていることも手伝って、村では概して暗い影は感じられなかった。

4 祭――伝統についての疑問

種族　父なるラインと呼ばれるライン川、また母なるドナウと呼ばれるドナウ川、それにライン川の支流のネッカー川の三流は、その上流が西ドイツの南西部で互いに接近している。そしてこのあたり一帯はシュヴァーベン（Schwaben）と呼ばれるのである。シュヴァーベンの隣はアレマン（Alemanne）と呼ばれる地方であるが、アレマンの範囲は広く、シュヴァルツヴァルトからフランス領のアルサス・ローレンにかけてもそれであるし、またスイス北部からオーストリアにかけてもその範囲に含まれている。

このシュヴァーベンとかアレマンとかいう言葉は、もともとはドイツ民族内の種族をあらわす名称なのであった。それがやがて彼らの住む土地もシュヴァーベンとかアレマンとか呼ばれるようになったのであるが、このような名称で呼ばれる地域の範囲は、政治的区画とは直接関係をもっていない。このほかにも、ドイツ民族内の種族の名前をあらわす名称として残っているものには、例えば、ザクセン、フランク、バイエルン、チューリンゲンなどがある。

人によってはシュヴァーベン人の特色は、詩情豊かで宗教的なところにある、などという（オスカー・ワイゼ『ドイツ風土記』奥野七郎訳、青磁社）。またドイツでシュヴァーベン人といえば、だれでもすぐ思いつく特徴は、倹約（sparsam）ということであるが、他郷の人々はこれをけちと称してばかにしている。しかし、だいたいこういった種族の特徴などといったものは、学問的にみれば少しの値打もないものなのである。オスカー・ワイゼは、シュヴァーベン地方出身の数名の詩人を例にあげて、シュヴァーベン人には詩的天分がある、などと論じているが、二、三の著名な詩人がこの地方からでたからといって、シュヴァーベン人全体が詩情豊かだ、などと結論を下すことは当を得た推論とは思えない。それにまた、倹約などといった概念も生まれつきの性質とは思えないから、種族本来の特徴をあらわす表現としては、不適当であろうと思うのである。

種族の性質をあらわすうえで、もっとも客観的価値のある基準となるものは体質的特徴であろう。しかしシュヴァーベン人の体質的特徴はなにかと問うても、きめてになるような解答はでてこないし、じっさい現在のシュヴァーベン人を観察していても、彼らと他地域のドイツ人とを区別すべき、体質的特徴をみいだすことはできない。

おそらく今から二千年もさかのぼれば、シュヴァーベン人はもっと種族としてまとまった形をとっていたであろうし、その当時ならば、もっと明確な種族としての特色を認め得たのかもしれない。しかし今では、こういった推測にさえ疑問をさしはさむ学者が多くなってきている現状で、そのような昔でさえも、種族としての一定の体質的特徴はなかったのではなかろうか、と考える人がふえつつある。ましてその当時から現在までの千年も二千年ものあいだ、ドイツ人内部の他種族や、他のヨーロッパ諸国人と交流し混血してきた結果の現在のシュヴァーベン人では、なにがシュヴァーベン人の特徴なのか、正確にはもうだれも見分けることができなくなっているのである。

しかし、シュヴァーベンにはシュヴァーベン語（Schwäbisch）という方言がある。そして、この方言のなまりぶりは、他地方のドイツ人にもよく理解ができないほどなのである。またこの地方には、この地方独特の習慣が残っているので、人々は、人種はともかく、言語や習慣は昔のシュヴァーベンの名残りであろうと一般に考えている。

シュヴァーベンに接するアレマン地方の方言は、シュヴァーベン方言に近く、これは互いに似ているということである。しかしドイツにはこれ以外にも方言は多く、互いに方言で話し合った場合には、ドイツ人自身にも理解が困難であることは日本の方言と同じことである。この方言の区域をもって、従来は種族の区域の名残りと考えてきたのであったが、しかしその境界線を調べてみると、方言も習慣の境界も、いまから一〇〇年ほど以前の政治的境界線と一致する場合が多い、という調査結果もでている。したがって現在では、この方言や習慣の区域でさえも、これまで考えられてきたような種族の区域の名残りではあるまい、と推定する学者もいるのである。

ともかく前章でみてきたチュービンゲン市もヒルリンゲン村も、地域的にはほぼこのシュヴァーベン地方の中心部に位置している。そしてこのチュービンゲン市を自動車で西へ走れば、二時間ほどでやがて土地の起伏がしだいにはげしくなり、森と牧場の国のシュヴァルツヴァルトにさしかかるのである。シュヴァルツヴァルトは種族の名称からいけばアレマン地方に属するが、このシュヴァーベンがアレマンに移り変ろうというあたりには、都会からはなれた静かな農山村が散在している。そしてそのなかに、エプハウゼン (Ebhausen) という小さな谷間の村も含まれている。

エプハウゼン村は、きれいな小川の流れる谷間の傾斜地に発達した小さな村であるが、この小川にそって下れば、川はやがてやや大きくふくらんで、ヘルマン・ヘッセの生まれたカルフ (Calw) の町にさしかかる。ヘッセはシュヴァーベンの生まれであったから、若いときに同じくシュヴァーベンにある大学都市チュービンゲン市の古本屋で働いたこともあったのであろう。しかし私がこの谷間の小さなエプハウゼン村を訪れたのは、文学のためではなく、老民俗学者のフリードリッヒ・ハインツ・シュミット先生（Friedrich Heinz Schmidt）を訪ねるためだった。

サンタクロースのけんか

シュミット先生は、もう大学を引退された老民俗学者であった。私は先生の書かれた論文のなかに、面白い記事を読んだことがあったので、ひとつせっかくドイツへきた機会を利用して、いろいろ先生に質問をしてみたいと考えてでかけていった。

その論文とは、この村に伝わっている二つの祭の変遷をあとづけたものであるが、先生はそれによって、習慣の伝承というものの解釈にひとつの提唱を試みておられたのであった。その二つの祭とは、一つは一二月五日または六日のサンタクロース、もう一つは一二月二四日の松明《たいまつ》祭のことなのである。

ドイツの聖《サンタ》クロースは、ニコラウス（Nikolaus）あるいはクラウス（Klaus）などと呼ばれているが、日本のように一二月二四日の晩にやってくるとは限っていない。それに服装も少し変っている。帽子は日本のように先が折れまがらずに、スペード型にとがって立った形になっている。これは司教帽といわれるもので、司教の位の僧の帽子をかたどったものであるが、そのわけは聖クロースが生前司教の位についていたからなのだという。また日本のサンタクロースの特徴である、肩にかつぐ白い大きな袋は、かならずしももっているとは限っていない。それにルプレヒト（Ruprecht）と呼ばれる山男のような乱暴者の家来をつれていることもある。ルプレヒトは三〜四本の木の小枝をより合わせたむちをもっており、これで観客を打って回ったりするのである。

しかしもっと昔は、ニコラウスつまりサンタクロース自身がもっと乱暴なものであった。エプハウゼン村の古い記録によると、ニコラウスは角をはやして鬼のような面をかぶっており、頭髪やあごひげをぼうぼうとのばして、山男のような仮装をしていた。ニコラウスは一人ではなく複数であった。彼らは革帯に鈴をつけならべた馬具状のものを肩からたらしてシャンシャン音をだし、棒やむちを振り回してあばれたり、また観客に追いかけられてにげ回ったりしていた。ドイツの他の地方に伝わっている昔の絵などをみてみると、ニコラウスがわらで作ったみのや、熊の毛皮のマントをはおっていたような地方もあるが、その様子はちょうど日本の秋田のなまはげを思わせるような仮装であった。

このような古い伝統をつぐニコラウスは、いまの西ドイツではもうほとんどみられなくなっている。しかしエプハウゼン村では一九四九年まで、そのような乱暴なニコラウスが、一二月五日の晩にあばれまわっていた。

この年この村では、祭の晩にけんかがあった。祭の夜のことなのでニコラウスも観客たちも酒に酔っていたが、一人のニコラウスと一人の観客とが争いをはじめ、ニコラウスのかつらとあごひげをひきむしってさらに仮面をはぎとろうとした。祭の仮面をとられることは、習慣からいって非常な侮辱を意味していた。他の二人のニコラウスがこの観客をなぐりつけた。

その後観客はこのことを裁判所へ訴えでた。裁判の判決は二年後の一九五一年に下されたが、結果は観客の勝利で、ニコラウスは二〇〇マルク（約二万円）の罰金を課せられた。そしてこのことが契機になって、エプハウゼン村ではニコラウス祭がふるわなくなったという。

ニコラウス祭の変遷　しかしエプハウゼン村のニコラウス祭の受難は、なにもこれが初めてのことなのではない。村の古い記録によると、一六九四年と一六九五年には、若者たちがニコラウス祭のさいにあまり大騒ぎをするというので、教会が騒ぎすぎた若者約一〇名を呼びつけて叱責している。それに一七一〇年には、けしからんというので、教会がニコラウス祭を完全に禁止してしまっている。当時の教会の勢力は相当なものであったから、その後ニコラウスたちは、本当にエプハウゼン村から姿を消してしまった。

ところが、いつのまにかニコラウスは復活していた。一九〇〇年の記事によると、ニコラウスたちが鈴を鳴らし、棒やむちを振り回してあばれまわるので、その晩はこわくて子供たちは外へでることもできないということであった。その祭の晩は、未婚の青年たちの無礼講の日ということにもなっていたのである。だが、一九四九年のけんかと、このけんかに対する二〇〇マルクの罰金刑の判決のでた一九五一年とは、ニコラウス祭にとって現代的な意味での打撃であった。こんどは相手は教会でもなく、祭に対する禁止令も発令されてはいなかった。しかしその後青年たちの祭に対する意気はあがらず、一九五七年まで続いてのち、とうとう若者たちのニコラウスはその姿を消してしまったのであった。

しかし、翌年、つまり一九五八年には妙な現象がおこった。即ち男や女の子たちの子供ニコラウスが現われたのである。彼らは黒っぽいマントを着て、おじいさんの顔立ちの面をつけ、綿か麻くずのひげをはやして縁広の帽子をかぶり、手には棒をもち、袋をかついで鈴をつけていた。彼らは知り合いの家や受け入れてくれそうな家を訪ねて回り、入れてくれと頼み、「おれはニコラウスだぞ」と強そうな声色をだし、お菓子をもらって引き上げていくのである。

この年にはまた、日本のサンタクロースのようなニコラウスも一人現われた。彼は先のとがった司教帽をかぶってはいたが、赤いマントをはおって白ひげをはやし、にこにこしたやさしいお面をつけていた。彼は婦人を一人お供につれて、エプハウゼン村の一部の家庭を対象に、プレゼントを配って回って歩いたという。

シュミット先生が論文には書けなかった打ち明け話をしてくれたところによると、このニコラウス祭の変化には、「よそもの」問題がからんでいたという。一九四九年の祭の晩にニコラウスたちになぐられた観客は、実はよそものであったし、新しく生まれたおだやかなサンタクロースは、他地方からの移住者たちが生まれ故郷の習慣をもちこんで行なったものだ、という。

個人の影響力　シュミット先生は、よくゲーテの野ばらの詩を例にあげて私に説明されるのであった。ゲーテの野ばらの詩は、もう民謡になりきってしまい、それがゲーテの作品だということを知らない人も多くなっている。しかしゲーテが最初にこの詩をつくったからこそ、この民謡は民謡として人々のなかに生き続けることになったのである。民謡に限らず、民俗習慣というものは、けっきょくそれを始めた人、それを伝えた人、という個人個人のありかた次第によってその伝承のありかたが変ってくるものなのである。

例えばこのニコラウス祭にしてみても、シュミット先生のこの考え方を当てはめてみるなら、ニコラウス祭でけんかをして裁判に訴えた観客、また新しくやさしい面のニコラウス祭を始めたよそもの、などどの個人の力が、このエプハウゼン村のニコラウス祭の伝統を変化させた、ということができるであろう。伝統というものは、抽象的にただなんとなく伝わっていくものだと理解してはならない、というのがシュミット先生の考えであった。

シュミット先生が論文のなかで引き合いにだしたもう一つの例は、一二月二四日の聖夜の松明《たいまつ》祭であった。この祭の場合は、この祭を村へ導入した人も、その年号も明確に分かっているのである。それはある小学校の先生が、一八九三年にもちこんだものであった。祭の方法は、村はずれの丘の上でたき火をし、人々はそれをとりまいて各自手作りの松明を振り回すというものである。やがてこの行事は定着し、クリスマスの晩に、村はずれの丘にちらちらする松明の明かりは、この夜の村の一つの情緒となった。

しかしこの祭の伝統にも受難の日がやってきた。この丘は牧草地であったが、松明を結ぶ針金の捨てられたものを牛が食べて、一頭病気になったのである。牧草地の所有者は祭の廃止を主張した。しかし、市販の針金なしの松明を使用したら、などという妥協案もでたりして、けっきょく紆余曲折をへたのち、村人の意見は二分し、祭は二つの丘で、それぞれ別個に行われることになった。

村人は二つに分かれ、感情的に相争って、松明祭を行なった。しかしやがてこの時期も過ぎると、いきつくところは祭に対する熱意が失われてきたのであった。そしてこの場合も、青年たちや小学校の上級クラスの熱意が失われてくると共に、祭の主役はしだいに子供たちへと移行していき、その上、従来はこの祭に参加しない習慣になっていた女性たちが、この祭に顔をだすようになった。

この場合でも、シュミット先生のいうように、個人個人の影響力がみてとれるのである。祭を最初に始めた人、その祭にけちをつけた人、そしてそれに対する個人個人の反応の相違などなど。たしかにシュミット先生のいうように、伝統はけっして抽象的にただ平凡に伝わっていくものではない。伝統とは、ただ単に伝えていくだけでも大きなエネルギーを必要とするものだ、というある別のドイツの民俗学者の言葉も、けだし至言であろうと思うのである。

祭のにない手たち　前章で紹介したヒルリンゲン村でも、ニコラウス祭は一二月五日の晩に行われている。この村では、この夜松明祭も一緒に行われていた。たき火のたかれる丘はここでも村はずれの牧草地であったが、祭の主役は古くからのしきたりで、小学校の最上級生ときまっていた。しかしできあがったたきぎの木組をみてみると、それは小学生の仕事とは思えぬほどの大きな丸太を組み合わせた大掛りなものであった。昔は森の中からこっそり木を盗み出し、秘密の場所に集積しておくのが習慣であったときいているが、しかしいまはそういったことはないようである。

日暮れにたきぎに火がかけられ、人々は村からちょうちんや松明をもって丘の上へのぼってゆく。やがてニコラウスも馬に乗ってやってくるが、ヒルリンゲン村のニコラウスは、まるで王侯のようなきらびやかな服装をまとっている。聖ニコラウスはかつて司教の位についていた聖者だということで、高僧の服装

丘をおりていくニコラウスと従者のループレヒト。ヒルリンゲン村

を模しているのであろうが、ヒルリンゲン村の場合は、ルプレヒトというひげをぼうぼう生やした山男のような家来をつれている。

ニコラウスとルプレヒトは、たきぎの回りにしばらくとどまったあとで丘を下っていく。こんどは人々も彼らのあとについて丘を下っていくから、ちょうちんや松明をもった長い行列が、丘の上から村の教会の前までぞろぞろと続いていくことになる。

教会の前の広場には台が設けられていて、その前には子供たちが二〇人ほど二列に並んでいる。彼らはニコラウスが近づくと歓迎の歌をうたい、そのあいだにニコラウスは台の上にあがる。歌が終わるとニコラウスはアルバムほどもある大きな本をおもむろに開き、子供たちに向かって演説を始める。

この年（一九六九年）ニコラウスになった人は、村でただ一軒のスーパーマーケットを経営しているツーク氏であった。ツーク氏は祭になるとよく王様などのいい役を割当てられるのであったが、それは彼が歴史同好会の会員でもあり、また体格もかっぷくがいいというほかに、経済的な理由もあってのことであろうと思われる。

ツーク氏は荘重な口調でこう読みあげた。「いまは寒い冬のただなかで、外には冷たい風が吹きすさんでいる。しかし私は人々の心を暖めるためにここへやってきた。……世の中には不幸な人々がたくさんいるが、西ドイツでは特にいま老人問題が大きな課題になっている……。」

老人福祉の問題を論じた彼の演説は、子供たちにとって少々長すぎたようであった。子供たちのなかには寒さでがたがた体を震わせて立っているものもいた。ようやく演説が終わると、子供代表のニコラウスに対するあいさつがあり、そのあとまた歌をうたってのち、待望のお菓子の袋が子供たちに配られる。

これで子供向けのニコラウス祭は終わったわけであるが、しかし大人向けのニコラウス祭はこれからであった。私は例によってザイレ君と村の酒場へでかけていった。酒場は人であふれており、人々はビールやぶどう酒を飲んで談笑していた。

それにまたニコラウス祭の夜には、この日だけの遊びもある。それはさいころを三つ同時にころがし、合計数の一番多いものが勝つという単純な遊びであった。それに勝ったものが一回ごとにもらう賞品はパンであったが、このパンは人形の形をしており、この日に限って焼かれる習慣になっていた。パンの値段は一個五〇ペニヒ(約五〇円)で、遊ぶ者が五〜六人組になってお金を出し合って買い、テーブルの上にのせておいて、勝った者がそのなかから一個ずつもらっていくのである。

こんなことをして楽しんでいるうちに、ニコラウスとルプレヒトが、こんどは酒場の中へのりこんできた。彼らの服装はまえと同じことであったが、今回はニコラウスが村の人気者である壁紙張り職人のクルツ君、ルプレヒト役はまえに豚の屠殺を私にみせてくれたダンプの運転手のマーチン君であった。彼らはもう他の酒場や家庭も回ってきたあとなので、このときには大分アルコールが入っていた。

クルツ君の名前はルートヴィッヒであったが、このルートヴィッヒ・クルツ君は実に祭には欠かせない人物であった。彼は口八丁手八丁の才人で、村の仮装の衣裳や演劇の舞台の絵などはすべて彼の作品であった。それに彼の奇知と弁舌の面白さは近在にまでなりひびいており、彼は他の村の祭にも、報酬をもらって漫談をやりにでかけていくほどであった。

クルツ夫妻とザイレ夫人(右)。ヒルリンゲン村の酒場の大広間で

このルートヴィッヒ君のニコラウスが入ってくると、酒場の中はいっぺんににぎやかさを倍加した。ルートヴィッヒ君は手にもった大きな鈴を二〜三度ガンガン鳴らして人々の注意を集めておいては、二言三言おかしな言葉を口走る。ルプレヒト役のマーチン君のほうは、三〜四本の木の枝をよじって作ったむちでもって人々をたたいて回っている。彼らが酒場の中にいるあいだは、酒場の中は爆笑の連続であった。

さてヒルリンゲン村の祭を考える場合、このルートヴィッヒ・クルッツ君の存在なくしては論ずることができない。ルートヴィッヒ君はこのほかの祭でもいつも村の人気者であり、中心人物であった。彼が現われたとき、人々はまた面白いことが始まるぞと期待できたし、彼が語ったり動作を始めるとき、人々は腹をかかえて笑いころげ、祭の楽しさにひたることができるのであった。シュミット先生流の解釈をここに当てはめるならば、ヒルリンゲン村の祭は、ルートヴィッヒ君個人があって初めて成り立つようなところがあった。

このほかの重要人物として、まず名をあげらるべきは全同好会長の仕立屋のリンダ氏であろう。彼は年輩からいっても人柄からいっても、同好会全体をまとめあげている中心人物で、ヒルリンゲン村の全同好会がスムースな運営をみせているのは、なんといっても彼あってのことという点では村人のだれも異存はない。そのほかにも、スーパーマーケットのツーク氏や、ロベただが気のいいダンプの運転手のマーチン君や、祭が人生の生きがいのようなザイレ君や、若いときの苦労がみのってようやくこのごろ民族舞踊を楽しむことができるようになったエーベルハルト夫妻などなど、人々と集って騒ぐことがことのほか好きな二〇名ほどの中核人物があって、ヒルリンゲン村の諸行事はとどこおりのない愉快な進行をみせるのである。

伝統の密度　シュミット先生は大学を引退された老民俗学者であったが、現代における祭の形態の変遷など、新しい時代の問題をとりいれた論文もかいておられた。しかしチュービンゲン大学のバウジンガー教授やその下にいる若手の民俗学者たちによると、シュミット先生の研究はもう古いということで、一般にあまり相手にされなかった。

チュービンゲン大学の民俗学科では、目下新しい民俗学を開拓しようという動きがあり、彼らは一九七一年の初めに、従来の民俗学（Volkskunde）科という名称まで廃して、経験文化学（empirische Kulturwissenschaft）科という名称に変えてしまったほどなのである。研究の内容や方法が変った以上、科の名前も変えなければならない、というわけであった。

この学科の総師であるバウジンガー教授は、従来の民俗学に対し、数々の疑問を投げかけておられる。そしてその一つが、従来の民俗学で用いていた伝統というものの概念についてであった。バウジンガー教授はこのことを説明する場合、よくある例をあげて話されるのであったが、それはお祭のお面の伝統についてのことであった。

ドイツでもお祭になるとお面をつける場合があるが、ことにシュヴァーベン地方と、それに隣接するアレマン地方のファスナハトの祭では、各地でお面をつけて騒ぐ行事が多く行われている。そこで民俗学者たちは、これらの各地の独特のお面の形や、古い文献にあらわれているお面の形を比較し、互いの親近関係や伝統のつながりなどを論ずるのである。

ヒルリンゲン村に古くから伝わっているというファスナハトの面

事実現在でもこういうことを問題にしている民俗学者の数はけっして少なくない。私はあるとき、オーストリアのブレゲンツ(Bregenz)という町で行われた西ドイツ・オーストリア合同のファスナハト研究会に出席したことがあった。この席上あるオーストリアの大学の先生は、オーストリアのある地方の太古の発掘品からでたお面の写真を示して、この地方のファスナハトのお面は、このような太古からの伝統をうけつぐものかもしれない、と論じていた。またお面の話ではないけれど、同じくこの席上で、あるオーストリアの民俗学の教授は、ファスナハトのお祭は、けっきょく、太古及び中世以来の豊饒祈願の民俗行事の伝統をうけつぐものであろうということを力説していた。

しかしバウジンガー教授によれば、このような論旨は滑稽な話だというのであった。例えば子供たちに人の顔を自由に描かせたとすると、彼らは申し合わせたように、口もとの両端を上にひきあげて笑っているようにかく場合がかなり多いというのである。またたとえ両端が上にひきあがっていないにしても、口のかっこうは、横にのびているか下にさがっているかの合計三通りくらいにすぎないのであるから、例えばお祭のお面の口のかっこうがただ偶然互いに似ていたからといって、二つのべつの地方のお面が系統的に関係がある、ということは確実にはいいきれないということになる。即ち、バウジンガー教授がよく引用して説明する例とはこのことなのであるが、教授の主張によれば、その間のつながりが完全に資料によって証明されない限り、伝統の連続性は立証されてはいない、というのである。

また教授の意見によれば、ファスナハトが元来豊饒祈願の民俗行事であると力説する議論もあまり学問的には価値がない、という。なるほどかつてはファスナハトの行事に人々がそのような願望を込めた時代もあったであろうが、しかし現在ファスナハトの祭に参加する村人の意識には、もうそういった豊饒祈願の願望など皆目認めることができない。そうしてみると、現在のファスナハトの祭の行事を研究しようとする場合には、そのような歴史的な発端話より、現在村人がどのような意識でもって祭に参加しているのかを調査するほうが、より学問的に価値の高いものであり、かつまた学問としての必要度も高いということができる、というのである。

シュヴァルツヴァルトのエルツァハ村のファスナハトの服装。これもシュデッヒと呼ばれている由緒ある仮装。手にもつ風船は牛や豚のぼうこうの塩漬けで作ったもの

バウジンガー教授は、フランクフルト大学のブリュックナー教授(Wolfgang Brückner)と共に、伝統の連続性についての疑点を論じた論文集を編纂しているが(Kontinuität? Geschichtlichkeit und Dauer als volkskundliches Problem. Erich Schmidt Verlag Berlin, 1969)、そこにのっている「連続性の数学に寄せて」(Zur Algebra der Kontinuität)という氏の論文のなかに、氏は一つの表をかかげている。

表4は、普通はただ伝統のつながりという言葉で片付けてしまっている概念でも、くわしく観察すれば、それぞれの伝統のつながりのなかに濃淡の密度の差がある、ということを示すものである。例えば祭という伝統についていうならば、その祭に

	1	2	3	4	5	6	7	8	9	10	11	12	13	14	15	16
物	+	+	+	−	+	−	+	+	−	+	+	−	−	−	−	−
場所	+	+	−	+	+	+	+	−	−	−	−	+	+	−	−	−
演技者	+	−	+	+	+	−	−	+	+	−	−	+	−	+	−	−
機能	+	+	+	+	−	+	−	−	+	+	−	−	−	−	+	−

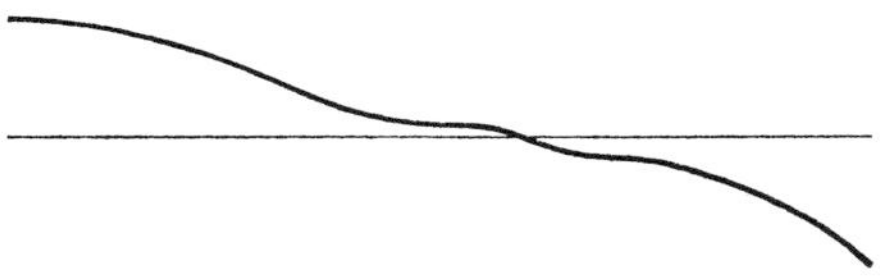

表4　伝統の連続性の濃淡

用いる道具や衣裳などの物、その祭がどこで行われるかの場所、その祭を行う演技者、それに祭が人々にとってどういう意味や影響をもつかという機能という四つの観点からみてみても、それら四つの要素をすべてうけついでいる伝統のつながりというものはめったにありえない。伝統の連続性というものはたいていの場合、このうちのいくつかの要素が欠けたり変質したりしている。表の左側の言葉はこれらの四つの要素を示し、その右に並ぶ＋－の記号は、それがあるかないかを表わしている。そしてこの四つの要素の、満ち欠けの一六通りの組合せによって生ずる伝統の濃淡の差をみせてくれるものが、その下の横にはっている線の、左から右にかけての下降の度合である。

バウジンガー教授は、この個々の場合に当てはまる実例をこの論文のなかで列挙して具体的に説明しているが、いまはその紹介を省略することにする。しかし同じく伝統という一語で表現されている概念であっても、そこには個々の場合場合で、それぞれその伝統の密度に種々の濃淡の度合の差があること、したがってまた、ただいいかげんに二つの習慣を結びつけて、伝統的につながっていると論じて問題を片付けてしまうことは簡単にすぎる、というバウジンガー教授の主張は、理解していただけるものと思う。

羊踊りの伝統の変遷　ヒルリンゲン村の祭にしてみても、中世以来つづく伝統のような様子をみせながら、その実年々新しい変更を加えられていたり、また新規に他地方から導入された習慣であったりするものが案外多いのである。

例えば、五月の御聖体の祝日につくられるおがくずと花びらのじゅうたんの習慣（前章の「祭と教会の関係」の項参照）がそうである。いまではヒルリンゲン村の人々は、花のじゅうたんのことならおれの村にまかしてくれというほど自慢にしており、事実この花のじゅうたんの作り方を習いに、他の村からやってくる者もいるほどである。しかしこの村にこの習慣が入ってきたのは一九五五年のことで、この伝統はまだ二〇年もたたない若いものなのである。

この伝統をもちこんだ人は、当時この村に新しく赴任してきた牧師と、彼と一緒にやってきた幼稚園の先生であった。この習慣は、彼らが前任地の習慣をこの村へもちこんできたものだった。さてところでこの実例を、さきのバウジンガー教授の表に当てはめてみるなら、花のじゅうたんの製作に使うおがくずと花びらの物、それの御聖体の祝日の儀式に果たす機能は牧師の前任地の村と同一であっても、場所と演技者は、他村及び他村の者に変っているのであるから、伝統としては二分の一の濃度しかもっていない、ということになる。

おがくずと花びらと草の葉のじゅうたんを作っているところ。ヒルリンゲン村

祭の起源ということでは、これよりはるかに古いヒルリンゲン村の羊踊り（前章の「祭の二日目と三日目」の項参照）の場合はどうであろうか。この祭は一般に領主が領民に羊を与えて、秋の収穫祭をとり行わせた名残りであろうと解釈されており、また近在にも同じ

ような習慣を伝えている村もいくつかあるが、しかしその起源を正確に証拠だてる資料はなに一つ残されていない。

けれども、いまでは領主も存在していないし、羊も隣村からの借り物であるし、また踊りの競技に勝ったものは、現在ではその羊をもらうことはできないのに、その日の仲間のビール代を負担せねばならないしきたりに変っている。当然この祭の伝統は、その出発点以来、かなり大きな変遷を経験していることは明らかである。

1947年の羊踊りの行進，先頭をゆくのは羊と時計，後方はヒルリンゲン村の教会

このヒルリンゲン村の羊踊りの行事の歴史については、いまから七〇年ほど以前までならば、その史料が残されている。そしてこのわずか七〇年のあいだだけでも、この羊踊りのやりかたには、かなり大きな変化をあとづけることができるのである。

もっとも古い史料は一九〇一年のものであるが、当時の羊踊りの会場は現在の牧草地ではなく、村はずれの谷間であった。青年たちは結婚式用の楽隊のあとについて、そこまで堂々と行進していくのであった。相手の女性は現在のように最初からペアを形づくらず、会場に到着してから初めて対になって踊っていた。

それに祭のあとの酒場での宴会では、当時はまるできまったように、けんかがはじまったという。

第一次大戦中及び後に、この祭には八年間のブランクがある。この祭の復活には村の牧師も村長も反対であったが、その理由は、この習慣のようになっている祭のあとでのけんかにあった。しかし一九二二年に、リーダー格の一青年が、責任をもって争いをおさめるという言質を入れ、羊踊りは復活された。

その後も羊踊りは、二、三年から一二年間に及ぶブランクを四回も経験している。その理由は、不明のものもあれば、グループ間の不和、あるいは戦争による中断などなどがある。そしてこのあいだに、踊り手の服装も、踊る場所も、何回か変更が加えられている。

また、年によっては経済的に祭の継続が特に困難であったにもかかわらず、青年たちが親の反対をも押し切って強行したような場合もある。この年青年たちは親の許可もなしに、近くのビール醸造所へこっそりと自分の家の大麦を売りわたし、賞品の羊は祭のまえにせりにかけて買い手を定めておき、祭のあとでの宴会の飲み代を浮かせていた。

最近加えられた羊踊りについての大きな変更は、昔ヒルリンゲン村の領主で、名君とうたわれたオウ家のゲオルク七世のありし日の姿を、この羊踊りの日に復元しようという計画であった。この計画を引き受けたのは、一九六二年に創設された同好会である、故郷会に所属する歴史グループであった。これは一九六四年のことで、この習慣は現在に至るまで継続している。

私がこの祭をみたのは一九六九年の秋であったが、この年にはまたいくぶん変更が加えられていた。つまりこの年には、秋の諸行事をすべて一緒にまとめて故郷祭(Heimatfest)と命名し、当日は、ヒルリンゲン村をはなれて他地方に移住している人もすべてこの村に立ち返ってもらい、全員が一堂に会合して旧交をあたためようと計画したのであった。即ちこの年は第一回目の故郷祭に当たっていた。

馬車で会場へかけつけるオウ男爵の一行

この年この祭の当日には、多数の観衆が羊踊りの開始を見守っていた。そのときオウ男爵に仮装したスーパーマーケットのツーク氏が、きらびやかな二頭立ての馬車におさまり、騎馬や徒立《かち》ちの従者を十数人したがえて、会場の牧草地の中へ観衆を割って入ってきた。馬車の中の彼の隣の席に並んで坐っている男爵婦人は、ツーク氏の奥さんでスーパーマーケットの女主人であったが、彼女はそのままの姿でも男爵婦人として立派に通用するほどかっぷくのよい貫禄十分な女性であった。このオウ男爵の一行は、楽隊の演奏に歓迎されながら牧場の一角にしつらえられた台の上にあがり、そのあと踊り手の一行に対して、領主としての祝いの言葉を述べた。

さて、この羊踊りの伝統を、バウジンガー教授の表に当てはめてみるとどうなるのであろうか。まず祭に使う道具や衣裳はほとんど変ってしまっている。肝心の羊でさえもよそ村からの借り物である。祭の場所も変っている。祭の演技者も、おそらく昔は領民一般であったものが、いまでは一九歳の青年と彼らの選んだ娘たちに変っている。祭の機能も、領主対領民の収穫祭から、成人式的意味をもった青年たちの無礼講の祭に変り、それがさらに現在ではかなりショー的な要素を帯びるように変っている。村人は羊踊りを中世以来の伝統行事として誇っているけれど、どこに中世以来の伝統的要素が含まれているというのであろうか。

フォークローリスムスとトリスムス

チュービンゲン大学の民俗学科では、この地方で一番大きな祭であるファスナハトのグループ研究を行なっている。助手を頂点とする博士過程の学生一〇名前後が手分けをし、アンケート用紙をもって各村を回って歩き、村人の意見をきいてその統計をとるのである。調査はもう何年間か続いており、そろそろ結果のまとめの段階に入りつつあるが、しかしまだ現在のところは未発表である。

アンケートは全部で八一問もあるかなり大掛りなものである。例えば、「ファスナハトはこの土地に古くから伝わる習慣であるから、育てていかなければならないと思うか」とか、「ファスナハトのような古い習慣は、現代にはもうむいていないと思うか」とか、「ファスナハトを豊饒祈願の祭と思うか」とか、「ファスナハトは、つねづねのうっぷんをはらすための大騒ぎをする日として価値があると思うか」などというのがそのなかに含まれている。

アンケート全体をとおして、はっきりとみてとれることは、この研究の目的が祭に対する村人の意識調査にある、ということである。即ち、祭が歴史的にどのような起源や由緒をもつものであるか、などという従来の民俗学の主要な問題は、彼らにとってはもう枝葉の問題になってしまっている。事実、現在のファスナハトの祭に参加している人々の様子をみていると、彼らが穀物や家畜の豊饒祈願を行なっている、などという気配はみじんも感ずることができない。ファスナハトの祭を、現代の問題として受けとめようとするならば、たしかにこのチュービンゲン大学の民俗学科がやっているように、村人の意識調査にこそ、的を合わせてその研究を進めるべきであろうと思う。

かつて祭は、ほとんどすべて宗教行事と関係をもっていた。しかし祭の宗教性が薄れ、現在の西ドイツの祭のように、ほとんど宗教性が皆無になってしまった場合には、いったい祭についてどのような概念を問題にすればよいのであろうか。そのような場合、ひとりチュービンゲン大学に限らず、西ドイツの民俗学者たちが近頃もちだす概念が二つある。即ちフォークロリスムス（Folklorismus 民俗熱）とトリスムス

(Tourismus 旅行熱)がそれである。

日本もこのごろは、民芸ブームと旅行ブームにわきかえっているが、西ドイツのそれは、おそらく日本のそれを上回っているであろう。西ドイツでも、民芸品や民族衣裳や民族舞踊はブームであり、旅行ブームがそれとからんで、彼らは各地へその地の民俗的雰囲気を味わおうとおしかけていく。

さて、このところヒルリンゲン村の祭好きはかなり有名になって、祭の当日には、新聞社やテレビ局が大きな撮影機をもちこんで取材にくることが多くなった。もちろん近郷近在から自分の目でみようという見物人も多くおしかけてくるが、村人はこれを自慢の種にしている。

一方ヒルリンゲン村の村人たちは、ただ自分の村にじっとしていて他町村の者に見物されているだけではない。彼らの運営する同好会でも、射的やサッカーなどのスポーツの試合に他町村へでかけていくこともあるし、またファンファーレ行進隊や民族舞踊同好会などは、他町村や外国の町の祭に招待されて、日頃の芸を披露にでかけていく。彼らは各地で自分の村の民俗的雰囲気を味わってもらうと共に、その機会に彼らもまた、旅費・宿泊費を向こう持ちで、外国の風物を楽しんでくるのである。

この場合、彼らの披露する民俗芸能とはなんであろうか。例えば民族舞踊同好会のリーダーはザイレ君であるが、彼らがおどる踊りは、ザイレ君が踊りの講習を受けたり市販されている民族舞踊の簡単な本を読んで研究し、多分こうやればよいのであろうと考えて指導した西ドイツ南部の民族舞踊なのである。歴史的ファンファーレ行進隊にしてみても、彼らがわずか七〜八年の歴史しかもっていないことはすでにみてきた(前章、「同好会」の項参照)。ドイツの民族舞踊の本をもとにし、ドイツ人が踊るのであるから、ドイツの踊りであることにはちがいはないし、ドイツ人が演奏する楽隊であるから、ドイツの行進隊であることにはちがいがないが、しかし伝統の濃厚さを尊重しようという意識をもってこれをみるなら、これらの民俗芸能は、ほとんど価値をもたないということになる。

ヒルリンゲン村の祭好きは近在になりひびいているとはいえ、しかしまだ、西ドイツ全域にその名が通っているというほどのことはない。だがミュンヘンのオクトーバーフェスト（十月祭）となると、ひとり西ドイツだけではなく、ヨーロッパ全域からも、その他の世界の各地からも、たくさんの人々が集まってくる。彼らは街頭で披露される民族舞踊や楽隊の行進を眺めて、ドイツ各地の民俗芸能を楽しむわけであるが、彼らが目にする芸能はいったいどういう性質のものなのであろうか。この祭にはヒルリンゲン村の同好会もかつて招待されたことがあり、彼らはそこで民族舞踊を披露した経験をもっているのである。

ミュンヘンの十月祭に行進するヒルリンゲン村の民族舞踊グループ

さてミュンヘンから南へさがった片田舎に、オーバーアメルガウ（Oberammergau）という小さな村がある。この村には村人の演ずるキリスト受難劇という有名な民俗行事が伝わっているが、これは一六三四年以来つづく、世界的にも由緒のある伝統演芸である。この行事の起源は、当時ドイツ全土に蔓延した恐ろしいペストの平癒を祈願したもので、もし神がこの疫病をとどめてさえくださるなら、キリストの事跡を、村人の演ずる演劇によって再現いたしましょう、という神との約束によって始まったものなのだという。その後この行事は、一〇年に一回もよおされることになったが、最近の上演年は一九七〇年であ

オーバーアメルガウの受難劇の一場面。キリストが十字架をになって歩いているところ

った。

私は運よくこの年ドイツに居合わせて、この演劇をみることができた。劇はたしかに興味深いもので、それ相応の感銘もあった。しかし世間ではこの演劇に対してとかくの非難を浴びせていた。

私の知人のドイツ人は、あれはもう宗教ではなく、見世物であるから見にはいかない、などといっていた。演技者に宗教心がないからという理由で、飛行機及び宿泊の予約をキャンセルしたアメリカの団体もいくつかあった。劇の上演日数は五カ月間にわたって月に一八日程度にも及んでいたが、しかしそれでも需要に応じきれず、このほかにも臨時に月平均五日ほど上演していたという話であった。入場料も高かったし、村はこのため民宿がにぎわってかなりの収益をあげていたから、たしかにこの演劇を、ただ宗教性だけで解釈することは無理な話だと思う。

ともかく、祭とか伝統演芸などという現象を理解しようとする場合、現在ではもう宗教性とか起源論だけでは納得のいく解釈ができなくなっている、というところが現実であろう。

5 まとめ――均等相続地帯と単独相続地帯

相続方法の異なる二地域　西ドイツの遺産相続には、大きく分けて二通りの方法がある。一つは子供たちの数に応じて平等に分配する均等相続（Realteilung）で、もう一つは一人だけが一括して相続する単独相続（Anerbenfolge または geschlossene Vererbung）である。しかしじっさいには、均等相続といっても、なにからなにまですべてを平等に分割するというわけにもいかないから、家、農地、その他の物件をいったん金額に換算し、またいろいろの条件を考慮したうえ、できるだけ平等になるよう工夫して分割するのである。一方単独相続の場合でも、相続権のない子供たちには、教育をほどこしたり、現金や農作物の現物支給をとりきめたりして、これもできるだけその埋め合わせをするよう心を配るのである。

だがともかく、均等相続をした場合には、農地はしだいしだいに細分化されて小さくなっていくし、単独相続の場合には、農地はいつまでも大きなままで保たれて伝わる率が多いのは当然である。それに、これらの相続方法は個人個人の好みによってきまるのではなく、各地域の習慣によっておおよそ定まっているのであるから、ある地域では耕地面積の少ない小農家が群がった村落ができあがるし、またある地域では広い農場をもった大農家が、隣家との間隔をあけて、ぽつりぽつりと孤立して立つようになる。

この相続方法の相違という点で、西ドイツの地図は大きく二つのグループに色分けすることができる。

均等相続地帯の農村の家並み。ヒルリンゲン村

即ちまず均等相続地帯は、西ドイツの西方を流れるライン川、及びその支流の流域がおよそこれに当たっている。この地域は、西ドイツとしては気候温暖・地味豊かな地方で、これはまた西ドイツのぶどう栽培地帯ともおよそ一致している。つまりドイツでも、昔は北のベルリンあたりまでぶどうの栽培をしていた時代もあったのであるが、いまではぶどうの栽培は気候の温暖な地域にのみ限られてしまっているからなのである。

これ以外の西ドイツの地域は、ほとんど単独相続地帯である。しかし同じ単独相続地帯でも、北部のいわゆるニーダーザクセン地方（Niedersachsen）は、長男が相続する場合が多く、南東部のバイエルン地方（Bayern）やオーバープファルツ地方（Oberpfalz バイエルン地方の北側に隣接）では、末男が相続する場合が多いということである。

二地域の家屋の相違　タウヌスの山村も、シュヴァーベン地方にあるヒルリンゲン村も、均等相続地帯に属している。だからこれらの地域の農家一戸当たりの所有耕地面積は少なく、したがって農家の家屋の大きさも小さい。これらの地域の農家の家屋の大きさは、日本の農家よりとりたてて大きいというほどのことはなく、場合によってはむしろ小さいくらいのものである。長方形の箱にとんがり屋根ののった二階半建の家が、この地帯の農家にもっとも多い建築様式であるが、こういった人家が互いにあまり間隔をあけずに集落している形態が、均等相続地帯の一般的な農村風景である。

単独相続地帯の農村の様子は、これとは大分おもむきが異なっている。まず家屋は、均等相続地帯の倍どころか、数倍から一〇倍ほどの大きさがある。我々日本人がみて驚くのは家畜用の乾草貯蔵部屋であるが、それは体育館ほどの大きさがあって、乾草を満載したトラックが、そのまま二〜三台も入れそうな容積があったりする。牛舎にしてみても、牛が何十頭と入る広い面積をもっており、人の住む住居でも、台所、居間などすべて大きく、また昔下男や下女が寝泊りしていたという小部屋や別棟が残っている場合もある。建築様式も、長方形の箱にとんがり屋根とは限らず、いくつかの棟が組み合わされたり別棟になっている場合が多い。

単独相続地帯の農家の一例。フリースラント地方

単独相続地帯では、所有耕地面積も大きいから、自然隣家との間隔も広く、特に農家がぽつぽつと孤立して立つ習慣の地方では、平地というのに隣家との距離が数百メートルもある。それにこういった農家は、道路から屋敷までの距離がかなり長くて、紹介者にでもつれていってもらわなければ、農家の建物をみるだけでも、なんとなくとりつきにくくて近づく気にもならない。ドイツ北部の人々は沈鬱寡黙でとりつきにくいなどといわれているが、その性格は寒い北国の気候のせいもあろうけれど、ひとつにはこういったドイツ北部に多い農村の家屋の構造のせいであろうと思う。

西ドイツ北部の農家と祭　私は縁あって、西ドイツ北東部のハノーバー市（Hannover）近くの大農家に二晩お世話になったことがあった。この家の若主人は、日本にもいたことのある頭の回転の特に早い

単独相続地帯の農家は隣家との間隔が広い。ヴェストファーレン地方

人で、私のさまざまな質問にも要領よく整理して答えをだしてくれるのであった。

あるとき私は、ここらではシュヴァーベン地方のような祭はやらないのかときいたことがあった。彼の返答は、ドイツ北部の人々は祭をやりたくともどうやってやってよいのか祭のやりかたを知らないのだ、ということであった。シュヴァーベン地方では、日曜日になると酒場は教会帰りのお客で昼間っからにぎわっていたが、西ドイツ北部の農村の酒場では、そのようなにぎわいもみられなかった。それはこの地方ではプロテスタントが多く、教会に礼拝にいく人の数が少ない、という理由もあってのことであろう。しかし民家がある程度密集していなくては、同好会の練習をやろうと思っても人は集まらず、一ぱい飲みにいこうと思っても、つい酒場が遠くておっくうになるということもあると思う。

私がお世話になったこの大農家は耕地一一〇ヘクタールを所有し、四人の労働者が機械力を使ってかかりっきりで作業を行なっていた。昔は三〇人ほどの雇人がいたとのことであったが、いまでは女中が一人もいないので、大きな屋敷は掃除も行きとどかず荒れ気味であった。老主人はときどきベランダに立って、双眼鏡で農作業の進行状態をながめ、ハノーバー市の官庁に勤めている若主人は、日曜日にフォルクスワーゲンを駆って農場の麦の実り具合を調べていた。この大農家はこのほかにも三〇〇ヘクタールの森林を所有しているとのことで、単独相続地帯としても特に大きな農家の部類に属している。しかし西ドイツの旧地主階級も、日本のような農地解放こそ経験しなかったとはいえ、高率の税金に圧迫されて、やはりそれ相応に、苦しい立場に立たされているように見受けられるのであった。

この家では、屋敷の境界に入ってから、しばらく自動車を走らせて、それでようやく玄関に到達するのだった。玄関を入ったところの広い廊下の天井には、乾燥した麦の穂で編まれた王冠型の飾りがぶらさがっていた。私は似たようなかっこうのものを本の写真でみた記憶があったので、老主人に、これはエルンテクランツ（Erntekranz 収穫祭用の花輪風の飾り）ではないかと問うたところ、「そうだ、そうだ。昔は使用人がたくさんいたから、収穫のあとでは祭をやってやらねばならなかったし、みんなもそれを楽しみにしていたのです。しかし、いまではもう祭などやってやることもないのです」という答えであった。現在は、ただ昔をしのぶよすがのエルンテクランツがつるされているだけであったが、かつては単独相続地帯の大農家でも、単独相続地帯なりの祭が行われていたというわけであった。

単独相続地帯の農業　同じ西ドイツの農村でも、均等相続地帯と単独相続地帯では、そのありかたがかなり異なっている。ドイツ語では農民のことをバウエル（Bauer）というが、同じくバウエルといわれても、単独相続地帯では、ひとかどの財産持ちという意味に解されているのに、均等相続地帯では、べつに大した身分とは考えられていないのである。

例えば、一昔まえに農家が使用人を雇う場合にしてみても、均等相続地帯の小農家では、春さきに雇って秋の終りに解雇するのが普通の習慣であった。彼らには冬の農閑期中も使用人をかかえておくだけの仕事も余裕もなかったからである。そしてこの場合には、雇主と使用人の関係は、主従関係というよりむしろ雇用関係に当たっていた。それにこの場合には、どちらかというと、むしろ雇主のほうが、使用人に頼み込んで働きにきてもらっているというふうなところがあった。

一方単独相続地帯では、使用人は冬期間も雇主の家にとどまっているのが普通であった。この場合には、そこにおのずと主従関係のような感情が生まれてくるのであったが、しかし、使用人のなかには遺産相続権のない兄弟が含まれていることもあった。またドイツの主従関係には、日本の主従関係とはちがった感情があるようで、例えば、使用人でも位の上の者は、雇主の子供がいうことをきかない場合なぐってもよい、などというきまりがあったりする。しかしここではこれ以上深くこの問題に立ち入らないことにしよう。

ともかく、単独相続地帯とは、使用人がいなくては成り立たないような農業形態であったのである。しかし現在では、使用人の労賃が高騰して、むやみに人をやとうわけにはいかなくなっているし、他方農業は大幅に機械化されて、一人で耕作できる面積が昔とは比較にならぬほど大きくなっている。昔の農家の使用人たちは、もうとうにそのほとんどが他産業へ転向しており、通勤者になるか、あるいは町へ移住してしまっているのである。

使用人のいなくなった大農家では、大きな農場と大きな屋敷をかかえて、ほとんど家族だけでやっていかなければならぬようになった。農業は斜陽産業であるし、経営は楽ではない。単独相続地帯では、なまじ大きな農地をかかえているだけに、均等相続地帯より、かえって不自由な面をもっている。

西ドイツの週刊誌で最大の発行部数をもつシュテルン誌（Stern）が、あるとき単独相続地帯の一農家の娘の一日の労働を記事にしたことがあった（一九七一年八月一五日号）。大農家の娘でも、人手の貴重な現在では、家族経営の農業をせおって働かねばならないが、ことに男兄弟がいない場合には、たとえ娘であっても、従来の使用人の何人分かの仕事を、一人でやってのけねばならない状態にある。

即ち約四〇ヘクタールの農地をもち、両親と三人だけで農業を営んでいるという、二三歳になる一人娘のエルケ・アルプレヒト嬢の一日の労働はこうである。

まず六時に起きて、六時半には二〇頭ほどの牛を放牧場から牛舎へ追いたてる。相手が動物のことであるから、日曜も祭日も休みなしである。七時には牛の搾乳をする。八時には牛乳をこしたり、かんに移しかえたりする。九時には牛乳のかんを洗う。一〇時には牛を新しい放牧場へ移し、電線を放牧場の柵に張りめぐらす。一一時にはトラクターを使って農作業をする。トラクターは土を掘り返したり、ほぐしたり、種まきに使うが、四〇ヘクタールもあれば、毎日なにがしかの仕事がある。一一時半には鍬でじゃがいも畑の除草をする。一二時には天候次第で昼食をおくらせても乾草のとり入れをする。午後一時には洗濯機で洗濯をし、少々休憩する。二時半にはときに車にのって町へいき、銀行の用をすます。彼女は父から経済の仕事もまかされているのである。三時には豚小屋のそうじをする。豚は収益が少ないのに、いくらそうじをしてもにおうと彼女はこぼす。四時には洗濯機が洗い終わったものをかわかす。四時半にはまた搾乳である。五時には牛にえさをやり、牛舎のそうじをする。父はこのころトラクターを納屋にしまい、母は鶏舎で卵を集めている。六時には事務机で帳簿をつける。帳簿をつけなければ国の補助金をもらえなくなるのである。夕食のあと、疲れていないときには八時頃から読書をしたり手紙をかく。土曜日の夜はダンスにでかけていくこともあるが、しかしそれでも日曜日の朝は、六時に起きて搾乳をしなければならない。そのうえ多くの農家の娘にとって、ウルラウプ（長期の休暇）などは、はるか遠くの夢物語にすぎないのである。

彼女の家は大きくて立派であるし、彼女の家には多くの近代設備もととのっている。けれども西ドイツの専業農家の経営は、多くの問題をかかえて先の見通しがかならずしも明るくはないのである。

財産分けの方法——タウヌスの場合

均等相続と単独相続の習慣の相違が生じたのは、けっきょくのところ、気候もよく、地味も豊かな土地では、農地を細分してもなんとか食べていけるし、またこの地方では、他の職につきうる機会も多い、というところにその原因があったようである。けれどもこれは地域的な習慣であるから、所によっては、べつに農地の条件が特によくない場合でも、均等相続地帯に属している区域もある。

例えば、タウヌスの山村などは、農地の条件がむしろ悪いほうであるけれども、地理的位置からいって、均等相続地帯に属している。この地方もかつては農村地帯であったから、この地方のかつての農家は、その大きくもない耕地を、さらに細分して子供たちに分け与えていた。

約九〇年ほど以前の、このあたりの村の、遺産相続の様子がくわしく伝わっているが、それは均等相続地帯の特徴をはっきりと示している。両親あるいは片親は、自分に労働能力がなくなった場合に、子供たちを呼んで財産分けを行うのである。まず家を分けるのであるが、引き継ぐ意志のある子供たちのあいだでくじを引かせる。ただしこの場合、くじを当てた者は、この家に付随する責任も同時に引き継ぐことになる。

例をあげて説明するなら、評価額三五〇〇マルクの家に八〇〇マルクの借財があったとすると、この家は二七〇〇マルクではなく二〇〇〇マルクくらいに低く計算される。くじを当てたものは、この二〇〇〇マルクの内から、自分の均等相続分をひいた残額を、兄弟姉妹に支払わなければならない。支払いは、親の生存中にその一部を支払うか、または死後一括してこれを支払う。

このように、くじを当てた者は、家の価格が低く計算された分だけ、いくぶん得をするわけである。しかしその代償に親を引き受けなければならない。この場合の親とのとりきめでは、ある一定の場所に寝る権利、かまどと物置を共同で使用する権利が基本的な条件で、その他のことでは、例えばとりきめによって嫁入りまえの姉妹の世話を引き受けたりすることもある。また、親があとあと小額の金銭をせびることもあるが、その場合には、その額を兄弟姉妹に支払うべき金額からさしひいて計算をする。

耕地は均等に分割してからくじにかける。このとき親のその後の持分もあらかじめ分割しておく。ただし親の生存中は、親の畑の収穫は親の所有であるから、親の畑は、家をくじで落した者が同時に引き継ぐ場合が多い。この場合には、親は寝床と一緒に食事も与えられることになる。牛も家を落した者が引き継ぐ場合が普通である。

しかし多くの場合には、分割しようにも分割するほどの畑がないので、そのようなときには、親はある一人の子供の家にやっかいになり、その子は他の兄弟姉妹からその分の補償を受け取ることになる。また従来の日本式と同じく、一人の子供だけ親の家に残り、子供は親を助け、親はたきぎを切ったり、孫のおもりをする場合もある。しかしこの場合でも、親の死後には、畑を分割するか、またはこれを子供たちのあいだでせりにかけるのである。

ヒルリンゲン村の場合　このような均等相続の方法は、現在でもほとんど変ってはいない。ヒルリンゲン村も、均等相続地帯に属しているので、いまでも同じような原理で遺産相続が行われている。例えば、現在この村で兼業農家として暮している、アントン・エーベルハルト氏は、同様の方法で彼の農地を両親から受け継いでいた。

エーベルハルト夫妻は、ザイレ君と同じ民族舞踊同好会の会員であったが、私がドイツにいたころは、アントン氏のほうはもう四七歳で、生活もかなり安定している様子であった。しかし彼が戦争から帰って、農業を始めようと決心したときには（一九五〇年）、彼はすでに四人の兄弟姉妹に分割されていた農地を、あらためて彼らから買いもどさなければならなかった。

民族舞踊の衣裳をつけて、村はずれの菩提樹の下に立つザイレ夫妻(右)及びエーベルハルト氏とその長女。前列は両家の子供たち

親の代の農地は各所に分散していて不便であったが、しかしこのほうは、一九五五年に耕地整理があって一ヵ所にまとめることができた。親の農地は四・五ヘクタールであったが、彼は現在四ヘクタール強所有している。家も親のものを引き継いだので、これももちろん兄弟姉妹にその相続分を支払わねばならないのである。だから農業を始めた当初のエーベルハルト夫妻は、多くの借財をかかえて朝から晩までせっせと働かなければならぬ状態にあった。

その後西ドイツの農業事情が変化し、四ヘクタールくらいの耕地では専業農家としてやっていけなくなったので、エーベルハルト氏はある建築会社のトラックの運転手として働くことになった。牛の世話は彼の妻が引き受け、耕地のほうは土曜日にトラクターなどの機械力を使って一気にすませてしまうのである。私が彼と最後に会ったときには、彼は村の電気会社に職を変えていた。牛は手間がかかるうえに採算が合わないということでこれはもうやめていた。しかしときおり夕食後に酒場の広間に集って、同好会員仲間と民族舞踊の練習を楽しんだり、村はずれの森の中につくられた友人の山小屋の庭の芝生の上で日なたぼっこを楽しんでいるエーベルハルト氏の様子などをみていると、かなり余裕のある生活にみうけられるのであった。けれど彼には一九歳の娘を頭に二人の男の子がいるのに、均等相続地である性質上、将来だれがこの彼のきずきあげた農場を引き継ぐものかは、まだまったく定まってはいないのであった。

契約の習慣　西洋の小説を読んでいると、よく公証人（Notar）という職業名が登場してくることがあって、東西の習慣の相違を感ずることがある。事実西洋では公証人を利用する率は多く、公証人は彼らの生活にとってなくてはならない必需品的存在になっている。ヒルリンゲン村の近くのロッテンブルクという小さな町でのことであったが、私はある晩その町の農家で夕食をごちそうになったことがある。この家の主人は終戦後この土地へやってきた東ドイツの出身者で、現在の農場は奥さんのほうが彼女の両親から受け継いだものであった。それは三ヘクタールほどの小さなものであったから、いまでは主人は近くの建築会社につとめ、兼業農家としてはたらいていた。耕地が少ないので自然家屋も小さかったが、一階は畜舎と農機具置場になっていて牛が三頭おり、二階は人の住居用に当てられて大きくもない部屋が三つとそれにダイニングキッチンがあった。家族は夫妻と子供が二人で、自家用車もなく、つつましい生活ぶりにみうけられた。

奥さんは気のおけない人であったから、私が話題を遺産相続にもっていったところ、彼女は引き出しから公証人につくらせたという書類をとりだしてみせてくれた。それは半紙を二枚折りにしたほどの大きさの用紙に、タイプでぎっしりと文字を打ったものが、一〇枚近くも重ねてとじてあるかなり厚めの書類であった。彼女はそれをひらひらさせながら、「このなかには一ペニッヒ（約一円）に至るまでこまかくとりきめられているのですよ」と笑っていた。私は残念ながら、それを手にとってくわしくみせていただくほどには親しくなかったので、惜しくも貴重な機会を逸してしまった。しかしこのような小さな農家でさえも、こうもくわしく肉親のあいだで契約をとりかわしているのかと思うと、西洋と日本の家族制度の習慣の相違をまざまざとみせつけられるような思いがしたものであった。彼女の現在の家はもともとは両親の家で、以前はこの家の筋向いの家に住んでいたのであったが、その後両家屋を交換して、現在そこに

暖炉（左奥のまんじゅう状のもの）のある昔の農家の部屋。火は部屋の外側から燃す

は両親が住んでいるのだといっていた。そしてこの場合にも、それにともなうこまごまとした諸条件が、やはりいちいちとりきめられて、書類につくられているということであった。

このような、遺産相続に関してのこまごまとしたとりきめ方は、単独相続地帯でも同じことなのである。それにまた、この契約の習慣は、この一〇〇年や二〇〇年来の若い伝統でもないのである。

現在は東独側にもまたがっているドイツ北部のザクセン地方は、古くからの単独相続地帯であったが、この地方には昔ザクセン選帝侯領という王国があった。いまでは廃刊になっている東ドイツの民俗学会誌で、この地方の研究を多くのせていた「ドイツ民俗学年報」（Deutsches Jahrbuch für Volkskunde. Akademie-Verlag, Berlin）という学術雑誌は、あるときこのザクセン選帝侯領内における、一六—八世紀の農家関係の法律を検討した論文をのせたことがあった。（Alfred Fiedler: Kursächsische Landesverordnungen des 16. bis 18. Jahrhunderts und ihre Einwirkung auf die ländliche Bauweise. 11 Band, 1965 Teil I）

さてこの論文は、この地方のこの時代の農家の遺産相続の事情にも少し触れているのであるが、それによると、この地方でも、下男を多くかかえている大農家から、家と野菜畑くらいしかもたない小農家に至るまで、みな一家の主人の隠居にさいしては、こまごまとした諸条件を肉親のあいだでとりきめてのち、隠居家または隠居部屋へ移っている。

そのとりきめの程度は、食器や壷類を置く棚の取り付け方や、新しい主人に入れ代った母屋を使わしてもらう場合の条件——ここは特に機織り職人や小農家の場合には仕事部屋になるわけである——などのこまごました点にまで及んでいる。例えば、母屋の側面につぎたした隠居家に入れてもらい、冬には母屋の部屋も使わしてもらって、特に暖炉と壁ぎわのあいだのせまい空間——この地方ではこの暖かい空間を俗に「地獄」(Hölle) と呼んでいる——にとりつけられたベンチに寝ていい権利でも与えられれば、それは最高の好条件であったといわれている。このように、ひとり均等相続地帯に限らず単独相続地帯でも、いや大きくは西洋全体が、日本とちがって、契約の習慣の日常生活にまで深く入りこんだ国なのである。

単独相続地帯の農家の余韻　私の西ドイツでの根拠地はチュービンゲン市であったから、私の個人的体験は均等相続地帯のものがほとんどで、単独相続地帯で、一般人の生活にまで入りこみえた例はそれほど多くはない。しかしそれでもこの地方を訪れると、昔の大農家の生活の余韻にままふれる機会があるのであった。

均等相続地帯に隣接していながら、西ドイツ南西部のシュヴァルツヴァルト地方は単独相続地帯に属している。この地方の農家の家屋の大きさは日本の白川村の大家族農家よりずっと大きく立派なもので、この地方ではこういった大農家が山ひだの多い地形の各所にぽつぽつと散在して立っている。高度も高く、都会からもはなれている不利な条件のもとでは、もし農地を均等相続するなら一家共倒れになりかねないという環境が、単独相続制にさせたものであろう。いまでもこの地方は酪農が中心になっており、丘陵地の放牧場には、牛が二〜三〇頭一団となって、首にぶらさげた大きな鈴をカランカランと鳴らしながら草を食んでいる。

森と牧場の間に点在するシュヴァルツヴァルトの農家

この地方は、また昔から鳩時計や木彫り細工でも名が通っていたところでもある。私はあるとき、この地方のある小さな町で、みやげ屋の主人を兼業している木彫り細工師と話をしたことがあった。彼は少年時代にシュヴァルツヴァルトの農家で働いていたことがあったとのことで、そのころの思い出話を語ってくれた。

彼の話によると、昔のこの地方の使用人の生活は、現在では想像もつかないほどのひどいものであった。靴は支給されないから、はだしで働いていた。服は一年に一着だけの支給で、たいていぼろぼろの服装をしていた。食事はほとんど水とパンだけで、それも腹いっぱいは食べさせてくれないのであった。しかもそのような待遇を受けた者は、彼ばかりに限ったことではなく、だいたいこのあたり一帯の農家が、全部そうなのだとのことであった。彼などは血のつながっている家で働いていたので、それでも少しはましなほうであったろう、ということなのである。

このみやげ屋の主人は四〇歳近くの人で、彼が農家で働いていたのは戦後まもなくのことであったという。当時の西ドイツは、敗戦後の占領下にあったから、生活程度はどこでもひどいものであったのかもしれないけれど、しかしこのころの単独相続地帯の農村の使用人に対する待遇の悪さは、単に戦争のためばかりではなかったようである。このみやげ屋の主人は東独びいきで、多少左翼がかった面もうかがえたし、彼の判断には、少しくせがないとはいいきれないような点もあった。しかしともかく、こういった思い出話は、均等相続地帯ではついぞ耳にしえない話題なのである。このみやげ屋の主人によれば、シュヴァルツヴァルトの農家は、いまはあまり景気がよくないということなのであるが、それは昔彼らが、ひどいことをした当然の報いだ、というのであった。

　西ドイツ北東部のハノーバー市近くにある、私が二晩お世話になった大農家でのことである。ちょうど私が泊っていたとき、昔この家で働いていたという、三〇歳をでたくらいの男が、久しぶりに訪ねてきたというので、私も同席した。彼は美しく着飾った奥さんをつれており、立派な自家用車を運転してやってきていた。この家の家族たちは、なつかしそうにこの昔の使用人夫妻を迎え、昔の使用人もまた、楽しそうに大声で談笑して帰っていった。

昔農家で働いていたという木彫り細工師。鳩時計の枠を彫っているところ

　この昔の使用人は、現在はある火災保険会社で働いているとのことで、もう農業はやめていた。現在の西ドイツでは、身分差に対する人々の意識は日本より少ないように感じられるのであるが（ただし大学卒の社会的地位は日本より高い。これは大学卒の数がまだ少ないため。しかし目下急激にふえつつある）、この場合もまた昔の主人夫妻と対等にあいさつをし、話し合っているようにみうけられた。それにこの家の主人は、おそらく昔もいい雇主であったと思われるような人柄でもあった。しかし、だいたいが農家の主人と下男の出会いといったような情景や話題は、均等相続地帯でなら、ついぞみたりきいたりしえない題材なのであった。

バイエルン気質　同じ単独相続地帯でも、西ドイツ北部のザクセン地方と、南東部のバイエルン地方とでは、人の気質もだいぶ互いに異なっている。それは長男が相続するか（ザクセン地方）末男が相続するか（バイエルン地方）の相続習慣のちがいによって生じた相違というよりは、なんとなく、風土的なちがいが原因となった気質的な相違のように思われる。

ミュンヘンを首都とするバイエルン州は、かつてはバイエルン王国と呼ばれた独立国であったが、この地方にはいまでも独特の習慣が数多く残されている。例えば民族衣裳や、この地方独特の料理も、他の地方とは少し変っている。また世界的に有名なミュンヘンビールも、ドイツの他の地方のビールとは少し異なっている。

この地方のビールはアルコールの濃度が薄く、この地方の酒場では、この薄目のビールを、ほかの地方の酒場より大き目のコップに入れてもってくる。そしてこの習慣の境界線は、いまでもやっぱりバイエルン州内に限られていて、一歩バイエルン州外にでてしまうと、おかしいほど、とたんにビールの味が変るのである。バイエルン州はいまでもバイエルン王国だ、などと冗談をいうドイツ人がいるほどで、この地方には、このほかにもこの地方だけの習慣がたくさん伝わっている。

バイエルン地方は単独相続地帯であるから、やはり大農家が多いのであるが、みたところこの地方の農家の家屋は、シュヴァルツヴァルトや西ドイツ北部ほどの大きさはないようである。しかしこの地方は、いまでも農村的色彩の特に強いところで、なにかにつけて、思想的には西ドイツで一番保守的傾向を示すところといわれている。しかしこの地方の人々には、西ドイツ北部の人々のような、とっつきにくさは感じられない。

私のバイエルンでの体験もそう多くはないが、私がバイエルン人の本心をもっとも露骨に感じたのは、この地方の田舎のなかの田舎といったある山村を訪ね、そこのうすぎたない農家が兼業している宿屋に泊ったときのことであった。この宿屋の一階は、例によって酒場になっていたので、私はさっそくそこにいたこの村の青年と話をはじめ、ビールをおごったりおごられたりして飲んでいた。

時候は夏の休暇シーズンであったから、話題は自然休暇旅行のことに及んでいった。彼は、「おれはプロイセン人（北ドイツの人）はきらいだ。休みのときにおれはオーストリアへいく。北の奴は休みになるとみんな南へやってくるが、おれは北へなどいってやるものか」となんどもなんどもくり返すのであった。彼はプロイセンという言葉を発するたびに顔をしかめ、まるできたないものを払いのけるかのように、手ではえを追うようなかっこうをするのであった。

彼はまた、テレビにブラント首相の顔が映ると、テレビに背を向けて首相の顔をみないようにしていた。ブラント首相は、当時初めて政権をとった革新政党の首相であったが、保守的なバイエルンでは大のきらわれ者の一人なのであろう。この青年は、ブラント首相の顔さえ消えれば、またふたたびテレビをみだすのであったから、その様子はみていて滑稽であった。

プロイセンというのは、シュヴァーベンとかバイエルンとかのような種族の別をあらわす概念ではなく、昔のプロイセン王国の政治的区画をあらわす言葉なのである。しかしドイツ北部は、かつてはほとんどプロイセン領に属していたから、プロイセン人といえば、北ドイツの人というのと同じような意味合いをもっている。またこの村には、終戦まぢかにアメリカ兵がやってきて、民間人をかなり射殺したとのことで、彼はアメリカ人もきらいだといっていた。そのほか、イタリア人もきらいだとのことであったが、これは西ドイツ全体でよくきかれる言葉であった。ドイツ人のなかで好きな種族は、オーストリアの人だそうで、シュヴァーベン人も悪くはないといっていた。

このように、同じドイツ人内でも、地方的な好ききらいの情があり、その場合には、大きく分けて北部ドイツと南部ドイツの二つに分けられるのが普通である。このバイエルンの田舎の青年がきらいだといったのは、北部ドイツの人々で、好きだとか悪くはないといったのは、南部ドイツの人々なのであった。

オーストリアは国こそちがっていても、民族的にはやはりドイツ人に属している。そしてさらに種族的に規定するなら、南部ドイツと同じアレマン種族、及びバイエルン種族に属するのである。私がちょうどオーストリアの首都ウィーンを旅行していたとき、プロイセン人のベルリン子と、地元のウィーン子が酒場で酔ってなぐり合いのけんかをし、とめに入った警官のすねに、ベルリン子がかじりついたという事件があって、三流新聞のトップ記事にかきたてられていた。そしてこのけんかの原因も、けっきょくはそれぞれの出身地の自尊心だ、ということであった。

このように同じ単独相続地帯でも、北部ドイツと南部ドイツでは気質的な相違があって、私はその原因がなんであるかはっきり分からぬままに、風土的な相違によるものではなかろうか、と推測するわけなのである。しかしおそらくもっとくわしく調査をすれば、そこには風土的というようなあいまいな概念以上の、もっと明確な原因が発見されるのかもしれない。

二　地域における農村の近代化への適応の差

西ドイツ全体をとりあげてみれば、そのなかにはさまざまな地方差があることは当然のことであろう。そしてこれまで、均等相続地帯と、単独相続地帯という遺産相続上の習慣の相違という観点に立って、大ざっぱながら、一通り西ドイツ全域をみわたしてきたのである。しかしさらにまたこまかく観察をするなら、これらの諸地域もまた、さらに生活様式の異なった諸区域に分割されるのであろうが、現在の段階では、この程度の概観で満足しておきたいと思う。

さて、西ドイツ北西部の単独相続地帯である、ヴェストファーレン地方（Westfalen）を調査した『北西ドイツ農村の歴史地理学的研究』（大明堂、一九七〇年）という本が日本にある。日本人自身がドイツで調査を行なった学術書は少ないが、著者の浮田典良氏は、この地方のそれぞれタイプの異なる三カ村の地理学的調査を自身でおこない。合わせてその歴史的背景をも考慮している。

氏はこのなかで、一九六〇年の統計表にもとづき、この地方の農家が専業農家としてなんとかやっていける一農家あたりの所有耕地面積の下の限界を、五―七・五ヘクタールと断定している。理由は、この程度の耕地をもつ農家では、男子一人の労働力が「専業的」である場合一〇に対し、「兼業的」である場合が八の割合を示していて、その比率がほぼ相半ばしているからであるという。つまり氏の推測によれば、この程度の大きさの農家は、専業として働こうか兼業にしようかと大いに迷っている段階にある、というのである。

西ドイツ政府の統計局では、毎年各種の統計表を一冊の本にまとめて出版しているが（Statistisches Jahrbuch. Hrsg. vom Statistischen Bundesamt, W. Kohlhammer Verlag, Stuttgart und Mainz.）、この本のなかにも、浮田氏が用いたのと同じような統計表がのっている。ただしこのほうは西ドイツ全域の統計で、耕地面積の区分は、氏の表よりは多少大まかである。

この本の一九六九年度版には、一九六六―七年のあいだの調査分が記載されている。それによると、男子一人の農業労働力が「専業的」である場合一〇に対し、「兼業的」である場合が九の割合を示すのが、所有耕地面積五―一〇ヘクタールの農家である。浮田氏の用いた表とこの表とでは、調査地域及び表の区分の方式がちがっているけれど、しかし五―七・五ヘクタールの区分が、五―一〇ヘクタールになっていること、その比率が一〇対八から一〇対九と兼業農家の割合が増加していること、などを考えると、浮田氏の調査のあと六、七年経過したあいだに、また専業農家が必要とする耕地面積は、さらに拡大したものと推測できる。

この同じ統計局の年鑑によると、一九六四―五年から一九六六―七年にかけての二年間に、西ドイツの農家で専業労働力であることをやめた男子の数は、農家の家族の場合で約七万八〇〇人（七％減）、農家の被雇用者の場合で約一万八九〇〇人（一一％減）であった。このように西ドイツ全体で、農家の専業労働力がどんどん減少しつつあることは、明確な事実なのである。

私が西ドイツにいたとき、西ドイツ北部の単独相続地帯できいたところでは、当時男子一人が耕作できる面積は二〇ヘクタールまでのびているということであった（一九七〇年）。したがってそれ以下の大きさの農家は、しだいに、不利な条件下にたたされているわけである。均等相続地のヒルリンゲン村は、元来村の半数以上が農家であるという農村であったのに、現在では専業農家がわずか二軒だけという兼業農家村に変化してしまっている。

つまり西ドイツ全体の農村が、これまでにない異常な事態に直面しているということなのであるが、しかしその新事態に適応する態度は、均等相続地帯と単独相続地帯とで、かなりちがった様相を示している。

即ち、均等相続地帯の農村では、もともと農家の息子や娘であっても、かならずしも農家をつぐとは限っていない、というのがこの地帯の古くからの習慣なのであった。だから、この地帯の農家では、たとえ息子が農業をついでくれないとしても、それはべつに、先祖伝来の土地や職業を放棄するといったような、深刻な感情を伴ってはこないのである。ただ、村全体が兼業農家に変貌しつつあるという事態は異常な現象であることにはちがいはないけれど、しかし農家が農家であることをやめること自体は、この地方でなら、昔からいくらでもみられた現象なのである。

これにくらべると、単独相続地帯での問題はかなり深刻であるということができる。この地帯では元来農家の長男または末男が農業をつぐべきもの、という根強い先入見が昔からある。したがって、彼らが農業をやっていけなくなったときには、それに伴っていろいろな不愉快な感情や、実際的な不便さが湧いてくるのもまた当然である。そのためでもあろうが、農村の変化に話題が及ぶとき、均等相続地帯の人々はそれほど憂鬱な顔つきをみせないのに、単独相続地帯の人々は、きまって顔をくもらせ、不平話をはじめるのである。

単独相続地帯の昔の農家の復元。かまどのある土間。ツェレ市のボーマン博物館

さて、ヒルリンゲン村の場合のように、農村のなかにたった二軒しか専業農家が残らなくなったとき、この村を我々は農村と呼ぶことができるのであろうか。また単独相続地帯の農村にしてみても、農家の使用人が、ちょうど都会の工場へ通うように、作業の時間をとりきめ、給料をとりきめ、休暇のとり方をとりきめたうえ、近代的な機械類を使って農作業を行うとき、これもやはり農村と呼ぶことができるのであろうか。

ところで、民俗学というものは、従来は主として農村、山村、漁村などの一般人の生活をその研究対象とする学問、ということになっていたのである。しかし、いまその研究対象たるべき、これらの村々の実質が変化してしまった以上、民俗学もまたその学問のあり方の検討をせまられるのは当然であろう。このあと第二部でふれる、「新しい民俗学」の問題は、それ自体のなかにも本来いろいろな問題を含んでいる題目ではあるけれど、しかしけっきょくのところは、この従来の民俗学の主要研究対象たる農村自体の変質というところに、この学問が西ドイツにおいて、新たな転換をせまられた第一の原因があった、ということができると思う。

（以上一九七二年）

第二部　現代の一般人の生活

6 新しい民俗学

民俗学とは ゲーテやシラーがなにを考えようと、当時の一般のドイツ人は、そんなこととは関係なしに、毎日の生活を送っていた。そして日本でも、ノーベル賞作家の川端康成がたとえどのような作品を発表しようと、そのようなこととは無関係に、一般の日本人は、その人なりの毎日の生活を送っている。このような、名もない一般人の生活にこそ、むしろ興味や重要性をみいだしたのが、民俗学という学問であった。民俗学は、我々自身の先祖の学であり、我々自身が現在どのような状況のもとに、どのような問題をかかえて生活しているかという、我々自身についての学問なのである。

ところが、これまでの民俗学は、古い文献を調べて昔の一般人の生活を再現してみたり、いまでも僻地に残る珍しい風俗習慣を調査して、一昔以前の一般人の生活を再構成する手立てとしてみたり、いったいに古いところのみ探ろうとする傾向が強かった。

この傾向は西ドイツでも日本でも同じことなのであるが、例えば、民俗学の学会誌にのっている論文の題材などは、そのいい実例であろう。日本の民俗学の全国的な学会は日本民俗学会といい、「日本民俗学」という雑誌を年に六回程度発行している。いまそのもっとも最近号である、一九七三年三月発行の、九二号にのっている全部で七つの論文の題材を並べてみると、石川県の白山山麓の村の埋葬や墓の習慣、島根県の山村の社にみられる信仰形態に基づく他界観、新潟県糸魚川地方の神社の分布と方言の分布の関係、文献による備前・備中地方の中世巫女の研究、三重県の田舎のある古い神社の祭の由来の考察、会津地方に残る二月八日と一二月八日の習慣の調査、岡山県にかつて存在した児島湾で昔使われていたある漁具の地域的方言差、などである。これらの題材全体について共通していえることは、その調査地が田舎であることと、時代的には古いところを探ろうとする傾向が強い、ということであろう。

そしてこのような傾向は、数年まえならば西ドイツにおいても同じことなのであった。西ドイツの全国的な民俗学の学会誌は、Zeitschrift für Volkskunde という表題で、年二回発行されている。例えばいま、この雑誌の一九六六年度分の二冊をみてみると、そこにのっている論文の数は全部で九篇であるが、その題材は、聖者信仰、一七世紀のまだ紹介されていない面白くてためになるなぞなぞ本、ある古い教会の窓ガラスにかかれた文字に基づくある伝説の起源の解明、ヨーロッパの民族舞踊の原点を探るという意味で新のギリシア北部の民族舞踊の調査、昔の葬式の習慣からみたドイツ人の死人観、啓蒙時代の祭の概念、新しく発見された一五世紀の民謡、バロック時代の格言と説教、などである。僻地という概念がほとんどなくなった西ドイツでは、日本の民俗学ほど強い僻地好みはみられないけれど、やはり古いところを探ろうとする傾向と、都会よりも田舎に重点をおくその特徴は、日本の民俗学と同じこと、ということができよう。

ところが、この年度のこの学会誌には、このほかにもう一篇だけ、「広告のなかにみられる格言と童話のモチーフ」、という少し毛色の変った題名の論文が含まれている。その内容は、ラジオやテレビから流れてきたり、店頭に貼られている広告のキャッチフレーズを調査したもので、我々の現在の生活環境のなかから、むしろ都会的現代的な現象をえらんでその題材としたものである。そしてこのような題材の選択は、西ドイツの民俗学の学会誌でも、この当時ではまだごく珍しい傾向なのであった。

民俗学の目的が、我々自身、つまり日本なり西ドイツなりの、一般人の生活の研究にあるとすれば、従来はその調査地域が、農村や漁村などの田舎を主体としており、また時代的には、もっぱら古いところを探ろうとしていたのは当然のことであった。なんといっても昔は一般人の大部分は田舎の人であったし、その田舎には、古い習慣が大きく変化することもなく代々伝えられていたからである。

ところが現在は、数からいっても田舎より町や都会で生活している人の数が多く、しかも田舎自体も都市化して、古い習慣は田舎においてもそのまま伝えられていない状態になっている。西ドイツではこの社会的変化に応じて、民俗学全体の大きな流れが、ちょうどこの毛色の変った論文が掲載された当時に、変容しつつあったのである。

この年、つまり一九六六年を境として、翌年から西ドイツの民俗学の学会誌の編集者の顔ぶれは、一世代若返って、チューービンゲン大学のバウジンガー教授（Hermann Bausinger 1926— ）がその筆頭におされている。そしてそれと共に心機一転すべく、雑誌の表紙の色も変えられたが、内容もまた、現代的な問題をとりあつかった論文や、従来の民俗学のあり方に対する疑問点を論じたものが多くなり、形式的にも、紙上のデスカッション方式を採用してみたり、全ヨーロッパを対象に行なった民俗学上のアンケートの結果が掲載されたり、しだいしだいに、新しい民俗学の方向へと進展していったのである。

日本の民俗学の場合　日本に初めて民俗学という学問が芽生えたのは、一八八四年（明治一七年）のことであったとされている。この年、坪井正五郎を中心に人類学会が結成され、翌々年には「人類学会報告」という雑誌が創刊されて、そのなかに民俗学的な研究も含まれていたからである。しかし当時は、民俗学という言葉がまだ定着しておらず、土俗学とか俚諺《りげん》学などという言葉も用いられていた。

どの道当時の日本の学問は、ほとんど西洋文化の刺激によって生じたものばかりであったが、民俗学は、実用性がないためか政府の援助も受けられず、その後民俗学関係の学会や雑誌は、ただ民間の力でいくつか創設されては、数年間で消え去るということをくりかえしていた。日本の民俗学は、柳田国男をはじめ何人かの碩学がなみなみならぬ情熱をそそいだため、ただもっぱら在野の力でともかくも今日の姿まで発展しえたのであった。しかし今日でもなお、国立大学では民俗学は正規の講座を一つももたず、わずかに二、三の大学で講義が行われているという状態に過ぎない（関敬吾著『日本民俗学の歴史』、日本民俗学大系2、平凡社、一九六二年、参照）。

ドイツで、民俗学（Volkskunde）という言葉が初めて見出されるのは、プラーク大学の国史の教授であった、ヨーゼフ・マーダー（Joseph Mader 1754-1815）の著書のなかであるという。しかし民俗学的関心が初めて明瞭な形をとって、一般にも認められかけたのは、ドイツ文学の分野でも名高い、ヘルダー（Johann Gottfried von Herder 1744-1803）においてであった。彼は「民謡のなかに民族精神の秘密をみる」と感じたのであったが、その後民謡収集はアルニム（Ludwig Achim von Arnim 1781-1831）やブレンターノ（Clemens Brentano 1778-1842）などにひきつがれ、また民話の分野は、例の有名なグリム兄弟（Jacob Grimm 1785-1863, Wilhelm Grimm 1786-1859）によって、世界的な関心を集めるまでに発展していった。

けれども、ドイツの民俗学が学問としての明確な形をとりえた功労者は、なんといってもリール（Wilhelm Heinrich Riehl 1823-1897）である。経済学者でもあり、統計学の専門家でもある彼が、「科学としての民俗学」、と銘打ってミュンヘン大学で講義をはじめたのは、一八五八年のことで、これこそドイツ民俗学史にとって、もっとも記念すべき年であった。日本の民俗学の創始に先んずること二十数年であるが、彼の著書には、当時すでに都市論まで論じられている。

このように、日本の民俗学より数十年から百年も伝統の古いドイツ民俗学は、このあとも例えば、ナウマン（Hans Naumann 1886—1951）やシュパマー（Adolf Spamer 1883—1953）など、何人ものすぐれた民俗学者を生んでおり、その研究体制の上からいっても、日本とドイツとでは、まったく比較にならないほどの相違が生じている。ドイツでは、古くからの総合大学にはほとんどすべて民俗学の講座があって、それらの講座は、教授、講師、助手を何名かかかえた独自の研究所の施設をもつまでに発展してきているが、そのような大学数は、西ドイツで現在二〇校、東ドイツでは六校を数えるのである。

これに対し、日本のほうはいまでも民俗学を支えている研究者は、本来日本史、国文学、人類学などに籍をおく大学の教師、地方の小中高の教師、僧侶、神官、それにいわゆる郷土史家といわれる在野の学者たちがその中軸をなしている。ところが西ドイツの民俗学は、それを専門にこととする一〇〇名近い大学の教師、それに民俗学の専門コースで博士号をとり、博物館や役所関係に勤めているこの道の多くの専門家たちによって支えられているのである。日本と西ドイツの民俗学の業績に、量質両者とも、問題にならないほどの差異がみられるのは、当然の結果であろう。

さて日本の民俗学の歴史では、柳田一人神様のごとく傑出して、民俗学の大家で柳田の息のかからない人はいない状態であるが、その柳田をはじめとして、折口信夫にしろ和歌森太郎にしろ、もっぱら日本の過去の民俗の解明に、その主力がそそがれてきた。柳田は民俗学が過去の文化ばかりを研究すべきではないとして、「民俗学を古昔の穿鑿から足を洗はせること、即ち之を現代科学の一つにしなければならぬ」（『民俗学新講』）とし、「この差迫った実際の人生問題を前において何の考古沙汰起源論ぞや」（『郷土生活の研究法』）と、民俗学が現実の問題を出発点とすべきことを力説している。しかし彼自身の研究は、けっきょく「平民の過去を知ること」（『同上』）であったし、現在の問題の解決といっても、それは現在の現象の解明を、過去の由来に求める意味であったことは、彼の活動時期が、一昔以前であることを考えれば当然のことであろう。その点、やはり一昔以前の人ながら、現在の現在らしい現象を、そのまま調査対象とした学者は、むしろ柳田に破門された今和次郎であった。

今和次郎が、考古学という言葉があるのに対し、現代の世相を探るという意味で、考現学という学問の旗上げをしたのは、一九二七年のことである。そのため彼は、それまで一〇年間も民俗学の指導を受けた柳田に破門され、ついに許されることがなかったということであるが、彼の著作をみてみると、そこには都会の風俗の問題、農村の近代化の問題、旅行ブームや民俗趣味ブームの問題などが散見し、当時としては、西ドイツの民俗学の新しい動向にも先んずるような感覚がみられる。しかし彼の研究は、学問的著作というにしては、趣味的にすぎるというきらいがあろう。

日本の一般の人々の現代的な現象を調査した研究ということでは、民俗学者よりも、むしろ社会学者や人類学者の研究か、あるいは一般向けではあるが、NHKのテレビ番組など、報道関係者の仕事のほうに、かえってすぐれた作品がみられる、というのが現状である。

新しい題材　さて、当時はまだチュービンゲン大学の助手であったバウジンガー教授が、「新居住地」(Neue Siedlungen. W. Kohlhammer Verlag, Stuttgart) という題名で学生十数名との共同研究の成果を出版したのは、一九五九年のことであった。これは西ドイツ南西部のヴュルテンベルク地方一帯の新開地や団地の調査研究で、当時は西ドイツ各地の農村や郊外に、敗戦による東方からのドイツ人難民の新居住地や、会社の社員用団地などが開拓されつつある時期であった。

いままで一軒の人家もみられなかった林や丘陵地に、とつぜん数十戸の家が立ち並んで新集落ができあがるという現象は、日本でも西ドイツでも、戦後特にはげしくなって現在も引き続いている新現象である

バウジンガー教授

けれど、そこに住む住民たちは、いったいどのような生活をはじめるものか観察しよう、というのがこの調査の目的であった。学生たちは、こういったいくつかの新居住地に手分けをして何回も通い、その居住地の発生史、家屋の状態、住民感情、同好会や宗教の問題などを調査し、バウジンガーが中心になってその結果をまとめあげたのであった。

　もともと民俗学の研究であるだけに、社会学のような数字を用いた統計調査は少ないけれど、その代り住民感情や家具など、生活の肉付けとでもいうべき現象にも注意が払われている。そしてなによりも、一般人にとってもっとも関心の深い住居という問題を、現在目前に新しくおこりつつある団地という局面でとらえたという点で、それは西ドイツの民俗学関係者にとって大きな刺激であった。

　その後チュービンゲン大学以外の民俗学者のなかにも、戦後の難民の宗教の問題とか、イタリア人やスペイン人など外人労働者の西ドイツにおける生活の適応問題とか、大都会の同好会の状態など、従来の民俗学とはちがった分野の研究をすすめる学者もあらわれた。そしてさきにあげた一九六六年の学会誌の「広告のなかにみられる格言と童話のモチーフ」という論文も、その一例というわけであった。

　このようにして西ドイツの民俗学のなかに、現在かかえている現実の生活問題をとりあげ、その現象を民俗学的な肉付けのもとに記述しようという風潮が芽生えたため、その研究結果は我々日本人にとって、現在の西ドイツの一般人の生活を知るうえに、実に絶好の資料を提供してくれることになったのである。

　しかし西ドイツの民俗学者の関心は、なにも外国人に対する自国の紹介にあったわけではなく、彼らは彼らなりの問題をかかえて苦慮していたのであったし、その同じ運命は、やがて日本の民俗学をも襲ってくることは目に見えていることであるから、ここではしばらく、西ドイツの民俗学のこの新しい動向の跡をたどっていくことにしようと思う。

さてまず、この一九六六年以降の民俗学会誌にみられるめぼしい変化をあげていくと、この翌年の一九六七年には、初めてデスカッション形式が採用されて、「民謡、流行歌、フォークソング」というテーマの議論が行われている。

ちょうどこのころ、西ドイツではフォークソングが流行していたのであった。フォークソングといってもそれは土着の人がうたう民謡そのままではなく、歌手が聴衆を意識してうたういわば半芸術的な民謡であったが、アメリカに発生したこの流行は、ヨーロッパ一帯にも上陸して、当時は流行歌をしのぐような流行ぶりをみせていた。

チュービンゲン大学民俗学科。高台にある城の手前の塔。下はネッカー川

そこで学会誌では、最初のデスカッション形式に、まずこの問題をとりあげてみることになった。まず話題提供者が、なぜフォークソングがこのような流行をみせているかの原因を論じ、その論旨が各民俗学者に郵送されて、それに対する意見を聴取するという方法がとられた。

話題提供者の意見は、強烈すぎるビートや軽薄な流行歌に反発を感じながら、シャンソンや芸術作品の歌にも満足できない人々の心に、フォークソングがぴったりときたのであろう、というような趣旨であった。それに対する各人の反応はさまざまで一括することはできないが、しかし同時に問題にされた、フォークソングは民俗学の研究対象たりうるか、また流行歌はどうか、という疑問に対する意見では、ほぼ全員が一致していた。即ち、フォークソングはなるほど発生的には一般人の生活の中から生まれた民謡であろうが、ここにいうフォークソングは、ただ歌手によってうたわれるだけで一般人の生活の中に入りこんでいるとは思われないから、民俗学の対象たりえない、しかし流行歌は、一般人によってもうたわれ一般人の生活の中に入りこんでいる歌であるから、民俗学の対象たりうる、という意見なのであった。

チュービンゲン大学民俗学科の表側。冬景色

日本でもドイツでも、民謡は従来の民俗学の重要な研究対象であったが、この民謡と流行歌のあいだにはもともと本質的な相違はない、という意見は、やはりバウジンガーなどによって打ち出され、すでに彼のもとでは、流行歌の調査で博士号をとった学生もいる。そしてこの学会誌のデスカッションでみられるところでも、もう流行歌は民俗学の研究分野であるという意見に、反対をとなえる民俗学者は一人もいない様子であった。

さて一九六九年の学会誌には、ヨーロッパ全域にわたって計一五名の民俗学者に発送された「民俗ブーム」(Folklorismus) についてのアンケートの回答がのっている。

民俗色の豊かな田舎を訪れ、そこの風物をみたり土産物を買って帰るという観光旅行ブームは日本にもみられるけれど、週休二日制や長期のバカンスの普及しているヨーロッパにおいては、日本に輪をかけたほど、この傾向にははげしいものがある。こういった観光地の民芸品や祭の風習などが、その本来の姿を離れて商業ベースにのっていることも日本と同じことであるが、こういう民俗文化は、本来の民俗をヒントにアレンジされたものにすぎないから、「民俗文化」ではなく、「応用民俗文化」(angewandte Folklore)と呼ぶべし、とする民俗学者もいる。また、「セカンドハンドの民俗文化」(Volkskultur aus zweiter Hand)などとうまい表現をした民俗学者もいる。

こういった民俗ブームが、ヨーロッパ全体にどのような影響を与えつつあるかを概観したい、というのがこのアンケートのねらいであった。質問項目はいくつかあるが、例えば、「民俗ブームと旅行ブームとの関係」、「民俗的な土産物について」、「マスコミの反応はどうか」、「本来の民俗がまだ残っている僻地があるか」などであった。このようなアンケートが、東欧圏を含む一五名の民俗学者に発送され、回答が早く寄せられたポーランド、ハンガリー、ユーゴスラビア、スイス、ポルトガルの五ヵ国の分がこの年の学会誌に収録されている。

その回答によると、東欧圏も含めて、すべての国にちかごろは商業ベースにのった民俗ブームがあるとのことであった。社会主義国では、古い民俗の育成に政治的な配慮がみられるのであったが、その場合、自分の民族の理想像は昔の農民の姿であるとし、しかも実在の農民の姿ではなく、特定の地域の農民の衣装や踊りを特にとりあげ、それを理想的現代的にアレンジする傾向がみられるとのことであった。

また、すべての国に、民族舞踊や民謡を伝承する専門あるいは半専門のグループが発生していた。それにどこの国でも、テレビやラジオは民俗番組を多く放送しているのであったが、その場合、実際の姿を伝えようとするケースと、娯楽を主とするケースとの二種類があった。国によっては、娯楽や俗化の程度が過ぎないようチェックする機関をもっているところがある半面、例えばリスボンなどでは、外人客の観光ブームにおされて、外人用の見世物的民族舞踊ショーが行われているとのことであった。

同じヨーロッパでも、比較的後進的なユーゴスラビアやポルトガルなどでは、田舎へいけばまだ昔の風俗がそのまま残っている所もあるというけれど、しかしこういった地域も、お祭のときなどは観光客がおしよせ、ちかごろは、土地の人が自由におどったりうたったりできなくなっているということである。またこういった所では、教会などのお祈りでも、観光客のために雰囲気が汚されて困っている、とのことであった。

この翌年の一九七〇年の学会誌には、「民俗学はだれの役に立つのか」というテーマと、「民俗博物館のあり方」という二つのテーマについてのデスカッションが行われた。それに「壁飾り」についての、チュービンゲン大学のグループ調査の報告がのっていた。

「民俗学はだれの役に立つのか」は、いわば民俗学のアンガージュマン論争であった。ひところ文学の世界でも、主義主張や政治を離れて、純粋の文学が成立しうるかの議論が盛んであったが、これは主義主張や政治を離れて、純粋な学問としての民俗学が成立しうるか、の論争であった。

たとえ古い民俗を研究する、いわゆる歴史民俗学者であっても、調査者の主義によって記述内容は変ってくるものであるから、客観的中立的な民俗学の立場などありえない、という議論が盛んで、例えばある論者は、昔の一般人がいかに貧しい生活を強いられたかという観点に立って研究すべきである、と主張していた。しかし一方、学問は直接役立つことを目的とする必要はなく、特定のイデオロギーに束縛されてはならない、と反論する論者もいた。

「民俗博物館のあり方」のデスカッションは、博物館はただ物を陳列すればよいという考えではいけない、民具なら民具が、実際の生活にどのような機能を果たしていたかの機能面も理解できるような方法で陳列すべきである、という議論であった。

「壁飾り」に関するチュービンゲン大学のグループ研究については後述するが、このあとの一九七一年度及び七二年度の計四冊の学会誌には、ほとんど意見の表明ばかりがのっていて、実際の民俗学の研究発表はごくわずかしか収録されていない。それはこのころ、「民俗学は今後いかにあるべきか」の論戦がはげしくなって、調査研究の論文をのせる余裕もなかったからである。そしてようやく一九七三年になって、はげしかった論戦も落着きをみせ、学会誌にも本来の民俗学の論文が、またふたたび掲載されるようになった。

民俗学上の主要概念の変化

さて話はまた一〇年ほど以前にさかのぼって、一九六一年のことになるが、バウジンガーは「技術時代における民俗文化」(Volkskultur in der technischen Welt. W. kohlhammer Verlag, Stuttgart) の一書をあらわして、新しい民俗学の理論づけを行なっている。

そもそも、ドイツ人はなにごとに関しても理論づけや体系化を好むことは、彼らの国民性とでも表現したくなるほど我々とは違ったところがみうけられる一方、我々日本人の理論と体系に関する感覚も、これまた国民性とでもいいたくなるようなおそまつなところがある。とにかく、ドイツ人にとっては民俗学が新しく変りつつある以上、新しい現象に対応する理論づけや体系化が早急に必要となってきたのであり、その需要に応えたものが、バウジンガーのこの著書であった。その理論は、日本の現状に適用して考えてみても、なるほどと感心させられる見事なもので、理論に対するドイツ人の心を知るという意味においても、ここにその要点を記しておきたいと思う。

さて従来の民俗学のありかたは、いずれの国の場合でも、大きく分類して二つの系統に分けて考えることができる。一つは事実に即応し、科学的に一般人の風俗習慣を理解しようとするゆきかたであり、他は、感覚的にその国民の民族精神を把握することを、学問の第一義とするゆきかたである。例えば、折口信夫などは日本の感覚派の雄と称してもよく、彼は「フォクロアの目的は、結局、我我の民族性を窮める事になる。換言すると、民族から出て民族に還るのである」（折口信夫全集一六）といい、「民俗学は……古代究明を目的とする科学である。……これは実感と直感によらなければならない。学問に対して科学的であるかどうかを問題にするのは幼稚な考え方である」（「同上」）などと説く。このような思想は、神がかり的な日本精神やドイツ精神の思想と共通するばかりではなく、学問的方法としても受け入れ難いのはいうまでもあるまいが、こういった危険性に歯止めを与えようとしたのが、いわゆるスカンジナビア学派のとなえる理論であった。特にその学派の一人であるエリクソン（Sigurg Erixon 1888―1968）は、文化次元の三基準という原則を提唱して、あらゆる民俗現象はすべて、空間、時間、社会層の三つの次元に即応して理解しなければならない、と主張したのである。

即ち、どこで（空間）、何年頃に（時間）、下層農民なら下層農民の間で（社会層）、行われた習慣であるということを明確にしておけば、ある一時期にだけ認められる習慣を、理由もなしにあたかも太古から行われていたごとく断定したり、また、一地域だけに認められる習慣をもって、民族全体の特質を論ずるような、理論の飛躍を防ぐことができる、というのであった。

この三基準の理論は、その後の民俗学に大きな影響を与えて、民俗学を科学的に立て直そうとする努力の、支柱となったものである。ところがさらにバウジンガーは、現代の民俗を理解しようとするには、この三基準の理論では現実の情勢に間に合わない、と思考するのである。

即ち、従来はある村なら村の習慣を調査して、その村の習慣として記述することは可能であった。村や町は昔はひとつの空間的単位として、一応認めることができたからである。けれども実際には、昔でも村や町の中に住む人々には移動があって、厳密にいえばまとまった一定の単位とはいいがたいところがあった。そしてこの傾向は現代ではさらにはげしくなって、村人でもちかごろは他町村や都会ばかりではなく、外国へまでも気軽にでかけていく時勢なのである。村のもっている生活文化は、もうその村だけで育成された固有文化などではなく、文化の交流摂取は、テレビ、ラジオ、新聞、雑誌などの媒介もあって、これまでにない広域的なものに変化してしまっている。昔の民俗学者が考えていたような閉鎖的な単一単位としての村民文化といった概念は、いまではもう完全に消失して通用しえなくなっているのである。バウジンガーは、こういった村や町の境界の概念の消失現象を、村や町の交流圏の拡大とみて、「空間の拡大」(räumliche Expansion) という用語をもちいて表現する。

同じように、昔の民俗学ならば重要な基準の一つでありえた時間の概念というものも、これまた拡大して変質してしまっている。昔ならば、村や町の生活文化は、子孫代々たいした変化もなく、長時間にわたって引き継がれたものであった。そしてこのように長時間にわたって継続した生活文化は、いわゆる習慣という言葉で表現されえたし、ある習慣がある時代に行われていた、というような表現も可能なことであった。ところが現代では、生活文化の変化がはげしく、一代のうちにでも、習慣はどんどん変って変質してしまう。それは習慣というよりは、むしろ流行という言葉で表現したほうが適切なくらいなのである。こう考えてくると、習慣と流行という言葉の概念の差は、質の問題などではなく、習慣とは長持ちする流行であり、流行とは早く移り変る習慣である、ということができるであろう。そこで例えば、民謡というものを例にとって考えてみるなら、昔は民謡はある一定地域だけに限ってうたわれていた地域的習慣であったものが、現在では一農村の、あるいは一地域の境界を越えて、全国的、あるいは世界的範囲でうたわれるほどに広域化してしまっている(空間の拡大)と共に、一方古い時代の民謡が、時間を越えて現在に復活したり、現代風にアレンジされたりしているのは、これを「時間の拡大」(zeitliche Expansion) と理

バウジンガー教授と著者。ロイトリンゲン市の郊外にて

解することができるであろう。即ち現代では、昔ならば存在していた空間及び時間の境界が、あるいは世界の果てまで、あるいはまた何百年かもさかのぼって、拡大してしまっているのである。

「社会層」にも、同じような境界の拡大現象がおこっている。昔は身分差というものが厳然と存在していて、民俗学は、下層に属する一般人の生活文化を研究していたものであった。なるほど、現在でも現在なりの階級差はみられるし、富裕階級や会社・官僚の最上層部は、一応上流階級とみなすこともできよう。しかし現在の階級差は、昔のような厳格なものではないし、それに昔ならば、重要な生活条件の相違を意味していた、田舎と都会という環境の差も、いまではほとんど感じられないほどに、田舎の生活が都会化してしまっている。即ち「社会層の拡大」soziale Expansionと理解することができるであろう。

以上のような生活環境の変化がおこった現在では、もし昔の民俗学のように、ある一農村の農民文化の調査をしようと思っても、それは、その村の文化に影響を与えているテレビ、ラジオ、新聞、雑誌の類い、また新型農機具の導入などによる農業技術の進歩とそれに伴う生活環境の変化など、それらすべての生活条件も調査しなければならないということになり、しかもそれらの条件は、年々変化していく現象であるから、そのような調査は不可能でもあり、無意味でもある、ということになろう。その上、従来の民俗学の眼目であった、一般人だけに特有の文化という概念は、社会層の拡大によって、もはや存在しているとはいいえないのである。即ち、民俗学は時代の変化に応じて、学問自体が変容せざるをえない状況に立たされている、ということであろう。

民俗学よさようなら　西ドイツの民俗学者が、じっさい一堂に会合して討論や発表を行う西ドイツの民俗学会は、年一回の割で開催されている。さらにこの学会は、全員が参加できる大会と、参加者を制限して実質的に討論する研究会とに分かれていて、それを隔年ごとに交互に行うのが慣例である。さて一九六九年は、この大会のほうの開催年に当たっていたが、この年は西ドイツの中央部のやや北寄りにある、デトモルト（Detmold）という小都市がその開催地であった。

このとき、学会での発表に、民俗学は今後いかにあるべきか、という問題が主に若手民俗学者を中心に、やや過激に提起されるという事件があって、その直後の西ドイツの民俗学界には、なにか騒然とした空気が流れていた。私がチュービンゲン大学の民俗学科の研究所に滞在したのは、ちょうどこの年の秋からのことであったが、この騒ぎの中心的存在であったこの研究所では、討論を重ねたり他大学と文書で議論を交したり、教授から学生に至るまで、彼らの頭はつねにこの問題を離れない様子にみうけられた。

翌年の一九七〇年は、こんどは研究会の開催年に当たっているから、参加人員が五〇名に制限されて、フランクフルト市に近いタウヌスの山中で開かれた。タウヌス地方のことは、最初の上ライフェンベルク村の紹介のときにすでに述べてあるけれど、研究会の開かれたファルケンシュタイン村（Falkenstein）というのも、この上ライフェンベルク村からそう遠い距離ではなかった。ファルケンシュタイン村には家庭国民学校（Heimvolksschule）という宿舎付きの研修施設があって、大学院生も教授も、すべてここに泊り込んでの研究会であったが、それは九月二一日の午後にはじまって二五日の夜半に至るまでの、まるまる四日半にわたる討論の連続なのであった。ドイツ人の精力的なことはまったく驚くばかりで、やはりこの

1970年に研究会の開かれたファルケンシュタインの家庭国民学校

宿舎に泊り込んで参加していた私は、ドイツ人の築き上げた学問の原動力を、まのあたりに見る思いがした。

　討論は到着日の午後から直ちにはじめられ、夕食のあとも、連日夜の一〇時から一一時頃まで続くのである。夕食のあとの討論には、各人ビールびんを一、二本机の上におき、ときどき、ちびりちびりラッパ飲みしながらむずかしい話をする。なかには、一升びんほどのぶどう酒のびんを机の下において、ときどきコップに注いでは飲んでいる老教授の姿もみえる。ドイツ人はこういうことをわりとよくやるのであったが、彼らは、少々のアルコールが入っても日本人のように乱れたりはせず、かえって議論がはずむくらいのものなのである。

　討論の題目は、「民俗学の用語について」、「民俗学の目的について」、「歴史民俗学について」、「理論と実践について」などなどというもので、要するに目的とすることは、これからの民俗学がいかにあるべきか、その方向を探りだそうということであった。そのため、会期の最終日の深夜まで議論を重ね、ようやくおおかたの意見が煮詰まったところで、新しい民俗学の定義とでもいうべき文章をまとめあげる作業が行われた。

〔Volkskunde〕 analysiert die Vermittlung (die sie bedingenden Ursachen und die sie begleitenden Prozesse) von kulturalen Werten in Objektivationen und Subjektivationen. Ziel ist es, an der Lösung sozio-kulturaler Probleme mitzuwirken.

〔民俗学〕は客体及び主体に表われた文化的価値ある伝達物（及びそれを規定する原因とそれに付随する過程）を分析する。目的は社会文化的な諸問題の解決に寄与することにある。

これが、そのときまとめあげた、これからのあるべき民俗学の定義である。最初の民俗学という言葉が括弧に入れられているのは、民俗学の内容が変った以上、民俗学という学問の名称も廃すべきであるが、まだ新名称がきまっていないので、いずれきまった時点で、ここにその名称を挿入しよう、という予定があってのことである。文章は、雑物をけずりにけずって、骨ばかりになっているため難解であるけれど、客体及び主体というのは、物質と精神の両方というほどの意味、伝達物というのは、従来の民俗学なら伝承文化とでもいうべきところを、ただ時間的に縦に伝わってきた昔の文化を研究するだけではなく、テレビ、ラジオなど、マスコミのような、現在横に伝わっている文化も問題にしよう、という意味合いから、伝承とせずに伝達物としたもの。したがって全体をくだいて解釈すれば、昔から伝えられてきたもの、あるいは現在伝えられているもののうち、文化的に価値ある物質及び精神現象（それにそのような現象がどうして生じたのかの原因とそれにともなう過程）を調査し、そこに含まれている問題を分析しよう。その目的は、社会文化的諸問題の解決に役立つことにある、というほどの意味になろう。

この民俗学の定義では、もはやこれまでの民俗学のように、一般人（日本の民俗学では一般人のことを常民、ドイツの民俗学では Volk《フォルク》 などと呼ぶ）の文化を研究するのが民俗学だ、などとも規定されていないし、また主に過去の一般人の文化を研究するのが民俗学の主目的だ、などとも表現されていない。第一、文化的現象をただ調査研究するのが目的なのではなく、文化的現象の問題点を分析し、社会の実際問題の解決に寄与するのが目的だ、と明確にうたってある。学問は、ただ趣味や物好きの知識の蓄積であってはならず、現実の疑問や問題を出発点とし、その問題解決に役立つように行わなければならない、というのが、この新しい民俗学の意気込みなのである。

さて研究会は、この定義の文章に対する賛否の決をとり、全員一致でこれを可決したあと、こんどは民俗学という言葉に代るべき学問の、新名称を考えようということになった。しかしこのほうはそう簡単にいい知恵が浮かばず、しかも時間も迫っていたので、とりあえず考えうる最善の名称をいくつか並べて、よしと思う人の数をかぞえてみることになった。その結果多数をしめた上位四つは、文化人類学（Kultur-anthropologie）、文化学（Kulturlogie）、ヨーロッパ民族学（europäische Ethnologie）、文化社会学（Kultur-soziologie）であった。しかしこれはただ今後新名称をきめる場合の参考程度に、ということである。

ところで、この研究会の行われる直前に、チュービンゲン大学の民俗学科では、「常民生活よさようなら」（Abschied vom Volksleben）という題名で、これからの民俗学のあるべき道を論じた論文集を出版していた。そして事実この研究会のあとで、チュービンゲン大学ではその民俗学科という名称を廃して、「経験文化学科」（empirische Kulturwissenschaft）という新名称に正式に改めている。経験文化とは、感覚による経験を通じて知りうる文化という意味で、文学や哲学など、物質とは直接関係をもたない学問とはちがう、というほどの意味であろう。

さて、このようにして西ドイツの民俗学の新しい潮流は、もう昔のように、僻地に伝わっている珍しい習慣や古文書に散見する、昔の一般人の生活ばかりを研究することをやめてしまったのである。新しい民俗学は、現在我々がかかえている目前の文化的諸問題を、その研究の出発点としようというのであるから、テレビなどのマスコミの問題や、通俗雑誌にのっている小説などを研究テーマとしてみたり、また都市生活の問題点や、老人福祉の問題点の究明などを、その目的とするように変っていった。また従来の民俗学と同じく、宗教や俗信などをその研究対象とする場合でも、これまでのように、ただ宗教行事の描写などに終止するのではなく、住民の宗教意識のアンケート調査を行なったり、日常の宗教生活の矛盾点を究明したりしようとするのである。

そこで我々は、まだ量は少ないけれど、ここにこの新しい西ドイツの民俗学が築きあげた新しい成果を参考にし、さらに加えて、社会学や従来の民俗学の文献、それに種々の統計や西ドイツの新聞・雑誌に散見するこの分野の記事などをも拾いあげ、そのうえ実地の調査も加えて、新しい側面から、西ドイツの一般人の現在の生活文化の状態を探っていこうというのである。我々はドイツ人の目をもってドイツ人をみるのではなく、我々日本人の目でもってドイツ人をみようというのであるから、ドイツ人自身が自分をみる場合とはちがったところに関心をもつのは当然であろう。我々は日本人として、我々なりの疑問点や問題点をかかえているからこそ、ドイツ人の生活状態というものをも知りたいと思うのである。我々がこれからとりかかろうというドイツの一般人の生活文化を研究する「ドイツ人学」(本書第一―二部はこの題名で「関西医科大学教養部紀要」に掲載された。)という学問も、西ドイツで新しい民俗学が誕生したときのその意気込みと同じく、やはり我々自身のいだく、実際の疑問や問題意識をこそ、その原動力として進んでいくべきであろう。

7 環境㈠——住宅

戸数と面積　西ドイツの一般人の外的生活環境の諸条件の様子を探って、西ドイツの人々の心に地道に迫ろうというこの章では、まず人の住む家屋、つまり住宅という問題をとりあげ、日本人なりに観察していこうと思う。我々はたとえ通勤者であっても、人生の半分は自分の家で過ごすのであるし、ことに主婦や子供たちにとっては、自分の住宅こそが彼らの生活の本拠地になる。いうまでもなく、住宅が我々の生活に与える影響は非常に大きいのである。

西ドイツも日本と同じく、現在も住宅問題ではかなり悩まされている。第二次大戦で戦場になった西ドイツでは、住宅を失った者の数が八〇〇万人にも及んだうえに、東ドイツや東欧諸国から、戦後難民として一二〇〇万人ものドイツ人が西ドイツへ流入してきた。それに核家族化や都市への人口集中現象は西ドイツでも同じことであるから、西ドイツではこのため、約一千万世帯分の一戸建や共同住宅が、一九四九年から六八年にかけて建てられている。これは現在の西ドイツの全世帯数の半数以上にも当たる数なのである。しかしそれでもなお、西ドイツの住宅問題は解決されたとはいいえない状態にある。（この章の統計資料には、主として、西ドイツの場合は連邦政府統計局発行の、日本の場合は総理府統計局発行の年鑑を用いた。両者とも一九六八年度の調査。）

一方日本のほうは、終戦時から同じく一九六八年のあいだに、約一六〇〇万世帯分の一戸建や共同住宅が建てられている。これは日本の全世帯数の六割強にも当たる数で、この数字だけをみていると、住宅問題では、日本も西ドイツと同程度の順調さで、解決されつつあるように思われる。ところが、実際の状況はというと、これには数字以外のいろいろな要素がからんでくるから、事情はそう簡単なことではない。

西ドイツの住宅の実物を実際目にした場合、我々はまずその大きさに驚かされる。小学校の運動場ほどもある単独相続地帯の大農家は別としても、町の中心部の住宅は、個人の家でもたいてい四〜五階半建の高さがある（半階とはとんがり屋根の屋根裏部屋のこと、「タウヌスの山村(一)」の章の「山村のイメージ」の項参照）。町の中心部以外や田舎の住宅でも、みな二階半建の大きなものばかりで、日本のように、ともかく自分の地面をもって、隣の家と押し合いへし合いでたっているような家は一戸もない。日本の都会の周辺に林立しているアパート式の四〜五階建の共同住宅と同じ形式のものも西ドイツにはたくさんあるが、そういった住宅でも、日本の同種の建物より大きくゆったりとつくられている。住宅問題が本当に解決しているかどうかは、戸数が多くなったかどうかということより、住み心地が快適で中に入っている人が、それ以上引越しの必要を感じていないかどうかということこそ肝要なことであろう。日本のように、二〜三回も少しずつ大きな家へ引越ししつづけなければ、最終的な落着き場所を見出しえないような状態では、日本は慢性的に、毎年家を建てつづけていかなければならないということになる。

さて家の内部の広さをみると、日本では、平均して一・〇三人が一部屋を占領している割合である。一人が一部屋にも当たりつきかねているわけであるが、これを畳数になおしてみると、一人当たりの割合は五・五六畳の広さとなる。畳の大きさをいま仮に九〇センチ×一八〇センチと計算すれば、これは約九平米の面積である。

西ドイツでは平均して一人が、一・四部屋に当たりついている。しかも部屋の面積が広いから、一人が二三・八平米の広さを占拠できるのである。日本人と比較した場合、彼らは二・六倍の空間を享受していることになる（一九七四年に、日本の経済企画庁が発表した日本の将来の長期展望によると、一九八五年までに、日本の住宅一人当たりの床面積を、一九七三年度実績の二〇・五平米から、西ドイツ並みの二八平米に改善する、としてあるが、西ドイツのこの数字は、床面積ではなく、西ドイツの統計によくみられる純粋の部屋面積を表わす Wohnfläche という言葉を誤解したものであろう。このような外国事情の知識は、日本の場合、たとえ政府の直属機関であっても、あまりあてにはならないものなのである。このような場合西ドイツでは、柱や壁の厚み、それに地下室、屋根裏部屋、洗濯場、物置、ガレージ、事務室等の面積は、すべて抜いて計算するのが習慣である。日本式の床面積の統計は、西ドイツでは行われていないけれど、もしあるとすれば、確実に日本の三、四倍以上の広さになろう。西ドイツの一戸建の家には、一階の床面積と同じ広さの地下室と屋根裏部屋があるのが普通であるし、アパート式の共同住宅でも、各世帯がかなりの広さの物置を地下室に割り当ててもらえるから、その点だけでも日本の場合よりずっとスペースのうえでは余裕がある。地下室については「ヒルリンゲン村」の章の「住宅」の項を参照)。

さて、日本の建設省が、一九七三年に行なったアンケート調査にもとづく統計上の推定計算によると、日本では、全世帯のうち三分の一もが住宅に困っているという結果になっている。その困窮の理由の半数は、「住宅の狭さ」であるから、狭い家は、いくら数を建てても問題の最終的解決にはならない、ということであろう。西ドイツ全土についてのこの種の資料は手元にないけれど、西ドイツ南西部のほとんどを占めるバーデン・ヴュルテンベルク州の統計局の、一九七二年の調査によれば、七世帯に一世帯の割で現在の家に不満を感じており、五〜六年内には引越ししたい、と望んでいるという数字がでている。その主要な理由は、やはり「より大きな住宅に住みたいから」となっているところをみると、西ドイツにおいても、住宅問題ではやはりまず家の面積が問題なのである。さてこの両国の統計を比較すると、住宅に不満をいだいている割合は、日本が三世帯に一世帯であるのに対し、西ドイツのバーデン・ヴュルテンベルク州では、七世帯に一世帯である。バーデン・ヴュルテンベルク州内には、ハンブルクやベルリンのような大都会は存在していないが、同州の人口密度は西ドイツ全域の人口密度をやや上回っているから、この州の数字は、およそ西ドイツの平均値とみなしてもさしつかえないものかと思う。そうするとこの両者の数字にあらわれた違いは、けっきょく両国の住宅の大きさの差からくる相違ということで、この三分の一対七分の一という住宅不満者数のあらわす比率が、およそ日本と西ドイツの戦後の住宅問題解決の成績とみなしてもよいものであろう。そしてこのような家の中に育っていくこれからの子供たちが、広い家で鷹揚に育っていった場合と、狭い家でせせこましく育っていった場合とでどう違ってくるかということが、両国のこの成績からでてくるこれからの結果ということになろう。

階層ごとの貸間　ではなぜ、日本人は小さな家をたくさん建て、西ドイツの人々は比較的大きな家を建てるのか、ということになると、それには財力の差のほかに、両者の習慣の歴史の相違というものも、大きな原因になっているように思われる。そしてその習慣の相違のなかには、日本人が普通気がつかないような習慣も含まれている。

団地のアパート式の共同住宅。それは住宅難解消の尖兵のように、現在世界中の都会の周辺にあふれつつある住宅形式であるが、こういった形式の住宅には、その国々の習慣の相違というものはあまり影響を与えていない。例えば、大都会のハンブルク市にある公営住宅会社のこの種の住宅では、一九六二年の建築分で、一戸当たりの平均面積は五四・一平米である（有泉亨編『ヨーロッパ諸国の団地管理』東京大学出版会、一九六七年）。この広さは、現在建ちつつある日本の公営住宅の平均面積をやや上回る程度のもので、現在の西ドイツとしては狭いほうであるが、こういった形式の住宅が広いか狭いかは、ただその国のそのときの財力と土地事情が関係しているだけなのである。

ところがそれ以外の一般住宅はとなると、これにはその国々の習慣的要素がからんでいるから、事情は国によって一様ではない。例えばいま、共同住宅の住民も、一戸建に住む住民も、一戸ずつと数える戸数ではなく、家一つ一つを数える住宅の家屋数で比較してみると、日本は西ドイツにくらべて、三倍もの量の住宅をもっているという数字がでてくる。これを同一の住民数に対する比率で比較すれば、日本人は同数の西ドイツの人の、約二倍の住宅をもっているという計算となる。つまり日本人は、家は小さいけれど、家数でいくと西ドイツの人の倍ほども多くの家をもっている、ということになるのである。いったいどうして日本と西ドイツとでは、一人当たりの家数がこうもひどく違ってくるのであろうか。

こういう問題になると、けっきょく長い習慣の歴史をさかのぼらなければ、その解答はみつからない、ということになろう。そしてその解答とは、ひとり西ドイツに限らず、いったいにヨーロッパ全体では、民家の場合でも多層建築がたくさんある、ということなのである。西ドイツでは小さな町でさえも、町の中心部の一般民家は、たいてい四〜五階建以上の多層建築がずらりと並んでいる。そしてその住宅の所有者たちは、この多層建築を、一階なり二階なり、あるいは三階なり四階なり、各階層ごとに貸しにだすという、階層単位の貸間方式をとっている場合がよくみられる。町の中心部以外や、田舎の二階半建の場合でも、日本のように各部屋ごとに貸す場合もあるけれど、一階なり二階なりを、やはり各階層単位で貸しにだすということも、ごく普通に行われている。こうすれば二〜三部屋に台所から、場合によっては風呂までついているかなり広い空間を借りることができるし、しかも隣近所とは、ほとんど別の家に住んでいるように、互いに迷惑をこうむることもないのである。

日本人は同居といえば、まず二家族が明確な仕切りもなく同居するか、離れの形式でも思い浮かべるであろうけれど、西ドイツの同居は個人の家の場合でも、アパート式の同居と同じく、互いに隔絶して暮しうる構造になっている。ただ違うところは、個人の貸間の場合には、家具調度まで付属していることがよくあって、部屋を借りたからみにこい、などと知人にいわれて訪ねていくと、ベッドやたんすはもちろん、家具にピアノまでついていたりして驚くことがある。

統計をみてみると、日本の場合には、一戸の家に二家族が同居する、二世帯住宅というものはほとんど問題にならない数にしか過ぎない。それは、全世帯数のわずか三％程度なのである。残りの九七％は、アパート方式などの共同住宅を別にすれば、全部一世帯住宅ばかりで占められている。ところが西ドイツの場合には、農家を除いた一般住宅の場合で（農家は同居関係の性質が一般の場合とやや異なるから、西ドイツの統計ではこのような場合農家は除外してある。ちなみに、農家数は一般住宅数の一五％に当たる）、一住宅に一家族しか生活していない一世帯住宅は、わずかに全体の五一％にしか過ぎない。それに対し、自分の家の一部を他の一世帯に借している二世帯住宅は、全体の二八％にも達するのである。残りの二一％は三世帯以上が一住宅に住んでいる場合で、そのなかにはアパート式の共同住宅なども含まれている。つまり以上が、西ドイツの住宅数を日本のそれと比較した場合、極端にその数が少ないその理由ということなのであるが、単純に表現すれば、彼らは日本の二戸分か三戸分に相当する面積の土地に、二階半建か四、五階半建の大きな家屋をたて、二〜三世帯が同居で住んでいる、ということができよう。狭い土地の利用法と町の美観という点では、このほうが賢明なやり方といえると思う。

一九七三年に、西ドイツの首都のボンにある、ある社会学の研究所（INFAS）が行なった住宅の好みについてのアンケート調査によると、五八％の人が一戸建の住宅を理想としているという結果がでている。やはりドイツ人でも、過半数の人の理想は一戸建のマイホームというわけである。ところがこの調査では、二一%の人が「良い貸間」を理想としており、また一一%の人は「買取りマンション」を理想としているという統計になっている(このアンケートは、もしあなたが若いカップルに忠告をするとすれば、けっきょく将来落着くべき家の形態としてどのような種類をおすすめしますか、という質問形式で誘導されている)。これは西ドイツでは、ほとんどの人が文句なく一戸建のマイホームを理想としている、とはいいきれない数字であろう。

日本の場合は、一九七四年に総理府統計局が、「大都市地域における住宅・宅地に関する世論調査」として、同じようなアンケート調査の結果を発表している。それによると、「一戸建住宅が望ましい」と答えた人は四九%、「一戸建以外でも止むを得ない」と答えた人は二四%である。この記事を報じている新聞によると、若い人ほど「共同住宅でも止むを得ない」というあきらめ型が目立っていた、という表現がとられているが、日本では共同住宅に住むのは止むを得ないあきらめに過ぎない、という観念が人々のあいだにほとんど定着化している。この両者のアンケートの調査方法自体、西ドイツのほうは「貸間も止むを得ないと思うか」というような表現はとられていないのに、日本のほうは調査者自身が、最初から貸間形式をあきらめ心理と結びつけて考えているような傾向がある。

ところが西ドイツの人々の貸間に対する考えのなかには、日本人の貸間に対する固定観念とちがい、かえって貸間なりの便利さや種々の利点さえも感じているようなところさえみられるのである。そしてその理由は、西ドイツにおける貸間の習慣の伝統の長さが、貸間というものに対する観念を変えてしまったからであろうし、それにまた事実、階層単位の上質の貸間や、面積も広く近代的な設備もととのった、最近のアパート式の貸家などというものが存在しているという裏打ちがあるからであろう。西ドイツのアンケートにみられるこの理想とする住宅形態の数字と、一九六八年調査の現実の住宅事情に関する数字とを照合してみると、「一戸建のマイホーム」が、希望五八%に対して現実五一%、「良い貸間」が、希望二一%

に対し、現実は一般民家のムードのする二世帯住宅の貸間に住んでいる人が二八％、またアパート式貸家も含む三世帯以上の住宅に住んでいる人が二二％である。西ドイツの住宅の最終的理想像は、日本の場合とはかなりちがっているようであるけれど、その理想像と現実との距離は、日本の場合よりずっと近いように思われる。

一方また、西ドイツにはみられず、日本で独特に発達した住宅形態に、日本式の長屋というものがある。狭い土地に、とにかく各家が地面をもってぎっしりと立ち並ぶ長屋は、本来土地の所有欲から生じた産物ではなく、安い材料でできるだけ多くの世帯を住まわせようという、材料費の節約の観点から生じた産物とみてよかろう。土地の安かった明治以前に、すでに生まれていたこの長屋の伝統は現在でも続いており、その日本全体における量は、一戸建住宅を五とすれば一の割合を占めるほどの数に及んでいる。建売住宅にも長屋はあるし、文化住宅と称する貸家も、けっきょく長屋の形式が二階建に発展したものと考えてよかろうと思う。その量の点からいっても、日本は長屋文化の国といっていいほど長屋が多いが、この盛んにたちつづけるみるからに安っぽい新しい長屋の風景が、日本の都市の美観というものをいちじるしく傷つけている。

ではなぜ日本に、このような横に伸びる長屋が発達し、西ドイツでは、縦に伸びる同居形式の多層家屋が発達したのかというと、その理由の一つは、建築上の技術の問題ということになろう。しかしそれよりもまず第一に、社会的原因として、ヨーロッパの昔の町の形態が日本とは違っていたということこそ、もっとも大きなその理由といえるであろう。

ヨーロッパは日本とちがって、昔から異民族や外国とのはげしい戦乱の絶えない国であった。そのため町は町全体を頑丈な堀と城壁ですっかり取り囲んで、これらの外敵に対する備えを固める必要があった。

町をとりまく昔の堀と城壁の跡がよく分かるアムベルク市

したがってそのような町の面積というものはおのずと限られていたから、彼らは狭い土地を有効に使うため、家屋の階層を高めていくことを強いられたのである（多層家屋の開発については木材不足の原因もあるが、それは「火災と防火」の章に譲る）。日本人にとってはごく現代的な問題である土地不足という難題は、ヨーロッパのなかでは比較的文化の発展の時期のおそかったドイツにおいても、すでに中世以来の課題であったというわけである。

ドイツでは、中世というのに、町の中ではもう四〜五階半建ほどの背の高い民家が建てられていた。階層ごとの貸間の習慣もすでに中世にはじまっていたと思われるが、比較的新しいところでは、例えばザルツブルクのモーツァルトの生家やウィーンのベートーベンの住居などは、いずれも階層ごとの貸間で、我々はその当時の名残りを、いまでも実際目の前にすることができる。そしてこういった階層ごとの貸間の習慣が現在まで尾を引いてきているから、西ドイツでは貸すほうも借りるほうも、日本人にとっては意外なこの習慣にすっかりなじんでしまっているのである。西ドイツでは、この種の貸間が現在でも重要な位置を占めているため、家賃の上昇には世論も法律的規制も日本よりきびしいけれど、目下（一九七四）住宅建設省では、住宅問題対策の一つとして、この種の貸間を空にしておいたり、他の目的に転用することを禁ずる法律案の作成を検討しているほどである。

古い町並み　さてこの同じ住宅建設省では、一九六一年に、西ドイツ全域の民家の委託調査を行なっている。それは、都市改造促進法のための基礎調査であったが、それによると、西ドイツの民家の一八％は、一八七〇年前に建てられた家、つまり一〇〇年以上もたった古い家であった。やや時代の新しい前世紀以前（七〇年以上の古さ）の家ということになると、西ドイツの民家全体の三分の一の数にまで達している（その後全体の戸数がふえたので一九六八年では約四分の一）。ちなみに日本の統計をあげておけば、一九六八年で、終戦前の家（わずか三〇年たらずの古さ）がちょうど全体の三分の一に当たっている。ドイツはちかごろでも二回も戦争による破壊を体験した国であるから、いかにヨーロッパ全域には古い家屋がたくさん残存しているか、この数字をみただけでも、たやすく想像されるというものであろう。

各階の境には横木が二重にかさなっている。1450—70年頃に建てられた家

ではドイツの古い家とは、どんな構造をしているのであろうか。それにまた数百年前というのに、すでに五～六階半建の民家を建て得た技術は、どのようなものであったのであろうか。

ヨーロッパの西の部分、いわゆる西欧には建築材料による二大区分帯というものが存在している。即ち南側の石と北側の木であるが、ドイツは北側に

頭でっかちの代表のような民家。ヘッセが生まれたカルフの町

属しているから、昔は大きな建築でも、木材を主体として造られていた。彼らは五〜六階半建の民家も、木材を骨組として構築していたのである。

日本の木造の二階建の場合は、一階から二階に突き抜ける柱があって、一階と二階は構造的に連結している。ところがドイツでは、ちょうど箱の上に箱を重ねていくように、各階層の独立した木枠を、ただ積み上げていくという方式をとっていたのである。各階層の上面の横木は大きく頑丈なもので、その上にその上の階層の土台になる頑丈な横木が積み重ねられている。だから外側からみてもすぐ分かることであるが、各階層の境にはかならず横木が二重にかさなってみえる（前頁写真）。こういった構造になっているため、一階よりも二階の床面積を大きくつくることはわけのないこと、というよりはずり落ちることを考えればむしろ安定度をますくらいのものであるから、土地の貴重な町の中では、よく一階よりも二階、二階よりも三階の床面積の大きい、頭でっかちの家がたくさん建てられていた（写真右）。

このような構造の家屋の場合には、問題は各階層の頑丈さ、特に下の階層ほど上の階層の圧力に耐えうるか、という頑丈さが問題になってくる。その場合重要な役割を果たすのが、各階に縦横に補強されている中間の柱や横木、それに斜めに走っている筋交いの働きである。

日本の古い建築技術では、この斜めの筋交いという支えの柱が知られていないということであるが、ドイツではこの筋交いが大きな役割を果たしていて、各階層の強度を高めると同時に、中間の柱や横木と一緒になって、さまざまな美しい建築模様を織りなしている（写真左）。こういった構造では壁が細かい部分に仕切られているため、ドイツ語ではこのような建築様式をファッファベルク（Fachwerk 部分構築の意）と呼ぶのである。この木と壁の織りなす模様には地方的特徴があって、民俗学者のなかには、そのような模様の地域差の研究を行なった人もいる。

ファッファベルクは、要所要所の柱に、普通二〜三〇センチ角の木材を使うのである。ちかごろの日本の木造家屋の柱は一〇センチ角程度であるから問題にならないけれど、昔の日本の大きな民家でも、二〜三〇センチ角の柱はそうふんだんには使われていない。ドイツの場合は、そのような木材を縦に横に惜しげもなく使っていく。

美しいファッファベルクの立ち並ぶヘレンベルク市の市場の広場

壁がまた日本とは違っている。日本の壁は細くさいた竹を藁でゆわえて、その上に土を薄く塗ったものであるから、これが建物全体の重量を支える役目を果たしているとは考えられない。ドイツの壁も四〜五〇〇年以上の古いものは、柳の枝を格子状に編んだものに（並べて紐でゆわえるのではなく、かなり太い柳の枝を織物のように編むのである）土を塗って造ってあるが、それでも日本の壁とは比較にならないほどの厚みがある。それ以後のものになると、柳の枝をやめて壁の中に石や煉瓦を積み重ね（なかには子供の頭ほどもある大きな石も入っている）、それを石灰で塗り込めて土で上塗りをしてある（次頁写真）。地質的に石材のとれないドイツ北部な

木枠のあいだに石を積み重ねその上に壁土を塗る。その壁土が落ちて中の石がみえたところ

どでは、石の代りに煉瓦だけを木枠のあいだにきちんと積み重ねたりする（次頁写真）。ドイツの壁はただ単に部屋を仕切るだけの働きをしているのではなく、建物全体の重量を支える役目を背負わされているのである。木の柱が建物の重量を主として支える古い方式から、壁が主として建物の重量を支える新しい方式に移行したのは、すでに中世後期のことであった。

西ドイツの住宅の壁の厚さは、現在でも外壁が約四九センチ、部屋の間切りの内壁は二五センチ程度であるが、昔のドイツの壁はその程度、あるいはそれ以上にも厚かった。日本の現在のアパートやマンションの壁は、良質のもので二〇センチ程度といわれているから、ドイツでの同居生活の概念が、もう中世においても日本とは違ったものであったことがこれで理解できるであろう。

西ドイツの古い建物で感心するもう一つのことは、それらの建物が、現在でも実際生活に使われているということである。古い民家は三〜四〇〇年の古いものでも、そのまま一階は商店に、二階以上は住宅に使われていたりする。昔は公爵や男爵などの領主が住んでいた城や屋敷も、市役所や村役場などに転用されたり、大学の研究所や博物館、またレストラン兼宿屋などに転用されていまでも使用されている。古い建物の数が多いだけに、日本ならば重要文化財級の由緒ある建物がそのまま日常生活に使用されており、日常生活そのものが、日本にはないどっしりとした歴史の重みを含んでいる。

私はあるとき、いまから約一五〇年前（一八一九年）にある測量師が作成したというチュービンゲン市の地図をもって、市の中心部を一戸一戸みくらべてみたことがあった。その地図には、一戸一戸の平面図の輪郭まで記載されているのであったが、町の中心部の教会の周辺一帯を調べてみたところでは、平面構造が変更されている家は、たった一戸だけにすぎないのであった。しかも、それも昔は家の裏の空地であったところへコンクリート製の大きな庇《ひさし》を新設して、自家用の駐車場に変えただけのことで、そのほかの家は、その数も形も、おそらくその高さも、一五〇年間のあいだ、少しの変更も加えられずに、そのまま残っていたのであった。この区域は、チュービンゲンのなかでは古い地域であるから、人々はその改造に気を使っていたのかもしれないけれど、しかし日本でならば、たとえ奈良や京都でさえこのようなことは考えられないことであるし、それにこの程度の町並みなら、西ドイツにはほかにいくつも求めることができるのである。

ドイツ北部では石がとれないから木枠のあいだに煉瓦を積み重ねる。西ドイツ北部の古い農家の復元。クロッペンブルク野外博物館

　ところが、この美しいチュービンゲン市の中心部の町並みでは、年々住民の数が減りつつある（この一〇年間に四分の一以上の減少）。この町並みの四～五階半建の古い民家は、たいてい一階が商店になっていて、それ相応のにぎわいはみられるというのに、そこに生まれ育った若い世代の人々が、郊外の新住居へと移住すべく、少しずつこの古い生家

から立ち去っていくのだという。

原因はこれらの古めかしい住宅が、近代生活には適さない、というところにある。西ドイツでは、水洗便所・風呂・セントラルヒーティングの三つが備わっているかどうかが、生活の近代化の一つの基準になっているけれど、この三点のそろった世帯の普及率は、全西ドイツで三〇%に達しており（一九六八年）、都市部ではこの倍以上の普及率を示している。

昔ながらの情緒をただよわせているが，近代生活には不便なチュービンゲンの古い町並み

ところが例えばこの古い美しい町並みをみせるチュービンゲン市の中心部では、その普及率が、わずか一〇%にしか達していない（一九七一年）。

この土着の人の減っていく、チュービンゲンのもっともチュービンゲンらしい区画には、比較的間代の安い部屋を求めて、いまでは学生や、外国からやってきた労働者たちが入り込んでいる。こういった現象はチュービンゲンばかりでなく、西ドイツのほかの古い町にもみられる一般現象で、そのような町にとっては、旧市内の整理や近代化、それに古い町並みの景観の保存が、都市問題の重要な課題なのである。西ドイツの政府や各市の当局はそのため、公聴会を開いてみたり、道路や駐車場の整理や新設を行なってみたり、また水洗便所・風呂・セントラルヒーティング設置のための貸付金制度を法律化してみたりしている。何百年もたった美しい頑丈な住宅は、旅行者にとっては絶好のカメラの被写体でもあろうけれど、しかしそこに生活する住民自身にとっては、近代化に適応しにくい障害物的存在になりつつある。

部屋の機能面の相違

さてこれまでは、住宅の面積や外的構造ばかりに重点をおいて観察してきたけれど、こんどは住宅内部の部屋の機能について、日本と比較した場合の相違点を少し考えてみることにしよう。

実際その中で暮すという生活面をとりあげてみるなら、日本と西ドイツの住宅の最も大きな相違は、土足のままで家の中へ入れるか、あるいは靴や下駄をぬいで入らなければならないか、という習慣のちがいであろう。日本の家では靴や下駄をぬいで入らなければならないため、部屋の中では、一般にいたるところに坐ることができるし、ねそべることもできるし、また机さえもってくれば、食事をすることも可能である。つまり日本の住宅では、部屋も廊下も、いたるところが場合によっては椅子・ベッド・食卓の役目を果たすことができる、というわけである。

一方西ドイツや西洋一般では、土足のまま住宅内に入りうるため、坐るには椅子が要るし、寝るにはベッドが要るし、食事をするにはどうしても食卓と椅子が必要になってくる。つまり融通がきかない構造になっているから、例えば予想以上に来客があった場合などには、坐る椅子が不足することもあるし、泊めてあげようと思っても、にわかにベッドを作るわけにもいかないのである。

このような習慣の場合には、実際に生活を営んでみると、かなり支障をきたしてくるもので、特に一部屋住宅の場合などには、ベッドが相当広い空間をふさいでしまっているから、来客が二〜三人もあったりすると、やむなくベッドの上にも腰かけなければならないということになる。そのため、折りたたみベッドなども考案されていることはいるけれど、その普及率はそれほど高くはない。西洋では小学生や中学生などの泊りがけの修学旅行というものが、日本のように気軽に行われていないのも、その最大の原因は、案外何百人ものベッドを同時に確保できる安い旅館がないから、ということにあるのかもしれない。西洋の住宅構造では、畳の上にぎっしりとふとんを並べて寝るざこ寝も、お膳を畳の上に一面に並べて食べる会食も、実行不可能の生活習慣なのである。

だから、日本の家は、狭いことは狭いけれども融通無礙《むげ》にできている構造のため、ある程度その埋め合わせはついているということができるであろう。これはたとえていうなら、大きな品物も小さな品物も、自由に包みうる風呂敷と、一定の形のものしか入りえないカバンのようなものと考えてよかろう。風呂敷もまた日本独特の産物であることは興味深いけれど、しかし風呂敷よりカバンのほうが、いろいろと特殊な機能をそなえているという点で進歩していることも事実である。家屋さえ広ければ、寝るには寝室、食事は食堂と定めて、それぞれその目的に合致した、それ専用の設備をととのえるのが最上ということには変りあるまい。

ところで西ドイツの住宅では、土足のまま入ってもかまわないのであるから、それではさぞその床は汚れてきたなかろう、と想像する人がいるかもしれないが、しかしそれはそうでもない。ちかごろでは、一般に西ドイツの部屋の床には、立派な絨毯が敷きつめられているほどで、たとえ床の上にねそべったところで、別に服が汚れて困るというようなことはない。それではなぜ、土足で上ってもそれほど床の汚れがめだたないのかということになると、我々はここで道路の問題というものに立ち到るのである。彼らにとっては、道路は家の中と同じ履物で行き来できる表面であって、日本のように、絶対土足で上ってはならない畳や廊下の板敷などと峻別さるべき空間ではない。かつて道路を自動車が占領する以前の時代には、道路も家庭の生活空間の一部であったことは、日本もヨーロッパの町も同じことであったが、しかしその道路に対する観念は、我々とヨーロッパの人々とでは、かなり違っているように思われるのである。

8 環　境　㈡——道路

床の歴史　昔はドイツの家の床には、木の板が敷いてなかった。当然人々は土足のまま家の中に入り、丸太の輪切りとか椅子に腰をおろし、ただ寝床に入るときだけ靴をぬいでいた。

いつのころからドイツの家の床に板を張るようになったのかというと、それは町や村によっていろいろであるが、例えば最初に紹介したタウヌスの山村のような僻地では、ようやくいまから一七〇年前頃に、床に板を張る習慣が普及したのであった。しかも、この床板を洗って部屋を清潔に保とうなどという習慣が広まったのは、それから五〇年もたったのちのことなのである（「タウヌスの山村㈠」の「九〇年の歳月」の項参照）。

家の中の床が土のままであったり、板張りであっても泥だらけのような場合には、道路をきれいにしようなどという要望は特におこってこなかったはずである。西洋では家の外と内と同じ履物で行き来をするのであるから、家の中の床がきれいになりかけたときにはじめて、道路のほうも家の中の床に準ずる程度に清潔にしなければ、という必要が生じてきたのである。

いうまでもなく町なかの家では、タウヌスの山村より早くから家の床に板が張られていた。町なかの家は中世でも、二〜三階半とか、四〜五階半とかの多層建築がたくさんたてられていたし、このような家は

15世紀中期の民家の姿をいまに伝える
デューラーの家

当然二階以上の床が板張りであった。ドイツでは古い民家がかなり残っているから、我々はいまでもその当時の様子を、実例でもって確かめることもできるのである。

例えばニュルンベルク市にある、ドイツの代表的な画家デューラー（一四七一―一五二八）の家などはその好例であろう。この家は第二次大戦でかなり破壊されて修復の手が入ってはいるけれど、一五世紀中期の民家の姿をそっくりいまに伝えるように保存されている。そしてこの場合は、二階以上の床が板張りで、一階の床と二階にある台所の床は、天然石のスレート張りであった。

この家の台所の洗い場は、洗い水が二階から直接たれ流しに屋外に流れ出るようにつくられている。案内人の説明によると、当時は町なかに下水設備もなく水は捨てっぱなしであったという話であるから、おそらく道路も土のままで、一五世紀当時は、まだニュルンベルク市も石の舗装がほどこされていなかったのであろう。しかし家の床は板張りとか天然石のスレート張りであったのだし、当然道路も舗装しなければ、という要望はおこりかけていたはずである。それに当時のドイツなら、その要望をかなえるだけの技術はもうもちあわせてもいたのである。

ヨーロッパの石工技術では、ドイツよりもギリシア・ローマのほうがはるかに先進国であったが、西暦七九年に火山灰に埋まったポンペイの町の道路をみてみると、町じゅうきれいにまんべんなく石畳で舗装

ポンペイの町なかを走る石畳の道路

がほどこしてある。ポンペイでは当時すでに、下水設備も水道管の敷設も行われていたのであった。南欧のことであるから、家の床は板張りでなく、石のスレートとか美しいモザイク細工でつくられていたが、西洋では道路の整備は家の床に準ずるという原則は、ここでもやはり当てはまっていた。

さて、このようにしてやがてドイツでもはじまった町の道路の石の舗装は、ポンペイ市の舗装や、南欧の町々にいまでもみられる舗装とは少し感じが異なっている。ドイツの石は灰色にくすんだものが多く、それにポンペイにみられるような古い石畳より、いったいに小振りに整然ときざんである。私がチュービンゲン市に残る石畳を実測したところでは、その大きさはだいたい、一三―一七センチ×一七―二五センチの長方形とか正方形、厚さは九―一三センチほどであった。ドイツ全域の石畳も、だいたいこの程度の大きさであろうと推測される。

このような四角にきざまれた天然の石が、町の中心にある大きな市場の広場をはじめとして、町の中心部一帯の道路一面に丹念に敷き込まれてある。それに費やされた財力や労力を想像するとき、じっさい我々には気の遠くなるような思いがしてくるのである。そしてこのように道路を大切にする習慣がドイツに生じたのも、けっきょくは家の床と道路とを同じ履物でもってゆききをするという、彼らの生活習慣に由来することなのであろう。日本では家の床と道路とが一線で仕切られているため、家の床はそれこそ到る所が、坐ってよし、寝てよし、食事を並べてよしの、清潔さであるのに対し、道路は土足で歩くきたない所、と考えられているのであるが、西洋

ハンブルク市では，市電のレールも丹念に敷きつめられた天然石の舗石のあいだを走っている

では家の床と道路とが直結しているため、家の床が日本より清潔でない反面、道路が家の床に準ずる取り扱いを受けている、ということであろうと思う。

芸術的道路　この日本人と西洋人の道路に対する観念の相違は、日本人として、とうてい想像することもできないような特別美しい道路を目の前にしたとき、実に明確に悟ることができる。特別美しい道路というものは、ヨーロッパでもどこにでもあるというわけのものではないけれど、とにかくそれは、道路を下足で歩く場所と考えている日本人の頭の中では、とうてい考え出せないような高価な道路なのである。

まず西ドイツ以外の国でみるなら、イタリアの町なかでは、舗道を注意しながら歩いていると、天然の色とりどりの大理石で埋め込み細工をほどこした美しい模様入りの古い舗道を、土足で歩くその足元にみつけることができる。なるほど南欧は大理石のような高級な石材を豊富に産する地方である、ということは分かるけれど、しかし大理石の美しい絵模様細工は、いくらイタリアといっても安価な工芸品などではないから、さしずめ日本でなら、道路に金網でも張って保護しなければならないような文化財であろう。

一方、北海に面して砂地ばかりでできているオランダの土地には、小さな田舎町でさえ、情感たっぷりの煉瓦の舗装が町一面にほどこされているのをみることができる。石材を産しないオランダでは、人工品の石材ともいうべき煉瓦でもって、彼らの第二の床、即ち道路をぎっしりと敷きつめることを考え出したのであった。オランダの煉瓦は、大きさも焼上りの色合いもさまざまなものがあって日本のように一律ではないから、ただ煉瓦の道路といっても、色彩にもデザインにも、いろいろ変化をもたせることができるのである。そのような煉瓦を使って入念に仕上げた道路の上を歩く靴であってみれば、たとえ家の中へそのまま入りこんでも、一向にかまわないのは自明の道理、ということになるのであろう。さて、では西ドイツの場合はどうであろうか。

石畳を敷きつめるのは，いまでも職人の手仕事である。チュービンゲン市

西ドイツの山道を車で走っていると、ときおり石切山の廃坑にであうことがある。いまでは新しくつくられる道路はもっぱらアスファルト製であるから、舗装用の石材の需要が減って、ほとんどの石切山は廃業においこまれてしまったのである。しかし岩膚を露出した石切山の地層を眺めていると、日本とヨーロッパとでは、地層のでき具合がひどく違っているのに感心させられてしまう。

たんに石切山に限らず、いったいにドイツの山々では、ひねくれた地層というものをほとんどみることができない。日本の山々の岩膚なら、かえって曲りくねった地層をみせているのが普通で、水平の平行線の地層などはめったにみられない現象であるのに、西ドイツの場合は、ほとんどの地層が水平の平行線を示しているか、そうでなければ、ほとんど層の分からない均質の岩膚を露呈している。

西ドイツでたまたま知り合ったある石工が、石材として何よりも大切なことは均質ということだ、と私に説明してくれたことがあったが、その点ドイツだけでなくヨーロッパの山々は、日本とは比較

オランダは道路も家もすべて煉瓦だけでできている。田舎町オーデワーテル市の町なか

にならないほど、多量に良質の石材を産出する地方、ということができよう。西ドイツには、南欧に多い大理石のような高価な石材は少ないけれど、灰色にくすんだような道路用の石材ならば、西ドイツの南半分の山地にはたくさんある。

このような石材をこまかく四角に切った舗石でもって、西ドイツの町々は丹念に舗装してある。石の色はくわしくみれば、多少黒みがかったものやら赤みがかったものなどいろいろあるが、しかし残念なことに、イタリアの町にみられる大理石の埋め込み細工のような高級な舗道は、西ドイツの町や村には一つもない。ところがたった一つの町だけ、実にイタリアの大理石細工にも負けないような、入念な細工のほどこされた美しい芸術的な舗道をもった町がこの西ドイツにもあるのである。

それは西ドイツ南西部の、シュヴァルツヴァルト地方にあるフライブルク（Freiburg）という町である。フライブルクは、人口約一七万の大学都市でもあり、司教の住まう宗教都市でもあるが、この町の旧市内の舗道には、実に日本人にとって、信じがたいような手の込んだ細工がほどこされている。

それは長径八―一二センチ、短径六―八センチほどのそう大きくもない楕円形の平べったい石の腹を横に裂き、そこにできた細長い楕円形の断面が路上にくるようにして、道一面に敷き並べた舗道である（一七三頁の図参照）。断面は楕円形であるから、縦幅の厚みが噛み合うように交互に組み合わせ、一つ一つ丹念に整然と並べてある。この町では、家の床よりもむしろ道路のほうを極端なほどに立派につくってしまったということができようが、このような道路が一本や二本ではなく、旧市内一帯にわたってあちらこちらへと走っている。場所によってはかなり広い広場になっているところもあるけれど、それでもこのような手の込んだ細工が気を許すことなく路上一面にほどこされてある。

舗道のふちには、天然の石でつくられたきれいな溝がついているところもある。山近いフライブルクのことであるから、この溝のなかにはすみきった冷水がいきおいよく流れている。おそらく昔の富裕な商店の店先でもあろうと思われるところでは、家先の舗道に、白みがかった天然の石などを利用して、草花や馬などの簡単な図案が、舗石のあいだに描かれているようなところもある。

この無数に敷きつめられた楕円形の舗石は、この町の町はずれにある昔の城あとの遺跡のなかから、あるとき大量に発掘されたものなのだということである。しかしいかに大量に発掘されようと、これが日本ならば、その石の腹を横に裂き、その狭い断面を利用して、道路を一面に舗装しようなどとは、いったいだれが考えつくであろうか。私はこの芸術品ともいっていい、実に土足でもって歩くのが恐ろしいような美しい舗道の上を行き来しながら、生活自体の芸術化ということについて、ゲーテの名作やベートーベンの名曲などとはちがった理屈ぬきの生きた教訓を、ドイツの一般市民たちから学ぶような思いがしたものであった。

このような特別の舗石はもちろんのことで

オランダの煉瓦は色も大きさもさまざまのものが揃っている。オーデワーテル市の道路

チュービンゲン近辺の石切山の地層。こういった地層はドイツではそう珍しくない

あるが、普通の長方形の舗石であっても、いまでは新設の道路で、天然の舗石による舗道工事を行なっているところは西ドイツではほとんどない。古くからの舗石の道路がいたんだ場合には、いまでも職人たちが金槌などを使って、一つ一つこつこつと地面に打ち込んでいる姿をみかけることはあっても、しかし一般の道路は、すべてアスファルト舗装がこれにとって代っている。ところで、アスファルト舗装なら、日本も西ドイツも同じようなものであろうと想像するかもしれないけれど、しかしそのアスファルト舗装にしてみても、またかなり日本とはそのやり方が違っているのである。

あるとき私は、チュービンゲンの町なかで、町の中心を走る幹線道路の補修工事を眺めていたことがあった。それはアスファルト舗装であったが、彼らはびっくりするほど深い穴を掘って土台を砂利で固め、それからその上にアスファルトを流していた。それを押し固めるローラー車は日本のものより小型のかわいい車なので不思議に思っていると、こんどは俎板ほどの厚手の板をもった労働者が地面の上に身をかがめ、自分の手でもってその板を熱いアスファルトの上に押しつけつつ、丁寧に道路の整形仕上げを行なってゆくのである。土台が頑丈で、表面はなめらかな、まさに入念な手作りのアスファルト舗装であったが、このように丁寧な道路工事をしなければ気がすまないというのは、それ以上にもっと手の込んだ自然石の舗石を用いた、過去の道路工事の歴史が何百年にもわたってその背後に控えているから、ということになるのだと思う。

このようなアスファルト工事を私がみかけたのは一九六九年のことで、その後の様子は分からなかったのであるが、一九七四年の西ドイツの新聞にのっている写真（一七五頁）をみていたところ、やはりいまでも板でアスファルトをこすって、なめらかにする手作り作業の仕上げを行なっているのを知ることができた。現在では道路の上をやたらと自動車が行き来するので、さすがに美しい西ドイツの道路もかなりうすよごれてみえるのはやむをえない成り行きであろうけれど、しかしそれでも日本と比較してみれば、西ドイツの道路ははるかに立派で清潔であるのは、やはり彼らが道路を家の床に準ずる場所、と考えているその生活習慣が第一の原因になっている、と推論していいのではなかろうか。

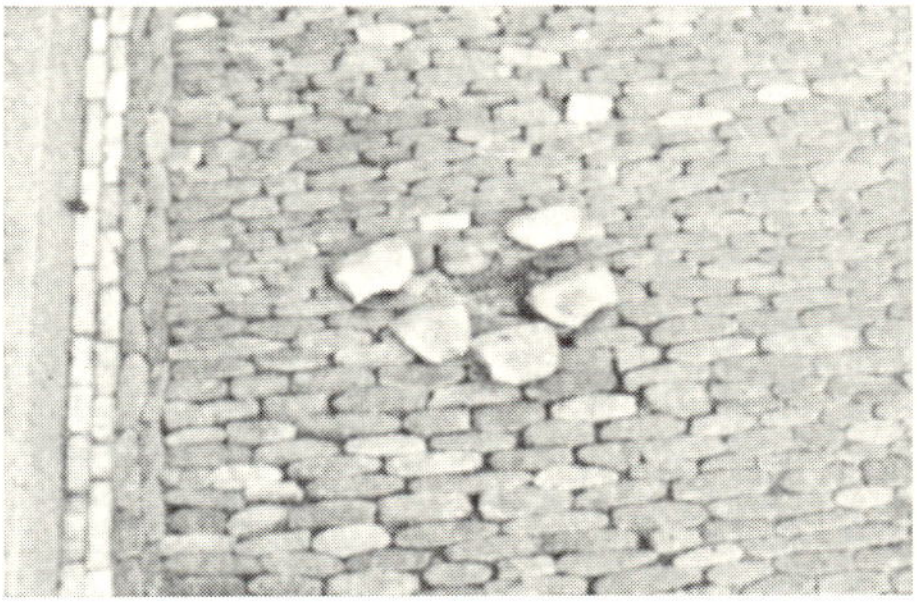

フライブルク市の舗道。舗石の一部を抜き出してみたところ

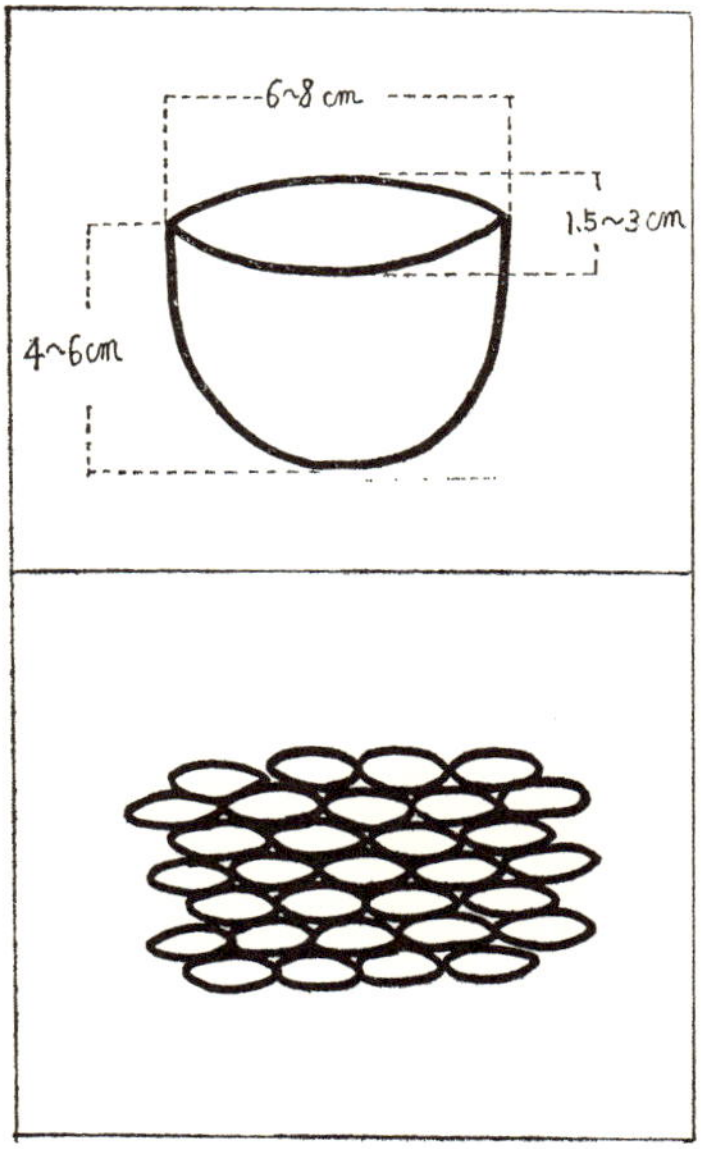

上の図は楕円形の平たい石を横に裂いたところ。下の図はその断面が路上にくるようにして一面に敷き詰めたところ

馬車の歴史

さて、ヨーロッパの道路を考える場合、我々が忘れてならないもう一つの習慣の歴史がある。それはヨーロッパでは、

人や荷物を運ぶ馬車の歴史が、もう二千年以上も続いているという、その過去の背景のことである。

ヨーロッパの馬車は、日本の昔のそれのような、一頭立ての牛車とか一頭立ての荷馬車などという、小型の車ばかりがあったのではない。二頭立てとか、四頭立てなどという立派なものもあれば、ときには六頭立てとか八頭立てなどという超大型の大掛りな車もある。こういった大型の馬車が道路を走るとなれば、現在の大型トラックほどの道幅は必要であったのである。つまりヨーロッパでは、自動車の歴史がはじまる以前に、道路に関しては、自動車と同じ道幅を必要とする馬車の歴史が、国によってはすでに二千年以上もまえにはじまっていたのであった。

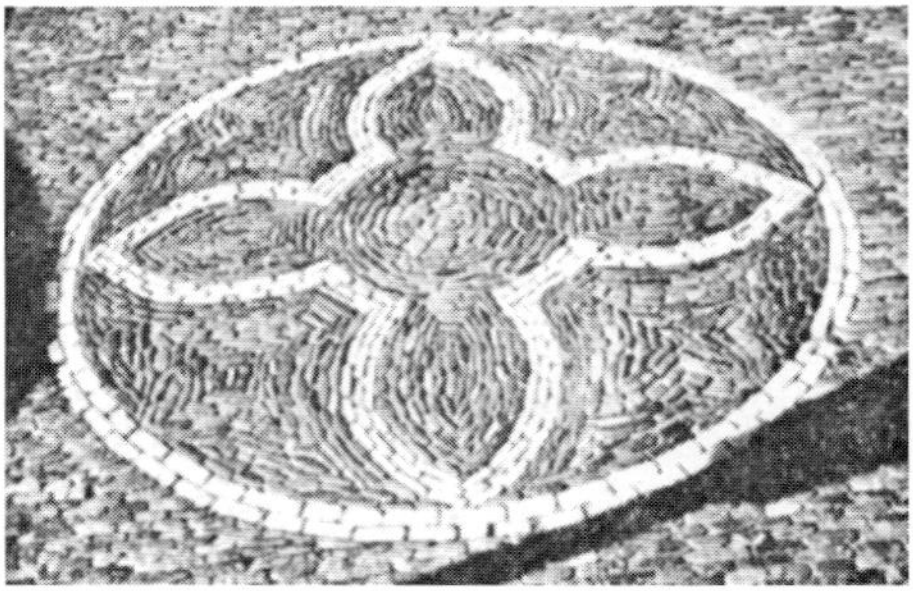
フライブルク市の舗道。白い自然石でつくられた花の図案

ヨーロッパには、車どころか、馬一頭も通れない日本のような狭い路地、というものは存在していない。古い町には、狭い坂道とか古い家並みにはさまれた暗い小路はあるが、しかしそのような道路でも念入りに石畳の舗装がほどこされているし、狭い日本の路地ほどに狭い道路は一本もみあたらない。

ヨーロッパの人々は、日本には名前が付けられてない道路がたくさんある、という話をすると不思議そうな顔をする。事実ヨーロッパには、名前のない道路というものはまず一本もあるまいと思う。道路の道幅が広く、したがって道路の数が少ないヨーロッパでは、すべての道路が名前をもっている、ということはごく当然の現象なのである。

だからヨーロッパでは見知らぬ土地でも、目的の家を探すのに日本ほど苦労をすることはない。むこうの住所はすべてその家が面している道路の名前でもってきまっているのだし、道路の数は少ないのだから、大きな町でも知らない家を探し出すことはそうむずかしいことではない。

町と町、町と村などを結ぶ郊外の道路も、昔から日本の道路よりはかなり広くつくられていた。現在のフランスの国道を車で走ってみると、道の両側に樹齢七〜八〇年、あるいは一〇〇年以上と思われる巨大な並木が鬱蒼と葉を茂らせて、はるかかなたまで緑のトンネルを形づくっているのにであうことがある。その樹齢から推測できるように、この道路の道幅は、自動車の歴史がはじまる以前の馬車の時代の道幅を示すものなのだが、その道幅は大型トラックが猛スピードですれちがっても、十分ゆとりがあるほどの広さをもっている。

夜間に交通をとめてアスファルトの舗装工事。チュービンゲン。1974年（Südwest Presse）

西ドイツの道路は、フランスよりも近代的に整備されているため、以前あった並木はすべて取り払われて、道幅がさらに広く見通しもよくなっている。しかし昔のドイツの国道も、フランス程度の道幅はもっていたことは確実なことで、それは馬車が通るには、ぜひとも必要な道幅であったのである。

だから、ヨーロッパでもちかごろは自動車が氾濫してきて、どこの国でも道幅の狭さに四苦八苦しているなどといわれていても、それは日本の交通事情とくらべてみれば、問題にならないような苦労ということができる。一九七一年の末までは、西ドイツの道路での自動車の速度制限は、町や村の集落の境界内以外では、無

いまに残る二千年前のローマの道は，人ばかりでなく馬車の通る道でもあった。(Stern)

制限であった。飛ばす気があれば、たとえ二〇〇キロ以上の超猛スピードで飛ばしてもかまわない、というのであるから、およそ日本とは根本的に道路事情が異なっていることが、このことだけでも理解できると思う。

一九七二年以降の速度制限といっても、それは往復各一車線までの道路では一〇〇キロ以内というだけのことで、それ以上の道路では、やはり制限速度は設定されていないのである。その後、石油危機のため経済速度というものが唱えられ、一時制限速度が設定されたが、そのとき体験した交通事故の減少も原因となって、ヨーロッパの各国では、高速道路でも制限速度をもうける国がふえつつある。西ドイツでも、現在（一九七四年）高速道路の制限速度を試験的にとりいれることを考慮中というが、しかしその目標の数値は一三〇キロということであるから、やはり日本よりはかなり早く走れるわけである。

じっさい西ドイツの自動車道路を自分で走ってみると、制限速度などは無理に設定しなくてもいい、という議論が依然としてかなり強い事情を理解することができる。道路自体が日本より幅の広いことももちろんであるが、道路わきに立っている一戸一戸の人家が大きくて、家数が少なく、また日本のように、小さな道路がとつぜん交差をしてくる心配がないから、高速道路でなくとも、見通しが遠くまで確実にきくからである。

同じヨーロッパのなかでも、国によって道路事情にはいろいろ差があるけれど、どの国の道路も、道幅に関しては日本よりすぐれているのは、彼らが馬車の歴史をその過去にもっていたからであろう。ヨーロッパではなにごとも歴史が日本より緩慢に動く、といわれているが、自動車の歴史に関しても、駕籠や人力車や自転車の時代から、とつぜん自動車の氾濫時代に入った日本とはわけがちがっている。我々はこの事実を、道路のほかにも、馬車の車体の初期の形体にも確かめることができる。

ヨーロッパの博物館のなかには、各時代の馬車がずらりと展示してあることがある。馬車も時代がくだって新しいものになると、車体の下にばねがついていて振動を吸収するよう工夫されていたり、照明装置やブレーキが付いていたりして、自動車が発明される以前に、車体のほうはすでにかなり開発が進んでいた様子を知ることができる。日本のように、過去の車といえば、牛車や大八車しかもっていなかった国とはわけがちがっている。一方、自動車の初期も、その車体

フランスの国道の並木。夏には鬱蒼とした緑のトンネルになる

初期の自動車の車体は馬車の車体をもとにして開発されていた。1885年のベンツ（Stern）

石油危機による日曜日のドライブ禁止で，各地に現われた馬車。チュービンゲン市。1973年11月25日（Südwest Presse）

の形は、馬車のそれを模倣したものであることはだれの目にも明らかであろう（前頁下）。馬車の代りに自動車が走りはじめたところで、ヨーロッパにおいては、それほど急激に道路改良の必要性などは感じていなかったはずである。

一九七三年の秋に、西ドイツでは石油危機のため、日曜日のドライブが禁止されたことがあった。そうすると申し合わせたように、西ドイツの各地では、馬車が街頭に登場してきたのである。それは実用のためというよりは娯楽のためであったが、しかしそれは、日本の石油危機ではとうてい見ることができない風景であった。ヨーロッパの自動車の歴史には、日本のように、駕籠や、馬上の侍や、人力車や、大八車の歴史ではなく、二頭立てや四頭立ての馬車の歴史が、そのすぐ背後に直結していたことを、これは現在でもなおまざまざと見せてくれた現象なのであった。

9 環境㈢――上水と下水

自然条件　さて、西ドイツの人々の生活環境を探って、西ドイツの人々のありかたを探ってみようという、環境と銘打っての一連のこれらの章であるが、生活環境といっても、さまざまな事物が関係してくるから、これらすべてを、考察の対象とすることは不可能である。それに事物自体だけをこまかく描写してみたところで、この場合それはけっして本質的な問題の解明にはなるまいと思う。

本質的なことは、西ドイツの人々が、彼らの与えられた自然環境のなかで、どのような日常文化を築き上げたかという、事物と西ドイツの人々の心の関連を見きわめることであろう。だから生活環境に関係する事物をすべて網羅せずとも、いくつかの類例をえらんで、西ドイツの人々の事物に対する心のありかたを考察すれば、そのほかのことはかなり類推のきく問題であろうと思う。

そういった意味合いからいって、前章では地質的には良質な石材の産地という点で、日本よりヨーロッパ側に自然条件の有利な道路という問題をとりあげたから、ここでは自然条件がヨーロッパ側に不利な、上水と下水という問題をとりあげて、西ドイツの人々の日常生活における対処の仕方を観察していくことにしよう。これにつづいては、自然条件がかならずしも一方にとくに有利とは思えぬ、火災と防火体制の問題というものをとりあげ、そういった場合の両者の生活文化の差異をみて、これらの章のしめくくりということにしたいと思う。

さて、ではなぜ上水・下水に関しては、ヨーロッパ側が日本より自然条件という点で不利なのかというと、それは雨量が少ないからである。最近の三〇年間の年平均の雨量でみると、日本の中心部に当たる東京、名古屋、大阪の各都市の雨量をかりに一とすれば（年間一五〇〇ミリ前後）、西ドイツ北部のハンブルクはその二分の一、西ドイツ南部のミュンヘンはその三分の二弱程度の量しか雨が降っていない。ところが西ドイツ以外のヨーロッパ各地の都市でみるなら、パリ、ローマ、マドリッド、バルセロナなどは、いずれも日本のこれらの諸都市の三分の一前後の雨量しか降っていないから、ヨーロッパ全体でいうならば、西ドイツはむしろ、雨の多い国ということができるのである（東京天文台編『理科年表』一九七四年度版の統計にもとづく）。

じっさいスペイン人などは、西ドイツのライン川やドナウ川を目にした場合、「なんと水がたくさんあるのだろう」と、その水量の豊かさに、信じられないというような表情さえ浮かべて感嘆する。たしかに彼らの土地のスペインを訪れてみると、平地にも山地にも、豊かな水の流れというものをほとんどみることができないので、彼らが日本の大河より大きめのライン川やドナウ川を初めて眺めたとき、そのとうとうたる流れに驚く気持を理解することができる。

だがその西ドイツにしてみても、雨の多く降る日本と比較すれば、やはり雨量の多い国とはいえないのである。西ドイツでは北へいけばいくほど雨量は少なく（北部は五〇〇以下―七〇〇ミリ）、南の山岳部はその三倍ほども降るが（二〇〇〇ミリ）、我々が主として観察してきた中部から南部にかけてのなだらかな山岳地帯では、平均して年間七〇〇―一五〇〇ミリの雨が降っている（西ドイツ連邦政府統計局発行の統計年鑑にもとづく）。例えばミュンヘンは九六四ミリであるから（一九三一―六〇年の平均）、普通このあたりでは、年間で千ミリ前後の雨が降っているということになるのであろう。これは日本の中心部の諸都市と比較した場合には、その三分の二程度、もっと雨量の多い金沢、静岡、高知などと比較するとすれば(一九四一―七〇年の平均で二三五五―二六六二ミリ)、その半分以下の雨量ということである。

さて雨量が少ないということは、日常生活にとって便利なこともある。例えば空気が乾燥しているから、物が黴びるということが少ない。また土地も乾燥しているため、地面に深い穴が掘りやすく、それがドイツの家に地下室を発展させる原因にもなったのであろう。ドイツでは地下室の中でも湿気でじめじめしているということがないし、また乾燥しているということは、いったいに暑さ寒さがしのぎやすいのである。

しかし不便なこともたくさんある。まずその第一番目が、川の流れが少なく、地下水の水位も低いため、飲料水が手に入りにくい、ということであろう。西ドイツの山地では、当然日本の山地なら、アユかイワナといった魚のすみそうなせせらぎか、せめてちょろちょろ小川でも流れていそうな地形であっても、川がまったく見られない、ということがよくある。地下水の水位もいったいに低く、一〇メートル以上も掘らなければ水が出てこない、などということも別に珍しくはない。

いまでは田舎の家でもすべて水道がついているから、井戸というものをほとんどみかけることがなくなったけれど、しかし西ドイツでも古い大きな城を訪れると、昔の井戸が残っていることがある。これらの井戸には、驚くほど水位の低いものが多く、小石を落しても、数秒間は水音が返ってこないなどというものがある。例えばニュルンベルクの城の井戸は、一四世紀以前に掘られたものだというのに、幅二・二メートルの穴が水面まで五〇メートルも続いている。チュービンゲンの城の井戸も、小石を落すと数秒後に水音が返ってくる深い井戸である。昔のヨーロッパの城攻めでは、包囲されると、飢えより渇きのために落城することが多かったということであるから、ヨーロッパの城では、一般に日本より飲料水の確保が困難だったのであろう。

民間に広くひろまっている望み杖（Wünschelrute）の水脈探しの方法も、水に困った西ドイツの人々の、過去の歴史を物語るものと思う。この方法をいまでは用いる人はほとんどいないと思うけれど、しかしこのあいだまで、西ドイツの村ではどこの村でも、この方法を知っている人がかならずいたといわれているから、いまでも望み杖を使える人はたくさん残っているはずである。それは松葉形にひろげた小枝または針金の両端をささげ持って、地面の上を歩き回るもので、地下水の水脈の上にくると、小枝または針金がぴくりと震えてそれを知らせてくれるのだという。

望み杖を用いて水脈を探しているところ

また水の量だけではなく、水の質も西ドイツでは一般によくないといわれている。地質的にいってカルシウム分とマグネシウム分が多い地層で、いわゆる硬水の場合が多いから、湯沸しなどのふちに、白い石灰の層が薄く張っているのをよくみかけることがある。西ドイツに留学していた知人の耳鼻科の教授の話では、耳の病気を診察していると、彼らの血液のなかには石灰分が含まれているためか、耳の穴の中に石灰の固まりがたまっていることがある、ということである。また水系によってヨード分の不足している地方の村では、海水製の食塩でも用いていないと、のどのところに恐ろしく大きなこぶのできる甲状腺腫瘍にかかるといわれている。この病気の患者はこのごろはあまりみかけることがなくなったけれど、しかし注意してみていると、西ドイツではいまでもたまに街頭でであうことがある。

このように水に困った歴史をもつドイツ人であったから、昔から飲み水については、日本人よりずっと気をつかってきたようである。ミネラールヴァッサーと称して、上質の自然水のびん詰めを飲む習慣はすでに古くから行われており、現在では、これに炭酸を吹きこんだ日本のサイダーのようなものを常飲している。水道の水も飲まないことはないけれど、それを飲むことが多いのである。ドイツ人がビールを多く飲むという習慣のかげには、こういった良質の飲料水不足のための水代りという意味も含まれているものと思う。私が訪れたある田舎のビール醸造所では、ビール混入用の水をほかからトラックで購入していたが、ビールの製造には、上質の飲料水が必要条件なのである。この醸造所はネッカー川を少し高台にあがった風景のよい農村のなかにあって、日本の田舎の地酒屋のことを考えれば、このような地形のところにある醸造所が、ほかから水を買っているなど、日本人には信じがたいことであった。

ローマ時代の水道

水道の歴史

このように、西ドイツは自然条件からいって、水については日本よりおとるのであるが、しかしそれでは、水に関する生活文化も日本よりおくれているのか、というとそれはそうではない。生活文化がおくれているかどうかには、自然条件の良否と共に、そこに住む人間に工夫する力があるかどうかということと、生活文化の歴史の長さが関係してくるのである。

ヨーロッパ全体についていえば、飲料水の歴史では、まず輝かしいローマの水道史というものがある。これはローマ郊外の水源地か

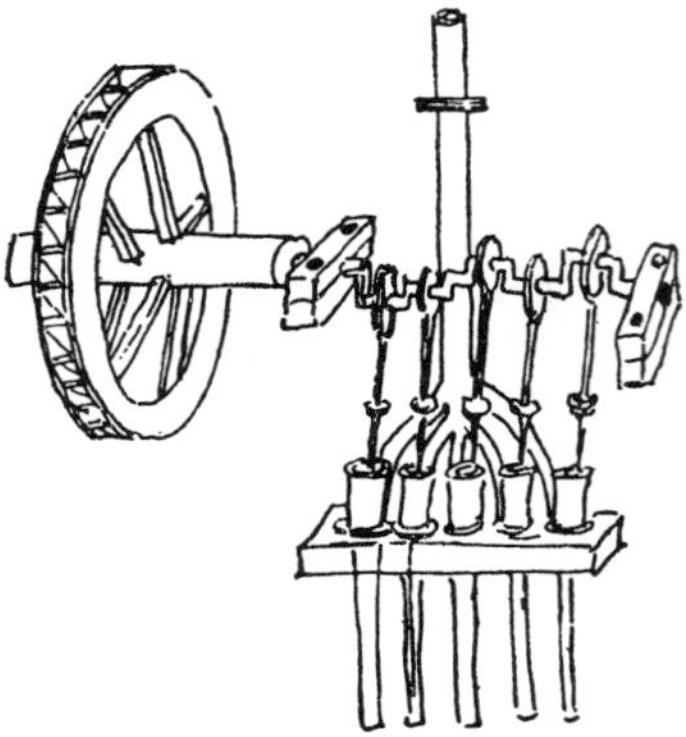

昔の水道用の木製ポンプの構造

ら石枠の小川で水をローマ市内に運び込み、地中に埋めた陶器や鉛のパイプを使って、市内の各所に配水していた古代の水道のことである。その石枠の小川は、高い所では巨大な石の橋のような形をして、谷や町なかをえんえんと走っているのであるが、その大きさは水の流れる溝の部分で、幅五〇―一七〇センチ、高さ一〇〇―二七〇センチ。各所に配置されているその全体の長さを合計すると、四八キロメートルにも達するのだという。我々はその遺構を、いまでもローマ市内のところどころでみかけることがあるけれど、驚くほどの壮大なその石の建造物をみていると、奈良の石舞台の石造建築に感心している、我々の規模の小ささに啞然とする。

もちろん西ドイツの各町に、水道が敷設されだしたのは、それよりかなり新しいことである。例えば、リュベック市が一二九四年、ウルム市が一三四〇年、アウグスブルク市が一四一六年、ニュルンベルク市が一四八三年、ハンブルク市が一五三一年。日本の水道の歴史と比較すれば、問題にならない古さであるが、西欧全体としては、特に古いほうではあるまい。しかしこのドイツの水道は、さきほどのローマの水道とは、少し様子が違っているのである。

ドイツの町々では、一般にローマより雨量が多く、したがって水位も高かったから、昔はたいてい市内にいくつも井戸があって、町の水は町の中の井戸水でことたりていた。ところが機械の知識が発達してくると、水力を利用した汲み上げポンプというものが発明されたため（上図）、ドイツの各都市では川水で水車を回し、その動力で井戸水を、自動的に汲み上げるということをはじめだした。汲み上げた水は市内の各所へ、木や陶器や、金属のパイプを使って配水するのである。このような設備が、ドイツでの水道のはじまりであった。

昔のことであるからポンプは木製で、これを修理するのは大工であった。それで町では、大工の親方のなかから適任者を水道親方という役職に任命し、水道親方は、ポンプの修繕から水の配分などを監督していた。水はパイプの大きさに応じて、時間単位いくらで販売しており、また枡ではかる量り売りも行なっていた。

しかし水道水は当初は高価なものであったから、富裕な家でなければ自家用に水道をひくことができなかった。それで公共用として、町の要所要所に、共同水道をいくつか設置し、一般用に無料で開放していた。これらの共同水道には、水の神のポセイドンや、そのほかのギリシア・ローマ神話の像や、キリスト教の聖者の像がとりつけられてあるのが普通で、これが現在にも残るヨーロッパの町々の辻の噴水というわけである。ヨーロッパの噴水は、いまでは町の観光のめぼしい名所になって人々をひきよせているが、水の豊富な日本に水の生活芸術が芽生えず、水の乏しいヨーロッパに、かえってすばらしい噴水の彫刻が生まれたのは、ここらにも生活文化の歴史のたちおくれがある、ということにもなろう。

川水は飲むものではない　ドイツの水道の歴史で、日本の飲料水の歴史とちがっている一つの大きな点は、原則として彼らは川の水を飲まないということであろう。たとえ川岸の町や村であっても、彼らが飲む水は主として涌き水か井戸水で、川水は飲むものではないという先入見が、昔から彼らの心には深く根ざしている。その理由は、まず第一に、日本のような水のすんだきれいな川が少ないということなのであろうけれど、しかしドイツ人にいわせると、川水による疫病の伝染の苦い経験が、その第一の原因になっているのだということである。

現在では、川水から病原菌を駆除することくらいは簡単なことなのであろうが、しかし川水は飲むものではない、という先入見は依然として尾をひいており、西ドイツでは、水道の水に川水を用いることを現在でも非常に躊躇している。工場の発達と共に、水の使用量が急激に上昇し、ヨーロッパの水位は一九世紀以来低下の一途をたどっているといわれているし、大都会では、例外なく水不足に四苦八苦しているのであるけれど、それでも彼らは、川の水を飲むことにはやはりかなりの抵抗を感じている様子である。

飲料水が乏しくなってきはじめたころのドイツの各都市では、まず町の外に良質の泉を開拓して、町までパイプで運ぶことを考えはじめる。一九世紀のころのことである。ついで、はるかに遠距離の山中までこのパイプを伸ばさざるをえなくなるのであるが、西ドイツにおけるこの方面の最初のパイオニアはシュトゥットガルト市で、一九一七年のことであった。そのときのパイプの長さは一〇〇キロメートルである。

現在このシュトゥットガルト市以外で、遠距離から水を運んでくるという点で知られている町にはブレーメンがある。この北海からやや川筋を入った港町は、東ドイツとの国境にあるはるかに遠いハルツ山中から、えんえんとパイプを通じて水を引いてきている。このブレーメンと並ぶ北海の港町で、ブレーメンより大きい大都会のハンブルクでも、御多分にもれず目下飲料水不足に苦慮しており、海をへだてたスウェーデンから水を貰おうか、はるか南のスイスから水を貰おうかと、問題はかなり深刻である。しかし、スウェーデン側はすでにこの申し出を断るつもりであるともいう。

さて時代はまた少し逆もどりしての話になるけれど、シュトゥットガルト市では、最初に敷設した一〇〇キロメートルのパイプ一本では水が足りなくなって、一九三五年に、もう一本山中から水を引くべくパイプを敷設している。ところがこれでも足りなくなってきたので、とうとう一九五八年には、南側の海抜七〇〇メートルほどの高原のそのまたむこうに横たわるボーデン湖から、一六八キロメートルのパイプを使って、水を引いてくることになった。

ボーデン湖はライン川の上流にあって、西ドイツ、スイス、オーストリア三国に囲まれている琵琶湖よりやや小さめの湖である。湖岸には特に大きな都市や工場がないから、湖水はまだ比較的きれいではあるけれど、しかし地下水を飲みつけているドイツ人にとっては、川水よりはましとしても、地表にあらわれている水を飲むことはすでに少し異例なのである。彼らは湖の水を直接パイプに汲みとらず、湖底を六〇メートル掘って、地下水として湖水を汲み上げている。これは飲料水は地下水に限る、という彼らの生活習慣との妥協策、という面もあるのであろう。それにこのようにすれば、人工的な設備で浄化せずとも、湖水はそれだけで十分濾過されて汲み上げられうる。

私が不思議に思うことは、なぜ日本でもこのような方法をとらないのか、ということである。例えば京都市ではシュトゥットガルト市と条件が同じく、湖水である琵琶湖の水を飲んでいるのであるが、京都市ではただ湖の水を直接とり入れるだけで、そのあと浄化のために余分の費用や労力をとられている。そのうえ琵琶湖は年々汚なくなる一方で、しかも取り入れ口の近くには滋賀県側の下水の排水口がひらいているというのだから、なおのことここは、湖底を掘って水を汲み上げるべきところだと思う。

西ドイツでもっとも人口の密集している川筋である、ライン川の中流から下流にかけては、地下水に窮乏してここでは川水を飲むことを強いられている。しかもここでは、ボーデン湖よりはるかに汚ない、ライン川の川水を飲まざるをえない境遇に追い込まれているのである。そこでこの場合も、彼らはライン川の川底を深く掘って、できるだけ天然の力による清い水を手に入れるように努力している。このように彼らが川水を直接汲み上げないのは、天然濾過方式という合理性のほかに、飲料水には地下水を用いるべきだと考える昔ながらの生活習慣が、やはりある程度彼らの意識に作用しているという面もあるであろう。きくところによると、日本では川の近くに井戸を掘って水道水を汲み上げることは、法律的に禁止されているとのことであるが、このような法律は、臨機応変に変更さるべきものかと思う。

さてさらにシュトゥットガルト市は、一九六七年にいたって、山中にもう一本、一九七一年には、ボーデン湖にもう一本パイプを敷設して、飲料水の需要の増加に応えてみたけれど、とうとうこれでも間に合わなくなったので、一九七三年に至って、ついにドナウ川の川水を飲むことになった。青きドナウも、実情は土色に濁った汚ない水が流れているのであるが、このときの方法で珍しいのは、従来のドイツの習慣と違って、川から直接水を取り入れて浄化するという、日本と同じ方式を採用したことであろう。

何年間にもわたる実験の結果、山中の泉と区別がつかないほどの上質の水が得られたうえでの実施とのことで、現在ではこの水を山中の泉水と、半々に混入して各家庭へ配水している。しかし、私がなるほどと感心したことは、このドナウ川の浄水場のこれからの計画のことで、それによると、将来は浄化済みの川水をいったん地下に注入して地下水と同化させたうえ、その後二〇日間たったあと、味も温度も上質の地下水と同様になったときに、あらためてもう一回汲み上げて使用するのだという。川水を直接使った場合には、温度が〇度から一八度と変動幅が大きいのに対し、地下水ならば、常に一〇度を保つという利点もあるからである。

このようにドイツ人が飲料水の水質に、我々よりも気を使っているように思えるのは、飲料水は地下水に限るとしていた彼らの生活習慣の歴史と、むしろ条件の悪い自然環境に悩まされてきたための、彼らの努力の集積の結果であろう。現在（一九七四年）シュトゥットガルト市の一般家庭の水道料金は、一立方メートル当たり一一五円であるが（一九七一年以降の料金。一マルク一〇〇円の計算）、これと条件のやや似ている京都市の場合は、一立方メートル当たり六〇円見当の値段である（一九七四年以降。基本料金とか使用量の多寡によって多少ちがう）。水道料金はそのまま実費の計算とは限るまいが、しかしおおよそこの見当がそれぞれの実体に見合った比率で、水に関しては天然条件の良い日本のほうが、西ドイツの半額の費用でまずまずの水質の水が得られる半面、それだけその条件の良さに甘えて、少し工夫をこらせばよいところを怠っている、というところであろう。

それに日本では、水道は市町村単位の事業になっているけれど、西ドイツでは例えばシュトゥットガルト市の場合など、五四〇町村（西ドイツでは市と町の区別がなく町・村の区別だけ）の飲料水を管理する広域事業体の仕事になっている。それだけ規模の大きな仕事ができやすい理屈で、日本もそろそろ関西電力とか中部電力のように、飲料水に関しても、もっと広域的な事業体を考えるべき時期に入ってきているのではなかろうか。

下水　さて、上水の話はひとまずこれで打ち切って、こんどは下水の話に移ろう。

一九六五年の秋に行われた抽出検査によると、西ドイツの住居で、自分の住居内に水洗便所がついていない場合は、一六・一％であった。日本の場合は、一九六八年の調査で、ついているほうが、一七・一％である（両国政府の統計局発行の資料による）。水洗便所の取付率に関しては、日本は西ドイツとくらべると、問題にならない低比率ということになる。

ところで、水洗便所の構造自体もちがっている。日本の水洗便所のなかには、自分の家に浄化装置のとりつけてある自家用の水洗便所がたくさんある。西ドイツの水洗便所は、ほとんどすべて村単位・町単位の地下の下水溝で汚物を集める、共同体単位の水洗便所である。

この下水溝には、水洗便所をはじめあらゆる生活汚水が流れ込んでくるのである。むこうの下水溝が発達していることはじっさい驚くばかりで、ヨーロッパでも特に有名なパリやウィーンの下水溝などは、下水溝に船を浮かべて見学者や遊覧客が見物をしたり、劇映画に取り入れられて、下水溝の中で格闘場面がくりひろげられたり、とにかく日本の下水溝では想像もつかないようなことが行われている。しかし私がそれにも負けず驚いたことは、小さな農村でさえも、地下を走る立派な下水溝をもっているということであった。

最初に紹介したヒルリンゲン村は、人口わずか一九〇〇の村であるというのに、村の地中に立派な下水溝をもっている。しかも下水溝のパイプは、地下三、四メートル以上の深い所を走って、村はずれの浄化設備に接合されているという、日本の農村では想像もできないような上等の設備なのである。なぜこのように下水溝が深い所に設置されているのかというと、一つにはドイツの家庭の洗濯場は地下室にあるのが普通だから、地下室の排水も流れるようにできていなければならない、という理由によるのであろう。自分の家から村の下水の幹線までの工事の費用は各自持ちで、金を出すか自分の労力を提供するかであるが、私の知人のヒルリンゲン村のザイレ君は自分で土を掘り上げたとのことで、とてもえらい仕事であったと話していた。日本の道路わきの浅い下水溝とはおよそ桁違いの立派な設備であるだけに、それを利用する住民の努力も一桁ちがっていた、ということなのであろう。ところで、これらの下水は、けっきょくすべて川に流れ出てくるのである。その途中で浄化装置を通ってくる場合もあり、また浄化されずにそのまま流れてくる場合もあり、また浄化の程度もいろいろなのであるけれど、しかしともかく、けっきょく下水は川に流れ出てくるのである。

ヨーロッパの都市では、早くから下水設備が発達していたから、それが川水は飲むものではない、という観念を彼らに植え付けることになったのではあるまいか。川水は飲むものではない、というこの彼らの観念はじっさい根深いもので、例えばビールの都ミュンヘン市内には、イーザル川という日本の山間部にでもみかけるような水の澄んだ美しい川が流れているのに、彼らは遠くアルプスのふもとからパイプでもって水を引き飲料水に使用している。しかも水不足のため新たな水源地探しを迫られたミュンヘン市では、この新しい水源地の住民と水争いになって、当地の住民のストやデモや放火騒ぎにまで発展する事件に巻き込まれているにもかかわらず、それでもなお彼らはこのみたところきれいなイーザル川の川水を飲もうとも、またここから七〇キロほどはなれたもっと大きな川のドナウ川の水を飲もうともしないのである。

とにかく下水は、けっきょくのところ川か湖に流れ入っていく。そしてこれが下流の住民たちにとって、いろいろと腹立たしい問題をひきおこす原因になっているのである。ライン川の上流はボーデン湖であるが、ボーデン湖の北岸、即ち西ドイツ側だけでいうと、そこに入る下水の三分の一だけが浄化設備によって清浄化されているに過ぎないのだという(一九六九年の資料にもとづくバーデン・ヴュルテンベルク州統計局の発表)。ボーデン湖岸にはこれといった大都会はないけれど、製紙工場などの工場や、それにいくつかの中小都市がある。だから夏の観光シーズンの初めには、毎年水質検査が行われて、水泳場としての適不適が検討されているのである。さいわいこれまでのところ水泳禁止になった水泳場はほとんどなかったけれど、しかしボーデン湖に発するライン川では、もうかなり以前から、汚染のために水泳は不可能になっている。

ボーデン湖を流れ出したライン川は、まずスイスの都市のバーゼルで大量に汚物を呑み込まされる。ここでは約三〇万人分の生活汚水と、世界的に有名な製薬会社をはじめいくつかの大工場の工場排水が入ってくる。ついでフランスでは国営のカリ肥料用の鉱山から、毎秒二〇〇キログラムという多量の塩《えん》が流出してくる。さらにくだって西ドイツ側に入ると、ルートヴィッヒハーフェン市には、ライン川最大の汚染源といわれているアニリン・ソーダ工場（BASF）がある。この工場自身のスポークスマンの話でも、この工場だけで、六五〇万人分の生活汚水に相当する工場排水が流れ出しているということである。日本からの観光客もかならず訪れるライン川下りは、さらにこの下流のマインツが出発点であるが、古城とぶどう畑の影を宿すライン川は、もうヨーロッパ最大の下水溝とさえいわれている。西ドイツの週刊誌であるシュテルンの記事によると（一九七四年一月一七日号）、流域住民の生活汚水の四分の三は、浄化されずにそのまま直接ライン川に流れ込んでおり、その量は流域全体で、二千万人分以上に達するとのことである。

こうなってくると、もっとも腹を立てているのは最下流に位置するオランダであろう。オランダに達するまでには、さらにライン川は西ドイツでもっとも人口の密集しているケルンやデュッセルドルフなどのライン中流の諸都市を通り、そのうえ大工場地帯の、ルール地方の川をも集めてくだっていく。だからライン川の清浄化の運動には、オランダがいつも発議者の筆頭になっているのであるが、その最初はもう一九〇一年のことであったという。現在ではボーデン湖岸をはじめ、ライン川流域諸国全体が関与する、ライン川清浄化のための国際委員会（IK）というものがもうけられている。

ライン川の支流で、チュービンゲンやシュトゥットガルトを流れるネッカー川も、日照りのときには川水の半分が下水だといわれている。この川では一九七二年にも七三年にも、二、三〇キロにわたって川魚が全滅するということがあった。一度は金属工場の工場排水の不法投棄によるもので、もう一度は真夏の日照りのための渇水により、ただでさえ汚染されていた川が酸素不足におちいったからである。ネッカー川もチュービンゲンやハイデルベルクの古城を水面《みのも》に映す、ロマンチックな川なのではあるが。

このように、ただ下水溝がととのっているということは、現在ではそのまま生活条件の向上とはつながってこなくなっている。日本はその点、水洗便所と下水溝が完備していないから、かえってそのおかげで川の汚染がヨーロッパより進んでいない、ということがいえるのかもしれない。いうまでもなく、国の工業化も同じことで、ただ工業化が進んだだけで工場排水の処理が完全でなければ、現在ではこれも生活条件の向上とはいいにくい状態になってきている。このため、西ドイツでは連邦政府はもちろん、どこの州政府でも、州政府の環境省は目下下水浄化設備の設置におおいそがしといった現状である。

ボーデン湖の西ドイツ側は、州でいえば全部バーデン・ヴュルテンベルク州に含まれるのであるが、ボーデン湖はこの州にとってもっとも重要な飲料水の水源地であるから、同州ではこの湖水に入る下水溝の浄化設備は特に重要視している。例えば、同州では、一九七〇年から四年間のあいだに、湖岸の浄化設備を七一六基から八二九基までに増設した。ボーデン湖の浄化のためにも、西ドイツ、スイス、オーストリアの三国からなる国際委員会がもうけられており、例えば、一九七三年には、七〇億円をかけた八万五千人分の浄化設備を、西独・スイス共同で建設している。オーストリア側も、一九七四年には二億七千万円を投資し、湖岸の下水を全部収容する設備をつくるが、ついでそれに浄化設備を設置する予定であるという。

西独・スイス共同の浄化設備。巨大な腐敗塔の中で汚泥の量は減少し且つ滅菌される

バーデン・ヴュルテンベルク州の首相の一九七四年の言明によれば、ボーデン湖岸の西独側の重要な浄化設備は、一九七五年にはすべて始動可能となり、一九八〇年までには、投資額は全部で五〇〇億円に達するとのことである。ボーデン湖は一時は生物学的に死滅するのではなかろうかと新聞紙上でもさわが

れたものであったが、現在ではすでにもっともきれいな水質に変化しつつあるという。西ドイツ全域で八十数％という水洗便所取付率をはじめ、日本とは比較にならないほど発達している西ドイツの下水溝に、さらに優秀な浄化設備が加わることになれば、まだ下水溝さえ不完全な日本とのあいだに、あらためてもう一段水があく、という結果になる。

上水とちがって下水の場合は、西ドイツでもこれまで町や村単位の設備が多かったが、それも現在では次第にもっと広域的な事業体や国際的な事業体の工事に拡大されつつある。日本の場合も、これもまたこれからは市町村単位以上の、広範囲の事業体を考えるべき時期にきているのではなかろうか。

ごみと海洋汚染　西ドイツは、日本ではあまり耳にしないような汚染の問題で悩まされていることがある。森の中のごみの不法投棄である。

西ドイツでも、ごみの処理問題は別に順調に進んでいるわけではないようであるが、西ドイツ全体で、一年間に小国のルクセンブルクを一〇センチも高めるほど出てくるという大量のごみは、その九〇％がただ単に放棄されているに過ぎないのだという。ところが飲料水を地下水に頼っている西ドイツでは、ごみの捨て場所によっては水道水の汚染をまねくという深刻な問題がおこりかねないので、それを考慮して、ごみは一定の場所以外には捨てないように各町村が監督している。

ところが西ドイツにも悪人がいて、彼らは森の中へひそかに大量のごみを放棄する。ドイツの森は日本とちがって、けわしい山岳地帯の森林というより平地の林が多いので、彼らはトラックでやってきて、工場廃液の入ったドラムカンを、ときには何百トン何千トンと置き去りにして立ち去っていく。場合によっては毒性の液体が流れ出す危険もあって大騒ぎになるが、西ドイツの人々はなによりもまず地下水への影響を心配するのである。

このような、日本ではあまり起こらない森の中のごみの不法投棄が西ドイツでよくおこるのは、比較的平坦で奥深いという西ドイツの森の特徴と、周囲に海が少なく海の中へ不法投棄ができないという自然条件の相違によることなのであろう。西ドイツで海に面しているのは国の北側だけで、この海はデンマークの半島を境として、東がバルト海、西が北海と呼ばれている。しかし海が少ないといっても、海洋汚染の問題は、西ドイツにおいてもけっこう起っているようである。

まず北海のほうは、地形的に外海に打ち開いているから、汚染の度合もそれほどのことはない。この海洋については、西ドイツ、イギリス、フランス、ベルギー、オランダの関係五カ国が最近では一九七一年に会合して、海中に工場廃液を捨てる場合などの条約を検討している。水質のほうは、現段階ではまずまずということである。

しかし、内陸に深く湾入した形のバルト海のほうは、世界食料機構（FAO）によって、世界で最も汚染された水質の一つという判定がくだされている。この海には二〇〇の川筋を通って六〇の大都市の汚物が流れ込んでおり、川口の都市の海岸には、ごみの山がうず高く積まれているのだという。だから、バルト海を航行するには羅針盤は要らぬ、ごみの山に向かって進めば港につく、などといわれているのである。魚肉に含まれている毒物も多く、水の色も、水の味も、昔とはすっかり変ってしまったということである。この海をとりまく西ドイツ、東ドイツ、ポーランド、ソ連、フィンランド、スウェーデン、デンマークの関係七カ国は、一九七四年にヘルシンキで会合し、二九カ条からなる海洋汚染防止のための条約の調印にこぎつけることができた。汚染の状況がはっきりしているだけに、自由主義諸国とか社会主義諸国などの体面はいっておられず、条約の内容もまたきびしいものがある。

以上、上水・下水という観点でとらえて、山の水源地から海の汚染に至るまで、西ドイツの状態の概略を探ってきた。自然条件という点で、水の問題では西ドイツの自然環境は日本より不利と思えるのであるが、しかし西ドイツの人々の築いた水の生活文化は、湖や川の汚染をひとまず別にすれば、やはり日本よりやや高度であったということができよう。

しかしヨーロッパでは万事なにごともおのずとうまくいっているのだ、と日本人は簡単に考えがちであるけれど、うまくいっているのはそれだけ彼らが人一倍、頭も体も使って努力してきたからのことで、自然条件が悪いうえに、成り行きまかせの行き方では、いかにヨーロッパといえどもいい結果が生まれてくるはずはないのである。その点せっかくヨーロッパの二〜三倍もの雨量をもちながら、夏にはぬるく冬にはつめたい水を飲み、昔からの噴水の芸術も持ち合わせず、下水の設備もはるかに劣り、そのくせ湖や川や海の汚染はけっこう人並み以上に進んでいる日本という国は、水の生活文化ということに関して、けっしてその自然条件の有利さを生かしえてきた国、とは判定できないと思う。文学や哲学や宗教や科学の発達の比較以上に、日常の生活文化の比較こそが、真に国と国との水準の比較になりうるものと思えるのであるが、その生活文化という面でも、我々はやはりもう一つ西ドイツには及ばなかった、ということのように思う。

10 環境㈣——火災と防火

火災発生率

火災がおきやすいかどうか、また火災を防ぎやすい状態にあるかどうか、という点では、別に西ドイツと日本の自然環境に大きな相違はないと考えられる。もしあるとすれば、空気が乾燥していることと、寒冷地であるから暖房器具を使用する期間が長いということは、西ドイツ側にとって不利な条件であろうし、風土的に風の強い日が多いということは、日本側にとって不利な条件といえるであろう。しかしそれがどの程度の影響をもちうるものかは、そう簡単にみきわめのつく問題ではない。

西ドイツの都市と、だいたいそれに見合った人口の日本の都市、しかもなるべく寒冷地に位置する日本の都市の、年間に発生する火災件数を比較してみると、西ドイツのほうがかなり多いようである。例えば、私の調査年当時（一九六九年）人口約六三万であったシュトゥットガルト市では、その年一年間に、大小の火災をすべて合計して六四四件の火災が発生しているのであるが、これに対してこれよりやや人口の少ない仙台市（当時約五三万、以下すべて一九六九年の数字）では、同年に三四〇件、これより人口の多い札幌市（約九六万）でも、同年に五四二件の火災が発生しているだけである。

もっと人口の少ない小さな町の例をあげるならば、同じ調査年に人口約五万五千であったチュービンゲン市では、同市の消防署の職員にきいたところによると、年間で平均一〇〇―一二〇件の火災が発生しているという話であるのに、例えばこれと人口の点でほぼ匹敵する、岩手県の花巻市（人口約六万五千）では、その年にわずか三一件の火災が発生しているだけである。

チュービンゲン市と同じ、年間平均一〇〇―一二〇件の火災発生率ということになると、日本の場合はその二、三倍以上の人口の都市がまずこれに相当しているようである。例えば、人口がほぼ二倍の山形県の鶴岡（約九万五千）では六八件、鳥取（約一一万五千）では七九件、帯広（約一三万五千）では一三一件、人口がほぼ三倍の新潟県の長岡（約一六万）では五三件、大津（約一六万五千）では七〇件となっているから、これでもやや少なめなのであるが、しかし人口が二、三倍くらいになると、数字がほぼ近似した数値を示してくる。西ドイツの人口当たりの火災発生率は、日本よりかなり多いようにみうけられるのである。

ではなぜ西ドイツにおいて、火災が多く発生するのかというと、これはそう簡単に答えのでてくる問題ではあるまいと思う。空気が乾燥していることや、暖房器具を使用する期間が長いということはたしかにその一因であろうけれど、しかしまたそのほかにもいろいろと我々の気の付かないような原因があるのかもしれない。だがともかく、火災の人口割の発生率という点では、一般にどうも西ドイツのほうが日本より多いように思われる。

ところが、じっさい西ドイツで生活してみると、火災という面ではこれと逆の印象を受けるように思う。西ドイツでは、かなり長期間滞在していても、赤い消防自動車がサイレンを鳴らして走っている光景にぶつかることはまずないし、また焼けあとの黒く焦げた柱や壁の残骸などは、よほどの偶然でなければまず目にするようなことはない。例えばまた、毎日の地方新聞の記事に目を通していても、西ドイツでは火事の記事はごく少ないし、もしたまに一棟でも全焼するようなことがあれば、でかでかとその写真がのって、日本の新聞よりもずっとくわしく火災の様子が報道されている。ときにはその火事を消した消防隊長の名前までが、新聞にのることさえもある。それだけ火災が珍しいということなのであろう。

日本の総理府統計局編集の統計年鑑に目を通してみると、各県別の火災関係の統計がかなりくわしくのっている。ところがこの出版物に相当する西ドイツ政府の統計局発行の統計年鑑には、そういった火災関係の統計はぜんぜん記載されていない。また、日本では、少々大きな市なら、市の消防署はかならず毎年火災関係の統計資料を印刷してもっているのに、西ドイツでは例えばシュトゥットガルト市のような大きな都市でも、そのような資料の印刷物はもっていない。

もっとはっきり違っている点を指摘するならば、日本では、市制のしかれている町ではかならず消火設備と消防団員をおくべきことが法律的に規定されているのに、西ドイツでは人口一〇万人以上の町だけが、このような法律上の規制を受けているに過ぎないのである。日本の市制は五万人以上であるから、そこには二倍の開きがあるということになる。

そこでチュービンゲン市の場合を具体的にみてみると、同市は人口約五万五千であるため、法律的にはこの規制を受けておらず、同市の消防団は自主的消防団（Freiwillige Feuerwehr）という名称で呼ばれる自由意志による組織体になっている。その人数は市の正規の職員がわずかに二名だけで、自分から希望してなった民間消防団員が一〇二名である。同市とほぼ人口の匹敵する花巻市の場合を例にとってみるなら、市の正規の団員が四五名、民間消防団員が八七七名という多数であるから、いくら法律的規制があるないの相違があるにしても、この数字の差はかなり異常であるといわねばなるまい。

チュービンゲン市では、花巻市より三、四倍も多く火災が発生しているというのに、消防団員の数は正規の団員で約二〇分の一、民間消防団員では約八分の一というのは、いったいどうした理由によるのだろうか。

ところで、大都市のシュトゥットガルト市の場合には、消防団員の数の点では、日本とそれほど大きな相違はみられない。同市の正規の消防団員は三九一名、民間の消防団員は七二〇名であるが、これよりやや小さい仙台市では、正規の消防団員が三四〇名、民間の消防団員が一六五四名で、これより大きな札幌市では、正規の団員が七一五名、民間の団員が一七一五名である。チュービンゲンと花巻の場合ほどの大きな差はみられないけれど、この場合も、出火の比率は西ドイツのほうがむしろ多いのに、消防団員の人数はむしろ少なめ、という点では同じことである。なぜこのようなことになるのか。

この原因の一つは、西ドイツの民間消防団の性格にあるであろう。西ドイツでは兵役が課せられているため、何年間か民間消防団に入っていればそれが免除になる、という特典がある。それに人口一〇万人以下の町村の場合には、一八歳から五〇歳までの男子で消防団に入団していない者は、消防団維持費として年に千円程度（町村によって異なるが、法律的には最高一万円まで徴集できる）を支払わなければならないという制度もある。だから民間消防団は、質の点で日本よりややととのっているという感じで、それが正規の団員が少ない、という一つの原因であろう。しかし本質的な原因は、もっとほかのところにあるように思えるのである。

さて少し目を転じて、火災の件数だけの統計ではなく、火災の件数と同時に火災の大きさの統計をも見くらべてみることにしよう。そうするとこの問題に対する解答が少し分かってくる。

仙台市では、全部で三四〇件の火災が生じているうち、二五五件が小火で、半焼が二七件、全焼三〇件、延焼二八件となっている。札幌市では、全部で五四二件の火災が生じているうち、建物火災が四七六件で、さらにそのうちわけは、小火三三五件、半焼五六件、全焼五〇件、延焼三五件となっている。

一方西ドイツの火災の分類法は、これと少々ちがっているが、シュトゥットガルト市では、全部で六四四件の火災が生じているうち、小が三〇六件、小の大が二六二件、中が六二件、大が一四件となっている。この分類法の場合、例えば中というのは消火ホースを二または三本使用したということを意味している。したがってこれを日本の実情に合わせて比較してみるなら、日本で半焼といわれるほどの火災は、当然ホースを二、三本以上は使っているであろうから、日本の半焼以上の火災とは、西ドイツの基準でいうと中以上の火災ということになろう。そこで、西ドイツの中以上の火災と日本の半焼以上の火災の数とをくらべてみれば、これがほんとうの火事らしい火事の実数ということになると思う。

仙台では半焼以上の火災の件数は八五件、札幌では一四一件、シュトゥットガルトでは中以上の火災が七六件である。これを発生した火災件数に対するパーセントになおしてみると、仙台は二五%、札幌三〇%、シュトゥットガルト一二%ということになるから、西ドイツでは、たとえ火災が発生しても、火事らしい火事に発展する割合は日本の二分の一から三分の一に過ぎない、ということが分かる。つまり西ドイツでは、大火になる率が日本よりずっと少ない。

それにシュトゥットガルト市のような西ドイツの都会では、延焼などということはまずおこりえない現象ということができよう。都会の建物は、石や煉瓦やコンクリートでできている場合が多いし、日本の建物のように密集してはいないから、火の粉が飛び移って延焼する、などという心配がほとんどない。全焼ということはありうるけれど、しかし壁や床が日本とはちがってはるかに厚いし、それに煉瓦やコンクリートなどでできている場合がほとんどであるから、しぜん部分焼におわる率がずっと多い。

西欧の北半分は、本来木造家屋を建てていた地域に属するため、西ドイツには、現在でも木造家屋の数はかなりたくさんある。ことに農家や郊外の一戸建の民家は、新しい家の場合でも木造が多く、こういった家が火災に襲われると全焼する場合がよくある。一般農家でも牛を飼っていることの多い西ドイツでは、

1972年の火災で焼けた古い民家。壁が厚く，隣家と接していてもほとんど延焼していない。(Südwest Presse)

シーズンによって農家の納屋に飼料用の干し草が多量に貯蔵されており、これが火災の原因になることがままあって、この時期には農村の火災が多発し、そのような場合には、たいていその納屋は全焼している。しかしこの場合でも、燃え落ちるのは一棟だけのことがほとんどで、同じ家でも別棟ならば、延焼ということはめったにおこっていない。

　チュービンゲンのような古い町並みをもった小都市には、四〜五階半建の大きな木造家屋や、町はずれの二階半建の木造の民家がたくさんある。しかしこのような場合にも、一戸建なら隣家との間隔がかなりあいているし、たとえ隣家と直接接している場合でも、ドイツの壁は厚く、柱の太さも日本よりずっと大きいから、日本の木造民家の火災のように、簡単に燃え上って全焼したり延焼するようなことはない。

　一九七二年七月一一日の午前三時半に、チュービンゲン市では、この町の何十年来という大火がおこっている。それは西暦一六〇〇年ころに建てられたという、町の中心部にある五階半建の古い民家が焼けたものであったが、二階以上がかなり火で荒らされて、やや突き出ていた隣家の屋根裏も少し延焼していた。しかし床も壁もしっかりと残っており、骨組の木材は焦げたといっても太い大きな木材であるから、そのまま使ってその後復興されたということである。これが人口五万五千の町でおきた、何十年来という大火であった。日本で何十年来の大火ときけば、だれしもいくつかの町内を総なめするような大火災か、あるいは十戸から数十戸の家屋を焼き尽くすような火災を思い浮かべるであろうけれど、西ドイツではもうチュービンゲンに限らずどの町でも、そのような火災は過去の遺物になってしまっている。

チュービンゲン市内にある消防署を訪れてみると、日本の消防署と同じように、道路に面した広い入口のほうに向かって、赤い自動車が何台か並んでいる様子がまず目に入ってくる。その自動車のあいだを通り抜けて建物の中へ入っていくと、建物の裏側と二階にはいくつかの部屋が付設されており、この町のたった二名の正規の消防団員である市の職員の家族たちがそこで暮している。奥さんや子供たちの姿のみえる家族的な雰囲気は、仰々しい赤い自動車の列とはなんとなくそぐわないのであるが、しかし日本の消防署とはちがったのんびりした雰囲気がある。

この二人の職員は、ここに家族ぐるみで住み込んでいて、火災の通報が外部からあったときに、民間消防団員の家と直結している警報のボタンを押すのが、なにより大切な仕事である。そうやると、町なかの場合には、昼間ならば二分で、夜ならば三分で、現場にまず五台の消防自動車が到達する仕組になっているのだという。事実一九七二年の大火の場合にも、三分後にはちゃんと彼らは駆け付けていた。一戸一戸の家が大きく、道路幅が日本より広いという西ドイツの町の環境も、日本の場合より有利な条件ということができるであろう。

これに対し、例えば日本の花巻市では、人口の点はチュービンゲン市とほぼ同じであるというのに、市の職員の消防団員は約二〇倍、民間消防団員は約八倍も多くかかえていなければならないのである。これは財政面からいっても、住民にとっては大きなマイナスということになる。しかもこのように財政投資を行なっていても、全焼や延焼などという大火が毎年のように十数件おこるのだから、この財政負担は打ち切るわけにはいかないし、焼失した家屋は家屋で、西ドイツではありえないような無駄な損失ということになる。

防火対策の歴史

このように、西ドイツはすでに火災という面では、日本よりかなり有利な立場に立っているということができる。そしてそれは自然環境の差によってのことではなく、彼らの家が、燃焼しにくい材質からできているという人為的な環境の差によってのことなのであるが、この相違は、ただ西ドイツの家ではたまたま石や煉瓦やコンクリート製のものが多く、それに壁や床が厚くつくってあるからそうなったのだ、という偶然的な原因がもとで、防火上の有利な環境ができあがったものに過ぎない、ということなのだろうか。つまり、別に不燃家屋をつくろうなどという努力もしなかったのに、偶然日本では木造のたてこんだ家並みができあがり、ドイツでは偶然木造部分の少ない、家の間隔のはなれた家並みができあがった、ということなのであろうか。

日本の家屋の構造に、やや実質的な防火対策の付設が法律的に考慮されはじめたのは、ごく最近のことに過ぎない。従来の日本家屋は、紙と木の組み合せのようなものであるから、マッチ一本でいつでも全焼させることができるし、延焼なども当然の出来事ということができる。現在の日本家屋でも、だいたいこれに近い構造であることに変りはないのだが、ただ現在では延焼を一応ふせげるよう、一戸建の場合は、隣家との間隔を少しあけるべきことと、側面にモルタルやトタンのような不燃物を上張りすべきことが考慮されている。

ところがこのような規制は、ドイツではもう四〜五〇〇年前に考えられていた、昔々の古ぼけた生活の知恵に過ぎないのである。ドイツの防火対策の歴史を専門に論じた文献はみつけることができなかったが、しかし私は運よく、家屋の防火構造を規定するいくつかの法令の問題にふれた、民俗学上の論文を捜し出することができた。それは今では廃刊になっているけれど、以前は権威のあった東ドイツの民俗学会誌で、東ドイツ一帯の調査をよくのせていた「ドイツ民俗学年報」(Deutsches Jahrbuch für Volkskunde. Akademie-Verlag, Berlin, 11 B. 1965 T. I.)に収録されていたもので、「一六—八世紀におけるザクセン公国の法令とその農家建築への影響」(Alfred Fiedler: Kursächsische Landesverordnungen des 16. bis 18. Jahrhunderts und ihre Einwirkung auf die ländliche Bauweise)という表題の論文である。それは防火対策の法令が、一般民家、特に農家の構造にどのような影響を与えてきたかを調査している。残念ながら、それは我々が主として取り扱っている、シュトゥットガルトやチュービンゲンなどの位置する西ドイツ南西部の研究ではないけれど、しかしそこに描写されている現象は、年代的な地域差こそあれ、現象そのものはドイツ全域に通ずるものなので、それを読むと、現在も残っている古いドイツの民家が、どうしてあのような形態をとっているのかを、実によく理解することができる。

もう何回も述べたことであるけれど、西欧の北半分は本来木造家屋の地帯に属しているから、昔はドイツの町や村でも、木造家屋だけが立ち並んでいたものであった。木造というのは、土壁もぜんぜんないただの木材だけのもので、煙突さえも木材でできていたのである。屋根はこけら板葺きか藁葺きで、少し以前の日本の家屋と同じことであったから、この当時は、町じゅうや村じゅうを焼き尽くすような大火が頻発していたことも、ついこのあいだまでの日本と同じことなのである。

なぜこのような木造家屋が、ドイツではしだいに無くなっていったのかというと、その原因は深刻な木材不足と、防火のための法令上の規制にある。一六世紀のドイツは鉱山業の発達した時期で、鉱山の収入が領主の最上の収入源であったが、坑木用と鉄などの精錬のための燃料用に森林がつぎつぎと乱伐されて、ドイツはこれ以後深刻な木材不足の時代に入っていく。これには領主階級の狩猟熱の流行のための、狩猟用の森林確保による影響もあることはあったが、それに加えて、ドイツはなにしろ戦乱の多い国であったから、戦火や放火による森林火災が多発し、これがまた、この木材不足にとっては輪をかけた打撃であった。

木材の柱や筋交いのあいだを壁で埋めていくいわゆるファッファベルク（Fachwerk 部分構築の意。「環境㈠――住宅」の章の「古い町並み」の項及び写真参照）という言葉がこの地方で初めて文献に見えだすのは、一五世紀末のことである。木材の骨組のあいだを壁で埋める構造は、日本建築と近似しているため、我々はこのような構造を、自然発生的なものと思い込みがちであるけれど、実はこの構造は、木材不足に対処するためと、防火建築を意図した新しいアイデアによって、計画的に開発された新製品であった。

まず町において、ファッファベルクや石造の家を建てた者に、優遇措置をほどこすという奨励策がとられている。例えばドレスデン市では、一四九一年のことである。やがて木材事情がいよいよ逼迫してくると、奨励策は法令の形をとって強化され、法令の適応地域も町だけでなく村にまで広がっていく。対木材不足・対火災関係の法令はその後ファッファベルクや石造家屋の奨励策だけでなく、いろいろな内容をもたされ、工夫をこらされてくるが、例えば、直接木材の節約に関係するもののなかには、町も村も、平屋をやめて多層家屋を建てるべきこと、などという規定がある。ドイツでは現在でも、町はもちろん農村においても二階建以上の家が多くみられるのは、ただ町における土地不足だけがその原因であったのではなく、むしろこの木材不足の歴史のほうこそが、より重要な要因であったというわけである。

また防火対策としては、例えば炊事場のある一～二階は、石または土壁製にすべきこと、こけら屋根や藁屋根はとりはずして瓦葺きにするか、藁屋根の場合は土を塗り込めるべきこと、家と家との間隔をあけるべきこと、煙突は木製でなく石製とすべきこと、パン焼き竈《かまど》は家から遠ざけて造るか、できるだけ村共

ファッファベルクは木材節約と防火のための建築用式であった。一階は火を使うことが多いから，木材を使用せぬことが奨励されていた

同の竃《かまど》を造るべきこと、防火用水池を掘るべきこと、延焼防止用に火の粉よけとして、木、特にくるみの木（日本のくるみとは違う）を建物の近くに植えるべきこと、家の入口の道の上には建物をたててはならず、空間としてあけておくべきこと、台所や洗濯場（ドイツでは洗濯場で湯を沸かす）は木の床にせず、煉瓦かスレートかたたきにすべきこと、一階の土間には敷居の板を取り付けてはならないこと、干し草を余分に貯蔵してはならないこと等々、実に念入りに規定された法令が発令されている。これらは一六－一八世紀のおよそ三〇〇年間にわたって、おいおいと発令されていた法令であるが、法令というものは発令されてもかならずしもそのまま実行されるとは限らぬものであるから、およそ三〇〇年間のあいだ、何回も何回も人々の注意を喚起しては、徐々に徐々に、理想的な防火建築の国家に築き上げていったのであろう。

木材不足と火災の多発は、ザクセン公国にとって、ことに三〇年戦争（一六一八－四八）と七年戦争（一七五六－六三）の戦中・戦後においてもっともひどく、例えば七年戦争後の復興委員長であったフォン・フリッチュのメモを読むと、木材節約のため棺桶の使用を廃止したら、という考えがまじめに検討されているほどなのだという。ドイツは寒冷地であるうえ、ことにドイツ北部は雨量が少ないため木の成長がおそいとのことで、私が土地の人にきいたところでは、植林してから一〇〇年近くもたたなければ建材としては使えない、という話であった。ドイツの家は大きいから建材には二〜三〇センチ角

天然石のスレートで屋根も側面もすべてびっしりとおおい尽くし，延焼にそなえている民家。マルブルク

ほどの太めの木材を用いるという理由もあろうけれど、この樹木の成長のおそさということがまた、日本では想像もつかないほどに、木材不足を深刻にした原因の一つであったのであろう。

とにかく、このような何百年にもわたる長い努力の歴史を通して、ドイツの現在の火災に強い町や村は築かれてきたのである。ファッファベルクは、実は防火建築として発展してきた家屋だという、その背景を知る人はいまでは少なかろうが、その優秀な耐火性は、一九七二年のチュービンゲンの大火でも十分証明されている。このとき焼けた古い家は、町の中心部にある一六〇〇年ころの古い民家の一つであったというのに、そのファッファベルクの壁の厚みは、隣家と直接接していてもただちに延焼しないほどの耐火性を示していたし、巨大な角材を二重か三重に積み重ねてある床は、各階の内部が全焼しても、抜け落ちないほどの頑丈さを備えていた。ファッファベルクと並行して押し進められていた石造建築や、石の少ないドイツ北部で多くつくられていた煉瓦造りの家は、ファッファベルク以上に耐火性の強い防火建築であることはもちろんのことであるから、近代になって発展したコンクリート造りの家屋も含めて、ドイツは、古い家も新しい家も、何百年の生活の知恵で築かれた、防火建築ばかりでできている国なのである。

防火の芸術　西ドイツを旅行しながら、防火建築という観点で古い町筋を眺めていると、日本などでは想像もつかないような念入りの装備がほどこされていることがあって、ただただ感心して恐れ入ってしまうことがしばしばある。

例えば、天然石の薄いスレートを、屋根から家の側面全体にかけて、すきまもなくびっしりと釘で打ち付けたような家がときどきみられるのであるが、これは延焼よけにほかならず、これなら火の粉は完全に防ぎきることができるであろう。ときにはこの天燃石のスレートの色違いや形を利用して、建物全体に美しい図案や模様などをほどこした家さえみられるのは、これはじっさい実用と芸術の合体とでもいうべきか、ともかく防火対策の生活文化の一つの頂点ということができると思う。

どの家も上から下まで一面にスレートでおおわれているゴスラーの家並み

このスレート張り建築の、信じ難いような見事な実例がみたければ、それにはまずなんといってもゴスラーの町を訪れるべきであろう。ゴスラー市（Goslar）は西ドイツ中東部にある人口四万ほどの小さな町であるが、この町はそれこそ町じゅうの古い民家が、ほとんど全部この石のスレートでもっておおい尽くされている。町の人の話では、この町の、ある大きな鉱山の社長がアメリカ系の人であったため、第二次大戦の戦火を幸運にも免れたそうで、町はそれこそ、中世さながらの姿をそっくりそのままいまに伝えている。その様子は、まるで町全体が鰐の鱗《うろこ》を身にまとったかのように、みわたすかぎり、どの家の表面もスレートばかりがめだって、木材の柱の表面さえもめったにみることができないほどなのである。おそらくこの町などは、これからも何百年間という歳月のあいだ完全に火災

町じゅうスレートでおおわれて，みえる木材といえば窓枠だけ。ゴスラー

を免れて、ドイツの古い町の姿を、子々孫々に伝えてくれることであろう。

このゴスラーの町は、ドイツのなかでも特殊な例であるとしても、しかし人口一〇万人以下の町では消防団をそなえる法律上の義務がないという規定は、こうした西ドイツの家屋に一般的にみられる、防火対策の完備がその原因になっているからこそのことなのである。火災がおきても、燃えるのは当人の部屋あるいは家だけで、他人の部屋あるいは家に被害が及ぶことがほとんどないとすれば、あとはただ当人の責任と、保険などの制度が必要になってくるだけのことで、消防団の必要性は日本ほどに大きくはないということになろう。（火災保険の制度もドイツでは早くから行われている。例えばチュービンゲン市の隣のロッテンブルク市の町史をみると、この町は一六四四年、一七三五年、一七八六年の三回にわたって大火に見舞われ、それぞれ五五六棟、四三三棟――別の資料によれば四六四棟――、一二五棟の建物が全焼している。そして一七三五年の場合には、他の都市や教会などの援助を仰いでようやく復興しているのに、その五〇年後の一七八六年の大火の場合には、もう火災保険制度があって、そのため町はまもなく以前より立派な姿に復興したということである。即ち火災保険制度は、この当時すでに有効にはたらいていたのであった。）私はついぞ西ドイツの台所で、日本の「火の用心」に当たる火の始末の注意をうながす紙片のはってある情景をみかけたことがなかったし、また日本の「マッチ一本火の用心」などに当たるたぐいの、現在も広くひろまっているドイツ語の標語というものをみたりきいたりしたという経験がない。習慣の相違もあろうけれど、おそらくこのような警句や標語は、ドイツ人の心にとって、我々ほどにはぴんとこないところがあるのではなかろうかと想像する。

一方日本ではあまりみられないことで、西ドイツでよくあることは、民間消防団が楽団を組織している場合がままあるということであろう。西ドイツの民間消防団は、団員のなかの有志でもって楽団を編成するという正式の規約をもっている場合が多く、彼らは祭や行事のときには音楽隊となって、演奏しながら町なかを行進したりする。大火の少ない、西ドイツの町の余裕というものであろう。

スレートで描かれた鷲の模様。ゴスラー

手の込んだスレート細工をほどこされた民家。ゴスラー

だがいくらよさそうな規約だからといって、日本ではこの西ドイツの制度をそのまま移入し、本来火を消すべき市の職員や民間の団員たちが、気楽にブカブカドンドンと楽器を打ち鳴らして楽しんでいるわけにはいかない。西ドイツが現在の生活文化を築き上げたのは、一朝一夕の努力によることではなく、何千年、何百年にもわたる先祖たち

スレートのはげ落ちたところをみると，その構造がややくわしく分かる。ゴスラー

の苦心の集積の結果によることであるのに、我々の先祖たちは、ことに西洋において発展のめざましかった時期に当たる徳川三〇〇年のあいだを、いうなればただ安穏に眠り過ごしていたからである。我々の生活文化の歴史はそれだけハンディキャップを背負わされているわけで、まだ我々は西ドイツの人々と同じようには、ゆったりと生活を楽しんでいいような境遇にはおかれていないのである。

　日常の暮しに深く根を下ろした生活文化というものは、一〇年二〇年の短期間で築き上げられるようなものではないけれど、しかしまた、一〇年二〇年という目前の努力をおろそかにしていては、一〇〇年二〇〇年の後の立派な生活文化も築き上げられえない。あせらず、しかしおこたらず、目先の派手な一部の人々の一時的な文化だけにとらわれず、地道な日常の暮しに根を下ろした、一般人全体の生活文化の向上に努めてこそ初めて、自分の国に本当の生きた文化が実現する日がくる、ということだと思う。

（以上一九七四年）

付記

以上の「環境」の各章でとりあつかった「住宅」「道路」「火災と防火」の問題について、少々付け加えておきたい。これらの抜刷を、建築史専攻の京大工学部上田篤助教授にさしあげたところ、氏の最近の労作である「町家——知における空間の諸相」(上田篤・土屋敦夫篇『町家』、鹿島出版会、一九七五年、より)のコピーを頂戴した。そこには、私が西ドイツの民家について観察したことと共通する題材が、日本の民家に関していくつか書かれてあったので、非常に啓発されることが多かった。そこで、ここに氏の著作を読んで気付いたことを簡略に二、三付記して、私なりの観察を付け加えておきたいと思う。

まずその一つは、日本と西洋の家の大きさの相違についての問題であるが、日本に小さな民家が多いのは、その発生史上、日本では出稼的小屋掛住い風の住宅が多かったことによる、という柳田説をふまえての理論は、どうもすなおに納得できかねるのである。たとえ出づくり小屋の習慣はなかったとしても、西洋にも山地の夏の放牧小屋や、都会の出稼ぎ小住宅の生活の歴史はあったことだし、民家の大小は、それよりそこに住む人間の民族的体格の大小や、なにより居住者の経済力によってきまってくるものと思う。現在の日本の様子をみてみても、一生落ち着く場所というわけではない出稼的小屋掛住い的長屋やアパート式住宅であっても、国の経済力が増大するにつれ、しだいにひところより大きくなりつつある。

しかしそのことよりもここに一つ、民家の大きさを決定している、これまであまり人々に気付かれなかった、大きな要因をあげておきたいと思う。それは、その地方に飼われている家畜の大きさが、その地方の民家の大小も決定しているという事実についてである。

ヨーロッパでは農家はもちろん、昔は町家でも、人の住む同じ屋根の下に、牛や馬やろばが何頭か一緒に住んでいた。家畜は栄養源であると共に、農耕及び交通の重要な動力源でもあったし、寒冷地のドイツでは、その体温が暖房の役割も果たしていた。北欧及び中欧の家畜は、牛や馬が主体であったため、それらの家畜を入れるには、人間の住居に必要である以上の大きさが、必須条件となっていたのであった。その上、これらの家畜には冬期用の多量の乾草の貯蔵場が必要であったから、家屋の最上階には、きまって大きな物置がつくられていた。これが北・中欧の民家が、昔から日本の民家より、背も高く広さも広かった一つの大きな原因であって、日本でも、同じような習慣のある南部の曲り家などでは、やや似通った構造になっている。

ところが南欧の農家では、家の中に主にろばが住んでおり、この場合は、人間の背の高さより別に高くつくる必要はない。それに南欧の人々の日本人並みの背の高さも手伝って、南欧の家は、北・中欧より一般に低く小さくつくられている。ただし、西洋人は日本人のように家のなかで坐っている習慣をもたないから、その点南欧であっても、やはり日本よりはやや高い天井を必要としている。これに対し日本の場合は、馬や牛小屋は別棟につくられていたり、馬や牛をもたない農家や町家の場合も多かったから、ただ人間だけが住む空間があれば、十分それで間に合っていた。即ち、北・中欧は、つい近頃まで一般に馬や牛も住む家、南欧はろばも住む家、日本は人だけが住み、しかも坐っている家、ということになろう。

さてもう一つ付記しておきたいことは、上田氏が「上下足分離の制」と呼んでいる、家に上る場合に土足をぬぐ習慣についてである。上田氏は民俗学者の宮本常一氏の説を引きつつ、「どんなにあたらしい欧米の住様式がはいってこようと、『上下足分離』の習慣はなくなりそうにない。それどころか逆に、欧米風のホテルのへやのなかでも、日本人はスリッパをはなさない。つまり欧米の空間にまで『上下足分離』をもちこみつつあるのである」と説く。しかしこのヨーロッパにおいても、かつては上下足分離が行われていたことがあったという事実は、一般にはあまり知られていない。

キール大学のクラマー教授（Karl-Sigismund Kramer 1916— ）は、史料にもとづいて、昔の生活習慣を厳密に再現する業績でしられている民俗学者であるが、氏によると、現在西ドイツ中部南寄りに当たるアンスバッハ（Ansbach）という町では、肉屋に買物に来た客が、店に入る前に靴をぬいではだしで入っているという事実がある（一六八八年）。昔の習慣を頭に描くことはむずかしいことなのだが、と氏は付け加えつつ、しかしおそらく、この時代には家の中に入る場合、はだしになるのが一般的な習慣であったのであろう、と記述している（Volksleben im Fürstentum Ansbach und seinen Nachbargebieten 1500—1800. Kommisionverlag Ferdinand Schönigh, Würzburg 1961. S. 200）。「環境(二)——道路」の章にしるしたように、おそらくこの当時この町では、家の中の床はきれいに石張り、あるいは板張りに化粧されていたのに、道路のほうは、まだ石畳の舗装がほどこされる以前であったのであろう。

ミュンヘン市の清掃夫は，他の西ドイツの都市のようにチューインガムをかきとらずに，薬で硬化させてからとる（Stern）

「上下足分離」の習慣を考える場合、なにより大切なことは、家の床と道路との清潔度の比較である。道路が不潔で家の中が清潔であれば、人々は当然土足をぬいで家の中に入ることになる。一七世紀のドイツの諸都市と、現在の日本の場合がこれに当たっている。しかしその後、ドイツの道路はみ

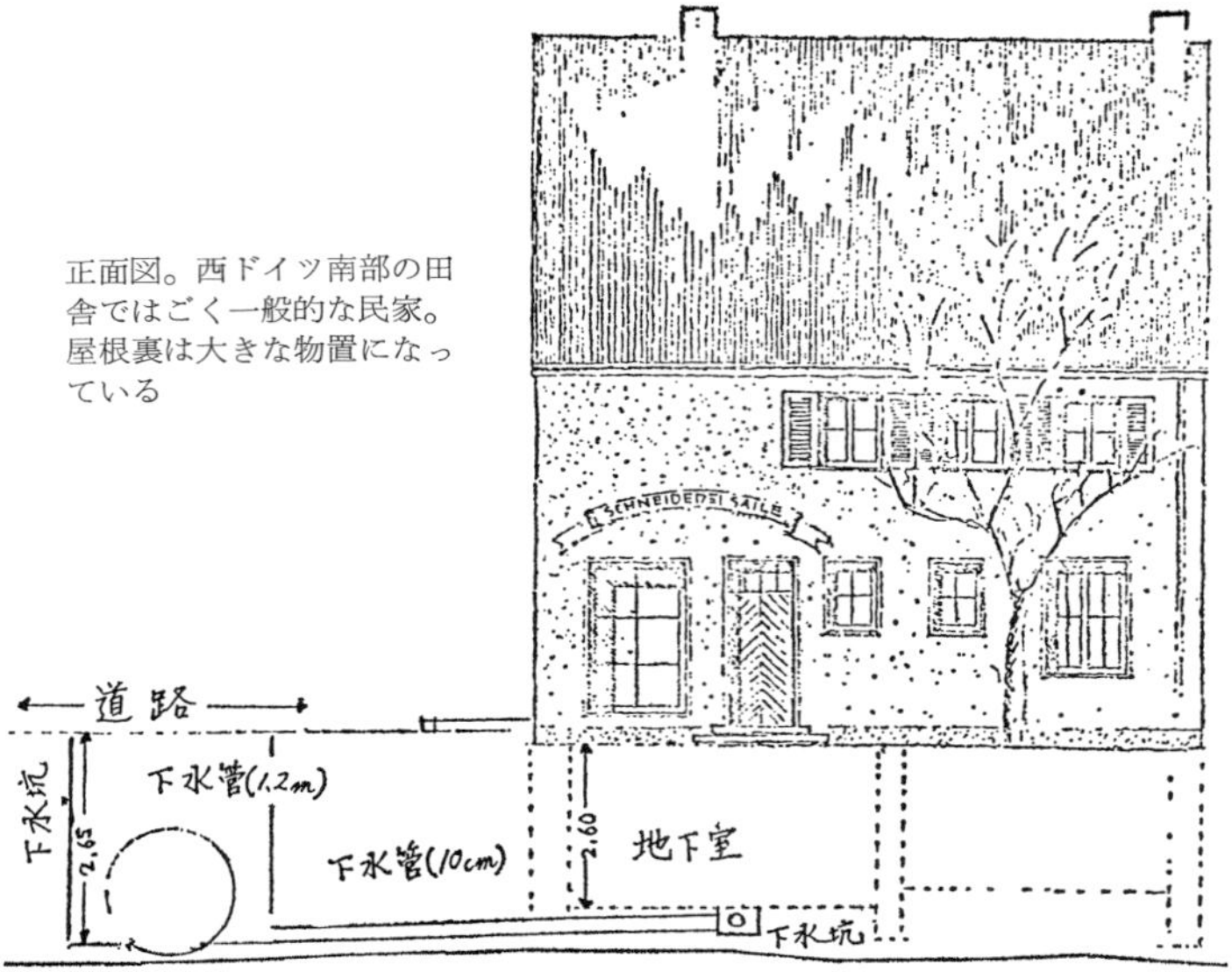

正面図。西ドイツ南部の田舎ではごく一般的な民家。屋根裏は大きな物置になっている

ちがえるほど清潔に舗装されたため、人々はもはや、むりに土足をぬいで家の中に入る必要を感じなくなったのであった。もちろん家の戸口で、一応靴の汚れを払ったり、あるいは自宅の場合は、屋内専用の家靴にはきかえる場合もあるけれども、しかしいちいち客にまで、それを強制する必要がなくなってきたのである。

　ドイツと日本の道路とでは、現在でもその清潔度の概念がどれほど違っているかは、例えば一九七五年に、ブレーメン市で開かれた西ドイツ全州の環境省の会議の結果をみてみても分かる。そこで審議された一九七六年から発効するであろうという法令案によると、道路にごみを捨てた場合、その大きさによって、例えばタバコの箱やハンカチ程度のものならば一〇マルク（一マルク約一二〇円）。小包位ならば二〇マルク、戸棚位ならば一五〇マルクの罰金が課せられるというのである

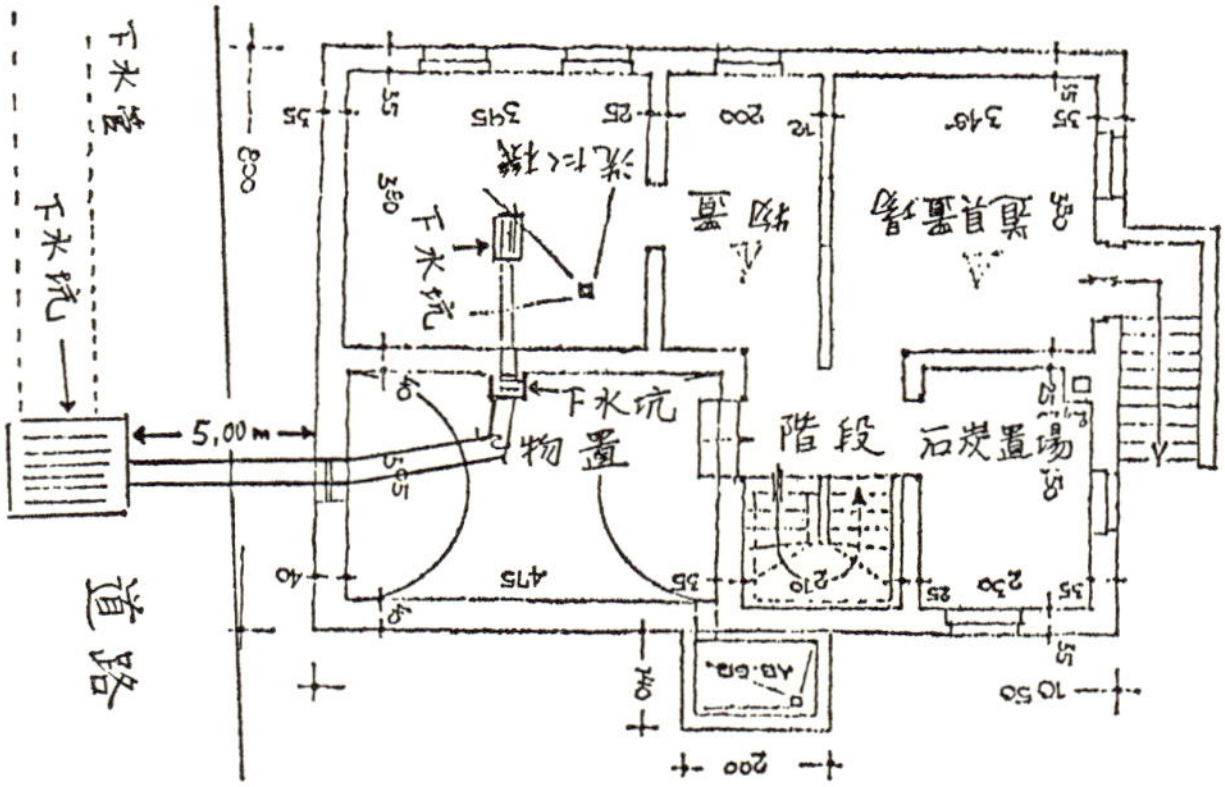

地下室。広さは家の建坪いっぱいにとってある。物置には自家製のリンゴ酒の大樽が二つもあり，また冬期に屠殺した豚肉を入れる冷凍庫などもある

(Südwest Presse 一九七五年九月二五日)。

また例えば、翌年の一九七六年の秋には、西ベルリンで全西ドイツの道路清掃人の清掃競争というものが行われているが、それはちょうど一〇〇年前に、同市に創設された市の道路清掃制度を記念した行事であって、ベルリン市では、一八七六年（明治九年）当時に、すでに七四〇名の清掃夫と、馬に引かせて道路を掃く三五台の清掃機をもっていたのであった（Südwest Presse 一九七五年九月二九日）。道路という言葉は同じであっても、日本とドイツとでは、その背後にひかえている歴史が異なっている。

しかし日本でもこのところ、日本式の旅館であっても、土足のまま上り、部屋の前でようやく靴をぬぐ方式の旅館がふえつつある。即ちそれだけ、日本の道路も清潔になってきた証拠ということができよう。ところが一方西ドイツでは、うちうちの場合、部屋の中ではだしになっているような家がふえはじめているが、それは部屋一面に豪華な絨毯を敷きつめる習慣が広まりだしたからで、こんどは西ドイツに、「上下足分離」

の習慣がはじまりつつあるのである。つまり西ドイツでは、近世初期につづいて、再び道路と床の清潔度の差が開きはじめたということで、「上下足分離」の習慣では、やはりなによりも、道路と床の清潔度の差が問題になってくる。

さて最後に、「下水」の項でふれた農村の下水設備について（一九〇頁）、その後ヒルリンゲン村のザイレ君から、彼の家の図面を送ってもらったので、それをここにのせておきたいと思う。西ドイツの一般民家の地下室の構造と、そこに付設されている排水設備は、日本人にとって珍しいものであろう。

地下室からでている下水管は、直径一〇センチの陶製パイプで、家から約六メートルはなれたところに敷設されている直径約一・二メートルの、コンクリート製のパイプに接続している。この間、幅八〇センチ、深さ二・六メートルの穴を掘るのは各自の仕事で、ザイレ君の家では、親子二人で一週間これにかかりきりであったという。土質は岩と泥灰岩（粘土と多量の石灰分が混合し、スレート状に薄い層をなす）で、ことに泥灰岩は、つるはし一回の打ち込みで一握り程度の量がくずれる位であったとのこと。西ドイツの立派な下水設備は、けっして天から授かった安易な産物ではないということが、これでも分かろうというものである。

（以上一九七六年）

11 心 ㈠——家族

さて前章までは、日常生活をとりまいている物的状況という観点から、「環境」という題目のもとで、西ドイツの住宅、道路、上水と下水、それに防火体制などの様子を、日本人としての目でもって観察してきた。そこでこんどは、物質とは直接関係をもたないけれど、しかし人々の心には直接関係する諸現象、つまり家族とか宗教などといった問題を、「心」という題目のもとで、一括して考察してみようというのである。

ところでこれらの諸現象においても、西ドイツには西ドイツなりの歴史的背景というものがあって、その大筋でも心得ておかなければ、日本人にとって理解不可能なような問題がいくらでもでてくる。例えばこの章で取り扱う家族という現象においても、やはり我々がまず知っておかなければならないようないくつかの西ドイツなりの事情というものがあって、それを理解しておかなければ、日本人ならその他のこともうまくのみこみがたいということになるであろう。そしてまずその一つの例をあげるとすれば、学歴による社会階層の区別、とくにアカデミカー（Akademiker 大学人）と呼ばれる社会階層の存在なども、それであろう。

学歴による社会階層——アカデミカー

一九七四年のある日のことであったが、シュトゥットガルト市に近いビーティヒハイム（Bietigheim）という小さな町で、一八歳になるギムナジウム（Gymnasium ふつう日本では高等学校と訳されている）の生徒が自殺をするという事件がおこっている。

原因は学校内での試験に失敗したことで、別に入学試験に落第したということではなかったとのことなのだが、西ドイツの大学の入学許可審査にはギムナジウムの最終二カ年間の成績が問題になるため、彼はまだ卒業まで一年と数カ月も残っているというのに、もう医学部の進学は不可能になったと判断したためであった。日本では大学の入学試験の一発勝負的性格が批判されているけれど、たとえ高校の内申重視制に切り変えたところで、このような弊害はやはりおこりうる可能性をもっている。

さて、日本ならば入学試験に失敗して自殺をしたという、わずか一〇行程度の新聞記事で片付けられてしまいそうなこの事件が、なぜ西ドイツでは大見出しで論ぜられるような希少価値をもっているのであろうか。地方新聞としては中堅どころの Südwest Presse 紙は、この事件に関しさらに数日後かなりの紙面をさいてこう報じている。

……このギムナジウムの生徒が、一番親しくしていたという友人の父親は神学専攻の大学教授であるが、彼は一篇の文書をしたためてこの学校の父兄たちに配布した……

「……理由もなしに、一人の生徒が命を断ったというわけのものではないのです。ギムナジウムには、学校制度の圧力のもとで、憂鬱病にかかったり、ほとんど破滅しかけた多くの生徒たちがいることを私たちのだれもが知っております。……子供たちをむやみと進学させるな、という警告はもう何年か以前から親たちに対し発せられております。……そしていまは、アカデミカー・プロレタリア（大学を出ながら満足に就職もできないような人々）をつくらぬために、大学進学者の審査をきびしくしろ、などと世間では話されております。しかしその対策の犠牲になるのは、我々の子供たちなのです。大学各学科の入学者の定員制の導入とそのために生じた平均点による評価は、ギムナジウムの上級クラスの生徒たちを駆りたてる鞭となって、点数こそが教育の内容であり、最終的な教育の基準となりかわっております。……私たちはいま、この生徒の死によって如実に示された、この愚劣な学校制度に抗議し、もっと人間的な教育を要求しなければならないと思うのです。……」（一九七四年一二月一二日付）

我々日本人にとっては、もう分かりきった事実のくりかえしに過ぎないような受験地獄に対する抗議の言葉であるが、その後さらにこの新聞が報ずるところによると、この町ではこの教授の呼びかけに応じて父兄たちの集会が開かれたり、州議会の議員がこの運動に関する見解を発表したりしている。いったいどうして、西ドイツでは試験に失敗して自殺をしたという事件が、これほどの反響を呼びうるのであろうか。西ドイツで、大学入試難といった現象が目立ちはじめたのは、ほんのこの数年来のことに過ぎないのである。それなら西ドイツでは、以前は大学の数が十分あって、希望者はすべて入学できたのかというと、それはむしろ逆であったといっていい。大学の数は昔は現在よりずっと少なかったのであったが、入学するための審査が、制度的には単純ながら実際の内容がきびしかったことと、大学などへは進学しないものときめてかかっていた家庭が多かったため、大学の門戸はかなりゆったりと開かれているような印象を与えていただけのことなのである。

西ドイツの現在の学校制度は複雑で、一口には説明しがたいけれど、大学へ進学する場合は、原則として旧来通り小学校の第四学年を終えた段階での審査で、大学の予備段階であるギムナジウムへ進学できるかどうかが判定されて、そこで大きく人生の方向が分岐してしまう。大学進学コースのギムナジウムは九年制であるが、各学年ごとに落第があるから、最終段階まで頑張ってその卒業資格試験（アビトゥール Abitur という）をパスするには、かなりの能力と努力が要求される。ところがいったんこのアビトゥールの難関を突破しさえすれば、こんどはドイツはおろか、ほとんどヨーロッパ中のどの大学のどの学部へも自由に入学することができる、というのがつい最近までの西ドイツの大学制度であった。

アビトゥールの資格さえもっていれば、好きなときに好きな大学でいつでも研究ができるというのに、一方その資格がなければ、大学とは一生関係をもちえないというのであるから、アビトゥールの資格があるかないかということは、かなり大きな特権の有無ということになる。そしてこの資格をもって大学に在学した経験のある人々を、ドイツではアカデミカーと呼称するのである。大学には規定の在学年限も卒業試験もないけれど、アカデミカーと非アカデミカーの区別は、従って単に学歴の優劣というよりは、好きなときに好きな大学の好きな学科を勉強できるか否かという特権の有無の区別であり、そのような特権の区別は、当然日本の大学卒とそれ以外の者以上の区別を、社会生活の上にもたらしてくるのである。

このアカデミカーの特権の歴史は、さかのぼれば貴族をはじめとする上流階級たちの特権の歴史と結びついている。ドイツの大学の歴史は日本とは比較にならぬほど古く（昔のドイツ全体の歴史ではプラーク大学が一番古くて一三四八年開校、西ドイツの大学だけではハイデルベルク大学の一三八六年）、学生といえば王侯貴族をはじめ、社会の上層部の家庭の子弟に当然限られていた大学の歴史がそのままいまにつながっているが、しかしその当時の特権意識の名残りはいまはもちろんもうなくなっているとしても、アカデミカーとして社会の上層部で活躍していた父親の子弟がまたアカデミカーになるという、アカデミカー家系ともいうべき世代を重ねた社会階層が形成されていることは、現在でもまだ感じとることができる。一九七三年の調査によっても、大学生の父親の職業が一般労働者であるものの割合は、この二〇年間で大学生全体の四％からようやく一二％に伸長したに過ぎないのだという（Deutsches Studentenwerk の調査）。

もし、日本にこの西ドイツのアカデミカー層に匹敵する社会階層の存在を探るとすれば、それはかつてあった帝大族の概念がいくらかこれに近いということができるであろう。この帝大制度が仮にドイツの大学のように、例えば五〜六〇〇年も続いていたとすれば、当然日本にも世代を重ねたアカデミカー層というものが、社会の上層階級として厳然とその地盤を固めていたことであろう。ところがこの社会のごく少数のエリート族を生産していた帝大の歴史は一〇〇年にも満たず、その後は東大を頂点として、下はエリート意識どころかむしろ劣等感とさえ結びつくような、大学乱立時代に移行してしまった。

さて、西ドイツの家庭を訪ねた場合、その実感からいっても、アカデミカーの家庭と一般の家庭とでは、かなりその雰囲気が異なっている。一般にアカデミカーの家庭では客人を招待した場合、その家の主婦も会話に加わって客人を接待するのが習慣であるから、主婦もまた、かなりの知性をそなえたインテリ女性であるのが普通であり、現在では高度の職場で働く、職業婦人である場合もかなり多い。ところがこれに対し、一般家庭では客人に対する主婦のつとめは、日本と同じく御馳走を並べて接待することであるから、招待される側としては、御馳走は食べられるしむずかしい内容の会話もせずにすむので、例えば同じアカデミカーであってもだらしのない日本のアカデミカーに属する私などには、どちらかといえば一般家庭に招待された場合のほうが、ずっと雰囲気的に有難かった。おそらく以前ならば、アカデミカーの家庭にはたいてい女中が住み込んでいて、食事の世話など一切引き受けてくれていたものであったろうに、人件費の高騰した現在では、アカデミカーの男性たちにとって、あいかわらず知性の高い女性を伴侶に求めなければならない一方、彼女らは女中の役はすべて引き受けてくれるわけではないという、一種の受難の時代を生きているのであろう。一般家庭では、男性がかなり威張った生活をしているのに対し、アカデミカーの家庭では、男性が食事の仕度や、後片付けの手助けをしている姿をよくみかけた。

しかしこのような家庭内での内情はともかく、アカデミカーの社会的権威はいままでもかなり高く、とりわけアカデミカーのなかでも更に位階の高い博士（ドクター）と教授（プロフェッサー）の称号の権威は、日本における場合とは、比較にならないほど一段と輝いている。ドクターとプロフェッサーの称号は、日常会話でもこれを付して相手を呼ぶのが礼儀であるけれど、国会などでも、議長が議員の名を呼ぶ場合に、この肩書きをもつ議員には、必ずその人名の前にこの称号を付して呼ぶのが習慣である。また家の表札にも付してあれば、手紙の名宛の上にも必ずこの称号が書き込んであるし、それにこの称号をもった人が死んだ場合には、その石の墓標の人名の上にも、しっかりとこの肩書きが刻み込まれている。

さて、ではこのアカデミカーという西ドイツ社会の知的上層部と、一般の人々との人数の割合は、いったいどれくらいのものなのであろうか。それは大学進学可能者であるアビトゥールの有資格者数の数値で示したもので、一九五四年度の場合で西ドイツの人々の四％という割合であった（一六歳以上の住民の調査。アルレンスバッハ）。これに彼らの家族数を考慮した数値が、即ち西ドイツの社会構造の、知的、そして多分に経済的上層部の占める人数割、ということになる。

ところがその後大学生の数がどんどん増加して、一九六二年には、アビトゥール有資格者の住民数に対する比率は五％、そして一九七三年には、六％となっている。この増加の様子を、大学生自体の人数の数値で示してみると、一九六〇年には、西ドイツ全体で約二〇万人（外人留学生を除く。以下も同様）であったものが、一〇年後の一九七〇年には約三六万人となり、その後は急激に増加して、わずか二年後の一九七二年には、もう約四五万人にふくれ上っている（連邦政府統計年鑑）。二年間に一〇万人に近い学生増など、かつての西ドイツの大学からは想像もつかないような変動である。（日本は一九七二年で大学生数は一五三万人。これは対総人口比で示すと西ドイツ〇・七％、日本一・四％で、日本の大学生の総人口に対する比率は、この急増した西ドイツの大学生のさらに二倍も多いという高率である。）

つまり西ドイツのアカデミカー層は、目下急激に増大しつつあると共に、社会の特権階層としての意味は現在崩壊しつつある、ということができよう。大学はすべてマンモス化して学生であふれ、新入生はなにを勉強すべきか見当もつかず、ただ講堂から講堂へと右往左往している者が多い、と伝えられている(Stern 一九七四年一二月五日。大学に関する特集記事)。大学生の質や教授の質の低下がささやかれはじめたのも、もう数年も以前のことになる。

アカデミカー階層などという既存の事実にこだわることなく、たとえ社会の下層の家系であっても、その子女たちが大学へ進学したがるのは時代の趨勢というものであろう。その点アカデミカーの歴史の短かった日本は、アメリカ占領軍の強圧もあってのことであるが、西ドイツよりは一足先んじて、あっさりとこの時代の波に乗ってしまったということもできよう。しかしそれだけに、日本の大学の水準がいち早く下落したことも事実であるし、西ドイツでは、アカデミカーの歴史が長かっただけに、現在でも大学生の数を減らし、大学の質の低下を避けようという意見がかなり強く主張されている。欲する者は、すべて高校へも大学へも進学させるのが当然正しい方針だと、単純に思い込みがちの日本の場合とは、少し勝手が違っている。

職階上の社会階層の区別——アンゲシュテルテとアルバイター　学歴による社会階層の差別が、実際社会の職業上の身分の差別に投影された形が、アンゲシュテルテ(Angestellte 日本ではふつう職員と訳されている)とアルバイター(Arbeiter 日本では労働者または労務者と訳されている)の区別であろう。この区別の習慣も、ちょうどこれに相当する形式が日本には見当たらないので、この点をよく心得ておかないと、西ドイツの生活習慣を十分に飲み込むことができない。

西ドイツの連邦政府統計局発行の統計年鑑をみてみると、職業上の身分による分類という欄があって、業主、家族従業者、公務員、アンゲシュテルテ、アルバイターと区分されている。アンゲシュテルテとアルバイター、それに公務員は、西ドイツにおいては職業上の身分による区別なのである。

日本の総理府統計局からでている統計年鑑をみると、公務員は農林業とか建設業とかサービス業などの、産業別の欄に区分されている。つまり西ドイツの公務員という言葉は、身分差をあらわすいわゆる国家のお役人様という社会的階級意識の伝統をひいた概念であるのに対し、日本では、農林業とか建設業とかサービス業などの、単なる職業別区分をあらわす言葉と同等であるに過ぎない。

また日本の統計年鑑の産業別の欄には、アンゲシュテルテとアルバイターに相当する区分は見当たらず、西ドイツの職業上の身分による分類に対応する区分としては、別に従業上の地位別という欄がもうけられてあって、そこでは業主、家族従業者、雇用者と分類されており、さらに雇用者は常雇、臨時、日雇と区分されている。

日本の学者のなかには、このアンゲシュテルテとアルバイターの区別を、日本の状態に無理にあてはめて、常雇と臨時及び日雇の区別と同等のものと解釈している人がかなりたくさんいる。このような人たちは、アルバイターを労務者などと訳し、日雇と同じものと思いこんでいるが、しかし日本の日雇と西ドイツのアルバイターとでは、その内容がまったくといっていいほど違う。

もし日本にこの区分に相当するものがあるとすれば、それはむしろ、会社における大学卒と高中小学校卒の学歴上の区別であろう。日本においても大ていの会社では大学卒と高中小学校卒とを差別しており、給与体系もちがえば、将来の出世コースも違っている。ただ日本においては、この学歴の区別を社会的身分差にまで露骨に表現しようとしないのに対し、西ドイツでは、アカデミカー層の存在が際立っているのと対応して、職業上のエリートを、アンゲシュテルテと呼称し、露骨に表立って、区別する傾向をもって

マルク	100—200	200—300	300—400	400—500	500以上
アルバイター (%)	34	34	25	5	2
アンゲシュテルテ	25	25	32	10	8
公務員	6	17	25	29	23
業主	50	26	18	4	2

表5 西ドイツの統計の一例。老人の収入（ケルン市，1962年）
西ドイツの統計では，このようにアルバイター，アンゲシュテルテ，公務員，業主という社会層別に区分されるのがふつう

いるわけである。

アルバイターが日雇でない証拠に、西ドイツのアルバイターは、定期的に一年ないし二年に一度、産業別単位で企業者側と団交し、賃金をはじめ種々の労働条件の契約を締結する。そのさいアンゲシュテルテの労働契約も、これより好条件で同時に締結されるのである。つまりアルバイターは、企業内の下部労働者というわけであるが、このほかに、個人商店で働く店員や職人の弟子、あるいは農家で働く使用人なども、通常アルバイターと呼ばれているから、アルバイターとは、社会の下部労働者全体を表わす言葉ということにもなる。彼らが西ドイツ住民内に占めるその人数の割合は、一九六四年で住民全体の五〇％、一九七三年では四六％である（一六歳以上の住民を対象。アルレンスバッハ）。

だいたいがひとり西ドイツばかりではなく、ヨーロッパ全体がいったいに身分差を強調したがる傾向をもつのは、その歴史的背景にもよることなのであろうけれど、西ドイツでは国家の教育の方針自体が、最初から社会におけるこの身分差を、既存の前提としてその上に構成されている。

西ドイツの中教審ともいうべき Deutscher Ausschuß für das Erziehungs-und Bildungswesen は、一九五九年に、その後の教育界に大きな影響を与えた改革案を発表しているが、そのなかにみられる人間の能力差についての見解によると、人の才能には理論的、実践的、理論・実践的の三つのタイプが認められ、学校制度としては、それぞれギムナジウム（大学進学）、フォルクスシューレ（小学

校卒）、ミッテルシューレ（中等教育程度）の三コースがこれに対応する、と述べている。さらに中教審はこれにつづけて、この才能のタイプの区別は、また実際の職業生活面に認められる三層、即ち、精神的に指導する層、指導される層、両者の中間にあって一応の責任を持ちながら実践的な仕事をする層の各層に対応する、としており、従ってこのような現実の子供の能力差にもまた職業生活にも対応している現行の学校制度は、その意味においてこれを根本から改革する必要はない、と述べている（中野、他著『戦後ドイツ教育史』お茶の水書房、一九六六年、参照）。即ち実際の職業生活において精神的に指導する層が、アンゲシュテルテと公務員であり、指導される層が、アルバイターというわけであるが、おそらく日本ならば、公的見解として、これほど露骨に人間の能力差を表現することは、差し控えなければならないであろう。

さて、西ドイツにおけるアカデミカー層成立の原因が、上流階級の支配下における大学の長い歴史にあるとすれば、企業におけるアンゲシュテルテとアルバイターという社会的身分差の成立の原因は、どこにあると考えればよいのであろうか。日本の統計年鑑にみられる業主と雇用者といった分類は、日本の商家についこのあいだまで続いていた、主人と雇人のあいだの主従関係を思わせる概念で、これはこれでまた封建制度の匂いさえただよっているように思われるのであるが、アンゲシュテルテとアルバイターとの関係は、同じく身分差であっても、そのような前近代的な感覚から生じたものではない。

西ドイツの企業体におけるアルバイター層の成立の歴史は、産業革命後の、大規模企業体の長い歴史のなかでできずきあげられてきたものなのである。

生産形態が職人仕事から工場生産に転化し、都会に多くの住民が集中してくる産業革命は、日本ではようやく明治維新後に始まった現象であるに過ぎないのだが、ドイツではそれよりも一〇〇年も早く、もう一八世紀から一九世紀にかけて始まっている。産業革命はドイツ全体としてはその国力を増大させ、一部の人々に富をもたらしたにはちがいないけれど、しかしその企業体に働く大部分の労働者にとっては、それはけっして幸福な生活の変化とはいいえなかったものなのである。

マルブルク大学の民俗学の教授ヴェーバー＝ケラーマン女史（Ingeborg Weber-Kellermann 1918—　現在この大学では民俗学の名称を廃して「ヨーロッパ民族学」と改めている。「民俗学よさようなら」の項参照）は、最近『ドイツの家族』（Die deutsche Familie. Suhrkampf Verlag, Frankfurt a. M. 1974）という小冊子ながら好著を発表している。女史はそのなかで、産業革命後の初期のアルバイターの家族の一般像も描写しているが、いまその内容を要約してみると、

——アルバイターは週六日制で、一日一二—一四時間働く。生活のために妻も働く。子供も八歳以上になると、一日一〇—一二時間働く。企業労働者の家族の特徴は、職場と家庭が分離していることで、夫は子供の寝顔しかみることがない場合も多い。妻も子供を産み落せばすぐに職場にもどるが、妊婦の健康状態は一般に非常に悪く、死産率も子供の死亡率も高い。

食事は粗末で、家にはベッドがない場合も多く、床に直接ふとんを敷いて、特に老若男女の区別なくざこ寝をする。子供の教育環境は悪く、従って知能的成長は不十分である。結婚はアルバイター同士の場合がほとんどで、財産のないのが彼らの特徴であるから、他の階層よりは自由に相手を選択できる。ただし女性は、結婚してもそれにより幸福になれるという希望をもてないため、別に結婚を喜ぶということはない。そのうえ子供が生まれても、それは支出増ということでこれも特に喜ばれず、堕胎が行われる場合も多い。

家族は二世代の核家族であるが、家族としての機能はただ食住の共同体に過ぎず、かといって父親が倒れれば一家が破滅するという、基盤の弱体なものである。彼らには時間も資力も余裕というものがなく、ただ生存するために働いているという状態で、アルバイター固有の文化というものは育っていない。——

このような状態、あるいはこれに近い状態が一〇〇年以上も継続したため、アルバイターという一群が社会階層として固定してしまったのである。そして企業体においてこのアルバイターたちの上層に位置していた人たち、即ちアカデミカーはもちろん、その他社会の上流に位置しえた人たちが、アンゲシュテルテの前身というわけである。

さて時代はくだって、ごく最近の一九七四年のことであるが、西ドイツ連邦政府の教育相は、学生の急増ではちきれそうになった大学の現状に関連し、その対策として、ギムナジウムの卒業生のために、従来の大学進学コースばかりではなく、社会の中間層の教育を目標とする、実践的な教育コースを設ける必要があると説いている。彼はそのとき、「私には一九八〇年代の西ドイツが、まだ、アカデミカーと職業教育を受けていないアルバイターたち（ungelernte Arbeiter）からできている連合体である、などと考えることは、滑稽なことに思えるのです」（Ich halte es für eine absurde Vorstellung, daß sich die Bundesrepublik in den achtziger Jahren als eine Koalition von Akademikern und ungelernten Arbeitern noch halten kann.）と発言している（Stern 一九七四年一二月二七日）。つまり西ドイツでは、いまでも社会全体は、指導層としてのアカデミカーと、その指導の下で働くアルバイターとの二つの社会階層から成立している、と大別して考えるのが一応常識になっているのである。

日本では、前近代的な産業形態から一挙に近代化に突入したため、うやむやのうちに、一切の社会階層が特に固定もせずに現代に立ち至ってしまったのであろうが、そのような歴史的背景の議論はともかくとして、社会階層がそれほど固定していないという点では、日本のほうが西ドイツをはじめヨーロッパ諸国よりも民主的であり、時代を先んじている、といえるかもしれない。西ドイツでは新聞でも雑誌でも、高級なものと低級なものと二つの層がかなりはっきりと分離しており、低級なものは、日本のスポーツ新聞や大都市の夕刊程度のものが、高級紙以上の幅広い読者層をかかえている。その半面、日本では企業的に成立しえないような、高級な新聞や雑誌やそれに演劇や音楽や各種の催しが、ある程度の量の固定した顧客を集めえているのも、日本には存在していない、やはりかなりの量の知的上層階級が西ドイツには存在している、という相違がその原因となっているのであろう。その点、知的上層階級というものの存在は、文化の水準を高度に保つためには有利であることも否定できない。

さてしかし、すべての人々の権利をできるだけ平等化しようというのが、現代の傾向であることはヨーロッパにおいても変りはないから、アルバイターとアンゲシュテルテの距離は、西ドイツでも年々縮少されていく一方である。アルバイターが、住民全体のなかで占める割合は、一九六四年の五〇%から一九七三年の四六%と、減少の傾向を示しているし、一方アンゲシュテルテが占める割合は、一九六四年の二三%から一九七三年の三〇%と増加している(一六歳以上の住民の調査。アルレンスバッハ)。社会の上層部を示すアンゲシュテルテが占める割合は、戦後間もない一九五〇年度では、わずか一六%に過ぎなかった。

それに法律上の観点からいっても、企業内のアルバイターとアンゲシュテルテの雇用条件の相違は、もうほとんど無に等しい状態に近づいたといわれている。公務員もまた、昔のような国家のお役人様的特権をもっていないことはいうまでもあるまいが、しかし果してそう簡単に、このような歴史的背景をもった西ドイツで、すべての人々の社会的身分が、平等になりうるものなのだろうか。

一九七三年度の州統計局(バーデン・ヴュルテンベルク州)の調査では、ギムナジウムへ進学した子女の親の職業の割合は、アンゲシュテルテが四一%、業主が二〇%、公務員が一八%で、アルバイターは一五%、そして農業は四%であった。西ドイツの労働人口の半数近くはアルバイターだというのに、その子女は、現在でも大学進学コースへ進級したものの一五%にしか当たっていない。

当州政府の文部省は、この落差の原因を、親の経済力や教育に対する不熱心さにあるのではない、と結論している。なぜというに、もし子女の成績さえよければ、ギムナジウムあるいはリアールシューレ(Re-alschule 実業学校。職業教育を加味した上級コース)へ進学させたいと希望する親の割合は、公務員・アンゲシュテルテ・業主合せて九二%に対し(アカデミカーだけでは九九%)アルバイター八三%、農業八〇%と、いずれの階層の親も、子女の大学進学には相当の理解を示しているからである(西ドイツの大学はすべて国立で、授業料は不要か、あるいはごく低額)。

そこで当州の文部省の見解によれば、その原因はアルバイターの子女が、学校でよい成績をとりえないところにあるのだという。すでに述べたように、小学校の第四学年終了段階の成績で、ギムナジウムへの進学が判定されるのであるが、アルバイターの子女は、たとえそこで合格しえたとしても、その後九年間のギムナジウムの生活で、最後まで落第せずに残りえた生徒の割合は、けっきょくその三分の一に過ぎなかった、という結果もでている(Südwest Presse 一九七四年八月七日)。

一般労働者の家庭と、エリート会社員やエリート公務員の家庭との生活環境や教育環境の落差は、日本においても歴然としたものがあるけれど、それに加えて西ドイツには、一〇〇年以上の社会的身分の相違という歴史の重圧がある。アルバイター層の子女にとって、アカデミカー層に新たにくいこむことには、日本人の想像以上の困難が横たわっているのであろう。最近はげしさをましてきた西ドイツの大学入学難でも、そのためもっとも圧迫を受けだしたのはアルバイターの子女たちで、ギムナジウム進学判定の基準も、最近はしだいに厳格になってきたため、これまで順調にのびてきたアルバイター層のギムナジウム進学率は、一九七三年に至って、はじめて後退さえしている(Südwest Presse 一九七四年四月一一日)。

それにまた、次のような問題もある。西ドイツでは教育の多様化をめざして、実用コースなどいくつかの進学コースを新設したため、多少とも才能のある生徒はそちらへ進学し、義務教育の高学年クラスには、そのどこへもいけなかった、ほんとうの残り滓ともいうべき生徒だけが残留する形となった（一九五〇年代までは、同世代の子供の五分の四が義務教育卒であったものが、一九七五年では、三分の一に過ぎなくなっている）。それが原因となって、特に都会の義務教育の上級クラスには、まるで社会の下層階級の子女たちのゲットーとでもいった、沈滞した空気がただようように変ってきたのだという。そして、彼らの父親の職業はといえば、これもまた、職業教育を受けていない労働者と、外人労働者たち（イタリア人、スペイン人、トルコ人など）がそのほとんどなのである（Stern 一九七五年一月三〇日）。社会階層の差別は、いずれの国にもみられる現象であろうが、大学と大規模企業体による身分差から生じたこの差別は、西ドイツのほうがはるかに日本より歴史が長いだけに、現在でも日本以上に、この種の階級差の影響はきびしいということができよう。

核家族化の進行度の差　アンゲシュテルテとアルバイターの社会階層の成立よりも、産業革命が家族形態に直接与えた影響は、一八世紀にはじまった核家族化現象であろう。若い世代が、早くから親元をはなれて経済的に独立し、自分たちだけの一家を構えるという核家族化現象は、親の職業に依存せずとも子供は子供たちだけで生活していけるという、産業革命以後の、経済機構の成立があってはじめて可能となった。

それ以前のドイツの家庭では、農家はもちろん職人や商人の場合でも、若い世代は、すべて父親か雇主に依存して生活していた。産業革命は家庭と職場とを分離したといわれているが、家族全体の協力があってはじめて生活しえた昔は、親子三代に加えて、場合によっては使用人も一緒に暮しているのが、一般的な家族像であった。

このような三世代家族に加え、場合によっては使用人も含まれている大家族制での特徴は、各人が自己の意志を殺して、他と協調しつつ暮していかなければ、生活が成り立たないということであろう。一六―八世紀のドイツには、「家庭本」(Hausbuch)と称する家庭生活の教訓本がたくさん出版されていた。そしてそのなかには、家庭内における主人、主婦、使用人などのとるべき態度、教会に対しとるべき態度、結婚や育児の知識、人間や家畜の病気の治療法など、家事万端に関する知識が盛りだくさんに説明されていた。我々はいまそれを読むと、当時の人々がどのような心構えで、家庭生活を円満にいとなむよう、努力していたかをうかがい知ることができるのであるが、そのような本のなかから、ここに少し抜粋してみると、

「家の父親は、家族全体の第一人者――つまり、最も賢明で立派であり、男性としての徳をそなえた模範であって、他の男性の家族たちが、高潔な男性の手本として、みならってもいいような人物である。家の父親に並ぶべきは、家の母親であるが、一家の主婦である彼女には、家庭内の仕事の指導が任されている。彼女は、父親が男性の家人の鏡であるように、女性の家人が、すべてそれにみならっていいような女性としての徳をそなえている。しかしこのように、父親と母親とを対比して述べたからといっても、それは、この二人の占める地位の間に横たわる距離を、ないがしろにしたわけではない。父親は、彼女が女主人であることを認め、彼女に家の内部の仕事を、彼の代理として行わせている。

……家には、注意深く選択されたしっかりした使用人がいる。彼らは主人に敬意を払い、主人のいいつけには言葉通りに従う。しかしもし彼らが、もっともと思われるような異議をかかえている場合には、非常に控え目にそれを申し上げる。彼らは、各自いわれる前にその義務を果たし、神には敬虔であり、行儀よく、悪口やみだらな噂をいわれることなく、悪意や気ままや軽率な行動は行わない。」(Weber-Kellerman: Die deutsche Familie)

もちろん、このような理想的な家庭ばかりがあったわけではなかろうけれど、しかし理想的であろうとなかろうと、大家族制は各自にとって、けっして気ままな生活しやすい場所ではなかったことは想像がつく。だから大家族制は、経済的な条件さえととのえば、当然崩壊する運命にあったと考えてよい。産業形態が近代化されて、都会に人口が集中しはじめたとき、それはすべての人々にとって、快適な生活の変化とはいいえなかったかもしれないが、しかしそれ以前の生活もまた、すべての人々にとって、必ずしも快適な牧歌的生活ばかりではなかったのである。

ともかく、このようにして西ドイツでは、一八世紀に核家族化がはじまり、それは一九世紀のあいだに、すっかり家族のあり方を変えてしまったうえで、二〇世紀の今日に至っているのである。それにひきかえ、日本ではそれよりも一〇〇年以上もおそく、二〇世紀に至ってようやく産業革命が本格化し、それにつれて、核家族化現象も急速に進展したわけであるが、しかし、本当に核家族化が肌身にしみて深刻に感じられだしたのは、第二次大戦後の、この二〜三〇年間くらいのあいだといってよかろう。ところが日本人のなかには、西洋の現在の家族形態、それもとりわけ一部の知的上層階級の家族形態を、西洋本来の、不変の家族形態のように論じがちの人がかなりいるようである。

これは、その道の専門家であっても同じことで、例えばある日本の教育社会学者は、人類学者として著名な東大教授の中根千枝女史の文章のなかから、アジアの母のあり方の相違を的確に論じ分けた言葉として、次のような箇所を引用している。

……中根によると、「西欧」に対する「アジア」という設定でものごとを考察するにしては、アジアはあまりに異質性に富んでいるが、「女性」という指標に関しては意味があるというのである。アジアの諸社会において女性は「ワキ役」として重要な役割を演じ、女性はそのことに底知れぬ自信をもっている。それに対して西欧の女性には「パートナー」という役割が要求されており、それを最もよくあらわしているのが「妻」という概念であるが、それは決してワキ役ではなく、彼女たちは夫のパートナーとして、主役を演じることに生き甲斐を感じているといえる。ところが他方、ワキ役としてのアジアの女性が特権を発揮しているのは主婦、とりわけ母の座の重要性においてである。主役としての男性はそのすぐれたワキ役に依存しており、この点については欧米の女性は遠く及ばない——というのである。……(山村賢明『日本人と母』東洋館出版社、一九七一年。中根千枝「女性」、朝日ジャーナル、一八巻、五〇号、一九六六年、にもとづく。)

しかし西欧においても、妻は夫のパートナーとして主役を演ずるべし、などという主張が行われだしたのは、フランス革命の思想的影響によってはじめておこったことで、それも核家族化の進行していた一九世紀においても、まだ一般には定着しなかったといわれる習慣なのである。一般に中根女史の著作に共通してみうけられる疑点は、女史が日本と西欧との習慣を比較するさい、歴史的背景を度外視して、現在の西欧での彼女自身の生活体験や印象を、日本や他の東洋諸国の、現在、あるいは過去の現象と単純に比較すること、及び西欧の知的上層階級の家庭と、そのような階層をもたない日本の場合の一般家庭とを、厳密な手続き上の操作もなく、単純に比較しがちである、ということであろう。

ドイツにおいても、妻の本来の仕事といえば、昔はやはり「ワキ役」であり、アジアの女性がその立場に底知れぬ自信をもっているとすれば、それはかつてのドイツにおいても同じことであった。現在の西欧の女性の立場が、アジアの場合とくいちがっているのは、アジアの家族形態の近代化が、一〇〇年以上もおくれているという、その時代的ずれに原因しているに過ぎない場合が相当に多いのである。今から二〇〇年もさかのぼって、昔のドイツの主婦の日常の姿を眺めうる機会でもあれば、その事情は一目瞭然に納

単独相続地帯の昔の農家の復元。火床のある土間。ツェレ市のボーマン博物館

得がいくことであろう。

ちょうど二〇〇年ほど以前のことになるが、単独相続地帯の大農家（「まとめ——均等相続地帯と単独相続地帯」の章参照）がぽつぽつと立ち並ぶヴェストファーレン地方でのこと、検事をしていたユストゥス・メーゼル（Justus Möser 1720—1794）という人が、オスナブリュック市（Osnabrück）の週刊新聞に、昔のこの地方の農家の主婦の毎日の仕事ぶりを描写している（一七六七年）。この地方の農家は、大きな屋根の下に主人も使用人も家畜も一緒に住んでおり、三～四〇畳敷もあろうかと思われる広い土間が、台所でもあり食堂でもある。

「火床は、ほぼ家の中央にある。それはそのわきに坐っている主婦が、同時にすべてを見渡せるように、そこにしつらえられてある。そのように広く具合よく見渡せる場所は、ほかにこの建物のどこにもない。主婦は椅子から立ち上らなくとも、同時に三つのドアが見渡せるし、部屋に入って来た人にお礼を述べて、ここに坐るようにということもできるし、子供や使用人や馬や牛に、目を配ることもできれば、穴蔵や屋根裏及び部屋脇の物置にも、目を配ることもできる。それに、主婦はそこでいつも糸をつむぎ、その仕事をやりながら料理もする。彼女の寝場所はこの火床のかげであって、彼女はここからもまた同じく、よく見渡すことができる。彼女は使用人たちが起き上って、仕事にでかけていくのも、横になるのも、火床の火が燃えるのも消えるのも、そしてどのドアが開くのも閉じるのもみることができるし、また家畜が餌《えさ》を食べる音も、織子が機《はた》をおる音もきこえるし、それにここからも、穴蔵や屋根裏及び部屋脇の物置が見渡せるのである。」(Weber-Kellermann: Die deutsche Familie)

さて、昔は町の職人や商家の場合も、農家のように大家族的であったことは同じで、一家の中に弟子や店員も住み込んでおり、その面倒をみているワキ役は、やはりその家の主婦であった。それではこのような大家族制の崩壊を意味する核家族化現象が進行していた一八〜九世紀には、いったいどのような変化が、この家族内でおこっていたのであろうか。

まず、家族と職場が分離してしまったことによって、農家とアルバイター層を除いては、主婦が生産の場から逸脱してしまい、主婦には、単に消費者としての仕事だけが残されることになった。昔は職人や商家の妻は、家で夫の仕事を手伝うのが普通の形態であったのに対し、いまではただ、料理をし育児をするだけが妻の主要な仕事に変ってしまったのである。つまりドイツでいわれる女性の仕事の三大K、Kirche(教会)、Küche(台所)、Kinder(子供)がそれというわけである。

一八〜九世紀には、ドイツでは自由思想も男女平等思想も、人々の間にもう知られていたのではあったが、しかし産業革命の影響で主婦が生産面から遠ざかり、家庭内の仕事だけにひきこもってしまったことは、かえって時代的に逆行して、父権を強める結果になったといわれている。二〇世紀に入っても、この新時代の理想は、西欧においてさえやはり簡単には実現されえなかった。

ともかく、細かい歴史的経過は省くとしても、一〇〇年以上の核家族化の時代的差異をもつ日本と西ドイツとでは、現在においても家族構成の状態は相当異なっている。

核家族世帯とは、一般に夫婦だけの場合、夫婦と子供の場合、片親と子供の場合を指すのであるが、このような世帯が全世帯数に対して占める割合は、日本の場合一九七〇年で六三％である（総理府統計局の年鑑にもとづく計算）。西ドイツの場合は、一九六一年度で六五％（連邦政府統計局の年鑑にもとづく計算。西ドイツの最近の年鑑にはこの種の統計が記載されていないのは、核家族化の進行速度がもう問題とならないほどであるため、数値にさほど移動がないからであろう）であるから、この数字の上からだけでは、日本も西ドイツも大差が認められない。

ところが、いわゆる三世代家族、つまり老人と若夫婦と子供、あるいは三世代家族になりうる家族、つまり若夫婦にまだ子供がないけれど、両親とは同居しているという昔ながらの家族構成ということになると、西ドイツと日本とでは、その数値に大差が生じてくる。まず日本の場合、このような家族は一九五五年度で全世帯数の二四％であり、そして一九七〇年度では、一五％と落ち込んでいる。この三世代家族の日本における急減は、我々の生活実感からいっても当然の数字といえよう。

しかるに西ドイツの場合は、これより約一〇年も早い一九六一年度で、三世代家族はすでにわずか八％という低い数値を示しているのである（孫のいる本当の三世代家族は六％）。しかもこの数値は、西ドイツの人口調査年に当たっていた約一〇年後の一九七〇年の調査では、孫のいる本当の三世代家族で、さらに三％と落ち込んでいる。そのうえ、三世代家族は農村地帯に集中的に存在しているということであるから、西ドイツの都市では、三世代家族など、もはや珍現象といっていいような状態にある。

それでは、現存する三世代家族が崩壊していく場合、いったいどうした経過をたどって行われるものなのだろうか。それはまず老人の死亡によって核家族となり、さらにその核家族は、子供の別居、配偶者の死亡または離婚等によって、一人住いの単独家族に移行していくのである。

世帯人員	日　本	西ドイツ
1人	11%	25%
2	15	27
3	20	20
4	26	15
5人以上	29	13
一世帯平均人員	3.7人	2.7人

表6　日本及び西ドイツの世帯人員別世帯数の割合（総理府統計局及び連邦政府統計局の年鑑にもとづく計算。いずれも1970年）

統計にあらわれた単独家族の数字には、必ずしも老人の一人暮しの場合だけではなく、若者の早期の両親からの別居の場合なども含まれている。しかしそのいずれの場合でも、核家族化によって生じた家族構成であり、核家族化の進行度の高い西ドイツでは、一人住い、あるいは夫婦だけの二人住いといった小人数の家族の割合は、日本にくらべて約二倍の高率を示す（表6）。

この表6にみられるような、西ドイツの家族構成の特徴に関して、ギーセン大学の家政学の教授であるヘルガ・シュムッケル女史（Helga Schmucker 1901— ）は、簡明にこう評している。

「この統計の結果は、次の点をはっきりと示す。即ち二世代家族、つまり親と子の家族が優位を占めているということ、それにその家族は、それ以上の世代の家族の世話をしておらず、一方またそちらの側からの援助も協力も、してもらってはいないということ。」（Hrsg. v. Dieter Claessens/Petra Milhoffer: Familiensoziologie. Athenäum Fischer Taschenbuch Verlag, Frankfurt a. M. 1973)

西ドイツにおいては、一—三人住いの家族が主体をなし、四人暮しの家族は、すでにやや少数部類に入っている。西ドイツの社会学者の現場の調査のなかには、戸籍上の統計とはことなり、世帯は別であっても、血縁同士が互いに助け合っている場合はかなり多い、という研究結果もでているけれども（前掲書に収録されてある別の著者の論文）、しかしその助け合いや交際の密度は、日本の血縁者同士の場合より、すでに相当希薄になっていることは否定できまい。

総人口は日本の半分、老人数は日本以上

西ドイツの新聞には、土曜日になるとよく「結婚」という

頁がもうけられて、次のような広告が紙面いっぱいにのる。

「かわいい　二二歳の娘がパートナーをさがしています。身長一七五センチ以上の方、写真送って下さい。登録番号……」

「青年　二四歳、一七五センチ、プロテスタント、煙草のまず。やさしい娘または子供のいる未亡人と、結婚を前提として知り合いになりたし。」（以上 Südwest Presse 一九七五年五月一七日）

これはチュービンゲン市の新聞であるが、フランクフルト市のような都会の新聞になると、広告の申し込み者の数も多く、それに内容もややくだけた調子になっているものもある。

「私の願い　調和ある共同生活のために、生活の伴侶をさがしています、甘やかしたり、甘やかされたりされたいと思います。五五―六五歳の自然を愛し美しいものに趣味のある方を希望。当方は五五歳、未亡人、一六九センチ、スタイル良し。登録番号……」

「若き婦人　三二歳、一六三センチ、魅力的、美人、飾り気なし、アカデミカー、離婚、一児あり、音楽・演劇・芸術に趣味あり、ふさわしいパートナー（医者は特に歓迎）と洗練された家庭生活を希望、離婚及び連れ子さしつかえなし。登録番号……」

このような新聞広告の習慣が、いつのころからはやりだしたものかは分からないが、その昔は、けっこうドイツにも結婚相手をさがしてくれる仲人というものがいたし、本人よりも親の意志できめられた時代も、それほど古い昔のことではない。核家族化がはじまっても、アルバイター階層を除いては、やはりしばらくは、家の体面を重んずる習慣はつづいていた。

しかし時代がさらに進んで、子は親の意志に従わず、親は老いても必ずしも子の援助を期待しない、という核家族的心情が浸透してくると、結婚相手も自然自力でさがすのが当然、ということになってくる。

仲人と両親。娘が戸を開けてこっそりのぞいている。昔の絵

そのような要求に応えた一つの方策が、このような新聞広告というわけであるが、親類づきあいや村人や町人同士の関係の深かった昔は、その点、嫁さがし聟さがしには便利であったという一面をもっていた。大学生など、自然若い男女の交際する機会に恵まれている場合はいいけれども、そうでない若者たちにとっては、かえって現在より昔のほうが、結婚相手をさがす機会が豊富であったであろう、と西ドイツではいわれている。

それに、新しい気風の影響を受けているのは、これから結婚しようという若者たちばかりとは限っていない。核家族的心情が進行すれば、夫婦のあいだの関係もおのずと希薄になる傾向にあることは当然で、文明国では、一般に離婚率も再婚率も増加しつつある。大家族制の特徴が、自己の意志を殺して他と協調して暮すことにありとすれば、核家族制の特徴は、自己の意志を生かして生活することにあり、そのように、各自が自己を主張しつつ暮していけば、自然夫婦間の関係にも亀裂が入る可能性が増加するのは当然であろう。さきほどの新聞広告のような場合にも、離婚者が再婚相手を求める内容の広告数が目立っている。

しかしともかく、たとえ再婚して第二の人生を楽しんだところで、人は必ず年をとって、やがて日常生活にも不自由を感ずる老人になってしまう。そのとき、この関係の希薄になった息子や娘たちは、いったいどのように、この老人たちに対処するのであろうか。

昔は、ドイツでも各家庭内が出産の場でもあり、病気のさいは家族が看病する病院でもあり、老人にとっては死ぬまで面倒をみてもらえる養老院でもあった。ところがいまでは、出産も死亡も病院で行われるし、老人は夫婦二人、または一人暮しの老人家庭で自力で生活したり、養老院の世話になる場合が一般化している。これは核家族的心情から発生する、当然の帰結ということであろう。

このような現状に立脚して、うちたてられた諸対策が、西欧の先進国にみられる、老人に対する進んだ社会制度なのである。西ドイツの場合は、必ずしもその最先端を進んでいるというわけではないけれど、なにせ核家族化の進行が日本より一〇〇年以上も早かっただけに、対老人政策も、日本よりは一般にゆきとどいている。

例えば西ドイツでは、一九七三年現在で、養老年金給付額の月額の平均は、アルバイターで五万一六〇〇円（一マルク一二〇円の計算。一マルクは数年前まで一〇〇円程度であったが、しだいに価値が上昇した）、アンゲシュテルテで八万七〇〇〇円である（Stern 一九七三年一一月二二日）。日本の場合は、これにだいたい相当するのが厚生年金制度のうちの老齢年金であるが、同じく一九七三年で、給付額の月額平均が三万八二〇〇円である（日本ではこの年度に急激に改善された。前年度は一万六六五〇円に過ぎない。厚生白書による）。これは西ドイツのアルバイターだけと比較しても、金額的にかなりの相違が認められる額であるが、そのうえ一九七三年の石油ショック以後は、日本の物価が急激に上昇し、一九七五年現在で、もう日用品は西ドイツの倍近くにもはね上っている感じを受けるから、この年金の両者の実質的差額はさらに開いた、ということができよう。

チュービンゲン市内のある養老院の食事風景。(Südwest Presse)

デラックス養老院の温水プール。（Stern）

年金よりも養老院の施設のほうが、その完備に年月のかかる仕事だけに、その差異がもっとはげしいのは当然のことかもしれない。

西ドイツでは一九七〇年度で、養老院の収容定員は約二七万人であるが、日本では同年で約七万五千人である。つまり約四倍弱の開きということなのだが、これを同年の六五歳以上の老人の人口比で割ってみると、西ドイツでは三・二六％、日本は一・〇二％となる。この数字が即ち六五歳以上の老人一〇〇人につき、何人が養老院を利用できるかという、養老院利用可能率である（両国の統計年鑑及び日本の厚生白書にもとづく計算）。

ここで不思議なことは、西ドイツと日本の同年の人口比は、約六千万人対約一億人と、西ドイツの人口が日本の半数強に過ぎず、しかも養老院の数は日本の約四倍ももっているというのに、老人一〇〇人あたりの養老院利用可能率は、約三倍に過ぎないということであろう。その理由は、西ドイツの平均寿命がこのところ日本よりずっと長かったため、老人の占める比率が高いことによるのであるが、六五歳以上の老人だけで比較してみると、西ドイツのほうがむしろ総人口の多い日本より、老人の数だけはかえって多いのである（西ドイツが約八二〇万人、日本が約七三〇万人）。従って日本の場合も、近い将来に中年層が老人化してくると、日本の養老院の利用可能率は、現在かろうじて維持しえている一％台をも大きく割ってしまうことは確実である。西ドイツのこの方面での研究によると、養老院の利用可能率は六％以上であるべきだ、ということであるから（Rudolf Schenda: Das Elend der alten Leute. Patmos-Verlag, Düsseldorf 1972）、日本の養老院の歴史など、まだその黎明期にさしかかったに過ぎない、というべきであろう。

西ドイツの養老院で、日本人として意外に思うことの一つは、私立の養老院が非常に多い、ということかもしれない。現在私立の養老院は一一〇〇カ所であるが（Stern 一九七三年、一一月二二日）、このように多くの私立の養老院がつくられているということは、需要が多く、また支払能力のある老人が多いため、営業として成り立ちうるからであろう。なかには、屋内温水プール、トレーニングセンター、劇場、ボーリング場、サウナ、泥風呂、薬草風呂、マッサージ師、それに喫茶店や酒場まで付属し、四人に一人の看護人と、各階のサービスマンまでそなえている超デラックスの養老院まである。ここでは料金は部屋の大きさにより月額八万九〇〇〇円―二二万六〇〇〇円（部屋代及びサービス料）に権利金（退去時に返済）が一七二万円―五四八万円と、これもデラックスであるが、申し込みは多くて、目下三年待たなければ（湖の眺められる七階は一〇年）入居できないほど好評であるという（Stern 一九七三年一一月二二日）。

1974年にプロテスタント教会によって新設された養老院。（Südwest Presse）

しかしこのような例は、西ドイツでも人目を引く特別な場合で、西ドイツの老人の生活一般は、なにもバラ色とばかりは限っていない。公立の養老院に入るにしても、州の補助を受けてようやく入居できる人、また一人暮しの老人で、年金は、その日の生活にもことかく程度の額しかもらえないような人なども相当いる。西ドイツの老人に、「あなたは満足していますか」というアンケートをとってみると、九〇％以上から、少ない場合でも三分の二以上の人が、「満足している」と答えるそうであるが（Schenda 上掲書、及びチュービン

年　齢	男	女
0—4歳	0　人	0　人
5—14	1.3	0.2
15—24	19.8	6.9
25—44	33.2	13.3
45—64	45.3	25.0
65—74	51.9	27.3
75—	67.9	28.7

表7　西ドイツの自殺率。10万人に対する人数。連邦政府統計局の年鑑にもとづく。1971年

年　齢	男	女
5—14歳	0.8人	0.3人
15—24	19.3	13.0
25—44	21.6	12.7
45—65	26.7	18.1
65—74	51.5	41.2
75—	79.3	67.1

表8　日本の自殺率。10万人に対する人数。総理府統計局の年鑑にもとづく。1972年

ゲン大学社会学科の調査など)、しかし西ドイツの老人問題研究家は、口をそろえて、このアンケートの結果はあてにならない数字だという。老人たちは、自分の答えが自分の世話をしてくれている人々に不快感を与えることに神経をつかって、正直に答えてくれないし、それに老人たちは、あきらめの心境になれて、それを満足感だと思い違えているからである。日本の老人に対するアンケートでも、「十分満足」と「やや満足」という答えを合計すると八〇%をやや上回っているけれど(総理府調査、一九七四年)、この場合も同様な論法を適応すれば、あてにならない数字ということになる。

西ドイツの老人(六五歳以上)の自殺率は、一〇万人につき三八・一人である(一九七一年)。日本の場合は、六一・二人であるから(一九七二年。以上両国の統計局年鑑にもとづく計算)、日本の老人は、それだけよりあわれということであろう。核家族化が急激な過渡期にあり、しかもそれに順応した諸設備がととのっていない現状が、このような数字に結果としてあらわれている。

西ドイツでも日本でも、一般に自殺率は高齢になるほど増加しているが(表7及び表8参照)、両者を比較した場合、特に目立っていることとは、西ドイツの女性、それも特に老婆の自殺率が低いということである。西ドイツの女性は、その四分の一が六〇歳以上の老婆であり、

しかもこの七四〇万人の老婆のうち、四六〇万人が独身、そしてこの独り者の老婆のうち、三六〇万人ほどは、年金の月額が五万四〇〇〇円にも満たない貧しい境遇におかれている、と西ドイツのある政治家は老婆の不遇をうったえているけれど（ラインランド・プファルツ州の厚生大臣。一九七五年）、日本で五万四〇〇〇円もの年金をもらえる老婆は、現在いったい何人ほどいるというのであろうか。もともと経済的に不遇であったうえに、夫にも死別した場合の日本の老婆の姿が、この西ドイツの女性のほぼ二倍にも達する自殺率にあらわれている、というべきではなかろうか。

この項の最後に、安楽死の問題にも少し触れておきたいと思う。安楽死を合法化するため、スイスの州で住民投票が行われたというニュースは日本の新聞にものせられたが（一九七五年二月五日）、ヨーロッパで安楽死問題が特に世論をかきたてはじめたのは、その二年前の一九七三年のことであった。この年、オランダの女医が七八歳になる母親に頼まれてモルヒネを過量に注射し、そのため死を招いたということで裁判が行われている。しかし世論は女医に同情的で、けっきょく一週間の禁固刑（執行猶予一年）という、形式的な判決が下されたに過ぎなかった。

西ドイツでは、一九七四年に、カールスルーエ市で開かれた診療者会議のさい、何人かの医師や医学部の教授が、実際に自分自身安楽死を行なったことや、治療を停止して病苦を除去する処置をほどこしたことを告白して話題になっている。世論はこの場合も安楽死、特に治療を停止し苦情を除去する処置をほどこす受身の安楽死（passive Sterbehilfe）には同調的であった。このような一般の関心を反映してであろう、この年の一二月に開かれた西ドイツ医師会の会議では、安楽死の問題が主テーマにとりあげられていた。

核家族化が進行して老人家族が多くなり、しかも息子や娘にできるだけ頼らずに暮していきたい、と欲することが時代の流れであるとすれば、従来の医学の悪弊とでもいうべき、老人の場合であれ不治の病患の場合であれ、ただただリンゲルやカンフルを注入して、苦痛の多い生命をのばすだけが医師の天命と思い込んでいるような医療は、やがて日本の世論でも、反発を買う時代がやってくることであろう。

子供は生まれた時から一人　子供が子供同士で遊んでいる様子、あるいは母親や父親とたわむれあっている様子は、みたところ西ドイツの場合も日本の場合も、同じような心情がただよっているように思われるが、やはりなんとなく違っているようにも思われるのである。

西ドイツの育児雑誌 Eltern の表紙

ではどのように違っているのか、それにまたどういった原因で違ってくるのか、という問題になると、その辺はどうも明確にはきめかねるのであるが、しかしまず第一に、日本と西ドイツの子供とでは、その体格の大きさが、みたところでも、一〜二歳の赤ん坊のころからもう少し違っている。

西ドイツの子供は、よちよち歩きの段階であっても、一般に同年輩の日本の子供より明らかに体格も大きく腕力も強い。西ドイツの子供の玩具が、日本の同種の子供の玩具の二倍以上の大きさをもった頑丈な構造にできているのは、この彼らの腕力の強さに対応したものなのであろう。そして、このように子供のときから体格が頑丈にできあがっている西ドイツの人々のその家庭内では、彼らがいだいている親子間の感情というものにも、彼らのその体格に応じ、スケールが大きく活発である半面、日本人がもっているような、きめのこまかい繊細さが欠けている、ということはありうることであろう。

しかし、親子間の感情関係のありかたの、日本と西ドイツの場合の相違には、まだほかの要素もからんでいるように思われるのである。
チュービンゲン大学の民俗学科の博士課程に、ネルケ嬢という二六〜七歳くらいと思われる気さくな女子学生がいたので、私はあるとき彼女に話しかけ、西ドイツでは子供がまだごく幼い場合、母親は子供と一緒に一つのベッドで寝ているのか、と尋ねてみたことがあった。彼女の返事は、別に考えてみるまでもないことといった調子で、西ドイツの母親が、赤ん坊と一緒に一つのベッドで同じ部屋で寝ているとすれば、それはよほど貧しい家庭の場合だけだ、というのであった。

日本の家庭ならば、いまでもほとんどの赤ん坊は、母親に添い寝をされて、父親と母親の間、あるいは単に母親の近くに寝せられて育っているのが、一般的なありかたと思われるのであるが、幼いときから両親とは別室で、自分だけのベッドで寝て育つ西ドイツの赤ん坊とは、これは考えてみれば、大きな育児法の相違といわなければなるまい。この場合、ここから生じてくる親子間の心理状態の両民族間の相違には、多分成人したのちまで、なんらかの影響を及ぼしているものがあるに違いない。

同じくチュービンゲン大学の民俗学科のシャルフェ助手は、もう子供をもっている父親であったので、私はあるとき彼を研究室に訪ね、西ドイツでは、母親と赤ん坊とは別のベッドで寝ているそうであるが、それは生まれてから何カ月位あとのことか、と尋ねてみたことがあった。いくらなんでも生まれてからしばらくは、母親と一緒に一つのベッドで、あるいは少なくとも同じ部屋で、寝ているのであろうと想像したためで、その辺のことを確かめておこうと思ったからである。しかしシャルフェ助手の答えも、それは当然のことといった顔つきで、生まれてからすぐ別のベッドで、という返事であった。しかもそれも、夫婦の寝室とは別の独立した子供部屋に、赤ん坊用のかごベッドに寝かせておくという話であった。
チュービンゲン大学の民俗学科のバウジンガー教授は、私がドイツにいたときは、再婚されて間もなくのころであったので、ドミニコという男の子が生まれ、私はクリスマスの晩に、その赤ん坊をみることができた。かわいい赤ん坊は、確かにシャルフェ助手のいったように、別室で、小さな赤ん坊用のかごベッドにおさまって眠っていた。それも西ドイツの各部屋部屋は、頑丈な壁とドアで仕切られているため、我我日本人からみると、赤ん坊が一人で寝ているにしては、恐ろしいような感じのする別室であった。

その後、私は西ドイツのあるアンケート調査の本を読んでいたとき、次のようなアンケートの質問をみつけて、なるほどと思ったのである。「多くの人々はこういいます。生まれたばかりの赤ん坊は、最初の数夜は、好きなように泣かせておくべきであって、少しも構ってやってはいけない。そうすれば、赤ん坊は、最初から順応することを学ぶのです。またある人々はこういいます。赤ん坊が泣き叫んだ場合には、どのような不満があるのか分からないのだから、赤ん坊をみてやったほうがいいにきまっている、と。あなた自身は、どちらの立場が正しいと思いますか。」(アルレンスバッハ。一九六五年)

母親が添い寝をしているため、赤ん坊が夜中に泣けば、あやさざるをえない状態にある日本人にとっては、思いもかけない質問内容ということであろうけれど、西ドイツの人々の答えは、「子供をみる」が六一%、「泣かせておく」が三二%、「どちらともいえない」が七%であった。過半数の人が、「みる」という答えではあったが、西ドイツの部屋部屋の仕切りの壁は厚いことであるし、とにかく赤ん坊が泣き寝入りする回数は、西ドイツのほうが相当に多いことは確実であろう。

このようにして育ったためか、西ドイツの子供には、日本の家庭でよくみられるような、甘えったれの赤ん坊が少ないように思うのである。子供は母親がいなくても、別にそれを気にせず遊んでいるようであるし、やたらと母親の体にまつわりつくような、子供の姿というものをみかけることがあまりなかったように記憶する。大学生でも、日本の場合はなんとなく一人立ちしていない頼りなさを感ずるのに、西ドイツの場合は、大学生ともなれば、みな一人前としての貫禄を十分にそなえている。

しかしドイツにおいても、このような育児法が昔から行われていたのか、というとそれはそうではないのである。ドイツの家庭でも、生活に余裕のなかった昔は、子供部屋など設けられてはいなかったから、自然子供は母親と一緒のベッドか、あるいは小さな赤ん坊用のベッドに入れられて、母親と同じ部屋でねむっていた。子供部屋などというものがドイツの一般家庭にも普及しはじめたのは、一九世紀のことに過ぎなかった。

昔の子供部屋の様子（絵）

一九世紀はドイツでは、ビーダーマイヤー（Biedermeier）時代と呼ばれている時期で、それはまたドイツでは、一部の社会階層において核家族形式が一応完成した時期にも当たっていた。当時、例えばドイツ帝国が成立した一八七一年の頃で、生活の安定していた町の住民は、約一割に過ぎなかったということであるけれど（Weber-Kellermann: Die deutsche Familie)、これらの町の住民の間に核家族的生活がはじめられ、そしてまた初めて、子供部屋をつくる習慣が普及していった。

立派な子供部屋は、子供に立派な教育をほどこしている象徴とみなされ、それは当時のこの一割の上層階級の人々の誇りでもあった。そしてこの習慣はやがてそれより下層の住民のあいだにも普及してゆき、二〇世紀に入れば、アルバイター階層へも普及していく。それはたしかに子供たちにも、子供の権利を認めた新思想であって、子供たちにとっては、両親の権力からのある程度の解放をも意味し

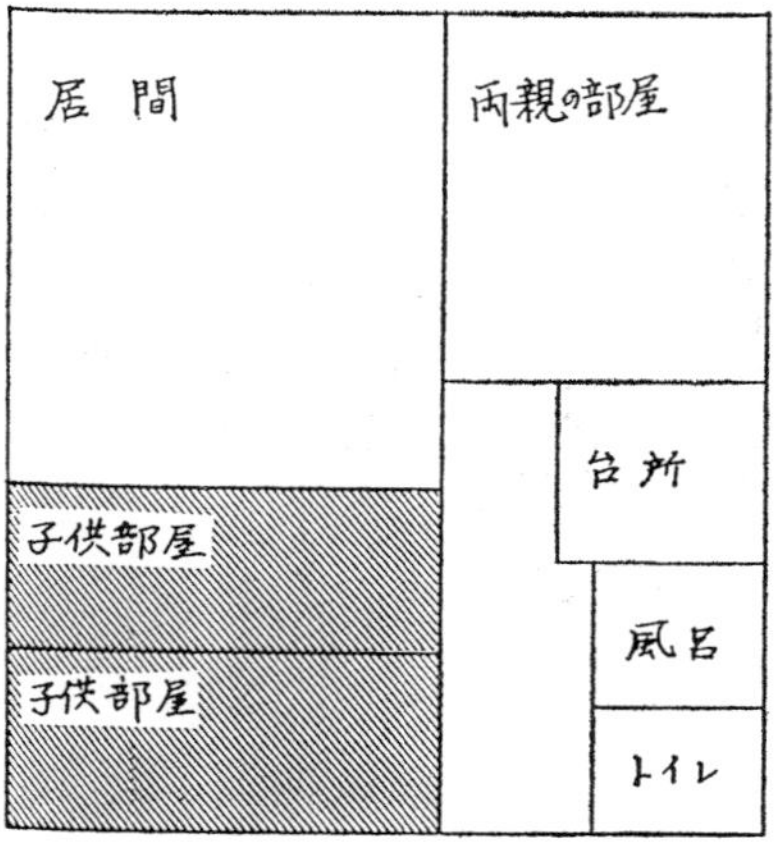

現在の西ドイツのアパート式住宅での一般的な間取りの一例。子供部屋が必ず別にとってあり，厚い壁とドアで仕切られている

ているため、一九世紀は子供の世紀、などとも呼ばれているのである。しかしそれは、一面からみれば両親と子供の間にただよっていた、定義しがたい愛情関係の疎遠化にもつながっていたものであろう。

なにもそれ以前の昔のドイツの子供たちは、両親と毎日一つ部屋で甘やかされて育っていた、というのではない。農村は古い習慣を一番長く伝えている地域であるし、特に北ドイツには、昔の習慣がよく残っているのだが、現在東ドイツに属するメクレンブルク地方（Mecklenburg）の農家での、食卓に坐る席順の研究をした、ドイツとしては珍しい民俗学上の調査がある。そしてこの調査によると、この地方一帯では、一九世紀の終り頃まで、女中と子供は椅子に坐ることが許されず、立ったまま食事をとらなければならなかった、ということなのである（女中の場合は村によって習慣が異なるが、子供の場合はたとえ主人の子供であっても、メクレンブルク地方一帯において、食事のときに坐ることが許されていなかった。農家における席順の調査は、日本の民俗学にはたくさんあるけれど、そのような習慣が早くから失われてしまっているドイツにおいては、非常に珍しい研究といえる。Karl Baumgarten: Die Tischordnung im alten mecklenburgischen Bauernhaus. Deutsches Jahrbuch für Volkskunde 11B. Jg. 1965. T. 1, Akademie-Verlag, Berlin)。

日本の場合も、昔の丁稚や幼い少女の子守の生活などを考えれば、日本でも昔は、子供たちが必ずしも優遇されていなかったことは同じことであろう。しかしこういった生活のなかでは、こういった生活なりに、親、特に母親と子供の間には、特別な愛情関係というものが成立していたにちがいない。日本でも、最近は子供部屋を設ける家庭が一般化してきたのは、一般人にもようやく生活に余裕ができつつあることと、核家族化の進行によって、親子間の関係を割り切ろうとする傾向が強くなってきたことによるものであろうけれど、しかしもし、さらにもう一歩前進して、子供は生まれたときから、直ちに両親の寝室とは別の部屋で寝かされるという段階にまで生活様式が推移してゆくことがあるとすれば、そのときにはこの日本においても、親子間の心情が、いまとは違った形をとってくることであろう。

西ドイツの育児雑誌に、「エルテルン」(Eltern 両親)という定評のある月刊誌がある。そのなかでは、読者が質問し、専門家が答えるという項目に、かなりの頁数が割り当てられているが、その質問内容をのぞいてみると、両親の愛情のなかに割り込もうとする、子供の心理の問題がかなり数多くとりあげられている。例えば、子供が妻にまつわりつくので、妻が自分の相手をしてくれないという夫の悩み(一九七五年五月号)。また知人夫婦が遊びに来たとき、子供たち同士を遊ばせておくと、彼らはとかくけんかばかりして両親の注意を自分たちのほうへ引こう引こうと努めるが、いったい親というものは子供たち抜きで大人同士楽しむ権利がないのか、などといった質問(一九七五年五月号)。休暇で旅行するとき、子供が夫婦の愛情の場面に突然入って来た場合、どうすればいいのか、といった質問、そしてそれに対する解答者の教授の答えとしては、旅行するときは、できれば夫婦と子供は別の部屋をとったほうが望ましい、という忠告など(一九七五年四月号)。

とにかく、子供たちには親の老後の心配までする気風が薄らぎ、親のほうにもまた、子供たちの世話にはできるだけなるまいとする風潮が強まるにつれ、親にとって、子供というものが本来もっていた価値もまた、しだいに減少していく一方であるのは、当然のなりゆきといえよう。そうなれば夫婦は、どうしても子供よりも自分たち夫婦間の愛情に重点をおくように変ってしまうため、そこで幼い子供と夫婦の間に愛情の奪い合いが行われる結果となる。

「あなたの意見では、どのような結婚がもっとも幸福な結婚と思われますか、子供のいる夫婦ですか、それとも子供のいない夫婦ですか、それともまた、結婚の幸福は子供のいるいないには関係ないと思いますか」という西ドイツで行われたアンケートに対する回答は、「子供のいる場合」が四七%、「子供のいない場合」が二%、「子供のあるなしに無関係」が四四%、「分からない」が七%であった。

「子供のいる場合」という回答が四七%はあったとはいっても、「いない場合」の二%と、「あるなしに無関係」の四四%という数字は、かつての西ドイツではありえなかった数字であろう。この回答の内訳で、三〇歳以下の若い世代の回答だけをさらにくわしくみてみると、「子供のいる場合」二七%(男性の回答者)・二七%(女性の回答者)、「いない場合」六%(男性)・一%(女性)、「関係なし」五二%(男性)・六五%(女性)といったふうに、「いない場合」と「関係なし」という回答が、全員の回答とはかなりの開きをみせている(アルレンスバッハ、一九七二年)。

これは若い世代の一時的な意見とみるべきものなのだろうか、それとも、彼らが次の時代をになった場合の、西ドイツの将来を暗示する数字、とみるべきものなのだろうか。

核家族もさらに崩壊するか　ライン川の水源であるボーデン湖には、ボーダンリュック(Bodanrück)という岬が西側の方から突き出している。岬といってもそれはその中に農村がいくつもあるような大きな岬で、高い所は、三〇〇メートルほどの丘陵地である。気候は温暖で、農地としての条件は悪くはなく、西ドイツ南西部の、気候温暖な地域がたいていそうであるように、この岬の農村もまた、均等相続地帯に属している。

一九世紀から二〇世紀にかけて、この地方の農村ではどんな生活がいとなまれていたかは、この地方出身のリース教授（Ludwig-Wilhelm Ries 1891— 農村生活研究家。ギーセン大学）が本に書き残しているため、その様子をくわしく知ることができる（Als der Bauer noch keine Maschienen hatte. Hellmut-Neureuter-Verlag, Wolfratshausen bei München 1969)。それによると、この地方では、当時女性は一般に男性より若死にであって、三人目の妻より、さらに長生きをする男性の数のほうが、最初の妻のまま金婚式を迎える男性の数よりかえって多かったであろうという話である。女性には、家事一切に加えて農作業までふりかかるため、過労に過労が重なり、五〇歳を過ぎたころには、もう廃人同様の有様であったという。

しかしこの村の男性たちは、このような女性たちの運命を別に悲劇とは受けとらず、むしろ妻を何回も変えることによって、ふえていく農地を喜ぶ風がある、と邪推されるほどであったというから（均等相続の習慣では、男女の区別なく均等に農地や財産を親から譲り受けるため、嫁は農地や財産をもってとついでくる)、ここでは女性は男性にとって、一種の道具か、蓄財の手段のようにも考えられていたのである。

女性の投票率	84.6% (1965) 90.2 (1972)
女性の大学生数	63,068人 (1966) 119,159 (1971)
女性側から申し出た離婚数	40,223件 (1966) 61,418 (1972)
子供の出産数の後退	1050,345人 (1966) 635,643 (1973)

表 9 西ドイツの女性の啓蒙度の最近の変化（Stern, 1974年12月27日）

日本でも男尊女卑の特にはげしい鹿児島などでは、つい近頃まで、家の入口から衣類をあらう洗濯桶まで男女差をつけられていた、という話であるし、それほどひどくはないにしても、昔は女性が、ややもすれば人間並以下の扱いしか受けていなかったことは、洋の東西を問わずかなり一般的な現象であった。

このような不平等に反対して、男女同権をとなえる婦人運動は、ドイツでは一九世紀後半にはじまって、いまでも盛んであるけれど、その成果の一端をあげるなら、女性も大学に入れるようになったのが一九〇〇年頃（明治三三年）、選挙権及び被選挙権を獲得したのが、一九一八年（大正七年。両方ともヨーロッパとしては早いほうではない）、最近の成果をあげるなら、表9のようになる。

しかしなんといっても、女性が真にその立場を強化するためには、経済面でも、男性から独立することが必要になってこよう。そのため、職業婦人の数も増加する一方であるけれど、ドイツでは、一八八二年に四人に一人の女性が働いていたものが（Weber-Kellermann: Die deutsche Familie）、一九七一年では、一五—六五歳の女性の四〇％（農林業は含まず。含めば四五％。日本の場合は、一九七三年度に、一五歳以上の女性で三七％。両国の統計局の年鑑にもとづく計算）が働いている。

けれども、職場での女性の立場は、現在の西ドイツでも、男性と平等ということはない。公務員を除いては、たいていの会社にいわゆる女子給料表（Mädchentarif）というものがあって、それは男性のそれの七〇—八〇％程度に組まれている。女性の職業は結婚前の腰掛、などといわれていることも、けっきょく男性より能力が劣る、などとささやかれていることも日本と同じであるが、しかし女性の職場での進出度は、日本よりやや高いことは確かである。例えば、業主としての地位を女性が占めている場合の各産業別の割合は、商業三〇％、サービス業二九％、農業一五％、銀行・保険一五％、工業及び手工業一二％、交通八％、建設業三％にまで達している（連邦政府統計局調査。一九七四年）。

しかし女性が職業をもっている場合、それも特に共働きの場合には、職場ばかりではなく、家庭内においてもいろいろな問題が生じてくるのは、西ドイツにおいても同じことである。ギーセン大学の社会学の教授であるプロス女史（Hellge Pross 1927— ）の調査によると、共働きの夫のうち、西ドイツでは三人に二人が皿をふいたり、土曜日に買物にいったり家事を手伝っているが、家事ならばなんでもOKという万能亭主は、一〇〇人に三人に過ぎず、共働きの夫のうち、三人に一人は家事のことなど指一本も動かさない、という男性であった(Stern 一九七三年一月一八日)。

おそらく日本の男性のなかには、この数字をみて、西ドイツにもまだまだ男性らしい男性がかなり残っている、と気を強くもった人が何人かいるものと想像するわけなのだが、しかし西ドイツの男性たちにとっては、島国日本の男性たちとは違って、すぐ陸続きの隣国に、一つの脅威が存在しているのである。つまり東ドイツ社会の存在のことである。

いうまでもなく、東ドイツは社会主義体制の国家で、この国には完全な男女平等制がしかれている。東西ドイツ分割後、東側の家庭像は、昔とすっかりその姿を変えてしまったが、その第一原因は、なんといってもこの男女平等制の導入にある。

東ドイツでは、政治面でも経済面でも、女性の進出はいちじるしく、例えば、市長の一三%は女性であるし、校長も四人に一人は女性、裁判官も三人に一人は女性である。労働適齢期の女性全体でみると、五人に四人もの女性が職場で働いている。

西ドイツでは、女性の八〇%が職業は結婚前の過渡段階と考えているといわれているのに対し、東ドイツではこういった面での職業観では、もう男女差は全くないに等しく、賃金も、同一労働同一賃金の原則にもとづいて、男女差などは一切もうけられていない。むしろ、女性特有の特殊事情が十分に考慮されている点を考えるならば(産休や育児休暇や保育所の施設や企業に課せられた婦人に対する職業教育の義務など)、男女平等というよりは、女性優位というべきであるかもしれない。

職業についていない婦人に関しても、東ドイツでは夫の収入の一部に対して権利が認められているし、裁判になれば、家事労働もきちんと金額に換算してもらえる。離婚の場合は、財産は平等に分割されるし、私生児及びその母親も、なんら不利益をこうむることがない（Hrsg. v. Dieter Claessens/Petra Milhoffer: Familiensoziologie）。

大部分の西ドイツの住民にとって、社会主義国家の東ドイツはけっして羨望の国ではないし、経済的にもおくれをとっておれば、消費物資のでまわりもはなやかではない東ドイツは、西ドイツの生活文化にとって、それほどの影響力はもっていない。しかしそうはいっても、西ドイツの男性たちにとって、女性優位の国家が、じかに国境を接して隣に存在しているという事実は、やはり一つの威圧であろう。

女性優位の社会というものは、単純に想像する人々にとっては少々意外であるかもしれないことだが、それはけっしてはなやかな感じを与える光景ではない。私が東ドイツをのぞいたのは、東ベルリンだけであったけれど、それは実に一見して、西ドイツとは別の世界であり、たしかに女性が数多く働いていた姿は、旅行者にとって異様に印象的であった。しかし働く女性といっても、中年以上の美しさの段階をすぎた女性の数が多く、それは我々のような別の環境にそだった者たちにとっては、むしろ暗い感じさえ与える情景であった。そのうえ、社会主義国家には官僚的な気風が全体に流れているため、愛嬌などという職業上の付属品は不要である、という原因もこれに加わっての陰鬱さであったかもしれない。

ところで、東ドイツが社会主義国家として出発したさい、従来の家族制度を大きく改革したその目的は、けっきょくのところ、男女の生活条件をできるだけ平等にし、女性が経済的に男性に隷属することなく、夫婦の結合は、ただ愛情面によってのみ成立することを意図したところにあった。東ドイツの法律である家族法の序論をのぞいてみると、そこにはこうしるしてある。「社会主義の確立によって生じたものは（家族の）社会的な結合であって、それは次のような結果を導く、即ち他人の搾取、女性に与えられた社会的法律的不利益、物質的不安、それにブルジョア社会にみられるその他の現象などによってひきおこされた、ゆがみやひずみから家族関係を解放すること。」

しかしながら男女間の結合というものは、経済関係をはなれ、ただ愛情関係にだけもとづいた場合、いったいどれほどの強固さをもち合わせているというのであろうか。老人夫婦の心を結び合わせているものは、若いときの経済的苦労の共通の思い出でもあろうし、中年の夫婦を結び合わせているものは、夫への経済的依存と、子供たちの養育に関する心配の念が、相当のウェイトを占めているというのが現在の我々の社会の実情であるというのに、離婚をしても妻は生活に不安を感ずることなく、子供の養育の面でも、離婚後は制度的にいろいろな便宜が講ぜられているとすれば、いったい、現在西ドイツや日本に存在している家族的結合の何パーセントが、それでもなお、崩壊をまぬがれて存続しうるというのであろうか。

東ドイツでは年々離婚件数が増加して、一九七一年には、一〇〇の結婚数に対し、二四の離婚数が記録されている（同じ年に西ドイツでは一九件、日本は九件の割。両国の統計局年鑑にもとづく計算）。この数字は、二年後の一九七三年には、二六件に増加したとのことであるが、東ドイツの法学雑誌 Neue Justiz によると、離婚の原因でもっとも多いものは、相手の浮気、それも主に職場での浮気が原因であったという（Südwest Presse 一九七四年七月二二日）。結婚の基礎を男女の愛情面にだけおこうという、東ドイツの家族制度の思想から生じた、当然の帰結というべき現象であろう。

とはいうものの、西ドイツにおいても日本においても、一般に文明国全体では、その家族制度がしだいに男女平等化し、東独流の制度に近づきつつある傾向にある。両国とも離婚数は年々増加する一方であるし、おそらくこの傾向は今後ともつづいて、いつかは西ドイツや日本においても、夫婦間の結合では、ただ愛情面だけが問題にされるという時代がやってくることであろう。そしてそのとき、すでに結合密度の薄れている親子関係につづいて、さらにこのように夫婦間の関係でもその結合理由が単純化された場合、従来我々が一般にいだいてきた家族という概念は、現在主流を占めつつある核家族という概念をさらに越えて、もっとえたいの知れない不気味な世界に分け入っていくことであろう。

それは家族という現象を、長い歴史全体の立場から観察すれば、一家の各人の行状が、家族全体の運命につねに密接にかかわり合っていた、かつての運命共同体としての家族形態から、単に食住の共同体としての家族形態に移行しつつある、ということなのであり、そして一旦そうなりきってしまえば、別に夫婦は、固定した一対一人に限られる必要もなく、子供は、親と血のつながりのあるものだけが親の家庭内に同居しているという従来の習慣も必ずしも妥当しない、ということになるのであろう。かつての運命共同体としての家族形態では、一家の支柱である父親が倒れた場合、それは一家の破滅さえも意味しかねぬことがしばしばであったし、母親や子供はもちろん、使用人や親類の行状さえも、一家全体の状態につねに密接に関係していたものであったというのに、この新時代の家族内においては、倒れた、あるいは別れた父親に代って、種々の社会保障の援助の手もただちにさしのべられれば、ときには、代りの父親がやがてやってくるケースもしばしばみられる、ということになるのだろうか。安全な制度といえば安全でもあろうけれど、しかしそのような社会にまだ不慣れな我々にとっては、少々薄気味の悪い世界のようにも思われるのである。

（以上一九七六年）

12 心 (二)——宗教

カトリックとプロテスタントの分布

一口にキリスト教といっても、その内容にはさまざまなものがあって、けっして一様ではない。しかしいま、西欧のキリスト教にかぎってこれをみれば、大きくカトリックとプロテスタントの二派に分類できることは、あらためてつけ加えねばならぬほどのことでもなかろうけれど、さらにまた、この宗派別の分布をそれぞれの国別に色分けしてみると、ヨーロッパでも南寄りの国々、即ちイタリア、フランス、ベルギー、スペイン、ポルトガル、オーストリアなどの諸国では、そのほとんどの人々がカトリックに、北寄りの国々、即ちノルウェー、スウェーデン、フィンランド、デンマーク、イギリス、オランダなどの諸国では、そのほとんどの人々が、プロテスタントに所属している。それでは、西ドイツはどうなのかというと、その位置からいっても、これらの両派の国々の中間にはさまれている関係もあろうが、一国のなかで、カトリックとプロテスタントの人数が、それぞれほぼ相半ばするという、西欧の国々のなかでも、複雑な特殊な状態をみせている。

では、西ドイツ内部での、この宗派別の分布はどうなっているのかというと、これも一般に、南寄りの地方は主としてカトリックに、北寄りの地方は、主としてプロテスタントに所属している。例えば、西ドイツでも最北端の州であるシュレスヴィッヒ・ホルシュタイン州でその割合をみると、両派の比率は、カトリック一人に対し、プロテスタントが一四〇人にもなっている。しかし、これは特に極端な場合であって、例えば南側の州であるバイエルン州では、カトリック三人にプロテスタント一人と、カトリックが多いにはちがいなくとも、しかしそれほど極端な比率はみせていない。

またもう一つの南寄りの州であるバーデン・ヴュルテンベルク州などでは、カトリック一人に対し、プロテスタントも一・一人程度と、これはほぼ同数の比率をみせている。この州ではかつて、シュトゥットガルト市を中心とするヴュルテンベルク国の領主が、プロテスタントであったという歴史的伝統がいまでも大きく影響しているのであって、かつては領主の宗派が即ち人民の宗派であった時代では、ドイツは三百余国の小国に分かれていて、その宗派別地図は複雑なものであった。現在ではこれに加えて、住民の移動が非常にはげしくなっているため、もう西ドイツ内部での宗派別地図は、別に画一的に南北に分割されていたり、あるいは州別に一派に極端に片寄っていたりしているような状態にはない。しかし村単位や小さな町単位では、カトリックの強い町や村、あるいはプロテスタントの強い町や村、という伝統はいまでも残っており、それは、その町や村のかつての領主の宗派に左右されているのである。けれども、その町や村に、少数の他宗派者が混在していたところで、それはもう現在の西ドイツでは、別に珍しい現象などといったものではなくなっている。

両派の相違は結局どこにあるのか　それではいったい、このカトリックとプロテスタントでは、それぞれその信者の信仰意識や宗教上の生活習慣のうえで、いったいどのような相違がみられるのであろうか。

我々日本人が、ただばくぜんと西ドイツの教会を眺め、また日曜日などに、教会で行われる朝の勤行であるミサに、ただ漫然と参加している限りでは、カトリックでもプロテスタントでも、そこにそれほど大きな相違は感じられない。カトリック地帯であろうとプロテスタント地帯であろうと、西ドイツではどこの町にも村にも、教会はまんべんなく建てられているし、それらの教会は日曜日の朝になれば、カランカランと鐘を鳴らして、朝のミサがやがてはじまることを告げている。それらの鐘の音色に、宗派別の色合いが感じられるわけでもなければ、教会の建物自体も、日本人の素人目に、簡単にその宗派別の見分けがつけられるほどの、大きな相違が認められるわけでもない。

カトリック地帯であろうとプロテスタント地帯であろうと、信者は日曜の朝には正装して教会へでかけていき、ミサがはじまると、神父の指示に従って、賛美歌をうたったり、聖書の一節の朗読をきいたり、神父の説教をきいたりする。儀式の最後は、カトリックでもプロテスタントでも、きまって聖体拝領の儀式であるが、これは神父が大きな立派な盃から、キリストの血を象徴するワインを飲み、そのあとキリストの肉を象徴するという、えびせんべい型のパンを食べる。これはいずれのミサにおいても、キリスト教の儀式では普通もっとも重要な儀式に当たるもので、その方式は、カトリックでもプロテスタントでも、ほとんど見分けのつかない同一のものであるが、両派ともこのあと、これと同型のパンを、前に進み出た信者たちに、一人一人直接口に含ませるか、あるいは手渡しで食べさせて、これでもってミサは終了する。

けれども、もう少しくわしく両派の様子を観察してみると、両派の在り方には、いろいろな相違点がみられることが分かってくる。まず教会の建物自体でも、その外見はともかく、その内部の装飾の在り方がかなり異なっている。

教会の建物の基本構造は、両派とも同じことで、それはまた、日本の各地に建てられているキリスト教の教会とも同じことなのであるが、まず正面入口のドアを開けて入れば、ちょうど学校の大教室のように、長机と長椅子が縦に二〜三列、あるいは大きな教会の場合には四〜五列も並べられてあり、その正面の、学校ならばちょうど教師の教卓のおかれているあたりに、祭壇と呼ばれる四角い机が設けられている。ところで日本の教会はともかく、本場のヨーロッパの教会ともなると、歴史が古いだけに、この外にもいろいろな付属物が付設されている。そしてその付属物の状態によって、カトリックの教会であるのか、あるいはまたプロテスタントの教会であるのか、その見分けをつけることができる。

まずプロテスタントの教会の特徴は、なによりも簡素をモットーとしている、ということができよう。この派の西ドイツの教会は、たとえ建物自体が、日本などにある教会よりずっと大きく立派につくられていたとしても、内部の装飾は、例えば窓ガラスに、単純な幾何学模様のステンドグラスが用いられている程度のものに過ぎない。本来カトリックの教会の建物であったものが、宗教改革の影響でプロテスタントに改宗したような古い教会の場合には、建物自体の構造は、カトリック当時の面影を残して複雑さをみせているけれども、しかしそのような場合であっても、その後やはり内部は簡素に模様変えされているため、なれてくれば一見して、プロテスタントの教会であるという判断はつく。

これに対して、カトリックの教会の建物の内部の特徴は、その複雑さにあるということができよう。カトリックの教会といっても、時代により、地方により、また建築者の財力の差によって、さまざまな形態のものがみられるのであるが、例えば、内部の壁一帯に優雅な曲線模様が浮出していて、丸天井にはマリアやキリストを中心に、十二使徒や羽根をつけた天使像などを、色彩を使ってはなやかに描きあげたような教会もある(ロココ様式)。また時代をさらにさかのぼったゴシック様式の巨大な教会ともなれば、大きな建物に小さな窓から薄暗い光がさしこんでおり、四方をとりまく厚い壁面の内部や、それに内陣を構築している壁面も複雑に間仕切られていて、その各間仕切の奥には、ちょうど日本の仏像のように、マリアやその他の聖者の彫刻や絵が、薄暗い光のなかに安置されている、といったような教会もある。このような古い教会の場合には、まったく日本の仏教寺院と同じく、これらの間仕切の奥の聖者像の前に、ときおりろうそく立が置かれてあることもあり、参拝者は、備え付けの箱にお金を入れてろうそくを買い求め、これに火をともしてろうそく立に供えるという、日本の習慣とまったく同じ習慣もみられる。

こういったカトリック宗派に特徴的な様式は、ちかごろ新築されたカトリック宗派の教会の場合でもやはりみられることであって、たとえ建物全体は、一般に近代的な簡素な構造にこしらえられていても、例えば教会内部の正面の壁に、キリストそのものではなくキリストを抱くマリアを美しく描いてみたり、側壁にくぼみをもうけて、その中に美しいマリア像を祀ってみたりしている。

ロココ様式の教会の内部の正面。壁一面の曲線模様が特徴，ボーデン湖湖畔の Birnau の教会。1747—1750年の建立

いったいこの教会の建物内部にみられるこの両派の構造上の相違は、両派における実際の宗教生活の、どのような習慣の相違に起因しているのであろうか。

プロテスタントはミサのときだけ、カトリックはミサ以外にも教会へゆく　プロテスタントの場合、教会の建物というものは、ただ日曜日にミサを行なったり、結婚式やその他の儀式を行う目的のためだけにたてられている、といっていいと思う。だからプロテスタントの教会では、ちょうど学校の教室のように、まず最少限の机と椅子だけが備え付けられてあれば、さしあたってそれで用は十分果たしうるのである。

ところがカトリックの教会の場合には、信者はときによって日曜以外にもやってくるのであって、彼らは別に神父に用があるわけではなく、ただ側壁の奥に祀ってあるマリア像などに、ろうそくを供えて祈ってみたり、あるいはひとり教会

の長椅子に腰を下し、内陣の正面に描いてあるキリスト像やマリア像に向かって、ひそかに物思いに沈んでみたり、あるいはときに悲しみにおそわれて、ひとりさびしくすすり泣きして涙を流すためにも、教会へやってくるのである。西ドイツでは、プロテスタントの教会でも、日曜日以外に教会の椅子に腰掛けて物思いに沈んでいる人の姿をまだみかけることがあるけれども、しかしプロテスタントの趣旨がより徹底しているオランダなどでは、日曜日のミサの時間以外には、教会のドアに鍵までかけて、人々が教会へ自由に入ることもできないようにさえなっている。

ゴシック様式の教会。正面中央の他にもキリスト像や聖者像が祀られているのが見える。この他にも左右の奥の間仕切などに，まだいろいろなものが祀ってある。ザルツブルク市 Franziskanerkirche。15世紀前半

つまりカトリックの教会の建物は、ミサをとり行う場所であると同時に、ちょうど日本の仏教寺院や神社の場合と同様、別に法要や特別の日でなくとも、人々がそこに祀られてある礼拝像に向かって、神と対話したり、祈願を込める場所としても考えられているわけである。そのため信者たちが、日曜日のミサ以外の日にお参りしているその姿には、不思議と、日本の寺院や神社にみうけられる信者たちの参拝の様子と、実に近似した現象がみられるのである。おそらくそれは、何宗教に限らず、ほとんどすべての宗教に共通している、一般的普遍的宗教現象とでもいうべき現象であろうと思う。

日本の場合、寺院や神社に参拝にいく信者たちのほとんどは、別に仏教や神道の教義に精通しており、その趣旨に共感を覚えたために、仏や神を拝みにいっているのではない。これはキリスト教でも同じこと

であって、キリスト教の信者たちは、なにもキリスト教の教義に深く同感しているがため、キリスト像やマリア像を拝んでいるわけではない。このような宗教上の教義と信心の深さの関係においては、事情はむしろ逆であるといったほうが正しく、日本においても西ドイツにおいても、例えばもっともひんぱんに寺院や神社へお参りにいく老婆族たちにとって、宗教の教義などは、ほとんど無縁の問題に過ぎないといってもよかろう。

信者たちが礼拝像に祈願を込めるその祈願の内容の点においても、日本の場合でも西ドイツの場合でも、両者のあいだに大きな相違を認めることはできない。

薄暗い小部屋の奥に祀られた礼拝像。金，銀，宝石などで飾りたてた中央に，小さく本尊のマリア像を安置する。バイエルン地方の Altötting の巡礼教会

信者たちが神に向かって何を求めているかは宗教上の教義とは無関係のことであって、彼らが祈るところは、家族の無病息災とか、家族の病気平癒に対するお礼とか、農業、畜産業をはじめ、自己の家業の繁栄などに関するものがそのほとんどであることは、日本でも西ドイツでも同じことなのである。これらの様子は、例えば日本においても西ドイツにおいてもみられる習慣である、神社や教会に供える絵馬の図柄や、そこにしるしてある文面の内容から（これについては後述）、あるいはまた宗教色のみられる民間の祭りが、いったい何を神に祈願して行われているものか、などといったことを探れば推測できることなのであるが、そこから知られるところでは、一

昔の絵馬。ニュルンベルク市の博物館

般人の願いの在り方においては、日本も西ドイツも変りはない、ということができよう。

さてカトリックの場合には、プロテスタントと違って、キリスト教の教義とは無関係の、一般人の宗教意識から発生した、宗教現象一般ともいうべき習慣がいまでも相当数残っているため、そこには日本の寺院や神社の場合と共通する、さまざまな自然発生的な宗教現象をみいだすことができる。

例えば、日本の寺院では薄暗い奥まったところに仏像を祀り、その仏像に威厳をもたせるため、その仏像やその周囲の装飾には、金箔などを使ってきらびやかに飾りたてるということを行なっているが、これと同じ手法は、カトリックの教会でも行われている。そこではやはり、奥まった所にほのかに拝める程度にマリア像などを安置し、その像を金銀の板及び箔や、ときに宝石などできらびやかに飾りたてている。そしてそのうえときには、信者たちが供えるろうそくや香の煙で、この礼拝像が長年のあいだに、すっかり黒くいぶされたりしている場合のあることなども、日本の場合とまったくそっくりなのである。

またさきにも述べたごとく、日本の神社や寺院でみられる絵馬と同じような習慣も、カトリックでは行われている。日本の場合は、神や仏に対する祈願の内容を絵や言葉で板の上に描き、これを神や仏に供えるわけであるが、カトリックでは、祈願が叶えられたお礼として、その様子を紙や布の上に絵や言葉でかきあらわし、それを額ぶちに入れて、教会の側壁にかけるのが一般的なやり方である。現在ではこれが簡略化されて、木の板に印刷をした簡単な絵馬が、一部の教会や、教会近くの売店で販売されているのも、日本の場合と共通している。

また、現在ではもうすたれてしまっているけれども、難病が治った場合には、その病気にかかっていた体の部分、例えば、手、足、眼、内臓、乳などをかたどった蠟型《ろうがた》や金属の打ち抜きを、教会に供える習慣も、カトリックでは行われていた。これも似たような風習が、日本の一部の神社や寺院では、まだ現在でも行われている。

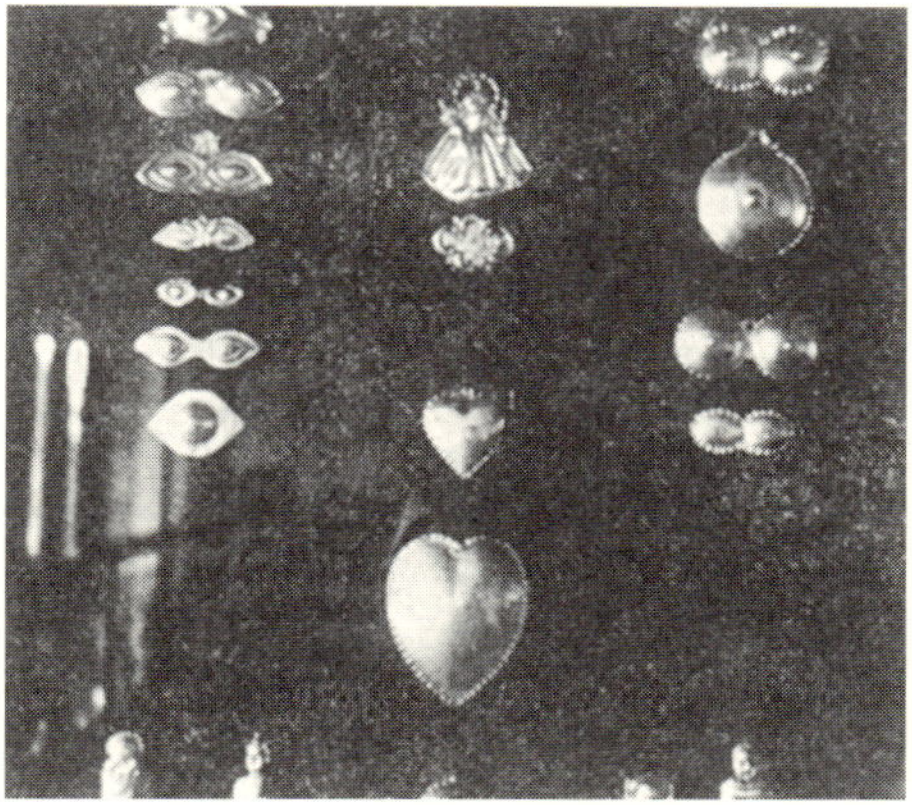
眼，心臓，乳などをかたどった金属の打ち抜き。ニュルンベルク市の博物館

それに、日本で行われている巡礼の習慣と似たような参拝のやり方が、カトリックでは行われている。

日本では、山腹などの風光明媚な位置に立ついくつかの寺院を結び合わせ、これを札所寺院などと称して、そのようないくつかの寺院を経巡る風習が行われているが、カトリックでも、人里はなれた山腹や湖のほとり、あるいは歴史的に由緒のある場所に、教会や祠（Kapelle カペレ。英語のチャペルに当たる）を建て、そこへ信者たちが、はるか遠方から歩いて参詣にやってくるという、ヴァルファールト（Wallfahrt ふつう巡礼と訳すが、西洋の場合は一ヵ所だけに参る）という信仰習慣が行われている。現在では人々は自家用車や団体バスを利用して、半ば遊山がてらに大挙しておしかけ、巡礼教会のまわりには土産店や旅館が立ち並んだりする場合のあるのも、日本の

手足などの蠟型。スプーンは歯痛，口の病気，食欲不振などのときに供えたと伝えられている。ニュルンベルク市の博物館

各地の巡礼寺院や長野の善光寺などの様子と、不思議なほどに近似している。

それに、こういった巡礼教会の神父たちの祈りの儀式では、日本の寺院のサンスクリットや漢語による読経と同じく、信者には意味のききとれないラテン語で聖書をモゴモゴと口早に読んでみたり、日本の僧侶が経文をただパラパラとめくるだけで経文の御利益があったと解すると同じく、大判の聖書をただパラパラとめくってみせるだけという、昔ながらの祈禱の法を行なってみたり、あるいはまた、鉢の水に榊《さかき》のような葉つきの小枝をひたし、それを振って信者に水を振りかけるというようなことを行なってみたり、とにかく、日本の寺院や神社で行われていると同じような方法が、現在の西ドイツのカトリックでも行われているのである。

宗教の合理化の行く末は？

プロテスタントがカトリックから分離したのは、もういまから四百数十年も以前のことになるけれど、プロテスタントはカトリックとは違って、ただ一つの組織に統一された宗教団体ではないから、一口にプロテスタントといっても、そのなかにはルター派ありカルヴィン派あり、その他いくつもの宗派があって、それらの宗派の趣旨は互いに同一、というわけのものではない。しかしいま、これらのプロテスタント各派に共通してみられる特色の一つをあげるとすれば、それは例えば、罪を金であがなう免罪符の販売に反対するとか、聖者といわれた僧たちの遺体や木像を礼拝対象とすることに反対するとか、あるいはまた、いま述べた絵馬や巡礼などの習慣に反対するなどの、いわば宗教の合理化、あるいは近代化を好むという傾向に、その共通点がみられるということができよう。

しかし、古い文献によって知られるところでは、その昔プロテスタント化した地方においても、このような合理化は一朝一夕にして完成したというわけのものではない。しばらくはプロテスタントに改宗した地方においても、聖者像の礼拝、それも特にマリア像の礼拝などは、昔と変りなくひきつづきかなりの期間行われていたのである。それがやがて時代がたつにつれ、合理化の程度が時代と共に進んできて、四百数十年後の現在の西ドイツのプロテスタントの教会では、もはや礼拝対象としての聖者像などは一つも残っていないし、そこで行われている日曜日のミサなどでは、たとえ異教徒の我々がそれに参加してみたところで、いわば宗教的な不合理な印象を与える作法などは、ほとんど一つもみられなくなってしまったといっていいほど、近代的に変貌してしまっている。

美しい湖のほとりにたつ Wallfahrts-kapelle（巡礼カペレ）。Königssee 湖畔の St. Bartholomä

これが日本の宗教の場合ならば、意味の分からぬ経を読んでみたり、鐘や木魚をやたらとたたいてみたり、その他信者の頭の上で御幣を振ってみたり、榊の葉で水を振りかけてみたり、異教徒にとって無意味で滑稽な作法はいくらでもあげることができる。しかし西ドイツのプロテスタントのミサの場合には（カトリックのミサも、西ドイツでは、近頃は近代化されて、一般にプロテスタントとあまり相違がなくなっている）、もしその中にそのような異教徒にとって奇異の観を与える作法があるとすれば、それはただ聖餐式（カトリックでは聖体拝領という）、つまり牧師（カトリックでは神父という）がキリストの血と肉をあらわすというワインとパンを口にし、信者たちにもこのせんべい状のパンを食べさせる儀式——これはキリスト教にとってはもっとも重要な作法なのだが——を挙げることができるくらいに過ぎなくなっている。その他の儀式、例えば牧師の説教や賛美歌の合唱などは、それはもう宗教学か哲学の講義（プロテスタントの牧師の説教は、カトリックと違って、じっさい宗教学や哲学の講義のような場合が多い）や合唱会の発表風景とほとんど変るところがない、といってもいいと思う。

このプロテスタントの行き方は、たしかに宗教上の合理化であり、それはたしかに新しい時代に適応した、宗教の近代化とでもいうべきものであろうけれど、しかし考えてみれば、それはまた宗教の在り方という面では、宗教が宗教本来の特質を捨ててしまっている、ということにもなるのではなかろうか。

現在我々一般人が、宗教に寄せている期待の大部分は、日本での我々自身の神社や寺院に対する関係から推測してみるに、それは正直なところ、まず第一に結婚式や葬式などの行事を、世間並みに一応難なくとり行なってもらいたいという、社会的な習慣の領域の問題が、むしろ宗教上の問題よりも主体をなしている、ということができよう。これは西ドイツの場合でも同じような傾向がやはりみられるところであって、西ドイツでも洗礼と堅信礼を除けば、結婚式や葬式のとき以外には教会へいったことがない、あるいは全く教会などへ顔を出したことがない、といったような人々の割合は、このところ西ドイツの人々の半数にも達しているのである（Hrsg. v. Helmut Hild: Wie stabil ist die Kirche? Burckhardhaus-Verlag, Gelnhausen・Berlin 1974 などによる）。ということは、西ドイツにおいても宗教の問題を考える場合には、純粋な信仰上の問題の他に、結婚式や葬式のような、日常習慣の領域に果たしている宗教の機能も、やはり日本の場合と同様、重要な要素の一つとして考慮しなければならない、ということであろう。

西ドイツでは、このところ正式な手続きをとって、教会を離脱していく人々の数が増加しつつある状態にあるが、教会を離脱したくともまだ教会を離脱しかねている人々の重要な動機の一つは、人並みに葬式を出してもらえなくなった場合の、まわりの人々の陰口がうるさいから、ということにある。日本とはちがって、別にはっきりした信者でもないのに、葬式のときだけ僧侶に来てもらう、などということが不可能な国柄だけに、西ドイツでは、教会の信者名簿から自分の名前を引き抜くなどということは、彼らにとってじっさい社会生活からの離反をも意味しかねない、非常に勇気を要する冒険事なのである。

しかしそれにもかかわらず、教会からの離脱者は年々増加の傾向にあり、ことに一九七〇年（この年カトリック約七万人、プロテスタント約二〇万三千人が教会から離脱）以降はこの傾向が強い。ここに示された数字は、とくにプロテスタントにとっては、毎年全信者の一％弱が離脱していくことを示す数字で、教会にとっては実に由々しい問題なのであるけれど、しかしこの場合、例えばこの一九七〇年度の両派の離脱者数の数字にみられるように、なぜつねにカトリックからの離脱者は、プロテスタントの離脱者の三分の一程度にとどまっているのであろうか。これはまた、両派の相互の転向者数の統計の場合でもみられることであって、カトリックからプロテスタントに改宗する人の数は、毎年逆の場合の三分の一程度にとどまっているという数字がでている。

カトリックとプロテスタントにおける、一般的な日常宗教生活面にみられる大きな相違点は、これまでみてきたように、プロテスタントの合理的な体質と、カトリックの旧態然たる宗教らしさをまだそこに残している体質とにある。そして一見古くさくみえるこのカトリックが、宗教組織としてはプロテスタント以上の強みを発揮しているとすれば、それは宗教が宗教として生きぬくためには、宗教本来の不合理性を失ってはならない、ということを意味しているのではあるまいか。

プロテスタントにおいては、万事簡素、合理的をもってそのモットーとしており、ミサも、結婚式も、葬式も、祭も、墓地の飾り付けも、すべてカトリックより簡単にとり行われている。それはたしかに近代的ではあろうけれど、しかしそれがまた、一般人のいだいている宗教に対する願望に本当に適応したものかどうかは、それは別問題ということになろう。

さらに宗教本来の問題、つまり一般人は、結婚式や葬式などの生活習慣上の需要の他に、本来宗教に対していったい何を求めているのかといえば、それは宗教の教義の問題よりも、まず当人や家族の病気を神に依頼して治してもらいたいとか、あるいは神の加護で家族ともども幸福に暮していきたいとか、あるいはまた神に自己の家業の繁栄を祈願するとか、あるいはまた近頃の世相としては、なんとか神頼みで入学試験に合格したいとか（西ドイツの場合は、このところ自動車の運転免許の合格感謝の絵馬がふえつつあるという）などであろうというのに、そのような願望を神に祈願するさまざまな方法、例えば聖者像の礼拝とかお守やお札の購入とか、巡礼や絵馬の習慣などは、すべてプロテスタントにおいては、これを不合理として否定し去ってしまっているのである。そしてこのことはとりもなおさず、一般人にとっては、宗教の需要度、つまり宗教の存在価値そのものが半減してしまった、ということを意味しているのではあるまいか。これが日本の宗教の場合ならば、例えばいま仏教や神道のしきたりのなかから、仏像や神像を拝むこと、お守やお札を購入すること、あるいは祈禱やお祓いを行うこと、それに巡礼や絵馬の習慣なども、すべてこれを禁じ去り廃止してしまったならば、いったいそこには、一般人の我々にとって、まだ日本の宗教のなかで、どのような信仰方法が残されているというのであろうか。

プロテスタントとは違って、キリスト教の古い形をいまでも残しているカトリックの場合には、このような宗教的普遍現象とでもいうべき神頼みの習慣は、現在でも行われている。そしておそらく一般人の宗教の在り方を論ずる場合には、このような神頼みの宗教習慣こそ、むしろ宗教上の根本問題をなすべきものであろうと思われるので、我々は次に、西ドイツのカトリックにみられるこのような神頼みの宗教現象を、さらに立入って観察してみたい、と思うのである。

キリスト教は一神教か　西ドイツ最良の世論調査機関であるアルレンスバッハ世論調査所は、西ドイツの人々がいったい神という言葉でどのような姿形を頭に描くものか、神のイメージとでもいうべきものについて、いく通りかの調査を行なったことがあった。いまそのいくつかの調査例のなかから、もっとも肯定者数の多かった項目のみを集めていくと、西ドイツの人々が頭に描いている、神のイメージというものについての、最大公約数とでもいうべき特徴が浮んでくる。

それによると、神は存在しており（こう回答した人は全回答者数の九〇％）、神は地上及び宇宙のいたるところにいて（同上、四〇％）、その形は人に似ているけれども（神はある一定の姿形をとっている、と信じている人のうちの七五％）、その顔はやさしく（神の存在を信ずる人の三九％）どちらかというと年寄りの感じがする（同上、三一％）（以上はすべて一九六八年度の調査。写真参照）。

神の像が付せられている珍しい礼拝像。ヨセフ，イエス，マリアの上方に，男性の姿であらわされている

キリスト教の神はキリスト、と思い込んでいる人も多いことであろうけれど、キリストは神の地上に降りた姿、つまり神の子であって、神そのものではない。神そのものの姿は、キリスト教徒自身にとっても、絵にも言葉にも非常に表わしにくいもので、

神の姿が描かれている珍しい昔の絵馬（一番上方に浮んでいる男性の老人)。キリストがぶどうの上にいるのは，ワインがキリストの血を象徴することを示す

一般人にとっては、はなはだとりつきにくい存在である。

日本の仏教の場合も、これこそ唯一絶対の仏で、すべての上に立つ最高の仏、というものは作られていない。未来に衆生を救済する仏とか、日輪を象徴する仏とか、知恵をさずける仏とか、薬をつかさどる仏とか、それぞれ分担がきまっていて、人々は頭がよくなりたいとか、眼病を治してもらいたいとか、あるいは交通安全の祈願を込めたいとか、一応定まった希望をもって、それぞれに効くといわれる仏像にお参りをする。

神道の場合も同じことであって、商売には伏見稲荷、結婚には出雲大社など、神々の分担がおよそ定まっている場合がそのほとんどである。神道では滝や山などの自然物を礼拝する場合もあるが、しかしその場合も、雨乞いとか豊作祈願とか、だいたい願望の範囲が定められているし、それに神道では、八百萬《やおよろず》の神々と称するごとく、その当初から、唯一絶対の最高神などというものは、一般に想定してはいなかったのである。

このような日本の多神教的宗教の在り方に対して、普通キリスト教のほうは、唯一絶対の神だけを信ずる一神教である、などと一般に規定されている。しかしその実際の信仰の在り方を探ってみれば、果たしてこれが本当の一神教であろうか、という疑問にいくらでも突き当たってしまう。

まずキリスト教では、神を神そのものではなく、キリストという具体的な人間の姿におきかえて、主としてキリスト像に礼拝しているのであるが、これはすでに多神教的徴候といえるのではあるまいか。しかもその場合、同じキリスト像でも、子供のはだか姿とか、美しいマリアに抱かれている赤子の姿とか、十字架にかかっている姿とか、十字架からおろされて悲しむマリアに抱かれている姿とか、それぞれ礼拝者の嗜好に応じたポーズの神像に作られて拝まれているということは、これはたとえ同一の神であっても、もう多神教的な数種の神像と考えてもよいのではあるまいか。

　そのうえ、特にカトリックにおいては、キリスト像こそもっとも人気のある礼拝像である、とは一概にいいきれないのである。カトリック教徒にとっては、手足から血を流し、やせさらばえてしまった薄気味の悪いキリスト像よりも、むしろ美しく優しい乙女姿の、マリア像のほうにこそかえって人気が集中しているくらいで、この場合このマリア像に、たとえ赤子姿あるいは十字架からおろされた姿のキリスト像が付随していたとしても、信者の信仰の対象は、むしろマリア像のほうにこそ重点がおかれているのである。

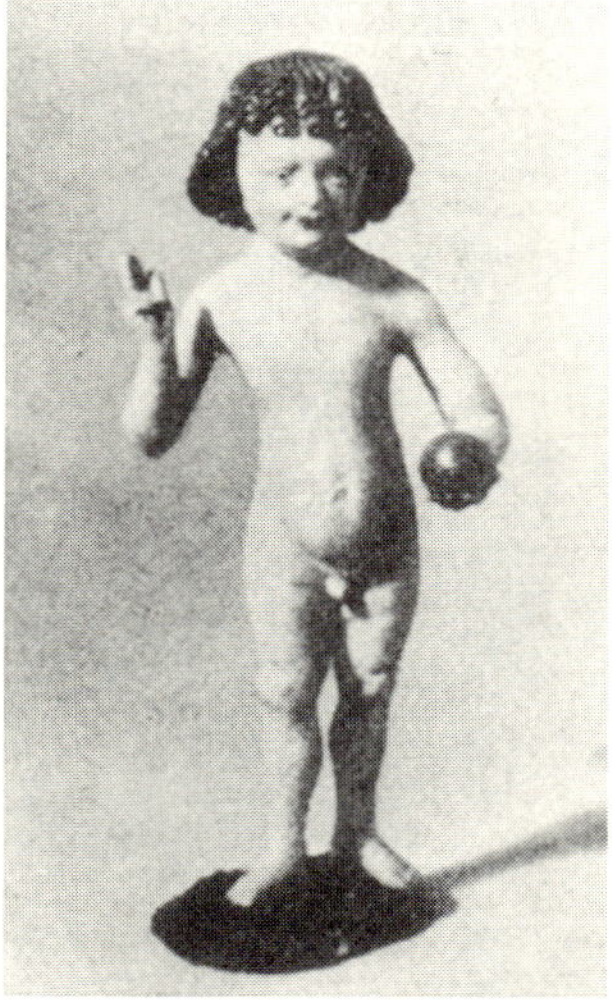

子供のはだか姿のキリスト像。尼僧院ではこのような神像が特に好まれたという

　カトリックでは、マリア像のために建てられた、教会や祠というものが多数あって、有名なものになると、信者が各地から群をなして巡礼に集まってくる。このマリア信仰の歴史は古く、ドイツでも中世におけるその隆盛期以来、現在に至ってもなお一部では盛んであるが、そのもっとも古い例は、二世紀にまでさかのぼりうるのだという（この時代のローマのカタコンベにマリアの絵が描かれている）。

マリアを祀る教会へ押し寄せてくる中世の巡礼者たちの群

つまりキリスト教は、その初期においても、すでに多神教的色彩を帯びていた、ということができよう。

聖者信仰　ところで、このキリスト教の多神教的色彩は、いまみてきたような、キリストとマリアだけの問題ではすまないのである。日本で行われているキリスト教だけをみて、キリスト教とはこのようなものだと考えている人は、ちょうど市販の清酒を飲んで、酒とは元来このように澄んでいるものだ、と思い込んでいる人と同様で、本場のヨーロッパのキリスト教には、まるでドブロクのような、えたいの知れないごもごもした沈澱物がたくさん含まれていることを、いまだ理解できずにいる人なのである。

フランス、イタリア、スペインなどの純粋なカトリック諸国はもちろんのこと、西ドイツでも、古い教会の建物の中へ入ってみると、我々が日本でいだいていた教会のイメージとは、およそ異なった物がそこにはたくさん含まれている。例えば、廊下の自然石の石畳のなかには、ときおり石棺の大きな蓋も混じっていて、その下にはじっさい僧侶などの死体が収められているのも、その一例であろう。人々は廊下のゆききのさいには、この石棺の上を足で踏んで歩いていく。

古い教会の建物の構造ははなはだ複雑であって、地階には迷路のような地下道が縦横に走っていたり、また狭い階段をこんどは逆に汗をかきかき上方へのぼっていくと、教会の複雑な構造の屋根裏の上にひょっこり顔を出してみたり、あるいは地上百数十メートルもある、目のくらむような高い石造の塔のてっぺんまでのぼることができたりする。

教会の建物の中心部をなす、儀式用の大広間の内部にも、複雑な間仕切がこしらえられてあることが多いが、その薄暗い間仕切の奥には、聖者の木像や絵やその他わけの分からぬものや、ときには実際の聖者の遺骸などが収められていることもある。また、古い教会にはたいてい博物館か宝物館が付属しているので、これに入場料を払って入ってみると、そこには古い宗教用具などに混じって、薄気味悪い昔の聖者像や、実際の聖者の骸骨などが陳列してある。骸骨のほうは、赤地に金銀の刺繡などをほどこした上等の布で飾り付けられている場合が多いけれど、これらの聖者像や遺骸は、かつては教会の建物の内部に祀られてあって、じっさい信者たちの礼拝の対象になっていたものの名残りなのである。

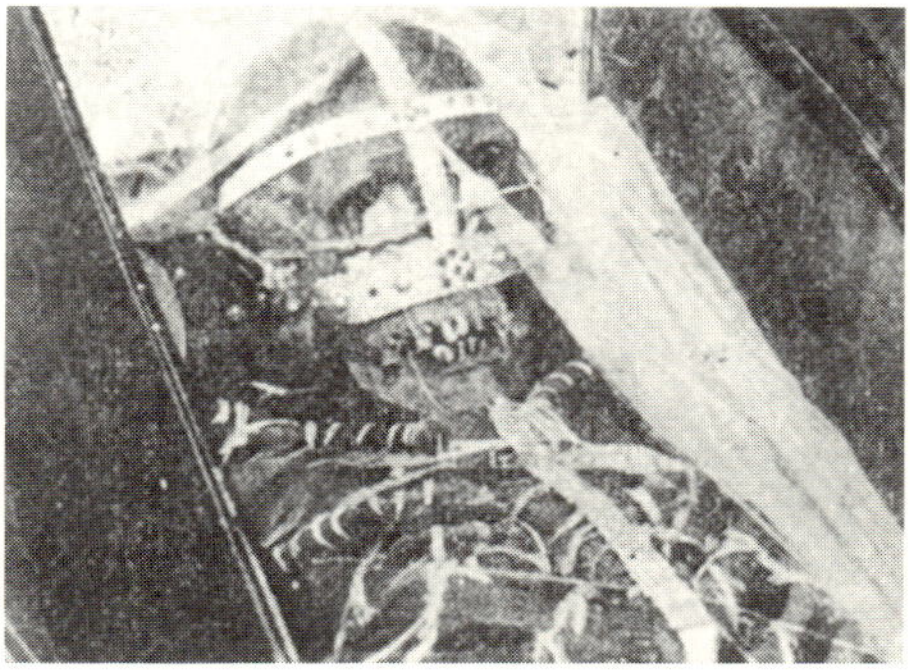
飾り付けのほどこされた聖者の遺骸

聖者とは、生前熱心なキリスト教徒であって、人並以上の善行を積んだ人物をさすのであるが、その人たちのなかには、死後もその遺骸や遺品や、その人の像が、まるで神のように人々に信仰されている場合がある。彼らのほとんどは実在の人物で、その生前の事績も、文献によって確かめられうる場合も多いが、しかしなかには、ほとんど伝説に近い人物も混じっている。例えば、聖者信仰のなかではもっとも優勢なマリア信仰の場合などでも、彼女は聖書のなかの、ほんの数ヵ所でごく簡単に触れられているだけにすぎず、それ以外には、彼女についてはほとんどまったく知られてはいない。

聖クリストフォルス。馬の顔をした聖者という伝説が広まっていたころの姿

ちかごろ交通安全の守護神として、西ドイツで人気のでてきた聖者である聖クリストフォルス（St. Christophorus）の場合も、ほとんど彼は伝説に近い人物なのである。彼は三世紀に、小アジアに住んでいたキリスト教徒であるということは推測はつくのだそうであるが、しかしそれ以上の、彼についての確実な史料は何も残されていない。それでも彼の伝説像は、時代によってさまざまな変遷を受け、犬の顔をした大男であるとか、あるいは子供のキリストを肩にかついで急流を渡ったことがあるとか、それぞれ地方により時代により、伝説上の姿もそのときどきに変化を受けていった。そして、そのキリストを肩にかついで急流を渡ったことがあるという伝説が幸いして、常にキリストと共にある人、という意味合から、不慮の死から人々を守る神、特に旅行者の神として、中世の険阻な街道筋の辻々に、盛んに祠を建てて祀られるまでになったのであった（Gertrud Benker: Christophorus. Verlag Georg D. W. Callwey, München 1975)。そしてやがてその習慣が、現代の自動車事故多発の時代に順応して、交通安全の守護神ということになり、いまではその聖者像の金属の打ち抜きのバッジが、ガソリンスタンドや一部の教会で販売され、また教会は一定の日を定めて、このバッジに入魂の儀を行い、人々はこれを自動車の計器板にはりつけたり、キーホルダーにとりつけたりして、交通安全のお守にするという風習に発展していった。

このような聖者信仰の在り方は、同じく交通安全の守護神である、成田不動尊信仰などの場合を思い合せてみれば、日本の多神教の在り方と酷似しているといっていいであろう。ドイツの聖者のなかにも、農作物を守る聖者、牛馬を守る聖者、子供を守る聖者、火災除けの聖者、そしてそのうえ泥棒がとくに信仰している聖者などというものまでさまざまであって、ちょうどそれぞれの分野の、さまざまな神々や仏たちをもっている、日本の宗教の場合とまったく同じ、といっていい状態にあるのである。キリスト教は一神教を建て前としているから、カトリックなどでも、これらの聖者は神そのものではなく、信者の願望を神に間接的に伝えてくれる仲立ち的存在に過ぎない、などと教義上は説明はしているものの、しかしこれらの聖者に祈願を込めているドイツのカトリック信者たちが、果たしてつねに、聖者の背後にひかえているという神そのものを意識しつつ、これらの聖者像を礼拝している、などと額面通りに受取ってよいものかどうか。教義上の問題はともかく、とにかく実際のキリスト教の聖者信仰は、農業の神や火災除けの神など、それぞれ、特徴ある神々や仏たちを多数所有している日本の多神教的宗教と、本質的には同質のもの、と理解していいのではなかろうか。

キリストを肩にかついで急流を渡るクリストフォルス。ガソリンスタンドで売られている交通安全のお守。マッチ棒と大きさを比較

聖者さまざま　いうまでもなく、聖者信仰は現在より昔のほうがずっと盛んであったから、以前は、教会の中にたくさんの聖者像やら聖遺物やらが、つねに備え付けられて祀られていた。聖者像には、それぞれ特徴がきまっていて、矢が体中に突きささっている聖者、釜ゆでにあっている聖者、子供を肩にかついでいる聖者など、それぞれその像をみれば、それがなんという名

カルフの町の橋の祠。中には聖ニコラウスが祀られてある

の聖者像であるかいい当てることができた。これらの特徴は、殉教のさい矢で射られたとか、釜ゆでにあったとか、あるいはまた、キリストを肩にかついで急流を渡ったという伝説をもっている、などということに由来するもので、このような聖者像は、現在でもまだときおり、教会の建物の中にみつけることができる。

聖者像はまた教会外でも、例えば橋の欄干にもうけられた、小さな祠の中に祀られていたりすることもある。昔は橋は交通の要所として特に大切な場所であったが、例えばヘッセの生まれたカルフの町には、西暦一四〇〇年ころに造られたという橋が今に残っており、その橋の祠には、聖ニコラウス、つまりサンタクロースが守護神として祀られている。このほかにも、例えば古い町の四つ辻にもうけられた凹所などに、気を配ってみていると、いまでもときおり聖者像をみかけたりすることがある。

聖マルチン（St. Martin）は四世紀の人で、フランスのトゥールの司教までつとめた人物であったが、彼はあるとき旅先で物を乞われ、与えるべき物を持ち合わせていなかったため、身につけていたマントを剣でさき、その一方を与えたという言い伝えで知られている聖者である。彼に対する信仰はすでに五世紀に広まっており、もともと戦士であった彼の経歴も手伝って、軍人、乞食、織屋（マントの故事に由来する）、それに馬、犬、小鳥などの動物の守護神として祀られていた。彼の場合、その信仰は特に民俗行事に発展しており、彼の命日の一一月一一日には、いまでも子供たちが門付けをして集めた薪でたき火をたいたり、多くの人が馬に乗って行列を行なったりする所がある。

マントはラテン語で capa と呼ばれるが、この聖者のマントは聖遺物として大切に保存され、礼拝の対象となっていた。capa を置く場所、つまり capella がドイツ語のカペレ（Kapelle 英語のチャペルに当たる）の語原で、カペレ（祠）とはそういった聖者像や聖遺物を祭る場所、という意味に発展していったのであった。この聖マルチンは、仏、独、英と広範囲にわたって信仰されている聖者で、聖者としては有名なほうであるが、しかし聖者のなかには、ある地方に限って小範囲に信仰されているような、それほど有名でない聖者もいる。

聖ヴェンデリン（St. Wendelin）は、スコットランド王室の出身で、ドイツで羊飼をしていたが、のちに修道院長の職をつとめたという言い伝えのある人物で、そのため、家畜の守護神として祀られている。彼もかなり有名ではあるけれど、その信仰範囲は聖マルチンに比べればかなりせまく、西ドイツの南部と、これに接するフランス、スイスのごく一部、それにハンガリーのブダペスト市近辺と、これらの地域から移住した人々のいる、北米のごく一部の町村に限られている。

聖ヴェンデリン。羊と農具が彼の像に特徴的な付属物。1931—32年製作の新しいもの

このように聖者信仰には、その人気に地域差や時代差が認められるのであるが、例えばチュービンゲン市近辺での近頃の調査によると（チュービンゲン大学民俗学科の博士論文）、この地域の人々に親しまれている聖者は、マリア、

ヨセフ、アントニウス、クリストフォルス、マルチン、ゲオルク、クラウス、セバスチャン、マグダレーナ、アンナ、ウルバン、カタリーナなどである (Gottfried Korff: Heiligenverehrung in der Gegenwart. Tübinger Vereinigung für Volkskunde E. V., Tübingen Schloß 1970)。これらがこの地方での、現在の人気聖者ということであろう。

西ドイツの聖者信仰のなかで、一風変っているものに、聖アントニウス (St. Antonius) 信仰というものがある。この聖者は、もともと一三世紀に主としてイタリアで布教活動をしていたという実在の僧であるが、ある夜のこと、赤子姿のキリストを抱いた夢をみたという言い伝えがあるため、彼の像は、赤ん坊のキリストを腕に抱いて立っている姿で表わされるのがその特徴である。ところがどうしたわけか、彼は失せ物を見付け出すのに特に効き目のある聖者ということになってしまい、現在では失せ物の神として人人の信仰を集めている。例えば針を見失った場合には、「アントニウス、あなたはよい方です。私を無くした針の所へ導いて下さい」などととなえて捜したりすると、不思議に失せ物を見付け出すことができる、といわれている。もし見付かった場合には、教会のアントニウス像にお礼をする必要があるということになっているため、このアントニウス像に限って、その像の前には、日本でみられると同じ形の賽銭《さいせん》箱が設けられてある。教会はここに入れられた金を、慈善事業の費用に当てているということである。

以上みてきたような聖者信仰は、いうまでもなくプロテスタントでは行われていない。そこでは、聖者はせいぜい立派なキリスト教徒であったというだけのことであって、信者の礼拝の対象とはされていないのである。だからプロテスタントでは、信者はなにごとも直接神に祈らねばならぬのであるが、その神そのものは、さまざまな身勝手な信者の願を、直接気安く受け入れてくれるには、どうも我々一般人にとって、高遠すぎて縁遠い存在に思われるきらいがありはしまいか。プロテスタントが宗教として、一般人の

聖アントニウスの像。ミュンヘン市のSt. Anna 修道院にあるもの。像の中央にみえるのは彼の上腕の遺骨。毎火曜日に開帳される

人気を失いやすい性質をもっているのは、ひとつにはこのような、一般人にも簡単に理解できる聖者信仰というものを切り捨ててしまったところに、その原因があるのではなかろうか。

一九〇九年及び一九六三年の決議

とはいえ、合理化や近代化の傾向は時代の要求であって、人々が、いつまでもこのような単純な聖者信仰に満足しきれなくなっていることは、現在ではカトリックでも同じことなのである。そしてこの聖者信仰という観点で、カトリックの歴史にとって一つのエポックをなすものは、一九〇九年に、ベルギーで行われたカトリック会議での決定であった。そのとき種々の新方針と共に、聖者信仰については、聖者は礼拝の対象として考えるべきではなく、キリスト教の教義を実践した人物の実例として、教育的見地に立って理解すべきである、という新方針が打ち出された。

そしてこの会議の時期を境として、カトリックの教会の建物の中からも、しだいに聖者像がとりのけられたり、隅のほうへ押しやられたりしはじめたのである。聖者信仰のなかでは、一種特別な位置を占めていたマリア信仰でさえも、やがて批判の対象となり、一九六三年に至って、その年の宗教会議で、とうとうこの信仰の是非に関し投票が行われるということになった。そしてその結果は、二一九三票対一一一四票で、マリア信仰支持者側が破れ去ったのである。非支持者側の意見は、なにもマリア信仰を全面的に否定するものではなく、過度のマリア信仰を排してキリスト中心の本来の姿に立ち返れ、というものであったが、しかしマリア信仰はこれを契機として、

急激に衰退しはじめたということである。

時代が合理化や近代化を促進する趨勢にあるとすれば、宗教も時代の要求に合致させて、合理化及び近代化すべきであることはこれも当然のことであろうけれど、しかし宗教とは、本来本質的に不合理性をもってその特徴としているものであるから、合理化や近代化をただ単に促進するということだけでは、やがて宗教そのものを否定し去ってしまう、という結果にもなりかねないことであろう。

聖者と奇跡　さて、聖者とはなにも伝説的な過去の人物に限ったわけではなく、聖者は現在においても実在の人物のなかから、ときおり生まれてくるものなのである。現在カトリックでは、ある人物を聖者と決定するためには、いくつかの審査段階を経たのち、法王が最終的に判断を下すことになっており、そのような手続によって、現在でもときおり実在の人物が、その死後聖者であることを宣言されるということが行われている。このカトリックでの聖者宣言（Heiligsprechung）の手続の内容を追っていくと、宗教とは本来いかなる本質をもっているものなのか、その一端を探ることができる。

聖コンラート（Bruder Konrad）は、ドイツのある僧院の門番であったが、一九三四年に、ローマ法王によって聖者であるという判定が下されている。この聖者宣言の日、その盛儀にあずかろうと、ヴァチカンにおしよせた巡礼者の数は六万人にも達し、バイエルン地方のアルトエッチング（Altötting）にある彼の墓所への巡礼者も、その時以来、いよいよその数を増していったという話である。

聖コンラートは、一八一八年に、現在の西ドイツの南東部に当たる、パッサウ市（Passau）の近くのパルツハム（Parzham）という小さな村で生まれている。彼の生家は、近在では大きめの農家で、彼は特にこれといった波瀾に富む人生を歩んだというわけではなかった。

彼の両親は、とりわけ信仰深いカトリック教徒で、夜には貧しい人々が訪れ、食事と宿泊のほどこしを受けることもしばしばであったという。また、彼は小学校に通う道々、友人たちに祈りの方法を教えたり、悪口をいう友人の罪のために祈ったりしていたとも伝えられている。

後年彼が人々の信望を集めるようになった、その一番の原因は、彼の人並はずれた熱心な祈りぶりにあった。彼は祈りの名手と人々にいわれ、彼が祈りに沈んでいたとき、彼の口から、金色の玉がマリアの像に向かってのぼるのを見た、などという人もいるほどであった。僧籍に入る以前も、彼は生家の自室にマリアの像をかかげ、昼は農作業の合間にも祈り、夜はまたこの像の前で、ときには夜を徹して祈りつづけることもあった。

コンラートの生家

巡礼にもよくでかけた。彼の生家の近くの森には小さなカペレがあって、マリアの像が祀ってあったが、ここは彼のいきつけの祈りの場所であった。また徒歩で六時間ほどの距離にあるパッサウ市には、有名なマリアの巡礼教会があって、川岸から三六〇段の石段を、特に信仰深い信者は、一段ごとに、„Gegrüßt seiest Du Maria……“（アヴェ・マリア。マリアに捧げる祈りの文句）を唱えつつ登っていくといわれているところであるが、ここへもまた、彼はよくお参りにでかけていった。しかしなんといっても、彼がもっともあこがれた巡礼地は、アルトエッチングのマリアのカペレであった。

アルトエッチングは、彼の生家から五〇キロほどの距離にあり、現在でも西ドイツ最大の巡礼地である。この地の巡礼の歴史は古く、一五世紀以来のことといわれているけれど、現在でも祭日などには、と

アルトエッチングのカペレの広場。中央の尖塔のある小さい建物がマリアのカペレ。広場の周囲には教会，修道院，旅館，土産店などが林立している

きに四～五万人もの巡礼者が集まってくることもある。本尊は一三〇〇年頃に刻まれたという作者不詳の木彫のマリア像で、香の煙にいぶされてすでに黒光りをしている。

聖コンラートは、このアルトエッチングにある、カプチン教団の修道院に入団したのであった。入団の許可はきびしく、一〇年の在家審査と、三年の修道院内の審査があるため、正式に入団できたのは、彼が三四歳のときであった。そしてその後、七六歳の生涯を閉じるその臨終の日の四日前に病床に伏すまで、彼が勤めていた仕事は、このアルトエッチングのマリアのカペレの近くに立つ、同教団に属する聖アンナ教会の門番の役であった。

門番は端役でもあり、たえず人々の応対で落着かぬ仕事でもあったが、しかし彼が聖者としての印象を人々に与えはじめたのは、この門番の仕事を通してである。悩みを抱いて神父に相談にくる人、病人の床に神父を迎えにくる人、巡礼者たち、パンの施しを受けにくる貧者や子供たち、そういった人々に接する昼夜分かたぬ彼の暖い態度に、やがて人々は親しみと、彼に対する信仰の念をいだきはじめたのであった。彼の死後、信者たちのなかには、聖者として認定される以前に、すでに彼の死体から、彼の衣服の切れ端を、聖遺物としてひそかに持ちかえった人もいたほどであったという。

しかしこれだけでは、コンラートは聖者として正式に祀られることにはならなかったのである。聖者の資格が正式に宣言されるためには、種々の手続が必要であり、その手続はなかなか困難であるため、たと

え名僧の評判が高くとも、聖者宣言まで漕ぎ着けうるケースはきわめてまれなことなのである。しかし彼の場合、そこに至る契機は、彼の死後まもなくやってきた。

彼が門番をしていた聖アンナ修道院の院長が、アルトエッチングに押し寄せてくる巡礼者の数の急増に対処して、大教会の新設を計画するということがあり、そしてこれがコンラートを聖者にする、大きなきっかけとなったのであった。この修道院長の計画は順調に進展しなかったため、彼はある老婆の意見を入れて、亡きコンラートの霊に帰依し、「もしあなたがこの計画を援助してくださるならば、あなたを聖者として審査するよう、ローマ法王庁へ働きかけましょう」と誓願を行なったのである。

「誓願」（Gelöbnis）とは、日本流に表現するなら、「願かけ」という言葉がこれに当たるものであろう。西洋ではこれを神あるいは聖者との契約（Vertrag）と解しており、これはキリスト教における、祈願の方法の一つの著しい特徴をなすものなのであるが、これについては、あらためてあとで触れたいと思う。ともかく、このときの誓願は叶えられて、一九一二年に、新教会は完成した。そこでこんどは修道院長のほうが、コンラートとの契約を果たすべく、コンラートの聖者審査を、ヴァチカンのローマ法王庁へ働きかけたのである。そしてこれも効を奏し、一九一二年の新教会落成式の当日には、もうコンラートの聖者審査の基礎的調査が開始されていた。

アルトエッチングのマリアのカペレの本尊

聖者審査の基礎段階は死体検査で、これは被審

アルトエッチングにある聖コンラートの像

査者の死体が聖者としての品位を備えているか否かを判定する検査である。そしてその後二年たった一九一四年には、アルトエッチングが所属する地方本山であるパッサウの司教座教会において、聖者の資格の前段階である福者の資格があるかどうかの、第一回目の審査が行われている。昔は半ば伝説的な人物であっても、ときに簡単に聖者に祀り上げられることも行われていたのであったが、一一世紀頃から教会の聖者審査の規則がしだいにうるさくなって、現在では福者と聖者の二段階に分けた審査が、必要条件とされている。

聖者たることは heilig と呼ばれるのに対し、福者たることは selig と呼ばれ、したがって聖者宣言は Heiligsprechung 福者宣言は Seligsprechung と称せられている。聖者として認められるためには、まず司教のいる地方本山で第一回目の福者審査を受け、ついでローマ法王庁でこの審査を引き継ぎ、もしこれに合格した場合には、まず福者宣言がとり行われる。そしてそれからさらに数年後に、今度はすべて法王庁において、聖者審査を行うことになっている。コンラートの場合は、一九一四年に、この第一回目の福者審査が行われたわけで、その後の一連の審査に合格して、福者宣言を受けたのは、一九三〇年のことであった。

福者審査では、被審査者の生前の徳行や、当人が書き残した文書などの審査を行うと共に、加えて、被審査者の死後におこった奇跡が、二つ確認されることが必要条件とされている。コンラートの場合、その一つの奇跡は、医者に不治の病の宣告を受けていた患者のカリエスが、ある日とつぜん快癒したことで、それはミュンヘン在住のある未亡人についてのことであったが、彼女がコンラートに帰依し、激痛がもっとも高まったある夜のこと、看護婦ともどもコンラートに祈願を込めたところ、翌朝病気がすっかり全快していた、というものであった。もう一つの奇跡は、怪我と佝僂《くる》病のため、立つことも歩くこともできなかった四歳の子供におこったもので、彼の父親がコンラートに帰依し、誓願が成就したあかつきには、コンラートの墓に巡礼することを契約していたところ、ある日とつぜんその子が歩きだした、というものであった。

ここにみられるように、カトリックにおいては、奇跡というものが信仰の基盤の決定的な要素をなしているのである。たとえ生前徳行の高かった善人であったとしても、その人が死後奇跡をおこしえない人物であったならば、その人は聖者にはなりえないし、したがって礼拝の対象にもなりえないのである。

奇跡こそ宗教の根元　日本の宗教の場合であっても、ある寺院や神社が特に多くの参拝人を集めている場合には、その原因もけっきょくこの奇跡にあるということができよう。仏教や神道の教義などとは無関係に、人々はただ病気治癒や、金銭問題や、家内安全の祈願のために参拝するのであるから、もしある寺院、あるいは神社に、特に御利益があるという噂がたてば、人々は大挙してその寺院や神社へお参りに押しかけてゆく。宗教の根元は、まさにこの不合理な奇跡にあるということができる。

一八五八年に、フランスのある少女が、白衣をまとった美しい女性のまぼろしを十数回も目にし、その女性の命令で洞窟の地面を手で掘ったところ、とつぜん湧き出したというのが有名なルルド(Lourde)の聖水である。この聖水は、それを飲んだりそれを浴びた病人の病気をたちどころに快癒させ、その後もこの奇跡が続いたので、この地にはいまでも巡礼者が多数おしかけ、ここにはホテルが三〇〇棟ほども立ち並んでいる。これはカトリックでは特に有名な奇跡の一つである。

このように、奇跡には「誓願」なしにもあらわれる場合と、コンラートの場合のように、「誓願」によってあらわれる場合とがある。しかしいずれにせよ、奇跡こそは宗教の根元をなすもので、キリスト自身も、海の上を歩いて渡ってみたり、瓶の水をとつぜんワインに変えてみせたり、多数の奇跡で信者たちの心をひきつけていたということになっている。

さて、聖者宣言を受けるためには、福者宣言後に、さらに二つの奇跡が確認されることが必要条件とされている。再びコンラートの話にもどるけれど、コンラートの聖者審査の場合、その一つの奇跡は、腕まで切断せねばならぬとされた手の腫物の快癒で、もう一つは、不治の病の宣告を受けていた、胸の病気の快癒であった。そして一九三四年に至って、ようやくローマ法王により、コンラートの聖者宣言がとり行われたのであった。福者と聖者との資格の相違は、福者の場合には、その信仰範囲が限定されており、例えばコンラートの場合なら、カプチン教団内とパッサウ司教区内に限るとされているのに対し、聖者の場合には、その信仰範囲が、全カトリック教徒にまで押し広げられているというところにある。

このように、聖者になりうるためには、生前立派なキリスト教徒であった上に、さらに死後、奇跡をおこしうる能力をそなえていることが必要条件なのである。そしてさらに、このコンラートの場合でもそうであったように、その人の背後には、ヴァチカンにあるローマ法王庁へ働きかけうる、有力な人物や関係が存在しているかどうかという問題も、重要な決め手となっていることも見逃しえない事実であろう。宗教とは、強大な宗教団体にまで発展した場合には、日本の宗教団体をみても分かるように、その内部には、一種の政治的組織ができあがっているのである。

ごく最近の一九七四年のことであるが、この年に福者宣言の行われた西ドイツのリボリウス・ワグナー（Liborius Wagner）という人物は、一七世紀初期の宗教戦争のときに、カトリックの信仰を強固に守り通したため、それが原因でついに落命することになったと伝えられている神父である。しかし彼の経歴そのものは伝説に近く、確実な史料はほとんど残されてはいないのだという。けれどもそれにもかかわらず、この人物の出身地のフランケン地方では、地元出身の聖者がまだ一人も出ていないという地元民の熱意に助けられて、とうとう福者宣言にまで漕ぎつけえたのであった。現在世界各地からローマ法王庁へ寄せられている福者審査の申し込み件数は、千を越えているという話であるし、なかには一三世紀に申し込まれたまま、後援者の後継者が跡絶えてしまっているような例もあるとのことであるから、このワグナーの場合などは、相当幸運なケースに属するといえるのである（Stern 一九七四年四月四日）。

西ドイツで現在福者審査を申し込んでいるもののなかには、例えばある尼僧院で、その生活ぶりが聖女とたたえられていた修道女とか、幼くして病気で亡くなったというのに、少しも死を恐れる様子がみられなかったという神学校の生徒などがある。これらの福者候補者たちは、福者宣言がまだ行われていないというのに、すでに教会の一隅に、墓あるいは祭壇が設けられていて、その地方の信者たちは、ここへ祈願を込めに集まってきているということである（Stern 同上）。

さらにもっと小規模な信仰も西ドイツにはある。例えば、私が住んでいたことのあるチュービンゲン市から、車で一時間ほどいったところにヘッヒンゲン（Hechingen）という小さな城下町があったが、この町の教会を訪れたとき、私はその教会の入口のわきに小部屋が設けられてあり、その中に二人の人物の写真が祀られてあるのをみつけたことがあった。

一人は、この町の町はずれにあるお城に昔住んでいたと伝えられるオイゲニー（Eugenie）という名の慈悲深いお姫様のもので、もう一人は、テレーゼ・ノイマン（Therese Neumann 1898—1962）という名の女性が祀られているものであった。彼女は、ここからはかなりはなれたバイエルン地方の片田舎の貧しい仕立屋の娘なのであるが、多くの病気にかかっては、また奇跡的に治ったことで有名な女性で、世に「苦悩の花」（Leidensblume）などとも呼ばれていた。この二人を祀った祭壇には、ちゃんとろうそくが供えられて、特にオイゲニー姫の祭壇などには、聖者信仰の特徴を示す、絵馬までいくつか掛けられてあった。これらの人物は、いずれも聖者でも福者でもなく、テレーゼ・ノイマンの場合は一応西ドイツ全域に名は知られているけれども（後には彼女の聖女ぶりはにせものであったことが議論の的になった。「聖者のにせもの」の項参照）、この教会ではむしろ手厚く祀られていたオイゲニー姫に対する信仰などは、まさにこの地方だけの地域的なもので、別に福者審査の申し込み運動に達するまでもない、ごくささやかな信仰に過ぎないのであった。けれどもこれこそは、如実に宗教の発生の基礎的現象を示すもので、ヨーロッパのキリスト教は一神教であるなどといわれていても、けっきょくは日本と同じく、その実際の現象は多神教的宗教に他ならないと断定すべきものであろう。

日本において親鸞や日蓮のような僧侶や、菅原道真や乃木大将のような人物が、仏や神として礼拝されているように、西ドイツにおいても僧侶や偉人が、やはり神として信仰を集めているのであった。そして、もしいま、日本にあって西ドイツではほとんど認められない信仰上の特徴があるとすれば、それはゲルマン神話などによってかつてはドイツなどにも存在していたことが確かめられている、太陽や月、あるいは山や川や木などの自然神崇拝と、狐や蛇、あるいは龍などの架空動物の動物神崇拝などだけしかないということができるであろう（悪霊としての龍などは、カトリックでは信じている人もいる）。

誓願——絵馬、巡礼など　ドイツ語では、神や聖者に供える絵馬やその他の奉納物のことを、エクスヴォートー（Exvoto）と呼んでいる。Exvoto とは「誓願により」という意味をあらわす本来はラテン語の言葉で、これらの奉納物が神や聖者との「願かけ」、つまり誓願にもとづいて供えられたものであることを表わしている。日本においても、神や仏に絵馬を捧げる習慣は古くから行われており、その起源の説明にも諸説があって、どの説をとるべきか決めかねるのであるけれど、しかしいずれにせよ、神や仏との「誓願により」絵馬を供えていた、という起源に関する説は日本の場合には見当たらない（岩井宏美『絵馬』法政大学出版局、一九七四年）。それに、日本ではこのところ絵馬が一種のブームになっていて、あちこちの神社の境内には鈴なりに絵馬がぶらさがっている光景をよくみかけるのであるが、それらの文句をみてみても、入学祈願とか、意中の人と結ばれたいとか、大金が欲しい、などという願望を述べたものがほとんどで、願望が叶えられたとか、神が助けてくれたとか、などというお礼の絵馬はごく少数しか見当たらない。

ところが西欧の絵馬の場合は、これとは違って、もしあなたが私の願望を叶えてくださったならば絵馬を捧げましょう、と神や聖者と心の中で契約をし、その願望が実際叶えられた場合にだけ、神や聖者に絵馬を捧げるのが普通の形式になっているのである。だから西欧の絵馬の場合には、聖者の援助のおかげでこれこれの病気が治ったとか、火事が消えたとか、災難が立ち去ったとか、などというお礼の言葉や絵がかかれているのが一般的な形式である（二六八頁参照）。

ドイツでは絵馬の他にも、目や手や足や内臓などの形をした蠟型や金属の打ち抜きの奉納物を、神や聖者像の前に供える習慣が昔は行われていた。この場合でも、目や手や足などの病気が治ったときにはじめて、これらの奉納物を供えてお参りをしていたもので、治らぬ前にあらかじめ供えるような祈願の方法は、ドイツでは一般的ではなかった。日本の場合には、例えば一部の寺院や神社で、安産や乳が出るようにという祈願のために、乳型の奉納物などを供える習慣はあるが、この場合でも、たいていはお礼としてでは

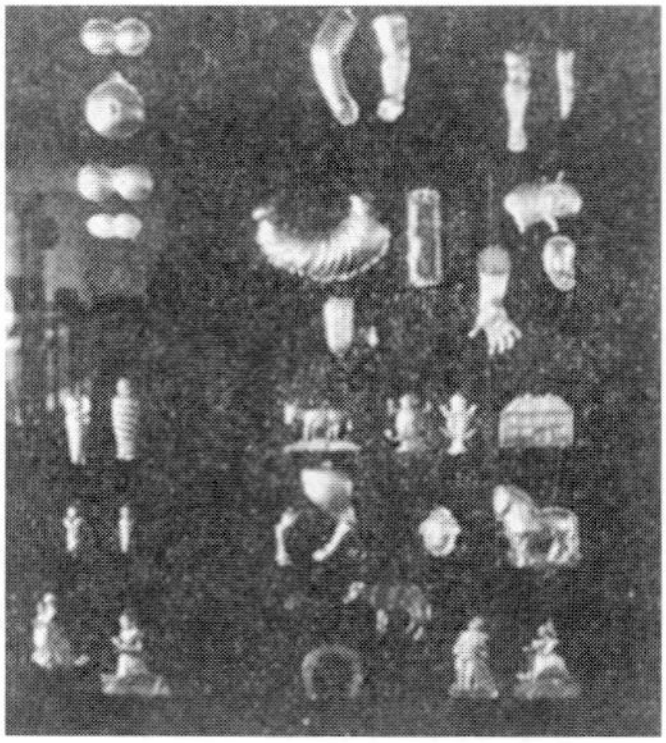

乳，赤子，腕，内臓，家，家畜，亀（子宮をあらわす）などの金属の打ち抜き。
ニュルンベルク市の博物館

なく、そうして下さいという祈願のために、あらかじめ供えてお参りをするのが一般的な習慣である。

　このように、日本においては、まずたいてい神や仏に捧げ物をあらかじめ供えておき、それから、神や仏に願いごとをかけるのが普通の形式になっている。賽銭をあげる場合でも、あるいは昔の武士が神社などに太刀や土地を寄進する場合でも、まず供えるものは供えたあとで、家内安全や戦勝祈願などを行うのが一般的である。ドイツの場合も、そのようなやり方がないこともないけれど、しかし祈願を込めるさいには聖者と契約をし、その祈願が叶った場合にだけ、絵馬やその他の捧げ物を供えるのが一般的なやり方である。願いが叶えられなければ供えないというのであるから、日本人よりもドイツ人のほうが、神に対する姿勢がきびしいということができようか。

　巡礼の場合でも、日本ではまずとにかく巡礼をし、巡礼しつつ仏に願を込めるのが一般的な方式であろう。ドイツの巡礼においても、そういうことはあろうけれども、しかしやはりまず聖者と心の中で契約をし、祈願が叶えられた暁には巡礼をいたしましょう、ととりきめを行い、祈願が叶えられた場合に、巡礼をするのが原則である。祈願の内容は、農作物の豊作とか、家族や家畜の健康などの場合も多いことであるから、じっさい聖者の加護でそうなったものかどうか見分けのつかぬことも多いのであろうけれど、しかしともかく、誓願にもとづいて巡礼をするというのが、昔からのカトリックでの建て前なのである。

　昔はペストなどの疫病が蔓延して多数の村人が死んだりすると、人々は神と契約をし、もしこの疫病をとりしずめていただければ、神の栄光をたたえて、キリストの受難の場面を村人で再現いたしましょう、などととりきめることがあった。そのようにしてはじまった村民によるキリスト受難劇の一例が、一六三四年以来現在まで続いている、例の有名なオーバーアメルガウ村の村民劇なのである（「フォークローリスムスとトリスムス」の項参照）。

このように、神または聖者と契約することを、ドイツ語ではゲレープニス（Gelöbnis 誓願）と称している。なぜドイツ人や西洋人一般が、宗教面にもこのような契約の習慣を持ち込んでくるのか、ということを理解するためには、我々はただ宗教の問題だけではなく、西洋人の生活環境一般なり、生活習慣一般なりにも、この面で検討を加えてみる必要があろう。

西洋人は日常生活においても、契約の習慣をやたらと持ち込んでくる。例えば、昔の遺産相続の例をみても、親子のあいだで、老人夫婦が部屋にとりつける食器棚の位置をとりきめてみたり、暖炉のわきの居心地のいい特定の場所に坐る権利をとりきめてみたり（「契約の習慣」の項参照）、あるいは現在の例でも、親子兄弟同士が、不動産や動産の貸借を正式の書類にして、一ペニッヒ（約一円）に至るまでこまかくとりきめてみたり（「財産分けの方法——タウヌスの場合」及び「ヒルリンゲン村の場合」の項参照）、別に金持階級というわけでもない一般家庭においてさえも、じつに我々には異常と思えるほど、厳密にとりきめを行なって契約書をとりかわしている。

おそらく、このような契約の習慣が西洋一般に生じたのは、ヨーロッパ諸国のおかれている国家間の地理的位置——互いに異質の小国家が地続きの国境を境に隣接し、常に複雑な国際問題の処理にあけくれてきたというその歴史——そしてその複雑さは、一般人の日常生活のなかにも入り込み、よそ者と商売上の接触をもった場合の経験とか、自分が他国で味わった苦い体験などが、日本とは比較にならぬ程多量に、

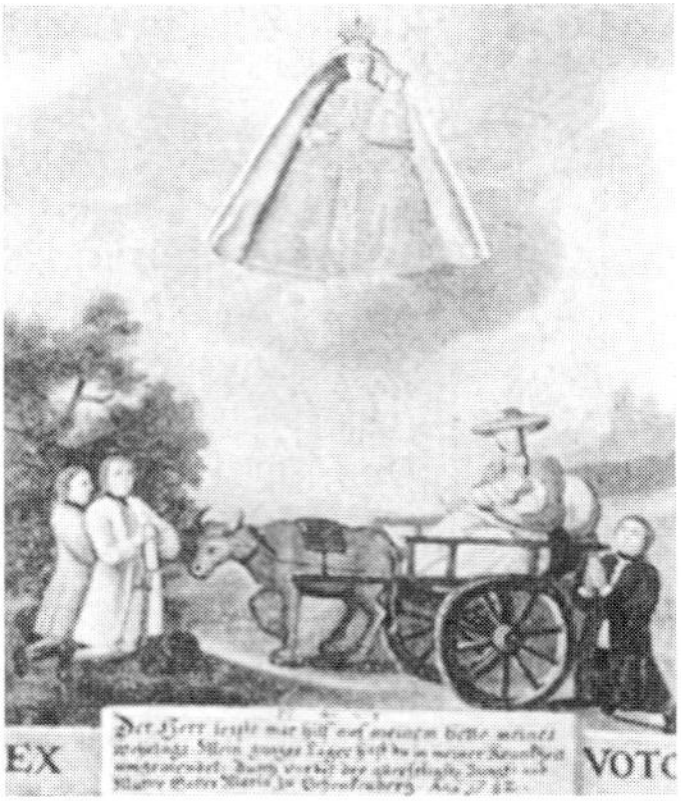

上段には聖者像，中段には誓願の対象の状況，下段には説明文があるのが昔の絵馬の普通の形式。この子供を抱えて牛車に乗る母親の絵馬は，安産感謝のためのもの。1782年

しかも何百年何千年と蓄積された結果、結局頼るべきは契約が一番信頼のおける方法だ、という生活の知恵に到達したものなのではなかろうか。

絵馬の構図　とにかく、ドイツでみられる聖者に供える奉納物の習慣は、このような聖者との契約にもとづいて行われるものであるから、例えば絵馬の習慣でも、一見日本の場合と同じものにみえてはいても、そこに描かれている図柄の形式からして、少し日本とは異なっている。

西欧の絵馬の図柄は、普通三つの部分に分けて考えられる。一番上段には誓願した相手の聖者、例えばマリアならマリアの姿が描かれており、中段にはそのときの災難の情景と誓願者の姿、例えば川でおぼれかけている図とか、家が火事になりかけている図など、そのときの災難の情景、そしてときにはさらにこれに付け加えて、その下側に、誓願した当人やその家族が聖者に祈っている姿が描かれており、一番下段には、何月何日にどのような災難から、なんという聖者が助けてくれたのか、などの説明文が記入してある。

絵馬の作者は、誓願者である当人自身、あるいはその家族の者、その他絵心のある知人、あるいは近在でうまいと評判がたっている素人または半プロの絵かき、などの場合がほとんどである。災難の情景はそのときどきで異なっているし、誓願者及びその家族の様子もそのときどきで異なっているのであるから、西欧の絵馬は、その場合場合に応じて、いろいろ新しく図柄を構成する必要がある。一般に西欧の絵馬は

日本の場合より立派であるが（しかし昔の日本の大絵馬のような、一流画家による別格的なものはない）、それは日本の場合とは違って、これからあまり当てにはならない神に頼もうというのではなく、すでに神に助けてもらっているその証として捧げるのであるから、感謝の気持がより大きい、ということにも原因しているのかもしれない。

ところで、西ドイツにおいては、この絵馬の習慣はしだいに下火になって、いまではごく一部の教会以外では、ほとんどみられない程度にまですたれてしまっている。そしてそれと共に、絵馬の質もしだいに安っぽくなりだして、現在では、日本の現在の絵馬よりはまだ上等であるとしても、しかしもう、絵を自分で描くかあるいは描かせたものは少なく、せいぜい刺繡で文字を布に縫いとってこれを額縁に入れてみたり、あるいはただ、紙にインキで文字だけをかいたものを額縁に入れてみたり、あるいは店で売られている、聖者の絵の下に感謝の文句もすでに印刷されてある、既製の絵馬を使ったりしている。

いま私が、西ドイツの教会で自分自身みつけてきたもののなかから、二つほど現在の絵馬の実例をあげておくと、例えば紙にインキで文字をかいてこれを額縁に入れたものには、「マリア様が助けてくれました。心から感謝します。どうかこのさきも助けて下さい。一九六二年五月　A.　P.」（Maria hat geholfen! Innigsten Dank. Bitte hilfe weiter. März 1962. A. P.）などというものがある。また既製品の絵馬の例として

馬もろともに川に落ち，そのときマリアに誓願して助かったことをあらわす。この場合説明文は右上。1750年

マリアのおかげで，一家で二人もの病人が快癒したことをあらわす

は、聖者の絵が色つきで板の上に印刷されてあるその下に、「ユダス・タドイス様が助けてくれました」（Judas Thaddäus hat geholfen）と文字の印刷されてあったものなどがある。後者の場合は、西ドイツとの国境近くにあるオーストリアのブレゲンツ市（Bregenz）のゼーカペレ（Seekapelle）という小さな教会内にさがっていたもので、この地方では、この聖ユダス・タドイス信仰が広まっている。

絵馬ではなく、蠟型や金属の打ち抜きで手や足や目や内臓や赤ん坊の姿や牛や馬などの家畜の形をした奉納物を、神や聖者に供える習慣は、いまではもうすたれて行われなくなってしまい、ただ博物館などで、その名残を眺めることができるだけになってしまっている。このような奉納物が、どのようにして作られたり売られたり供えられたりしていたのかは、現在では、もう古い文献や絵などから推測するよりしようがない状態であるけれど、古い絵などをみていると、昔の教会の中には、いろいろな人形や、手足の形をした蠟型などがあちこちに吊るされたり並べられたりしており、それにまた、壁には稚拙な絵の絵馬が一面にかけられたりしていて、教会の中は、まるで人形店と小学生の絵の展示会場のような様子を呈している。

日本の場合には、ともすれば現在でも一部の寺院や神社において、不信心者にとっては、ときにこっけいに思えるほどの奇妙な奉納物が、たくさんぶら下げられたり並べられたりしていることがある。それに大きな神社の場合には、社務所の窓口で、各種のお札やお守が売られているのは、いまでもごく普通の情景であるし、また社殿の横手には絵馬掛けがあったり、立木などに読み終わったおみくじの花が白く咲いていることなどは、別に現在でも、我々にとって特に異様な感じを与える風景などというものではない。しかし、いわばこのような不合理な宗教上の習慣は、現在の西ドイツでなら、もう一部の巡礼教会を除いて、ほとんどまったくみることができなくなってしまっているような現象なのである。宗教の近代化は、西ドイツではそれだけ日本より早く進行している、と考えるべきことであろう。

巡礼教会　巡礼の習慣も、西ドイツでは第二次大戦後の混乱期にひところ盛んであったけれど、現在では、半ば観光をかねた参拝者や特別な祭日を除いては、常時多くの人々がつめかけるということはなくなってしまっている。巡礼教会（Wallfahrtskirche）とは、一定の居住区の住民を信者としてもっている普通の教会とは別のもので、ただ祀られてあるマリア像やその他の聖者像にお参りをするためだけに、遠くからでもわざわざでかけていく教会のことをさすのである。それが小さい場合には、カペレとも呼ばれていることも、また現在西ドイツでもっとも人気のある巡礼教会は、アルトエッチングにあるマリアのカペレであることもすでに述べた。西ドイツには、この他にも各地に巡礼教会が散在しているが、それらは日本の巡礼寺院のように、風光明媚な小高い山の中腹や、湖のほとりなどに建てられている場合がめだって多い

昔の巡礼教会の内部を描いた絵。左下の三人の女性以外の人物はすべて人形。自分の祈る姿をあらわしている

ことも、これもすでにみてきた。しかしもうそれらの巡礼教会には、日本の巡礼寺院のように、多数の信者たちがたえまなくおしかけてくるなどということは、このアルトエッチングの場合を除いて、西ドイツでは他にはもうみられなくなってしまっている。

昔は農村の主婦にとって、同じ村の人々と連れだち、農閑期に巡礼教会へお参りにいくことは、一つの習慣でもあり楽しみでもあった。そのため、各地の巡礼教会は、こういった人々だけでも、けっこうどこでもかなりのにぎわいをみせていたものであった。しかしいまでは、リクリエーションはリクリエーションとして独立して大型化してしまい、農村の人々でも、イタリアやフランスへまで、簡単に観光旅行にでかけていけるような世の中に変ってしまったのである。現在では巡礼教会といっても、ただマイカーに乗ってふらりと立ち寄る日帰りの観光客か、見物がてらお参りをすましたあと、近くのレストランでコーヒーやビールを飲み、風景を楽しんで帰っていく、信者とはいいがたいような人々の姿ばかりが目立つようになっている。

こういった西ドイツの現状のなかで、このアルトエッチングの巡礼教会だけは、ひときわ目立って異様な雰囲気をかもしだしている。そこでは、まだリュックを背負って二〇〇キロもの道のりを、四日もかかって歩いてくる信心深い農村女性の一群の姿もみかけられる。また、マリアとの誓願の約束を果たすため、気の毒なほど大きな重い木製の十字架を肩にになない、ひざまずいたままの姿勢で、マリアのカペレの回りの石畳の上を、いざりながら回って祈っている中年女性の姿をみかけることもある。

特別な祭礼の場合には、万を数える信者たちが各地から押し寄せてやってくるが、その他の通常の日であってもここの巡礼教会ばかりは、人々の波がつねに押し寄せて来て絶えるということがない。小さなマリアのカペレの内部は、ぎっしりつまった信者たちが、入口から出口に向かって、ほとんど立ち止まらずに、小刻みに移動しなければならぬほど混雑しており、祈禱料を払ってミサを依頼した信者たちのためには、何人もの神父が、朝から晩まで交替で、短時間のミサを何回も何回もとり行なっている。

しかもここでのミサは、すでに述べたように、他の教会の普通のミサとは少し違っているのである。神父は、大きな聖書をただパラパラとめくってみたり、ラテン語で聞きとれないほど口早にモゴモゴと聖書を読んでみたり、榊状の小枝で信者に水を振りかけてみたり、その様子は、日本の寺院や神社の祈禱の様子と実に近似した作法をみせている。それに、本尊のマリア像の祀り方も、これもすでに述べたごとく、日本の寺院の仏像の祀り方と非常に近似したもので、薄暗い奥まった場所に、有難そうに金銀宝石で飾り立てられている。

それにまた、このマリアのカペレを出てその外側の回廊をめぐってみれば、そこには絵馬が天井裏から壁一面にかけて、じつに隙間もなくぎっしりと掛けられてある（写真参照）。そこにはまた多数の松葉杖が、立て掛けられたり積まれたり、驚くほどたくさん集められているが、それは足の悪かった人々が、マリアのおかげで治って歩けるようになったという、その感謝の証としてここに供えていったものなのである。

とにかくここでの光景は、日本人の我々にとっても異様な感じがするものなのだが、しかしそれはまさに、日本の寺院や神社の在り方と共通する宗教現象であって、我々にとっては、これはむしろ身近な、なじみ深い現象といいうるものであろう。そしてこのような、アルトエッチングの宗教の在り方が、西ドイツにおいては、すでにごく珍しい生きた過去の化石的光景であるとすれば、日本の宗教の現状は、そのような過去の遺物が、まだ日常一般にごく普通に行われている程度の文化的段階に過ぎない、といわざるをえない状態というものであろう。我々一般人の宗教生活の在り方というものは、宗教の教義自体とはほとんど関係のない問題であって、ただ一般的に文化の程度がどれだけ進んでいるかという、本当に身につい

アルトエッチングのマリアのカペレの回廊。天井裏までぎっしりと絵馬がかけられている

た日常生活の文化程度だけが関係しているといっていいものだと思う。

信仰と迷信の間㈠　すでに何回もその著書から引用しているキール大学のクラマー教授（Karl-Sigismund Kramer 1916— ）は、中世から近世にかけての庶民生活を、文献にもとづいて、忠実に再現した労作で評価されている民俗学者である。彼の著作に目を通していると、当時のドイツの一般人の宗教生活というものは、現在のそれとはおよそかけはなれたものであったことを知ることができる。

さて彼の著書によると、昔のドイツの教会の天井の高い建物の中では、蜘蛛の巣掃除と小鳥除けが大変な仕事であった。蜘蛛の巣掃除は、体を綱で天井高く引き上げさせたうえ、箒でもって払うという危険な仕事であったし、鳥除けは、粉末をいぶして煙攻めにするという方法で行なっていた。またミサのときに犬がよく教会の中へ入りこんできて困るので、特に犬追いのために人を雇っておく必要もあった。犬追い役には、その仕事の性質上、ズボンがたくさん支給されていた。

教会の中には、聖者像がたくさん祀られてあって、なかには、服や布切れを着せられている聖者像もあったが、これらの服や布切れは、毎年洗濯をしてそのよごれを落とすのが習慣であった。また造花や生花や緑の小枝なども、これらの像に供えられていた。こういった描写を読んでいると、その当時のドイツの教会の様子は、現在の西ドイツの教会というよりも、かえって日本の寺院——鳩や雀が群がっていたり、着物やよだれかけを着けた仏像が祀られていたり、造花や生花や緑の小枝が供えられている日本のお寺——それもまだ野犬がたくさんうろついていた、今から二〜三〇年以上以前の日本の寺院の様子と、まったくそっくりであるといっていいほど似通っている。

これに対し、プロテスタントの教会では、その当時もう聖者信仰はなくなっており、巡礼の習慣や、カトリックのお祭りのときにみられる、隊列を組んでの行進の習慣なども、もうプロテスタントでは行われなくなっていた。しかし宗教改革後まもなくのころまでは（一七世紀まで）、特にマリアの像に限って、たいていの教会では大切にとりあつかわれていた。長年の聖者信仰の習慣を一朝にして完全に捨て去るなどということは、たとえ教義上の主義を転換してみたところで、人々にとっては、やはりそれはむずかしいことなのであった。教会によっては、マリア以外の聖者像も祀っているところもあったし、新規に聖者像を作らせているようなプロテスタントの教会さえもあった。しかし教会の近代化という点では、一般にプロテスタントのほうが、カトリックより二〜三〇〇年は進んでいたというべきであろう。

宗教の在り方というものは、同じ宗教でも、時代と共に変るものであるし、また同じ宗教でも、宗派によって異なっているものであるから、キリスト教だけに限ってみても、時代を超えた、一定不変の信仰形態などというものはありえないのである。昔は、聖者信仰や巡礼や絵馬の奉納などは、敬虔な信仰心のあらわれとして、教会によっても推奨されていた信仰形式であったというのに、それはすでにプロテスタントによって四百数十年前に否定されてしまい、カトリックにおいても、現在では正しい信仰とは表だって主張されてはいないのである。いうなればそのような信仰は、もはや迷信に過ぎない、と断定されかけているのである。

迷信といわれるもののなかには、宗教とは直接関係をもたない、例えば、馬の蹄鉄を拾うと縁起がよいとか、烏が鳴くと不吉だ、などといわれている類いのものと、あるいはまた、聖者信仰や絵馬や巡礼の習慣のように、宗教と直接関係してくる類いのものとがある。このうち、宗教に直接関係する場合は、同一の宗教、例えば同じキリスト教でも、宗派別や時代差によって、またそのときどきで異なる教会の判断によって、同一の習慣でも、正しい信仰と断定されたり、あるいは迷信と断定されたりする。キリスト教の古い信仰形態のなかには、その当時なら、教会自体によって推奨されていたものでありながら、現在では迷信と判断されているものがたくさんある。

例えば、昔は不幸や災難の原因として、悪魔が存在していることは、信者にとっても教会にとっても、自明の事実であった。悪魔の存在を否定することなどは、キリスト教徒にとってはむしろ不信心者の神の冒瀆であって、天候不順も、病気も、火災も、要するにすべての不幸や災難は、キリスト教では悪魔の影響と考えられていた(現在でもカトリックは悪魔の存在は否定しておらず、現在の法王パウロ六世も、折にふれ悪魔の存在を強調する傾向がある。しかし現在のプロテスタントは、一般に悪魔の存在に関しては積極的ではないし、西ドイツではカトリック内でも、近頃とくに悪魔の存在に批判的な声があがりつつある。例えば、チュービンゲン大学のカトリックの神学教授 Herbert Haag など)。

昔はだから、悪天候を払いのけたり、病気を治したり、その他すべての不幸から人々を守るのは、悪魔に打ち勝つ力をもつ神父の務めでもあった。有難い経典である聖書には、悪を打ち祓う力がひそんでいると信じられていて、悪魔祓いには、聖書の一部、特に「ヨハネ伝」の第一章、一―一四節が呪文として読まれるのが、古くからの仕来りであった。

さらに古くは、「ヨハネ伝」に限らず、すべての福音書の最初の部分が、呪文として用いられていた。

それがやがてこの「ヨハネ伝」に習慣的に固定してきたのは、「太初《はじめ》に言《ことば》あり、言は神と偕《とも》にあり、言は神なりき。云々」にはじまるこの福音書の最初の部分の文句が、名文であったことにもよるのであろうと推測されている。とにかくこの文章は、ちょうど日本の一部のお経のように、呪文としても用いられ、嵐除けにも、病気快復にも、難産のときにも、要するにあらゆる悪魔祓いの祈禱用に読まれていた。

また昔は、聖書の本自体にも霊力がひそんでいると信じられていた。聖書は置いておくだけでも魔除けに効き目があるとされており、壁の中に塗り込めて壁がくずれないまじないとして用いられたり、暖炉の上に置くと嵐除けになる、などという言い伝えが信じられたりしていた。また聖書の文句の一部を書きとった紙切れを身につけて、魔除けや招運のお守として用いる場合もあった。これらのことは一般の人々によっても行われていたけれど、神父自身によっても、祈禱の術として正式に行われもし、また奨められもしていたのであった。

このような習慣——例えば経典の一部を祈禱の文句として用いたり、経典自体に霊力がひそんでいると考えたり、あるいは有難そうな文句を紙に書いたり印刷してお守として用いる習慣——は、日本の宗教では現在でも通常一般に行われている習慣である。日本の宗教では、宗教家が迷信に対して極めて寛容——あるいは鈍感——であって、宗教家でも、一般に迷信と信仰を峻別しない、というのが日本の場合の特徴であろう。たしかに迷信というものは、とくに宗教家がこれに反対しなくとも、時代の知的水準が一般に高まるにつれ、ある程度はおのずから浄化され近代化されて、宗教の在り方も迷信ばなれしてくるものではあろうけれど、しかし、それにはそれなりの努力が払われてはじめて、日常生活での宗教的水準というものも高まってくるものなのである。クラマー教授の昔のドイツの再現像に目を通していると、この当時のドイツにおいても、すでに一般の人々の批判の声が、少しずつ少しずつ、迷信を駆逐していったその様子を知ることができる。

信仰と迷信の間(二)　その著書によると、昔は十字架とろうそくと鐘には特別な霊力がひそんでいると信じられており、魔除けの祈禱には、十字架を捧げもったり、ろうそくをともしたり、鐘を打ち鳴らして祈っていたものであった。とくに神父によって清められた鐘には、霊力がひそんでいると信じられていたもので、嵐や寒波や降雹や濃霧のときなどには、これらの鐘を打ち鳴らして、人々は悪天候の原因である悪魔の退散を祈願していた。だからこの当時のドイツにおいては、嵐などが押し寄せてくると、教会の鐘はもちろんのこと、村や町じゅうのあらゆる鐘が打ち鳴らされて、一種の騒音公害のような、けたたましい状態がつくりだされていた。

しかし、やがてこのような習慣にも批判の声が高まってきて、一八世紀後半のころには、教会の鐘を除き、天候不順のさいに鐘をつかないこと、などという命令が各地で出されている。けれども命令は必ずしもただちに守られなかったので、何回かくりかえし発令してみたり、あるいは、嵐の最初の三分間だけは教会以外の鐘も鳴らして祈禱してもよい、などという妥協案を発令してみたりして、ようやくこの問題を完全にかたづけえたのは、半世紀以上もたった、一九世紀前半のことであった。

迷信というものは、これと戦って亡ぼそうという意気込みがなければ、なかなか簡単にすたれて無くなるものではない。その点ドイツの宗教界や一般人には、早くから日本以上に、迷信批判の声が高かったということができよう。そしてそれがやはり、西ドイツの宗教生活の在り方の近代化を、日本以上に早く促進したということはたしかだと思う。

けれども、このような西ドイツの宗教界においてさえも、現在でもまだときに、首をかしげるような事件がおこることがある。一九七二年の一一月のことだったが、カトリックのある老神父は、彼女の体内に悪魔が宿っていると称してその女性を縛り付け、数ヵ月のあいだ、悪魔祓いの祈禱を続ける、ということがおこっている。

場所は東バイエルン地方のシュテルツホーフ村（Stölzhof）という片田舎で、神父は、例の巡礼地アルトエッチングのカプチン派に属する、六五歳になる老僧であった。体内に悪魔が宿っていると信じられた女性は、三三歳になるリースル・マウエルベルガーという独身の女性で、そのため彼女は縛られて、薄暗い部屋に閉じ込められたうえ、三人の男たちにおさえつけられて、悪魔祓いの祈禱を受けたのであった。

カトリックの制度では、悪魔祓いに対し、大小の二通りの作法が規定されている。小祓いは、洗礼のときや、特定の祭日（聖木曜日）に行う水、塩、油などの清め用の簡単なもので、大祓いは、人の体内などに宿る悪霊（Dämon）や悪魔（Teufel）（悪霊とは悪魔に仕える下位の霊であるという）を追い払ったりする大掛りのものである。そしてこの大祓いをとり行うためには、上司の司教の許可が必要条件とされているので、このときはこの神父の上司に当たる、パッサウの司教の許可をもらったうえで、この悪魔祓いをとり行なっている。

ところが、一一月にはじまった悪魔祓いは、翌年の二月までも続けられたのに、その女性はただ神父に唾を吐きかけたり、悪口雑言を浴びせかけたり、それに縄を解いてくれ、などと大声で叫ぶばかりで、体内の悪魔は一向に出ていく気配がみられなかった。神父は十字架像を打ち振り、「汚れし霊よ、父と子と聖霊の御名により、この体内より退散せよ」と呼ばわり、「ヨハネ伝」を読んで大祓いの作法を汗しずくになって続行したのであったが、しかしけっきょく得られた結果は、体内に宿る霊がプルートー一世（Pluto I. これは悪魔のなかでも位の高い霊とされているもので、普通は人の体内などに入り込むのは、もっと位の低い悪霊の場合が多いと信じられている）である、ということが分かったくらいの程度で、縛られた女性のほうも、あばれて大声で叫ぶため、ついには彼女も汗しずくになって、ぐったりと失神してしまうだけであった(Stern 一九七三年三月八日)。

このような情景は、昔のドイツでなら各地でよくおこっていたものであった。魔女裁判がまだ盛んであった、中世から近世にかけての時代にこのようなことにでもなれば、まずきまって、彼女は魔女として火刑に付されたものであったが、しかしそのまえに彼女を拷問にかけて、彼女の仲間の名前をも自白させ、それらの人々もまた、彼女の同類の魔女及び魔男として、つぎつぎに火刑に処せられていったものなのである。しかし現在の西ドイツでは、もちろんそのようなことが行われるはずもなく、この悪魔祓いの噂が広まったことによって、人々の批判の声が高まったため、新聞などでも攻撃されることとなって、あわてたパッサウの司教は大祓いの許可を取消し、この悪魔祓いは中止されることになった。

このように、現在の西ドイツの宗教界においても、特にカトリック内の一部においては、後進的な現象がおこりうることはあるのである。しかしこの場合も、そのような後進性をおさえたものは、やはり人々の批判の声の力であった。パッサウの司教は、その後自分の軽率な処置を認めたものの、その司教の事務局である司教庁の人々は、この事件に関係した人々に手をまわして固く口止めをし、当の女性は、隣国のオーストリアにある、ある教会関係の建物内に移されたという話である。しかしとにかく、この程度まで教会の後進的なやりかたに圧力を加えたのは、人々の批判の声の力であった。

――また最近この種の事件がおこっている(Klingenberg 町、人口二、三千人の小さな町、Aschaffenburg 市の近く)。それは二三歳になる教育学及び哲学専攻の女子学生に悪魔祓いを九カ月間も行い、しまいには食事も水も与えず祈禱したため、とうとう餓死させてしまったという事件である。死亡したのは、一九七六年の七月であったが、今回はとうとう西ドイツ連邦の法廷では初めてという、悪魔祓いが原因での裁判となった（Aschaffenburg市の州法廷）。判決は一九七八年四月におりたが、検事の求刑が悪魔祓いを行なった二人の神父にはそれぞれ四八〇〇マルク及び三六〇〇マルクの罰金刑、そして悪魔祓いを助けた両親は、子供をすでに死なせているのでそれで償いはついたとして無罪であったのに対し、裁判官の判決は、意外にもそれを上回って、この四名すべてが三年の執行猶予付の六カ月の自由刑（Freiheitsstrafe 懲役、禁固、拘留を包括した言葉）であった。法廷では、フライブルク大学の心理学者Johann Mischo 教授が、カトリック教会は悪魔祓いを即時廃止することを主張し、医師の見解では、この女子学生は癲癇《てんかん》の症状を表わしているということであった。この場合上司の司教はヴュルツブルクの司教であったが、彼はただカトリックの方式に従ったまでということで起訴はされなかった。しかし判決の一〇日後に、西ドイツの司教会長である Josepf Höffner 枢機卿は、悪魔祓いを行う場合は医者と相談しつつ行うこと、悪魔の存在自体は否定できないけれど、しかし神父が医者の領域にまで立ち入ってはならない、という警告的な見解を公表している。迷信に対する世論は、前記の事件以来、西ドイツではこの数年間でまた一段ときびしくなったとみてよかろう（Spiegel 一九七八年四月三日。Stern 一九七八年三月三〇日。Südwest Presse 一九七七年七月七日。一九七八年四月二〇日、四月二二日、五月二日）。

日本の場合には、ときに祈禱師の命令によって、悪霊にとりつかれたとされる人が、縛りつけられたり熱湯をかけられたりして、ついには死亡するという事件が週刊誌などにのることはあるが、その場合でも、西ドイツのようには世間一般にも宗教界にも、批判の声がそれほど高まってこないのは、やはり世間一般も宗教界も、その文化程度の水準がまだ低いということになるのであろう。

かくれた迷信　クラマー教授の著書によると、中世から近世初期にかけてのドイツでは、人々はやたらと予言者のところへみてもらいにいったものであった。予言者とは、ドイツ語で普通ヴァールザーガー

（Wahrsager 真実を告げる人の意）などといわれているもので、失せ物、縁談、占い、予言、人及び家畜の病気治療のまじない、その他の魔除けのまじない一般、などの相談に応じている人々のことをいうのである。日本ならば、易者とか祈禱師などがこれに当たるものであろうけれど、ドイツでは、これが女性の場合には昔は賢女（weise Frau）などとも呼ばれており、彼女らのなかには、山野で野草を採集して、これを薬草として用いることに長じているような人々もまじっていた。

クラマー教授の著書のなかにある史料をみていると、人々は牛乳瓶がみつからないといっては予言者の所へみてもらいにいき、犬の鎖が盗まれたといっては、予言者の所へみてもらいにいっている。あるときなどは、二人の男が歩いていると、とつぜん一人の男が追いかけてきて、その籠に入っているぶどうはおれのものだといいはるので、驚いてそのわけを尋ねると、自分のぶどうが盗まれたので予言者の所でみてもらったところ、予言者が、いますぐ走っていけば盗まれたぶどうに追いつくことができる、と教えてくれたからこれはおれのぶどうだ、などという。

このような予言者の在り方に対して、批判の声がおきはじめたのもドイツでは早かった。クラマー教授の史料の収集地域である現在の西ドイツ中部では、すでに一五四四年に禁止令が出されていて、盗難や失せ物のために、予言者の所へいってはならないし、また予言者は、そのような仕事をさしひかえるべきである、という命令が下されている。さらにまた一五七二年には、この種の者の所へみてもらいにいった場合には、城の塔内の石牢に、数日間入牢を申し付けることが布告されている。

けれども、このようなかくれた民間の迷信というものは、なかなか簡単に根絶できるものではない。予言者や祈禱師の系譜はずっと現在まで続いており、現在の西ドイツにおいても、彼らの姿をみることはできる。二〜三〇年前までの西ドイツでなら、予言者や祈禱師のいない村は西ドイツでは一つもない、などという言葉もじっさいある程度は真実であった。彼らはクラマー教授の再現像当時のような影響力はもはやもちあわせてはいなかったにしても、しかしやはりかなりの人々が、予言や祈禱や病気治療のまじないや、それに西ドイツの場合は畜産の国だけに、牛や馬などの家畜の病気治療のまじないのためにも、その当時はまだ、彼らの家をおとずれていた。この種の人々の影響力が、このところ急激におとろえてしまったのは、医学の発達と健康保険制度の浸透のため、人々が安心して気軽に医者にかかれるようになったことが大きな原因の一つである、といわれている。

私が実際、この種の人の一人に会うことができたのは、チュービンゲン市から車で一時間ほどもいった、ヴァッヘンドルフ（Wachendorf）という小さな農村においてであった。この村は、第一部で紹介したヒルリンゲン村の隣村であって、私は知人のザイレ君からその人のことを聞き知り、彼に頼んで、そこへ連れていってもらったのである。それは一九七〇年の初夏のことであった。

その人はヘンレ（Hänle）という姓の、四〇歳をでたくらいの中年の女性で、親切そうな気立てのいいおばちゃんという顔つきをしていた。彼女の祖父は、ルベルト（Rubert）・ヘンレという近在では名の知れた祈禱師であって、彼の存命中には、スイスあたりからも、団体バスをしたてて治療のまじないを受けにきた人々もいたほどであった。彼はそれまでの本職であった農業を人手にまかせてしまい、もっぱら祈禱だけで生活をたてていたという。

ヘンレおばさんは、訪ねていった私たちを気に入ってくれた様子で、私とザイレ君は、数日後の午後のお茶に、もう一度彼女の家をおとずれるよう招待まで受けた。それで私たちは、その日数時間ほども、彼女の家でゆっくりと話をすることができた。彼女は、私のいろいろな質問に答えて、私は霊を見ることもあるし、また未来の様子が目に浮かぶこともある、などという話をしてくれた。彼女は、悪霊や魔女の存

ヘンレおばさんのくれたお守り（横7.7センチ，縦11センチ）

在を信じており、そのような霊を追い払う術があることの説明もした。私が、魔除けにはお守を用いることがあるかどうかを問うたところ、そうだと答えて、印刷された紙きれを一枚私にくれたのであったが（写真参照）、それは特に効き目があるとされる横棒の二本ある二重十字架（Doppel-kreuz）に、いろいろな聖者像などを配したものであった。ザイレ君は、お守をもらった私をうらやましそうにしており、自分も欲しそうな様子をみせたのに、ヘンレおばさんはそう簡単には分けてくれなかった。普通はこのようなお守りに対しては、かなりの金額が支払われるべきものなのだときく。

ヘンレおばさんの霊力の評判は、彼女の祖父の代ほどではなかったにしても、しかし近在をはじめチュービンゲン市内にまでも、かなりの噂が広まっていることをその後私は知ることができた。彼女に祈禱を頼んで裁判に勝った話や、医者の治せぬ病気を彼女が治した話など、本気で語ってくれた老人や、笑いながら話していた青年がいた。しかし彼女は、祖父の代のようには祈禱料だけで生活をたてていくことはできず、チュービンゲン市内の小さなホテルのレストランに、ウエートレスとして通勤していた。だいたいがヘンレおばさんに限らず、祈禱のような仕事だけで生活をたてていくことは、西ドイツではもうむずかしい生活環境になっていた。

占師、予言者など

日本ではまだ、易や観相や姓命判断や祈禱などだけで生活している人はたくさん

ベルリンの大道易者（1933年撮影）。この当時ならドイツにも大道易者がいた（A. Spamer: Die Deutsche Volkskunde より）

いる。例えば日本の都会の電話帳などをみると、よく「易」という項目がもうけられていて、広告の枠が必ず何頁分も並んでいたりする。しかしこういった現象は西ドイツではもうみられない現象なのである。日本ならば、都会の夜の盛り場の薄暗い所に、易者が何人か店を並べて客を待つなど、ごく普通の情景であるというのに、西ドイツではもう予言者や占師を探し出すことさえ、その筋の知識がなければ簡単なことではない。私はポルトガルの首都のリスボンの公園を歩いていたとき、中年以上の女性が数人ベンチに腰を下して客を待ち、集まってくる娘たちに、彼女らの運勢を説明している情景をみたことがあった。それはちょうど日本の大道易者の在り方と同様の現象ということができるもので、ヨーロッパでは後進的なポルトガルのような所へいってはじめて、日本の日常の精神文化の水準と同程度の現象がみられる、ということになるのであろうか。

　しかし実は西ドイツにおいても、それだけで生計をたてているような、占星術師やトランプ占師や観相家や祈禱師などの人々もいることはいるのである。西ドイツの週刊誌には、たいていその週の星占いがのせられているし、占星術師のなかには、全西ドイツ的に名の知られている人もいて、新年の新聞などには、その年の彼の予言が興味半分に記載されていることも多い。また西ドイツには、Neue Weltschau（新世界情報）や Das Neue Zeitalter（新時代）などという名の予言専門の週刊誌などもあって、駅などの売店での売り上げは、合計一五万部にも達するといわれている（Stern 一九七六年五月二六日）。西洋の占いの類いのなかでは、特に占星術はその方法が複雑でもあり、また高級なものと考えられていて、昔のヨーロッパなどでは、一国の政治がこの占いの結果に左右されていたほどであったが、現在でも一流の政治家や経済人や有名人を顧客にもって、彼らの企画を左右しているような占星術師が西ドイツにもいることはいる（Hans Genuit, Wolfgang Döbereiner, Alexander von Prónay, Marguerite Gousanthier などの占星術師は特に有名）。

けれども西ドイツの場合には、こういった現象に対する批判の声もまた高いのである。占いは迷信であるとはっきりいいきる意見や、占いが当たらなかった例を列挙し、当たるとしてもおおよその傾向の予言が当たるだけで、人の死期を当てるなどの具体的な場合は当たらない、などという意見が、本や週刊誌や新聞などにみられることも、日本の場合よりずっとひんぱんである。日本では、易や墓相や印相や姓命判断などは、これを疑わしいと考える人はたくさんいても、これを迷信と断言して、新聞、雑誌、著書などで、これに攻撃を加えるような人はあまりみかけることがない。まじないによる病気治療の場合でも、日本ならば治らなくともそのままあきらめてしまう人々がほとんどであるというのに、西ドイツの場合は、金を払っても病気が治らなかったと主張して、契約違反で訴えたり、医療法違反で訴えるような事件が、日本の場合よりかなり多くおこっているようにみうけられる。

占星術や易やその他の占いが、いったいどのような確実性をもっているかについては、だれも明確な知識はもちあわせていないし、また祈禱のように、いわゆる超能力を用いてどのように病気が治されるものかについても、いまのところだれも正確な知識はもちあわせてはいない。しかしヨーロッパでは、このような超心理あるいは超能力的な研究分野は、それはそれとして正式に大学で学問として研究されているというのに（西ドイツでも、例えばこの分野で著名なフライブルク大学の Hans Bender 教授のような人がいる）、日本ではそういった方面での研究は、私的研究だけにまかされているのが現状である。日本の場合は、宗教も迷信も超心理も超能力もいまだ未分化で、野放しに放置されている段階にあるといっていい状態であろうと思う。

ある迷信撲滅運動家――クルーゼ氏　迷信撲滅運動家として西ドイツで名の通っている人に、ヨーハン・クルーゼ（Johann Kruse 1889–　）という人がいる。彼は魔女に関する迷信（Hexenwahn 魔女妄想、という）との闘いに一生を捧げた人で、九〇歳に近い現在に及んで、ようやく彼の功績も西ドイツのその筋一般に認められるようになったのである。

超能力を用いて人に危害を加える悪質な女性が存在する、という妄想は、ある程度全世界的に共通する現象であって、日本においても、犬神憑きとか狐憑きなどの俗信がみられ、その憑き筋の家系の女性は、超能力によって他人に危害を及ぼすことができる、などと信じられている。中世から近世にかけてのヨーロッパでは、この種の女性を捕えて魔女裁判を行い、主に火刑による死罪に処していたのであったが、日本においても少数ながら、そのような女性を死罪に処した事例は伝わっている（石塚尊俊『日本の憑きもの』未来社一九五九年）。

ところがこのような魔女の存在を、現在においてもまだ信じているような人々が、西ドイツには意外とたくさん残っているのである。アルレンスバッハの一九七三年のアンケート調査においても、魔女が「確実に存在する」と答えた人は二％、「多分存在する」と答えた人は九％もいた。私が直接知っているドイツ人のなかにも、魔女の存在を確信している人は相当数いる。そして例のヒルリンゲン村などには、事実人々が魔女と信じている女性が一人じっさい住んでいて、私は彼女の姿を、自分の目でみることさえもできた。

彼女の家は、私の知人の例のザイレ君の家の真隣であった。ザイレ君一家は、彼女が魔女であることを信じており、自分たちの子供がまだ幼かったころ、彼女ににらまれたため、急に病気になったことが二度もあったと話していた。村の子供たちは、彼女の姿をみつけると、みんな逃げ散ってしまうということであったし、そのためか、彼女はあまり人前に姿をみせることもなかった。私が一度彼女の姿をみたのは、私が彼女の家の前で、名も知らぬ木が美しい花を咲かせているのをただ眺めていたのに、とつぜん彼女が二階の窓から顔を出して、なにやら遠ざかれというような意味のことを、おこったような声でいったときであった。

彼女が魔女だという噂をたてられたから、それで彼女の性質がひねくれたのか、あるいは逆に彼女がひねくれた性質であるため、魔女であるという噂をたてられたのか、その辺のことはくわしくは分からないが、とにかく彼女が、村人から特別な処遇を受けていることは確かであった。あるときなどは、彼女の家の二階がボヤでくすぶっているのに、村人はなかなか火を消してくれなかったということだし、それにその後はまた噂をたてられて、あれは彼女がまじない用の本をストーブにくべたため、ストーブが過熱して火災になったのだ、などとささやかれたという。このように噂によって人々を苦しめる現象を、魔女妄想研究では、噂迫害というのである。

ヨーハン・クルーゼ氏が闘ったのは、このような噂迫害をはじめ、さまざまな魔女妄想に対してであった。彼がそのような運動に身を投じようと決心したのは、彼が一二歳のときに、実際そのような迷信を目の前にしたからであった。

それは生まれ故郷の、北ドイツの農村のことであった。ある農家の牛が病気にかかったので、そこの主人が祈禱師を呼び、病気の原因を調べさせたところ、祈禱師はさまざまな祈禱の術を行なったのち、主人に向かって、「明日最初にこの家に入って来た者か、三日内に何かを借りに来た者が、牛を病気にした魔女だ」と告げたのである。そしてその翌日最初にこの家に入って来たのは、当然ながらその農家に雇われていた、七〇歳ほどの老婆なのであった。ところがそのため、この老婆はそれ以後魔女の噂をたてられることとなり、不当な嫌疑で悩まされつづけることになったのである。

クルーゼ氏は、その後この地方の農村の小学校の教師になったが、仕事のかたわら、ドイツ北部の魔女関係の資料を収集し、それを出版して世に問うところまで漕ぎつけえた(Hexen unter uns ? Verlag Hamburgische Büchereí, 1951)。しかし彼はそこまでに至る以前に、このような研究を続けることは国の恥をさらすようなものだ、と小学校の職を追放されるという不当な処分を受けている(彼が私に直接語ったところによると、研究をやめるか教師の職をやめるかいずれかを選択せよ。もし職を捨てる場合には、その代り恩給の条件を有利にし、時期を早めて受取れるように取り計らおう、と話をもちかけられたとのことで、彼はそれで恩給をもらい、教職をはなれて魔女妄想撲滅に専念したとのことである)。その上すでに印刷済みのこの著書さえも、彼には原因不明の干渉によって、出版社が途中で販売を打ち切り、残部を廃棄処分にしてしまうという圧力さえも受けたのであった。彼の迷信撲滅の努力も、なまやさしい平坦な道程《みちのり》ではなかったのである。

この短時日しか日の目をみなかった彼の著書のなかには、当時の魔女妄想の実例がたくさん列挙されている。ちかごろ西ドイツで出版される新しい魔女妄想関係の著作や、あるいは西ドイツの週刊誌や新聞にのる現代の魔女妄想関係の記事は、ほとんどいまでもこのクルーゼの収集した実例をその素材として利用しているから、彼はこの方面の資料の収集家としては、いまでも第一人者ということができよう。

私はその著書を彼から頂戴しているので、いまその中から少し抜粋してみると、

ヨーハン・クルーゼ氏

一九四九年、プレン郡（Plön 西ドイツ北部のシュレスヴィッヒ・ホルシュタイン州）でのこと。ある農家の主婦がうちあけてくれたという話。「夏のあいだは乳がたくさんとれたのです。ところが秋になって牛を牛舎へ移したところ、乳の出が減ってきました。それは乾草が悪いせいだという人もありましたが、それはそうではないのです。私どもはそれがだれのせいかちゃんと知っておりました。それは近くのカークシュ婆さんのせいなのです。あの女ならそれができるのです。彼女は猫に化け、夜になるとやってきて乳をしぼってしまうのです。私の夫が一度身をかくしてうかがっていたところ、猫は牛舎の破れ窓から入ってやってきました。」

これと同種の俗信に、壁にナイフを突き立て、そのナイフの柄から隣の牛の乳をしぼりだすとか、はなれた他人の牛の乳を自分の手拭からしぼりだすとか、いわば、牛の遠隔搾乳とでもいうべき妄想の類いがいくつか信じられているが、これらはかつて魔女裁判盛んなりし時代以来ずっとつづいている妄想で、クルーゼ氏の資料のなかにも、他にいくつか記載されている。

プレン郡のある夫婦からクルーゼ氏がきいたという話。「赤ん坊のパウルがあまり泣くので、私たちはこれはきっと魔女にやられたのだ、と考えました。知人もそうだというので、私たちは燻しをやり（魔糞 Teufelsdreck というゴム状の物質を燻して悪霊祓いを行うこと）、赤ん坊を煙の立つ鍋《なべ》の上にかざしたのです。そのあとしばらくして、だれかが戸をガタガタゆすりましたが、開けずにいたところ、こんどは窓ガラスをコンコンとノックするのです。

それでもほうっておいたのですが、『どうして開けないの』と外からきこえた言葉は、叔母の声でした。けれども私たちが、『魔女だ、魔女だ』と叫んだので、やがて叔母は泣き出し、そしてそれっきり私どもへは寄りつかなくなりました。赤ん坊もまもなく丈夫になったのです。」

赤ん坊の泣きぐせ、ことに夜泣きは、魔女が原因しているという迷信も昔から伝わっている話で、この場合は、自分の叔母さえも魔女にしたててしまったわけである。

クルーゼ氏にとっては、何回となく見聞したことで、もう別に珍しいことではないとのことであるが、そのときは、一九四七年のある夜のことであった。氏の語るところによると、その夜おそく、彼は自分の牛が魔女にやられたと信じ込んでいるある農夫と一室にこもっていた。あたりは静かで、部屋にはカーテンがぴったりと下ろしてある。農夫は聖書をとりだし、「ルカ伝」の九章四二節を開いたが、ここにはキリストが、悪霊を退散させた様子がしるしてある。彼は聖書のこの頁の上に家代々伝わる家の鍵を置き、鍵をはさんで本を閉じ、全体をひもで十字にくくりつけた。つぎに彼はくくったひもの輪に右手の中指をさし入れ、聖書を宙にぶらさげたが、そうやって片手で本を宙づりにしながら、彼は魔女と疑っている人物の名前を、つぎつぎと声を出してあげていくのである。もしその人物の名前をあげたときに、本が揺れなかったばあいには、その人の疑いは晴れたわけで、つぎの人物の名前に移っていく。このようにして、彼が五番目にある中年の女性の名前を呼んだとき、おそらくしだいに高まってきた緊張のせいであろうが、本はくるりと回転しはじめた。これで彼は魔女の名前を知ることができたというわけである。

クルーゼ氏の魔女妄想撲滅運動の業績の一つに、まじない本に関する裁判事件がある。まじない本とは、いろいろな病気や災難に対する呪文や薬の処方をのせたもので、何種類も存在しており、ある貴族の家に代々伝わっていたまじな呪い本が、近頃でも新たに発見されたりするような場合もある（例えばチュービンゲン大学の民俗学科から出版されている Zauberei und Frömmigkeit. Tübinger Vereinigung für Volkskunde, Tübingen Schloß, 1966 の中にもそのようなものが一つ収録されている）。この種のもので、西ドイツで現在もっともでまわっているものは、「モーゼ第六、七書」（Das sechste und siebente Buch Mosis）という題名のものであるが、その表紙が黒いところから、別名「黒本」（das schwarze Buch）とも呼ばれている。

「モーゼ書」とは、旧約聖書のモーゼ五書のことで、これは本来第五書までしか存在していないものを、口伝でつたえられた第六、七書が別に存在していたと主張し、それを印刷したものがこの本である、という建て前によって創作されているのである。この本を最初に出版した人は、シァイブレ（J. Scheible）という人で、一八四九年のことであった（Herbert Auhofer: Aberglaube und Hexenwahn heute. Herder, Freiburg・Basel・Wien, 1960による）。

その後この本は何種類か出版され、現在においても、陰のルートを通ってかなりの部数が出回っている。私が入手しえたものは、ある村の村長から、チュービンゲン大学の博士過程のナゲル氏がもらったものをさらにゆずり受けたもので、一一×七・五センチくらいの大きさに、一三〇頁ほどの厚さの小型本である。出版社名にはフィラデルフィア（Philadelphia）という架空の名が付してあるだけで、出版年その他は一切しるしていない。

内容は最初の三〇頁が、民俗信仰や民間療法一般の解説に当てられており、これは割とまともな内容ということができよう。そのあとの約七〇頁が本文で、病気やその他の災難除けの呪文や薬の処方などがしるしてある。「ひそかにしのびよる敵に対する呪文」とか、「しもやけの予防法」とか、「癲癇の治療法」とか、「歯痛止めの法」とか、「女性の肺癌の治癒法」とか、「魔女に魔術をかけられた牛の病気を治す法」

とか、細かい項目別にさまざまな呪文や治療法がかかれてある。そしてそのあとにつづく最後の約二〇頁には、「ヨーハン・ファウスト博士の地獄霊の強制法提要」という項目のもとに、ファウスト博士がかいた文章の体裁をとって、アキエル、アニグェル、マヒエルなどという七つほどの霊について、それを呼び寄せて自己に仕えさせる法や、そのとき用いる記号、それにその各霊の性質などがしるしてある。

ヨーハン・クルーゼ氏が裁判で訴えたのは、この本の出版社であった。このフィラデルフィアという名の出版社は、実はブラウンシュヴァイク市（Braunschweig）のプラネット出版社（Planet-Verlag）で、そこでは一九四九年以来、たえずこの本を出版しては流していたのである。そしてクルーゼ氏が魔女妄想の調査をしているさい判明したことであるが、魔女妄想にはかならずといっていいほど、いつもこの本が悪霊除けの祈禱書として、悪質な影響を与えていた。

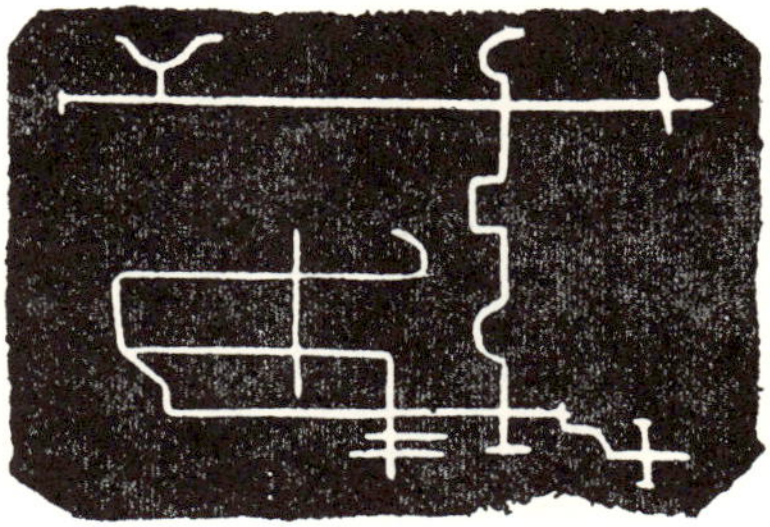

ファウスト博士が伝えたというアキエル（Aciel）という霊を呼び寄せるときの記号（モーゼ第六，七書より）

この本にかかれている病気や災難除けの呪文や治療法には、別にとくに害にならないようなたわいのないものもかなりたくさん含まれている。例えば、痛風に効くという呪文は、「こんにちは、フィヒトおばさん（痛風はドイツ語でギヒトというところからきた語呂合わせ）、私はあなたにギヒトをさしあげます。私はそれを今日まで背負ってきましたが、こんどはあなたがそれを最後の審判の日までもっていて下さい」などというものである。しもやけの予防法は、「春か夏にみつけた最初のいちごを足と手にこすり込め」というもので、別に効くとは思えない代りに、別に害になることとも思えない。

しかし、なかにはどうかと思われるものもいくつか記載されている。例えば「解熱」には、「黒猫の耳に穴をあけ、そこから流れ出る血をパンに受けてこれを食べよ」とあるし、「鳩が小屋から逃げていかない法」には、「棺桶の釘か板、あるいは人の手足の骨を鳩舎の隅に置け」などとある。

とくに魔女妄想に関係するものには、魔女に魔法をかけられて死んだと思われる家畜や乳の出なくなった牛に対する呪法のなかなどに、この種のいかがわしい類いのものがいくつか記載されている。例えば、牛に魔法をかけられて牛乳に血が混入してくるような場合には、「その牛乳を容器に入れて焦げるほど熱せよ、そうすれば犯人の魔女は焼けるような苦しみを感ずる」などとあるが、これはじっさいクルーゼの調査した実例にもでてくる呪法で、ちょうどこのまじないをしているときに、運悪く病気にかかっていたり、やけどを負っているような女性がいたりすると、彼女は村人から、魔女の嫌疑を受けることになるのだった。

魔女に魔法をかけられて死んだと思われる家畜の場合には、「その心臓を切りとり、それに三〇本の針を刺したのち、袋につめて煙突の中につるせ。そうすれば魔法をかけて殺した犯人は、苦しくなって自首してくる」などという法がこの本にはかかれてあり、これも同種のことをじっさい行なっていた実例が、クルーゼの調査例にあがっている。

クルーゼが出版社を相手どっておこした裁判では、最初（一九五三年）この本は「科学的価値なき文学作品」と判断されて、告訴さえもとりあげてもらえなかったのであったが、一九五六年には、根拠ありとして採用されて、専門家の立場から、ベルリン大学法医学科のプロコプ教授（Otto Prokop）が、クルーゼの立場にたってこれを有害と判定し、またゲッチンゲン大学民俗学科のポイケルト教授（Will-Erich Peukert）は、自身魔術の研究家でもあり愛好家でもあったので、彼は逆に出版社側にたってこれを弁護する立場をとっていた。結果は出版社側の敗訴におわって、陪審裁判所からは罰金刑がいいわたされている。ところが一九五七年には、同じく両教授の意見も聴取されて、さらに地方裁判所の刑事法廷で裁判が行われたのであるが、その結果は無罪ということであった。その後、これは上級地方裁判所によってさしもどしということになったのであったが、しかし以後の経過は、クルーゼ側にとってかならずしも思わしくはなかったようである。

しかしクルーゼは、じっさい魔女妄想に悩まされている女性たちを援助したり、文筆活動や、官庁への運動や、マスコミへの働きかけなどで、彼の運動をしつように続けていった。そして一九七〇年を過ぎた頃から、私にときおり送られてくる彼の手紙の文面にも、ようやく彼の運動が、少しは結実しはじめたことを思わせる言葉が目立つようになってきた。その手紙の中には、各種の学会が魔女妄想に積極的に反対する決議を行なったことなどが知らせてあったり、彼についての記事がのっている新聞や雑誌の切り抜きなどが同封されてあったりしたのであるが、それらの記事に目を通すと、マスコミの傾向も、ようやく彼の意図に添いつつある様子をみてとることができた。彼が一生をかけて収集した現在の魔女妄想関係の各種の民俗資料は、ハンブルクの民族博物館が一室を設けて保管してくれることになったということであるし、九〇歳近くになった現在、ようやく彼の迷信撲滅の執念もむくわれつつある、というものであろう。

現在の祈禱師たち　「魔女妄想のかげには必ず祈禱師あり」などと西ドイツではいわれている。人や家畜が病気になったりした場合、その原因は魔女だなどといいだして、ある特定の女性を魔女にしたててしまうのは、たいていの場合祈禱師だからである。祈禱師は、ドイツ語ではヘクセンバンナー（Hexenbanner 魔女祓い師の意）などと呼ばれているが、魔女や悪霊祓いばかりではなく、予言や民間療法なども行なっているのが普通である。

しかし西ドイツの祈禱師は、日本のように公然と営業を行なっているわけではなく、また専業としてそれで生計をたてている場合も少ないから、その実態はなかなかつかみにくいといわれている。その祈禱の方法も、日本のように公の宗教がその作法を伝えていたり、あるいは少なくとも影響を与えたりしているのとは異なっていて、各人が勝手に独自の方法を開発しているような場合が多いのであるから（くわしくは拙論「ヨーロッパの憑きもの信仰、魔女と魔女裁判、その過去と現在」関西医科大学教養部紀要第二号一九六八年）、その間に共通する伝承的な作法などというものはとくに明確には認めがたい。しかし煙でいぶしてみたり、呪文をとなえてみたり、聖書やお札やお守を魔除けとして用いたりしていることの多いのは、このような場合に共通してみられる人間一般の心理構造にもよるもので、日本でもこのような場合には、香でいぶしたり、呪文やお札やお守や経典などを用いたりしている。

さてこのような祈禱の法が本当に魔除けに効能があるかどうかは、はなはだ疑わしいことはいうまでもないことであるが、なかには明らかににせものの祈禱師も西ドイツにはかなりいて、ときには彼らの行為が裁判ざたになり、法廷で有罪の判決を受けたりする場合もある。最近の（一九七二年）この種の事件で西ドイツで知られているものには、ハヌッセン二世（Hannussen II）と自称するヴィリ・ゲルステル（Willi Gerstel）という男の裁判例がある。彼は各地のホテルに陣取って、そこで宝くじの番号や株の予想、それに病気の病名診断とそれの治療法の相談などを行なっていたもので、彼の一回の見料は一〇マルクから二〇〇マルク（約千円から約二万円）程度であったということであるから、この種のケースとしては小額の部類に属している。求刑は九カ月の自由刑であったというのに、判決は二〇〇〇マルク（約二〇万円）の罰金刑だけですんでいたのは、もう二度とこのようなことは行わない、本来の園芸職にかえってまともに働く、と彼に改悛の情がみられたからであった（Südwest Presse 一九七二年一二月二〇日）。

ところが彼は刑が決定してしまうと、すぐに前言をひるがえして、またこの仕事をはじめる、と公言している。そしてこれに対して検事側としては、彼が新たにもう一度明確な詐欺事件をおこすまでは、この問題をあらためて裁判にもち込む手立てはまったくない、ということである（Südwest Presse 一九七三年一月一七日）。だいたいがこの種の事件は、一般にうやむやになる場合が多く、このときの裁判の判決理由にしてみても、告訴の罪状はたくさん並べられていたのに、けっきょくただ彼が虚偽と知りつつ相手にうその病名を告げた、ということだけにその罪状がしぼられていた。

しかし明らかに詐欺師的な祈禱師であっても、彼の治療が効くことはあるのである。それは神経性の病気の場合であって、そのようなときには、へたな医者よりも、かえってむしろにせものの祈禱師のほうが有能でさえありうる。そしてまさにこの点に、祈禱師の活躍が可能である理由が存在している。

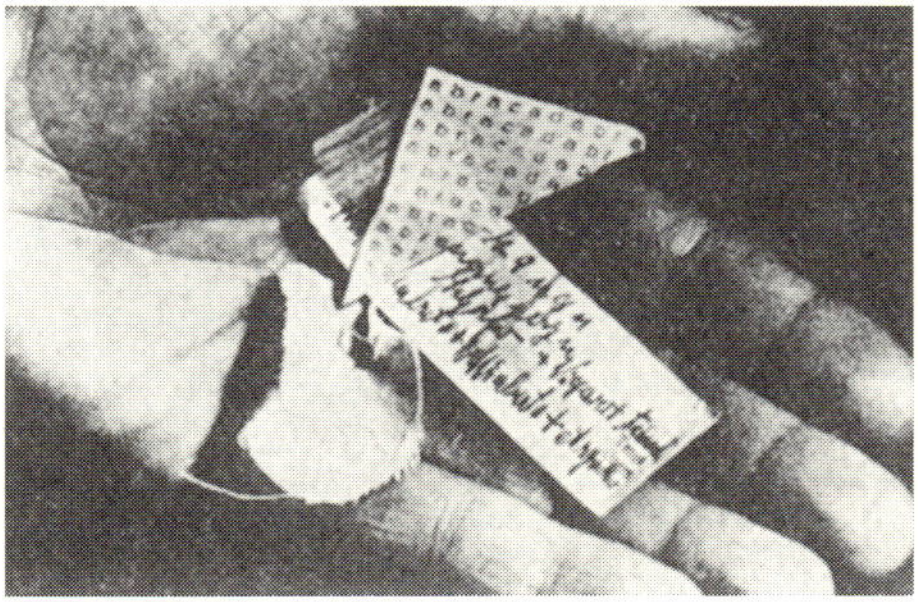

祈禱師が作ったお守。abracadabra はこのようなときよく用いられる呪文。これらを布の袋に入れて，首などにさげて身につける

このような方面の専門家である、連邦刑事顧問のシェーフェル博士（Herbert Schäfer）によると、氏が裁判記録によって調査したところでは、祈禱師が治療しようとした病気の種類は、歯・手・足・頭の痛み、リューマチ、坐骨神経痛、痛風、神経性の病気、皮膚病、ギックリ腰、循環器系統の病気、心臓病、腫瘍、子供の癇、筋萎縮、精神分裂、丹毒、胆水腫、水腫、足の静脈炎、腎臓病、肺炎、いぼ、くる病、不眠症、喘息《ぜんそく》、百日咳、麻痺、憂鬱症、猩紅熱、など実にさまざまであったが、祈禱の効果のあっ

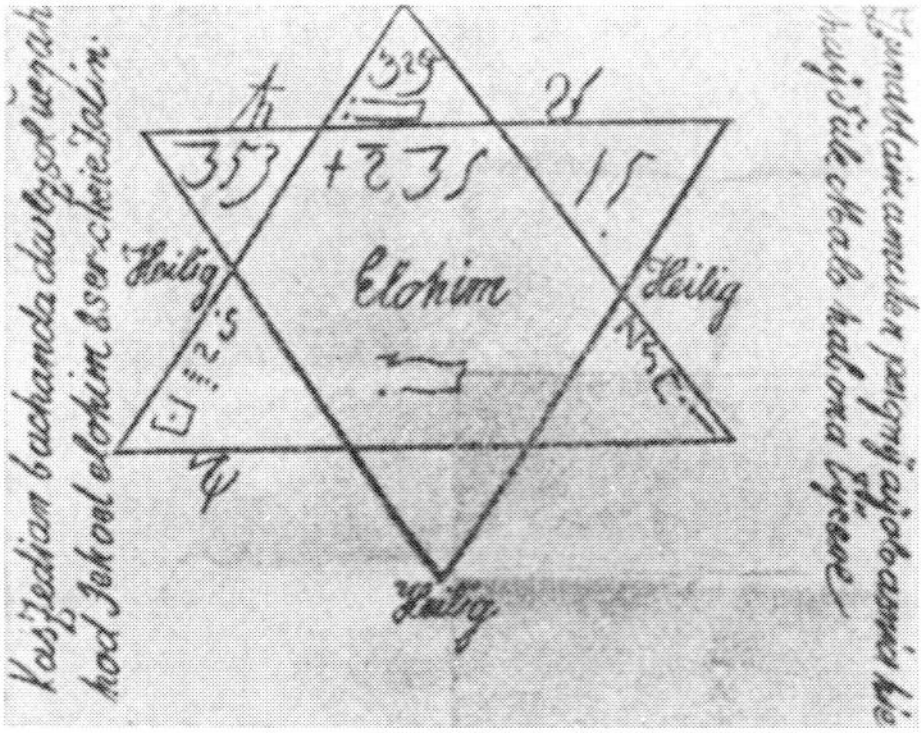

牛舎にあった魔除けのお札。六角形の星形にはユダヤ教の影響が認められる

た病気は、精神的原因のからんだ喘息、不眠症、腰痛、皮膚病などであったという（Der Okkulttäter. Kriminalistik Verlag für kriminalistische Fachliteratur, Hamburg, 1959）。有能な祈禱師ともなれば、最初から見当をつけて、治らないと思われる病気は、彼のほうから病院のほうへ送り込んでしまうともいわれている。

この種の心理をうまく利用して、現在でもうまい金もうけをつづけている人が、西ドイツでも何人かいる。例えば、ハノーバー市近くのエンゲルボステル（Engelbostel）という村のホテルの一室を借りて、週一日禁煙の暗示療法を行なっているヘルマン・ミヒェル（Hermann Michel）というスイス人などもそれであろう。彼はニコチンが作用する脳内の小点に影響を与え、たばこを吸う必要がなくなる治療をほどこす、と称して評判をとっているのであるが、それはただ額と胸を指先で押え、それから肩から腕にさがって、手の関節のあたりまでさするだけのことなのだという。この一分ほどもかからぬ治療に対して、彼は一〇〇マルク（約一万円）も請求するとのことであるが、この種の治療は高ければ高いほどかえって暗示効果の強いもので、この太りぎみの見るからに貫禄のありそうな初老のスイス人がこの村へ診療にくるときは、西ドイツ各地から多数の人々が、自動車にのってこの村へ集まってくるのだという（Südwest Presse 一九七五年一二月三一日）。

しかしこの種の人のなかで、現在西ドイツでもっとも有名な人は、なんといってもマンフレット・ケーンレヒナー（Manfred Köhnlechner）であろう。全西ドイツの住民の四二％が彼の名を知っていたというアンケート調査があるほど、彼は西ドイツの有名人であり、医者にみはなされた病気さえも治すと信じられているこの全能の男は、ときに聖ケーンレヒナーとさえ呼ばれることがある。彼は法学博士であり、ベルテルスマン（Bertelsmann）という出版及びレコード会社のマネージャーでもありながら、自己流に病気の治療法を研究し、それについての著書まで出版している。

しかしこの彼の療法も、西洋では珍しい針療法や酵素療法、それにオゾン療法や神経療法、背骨を正位置にする療法などを配慮したもので、世人が信じているごとく、別に彼の発明による新治療法などというものではないし、しかも彼の治療した患者の症状の経過についての、科学的調査も行われていないのだということ。それに、彼はこれは治せない病気と分かると、法学の専門家だけに、法的トラブルをおこさぬよう、最初から患者を医者のところへ送り込んでしまっているということである。そしてその半面また、彼の医療術を効果的に宣伝するためには、もと雑誌記者の経歴をもつある男を、そのための専属の宣伝係として雇ってもいる。彼は現代の時流に適応した、新しいタイプの優秀な祈禱師とでもいうべき人物であろう。そのため彼は、驚くほどの財産をつくることができたのであった（Stern 一九七五年一一月二〇日）。

迷信のゆくえ　祈禱師的職業の詐欺師的性格については、昔の文献にも数多くの事例があがっている。イギリスの魔女裁判史上で名高いホプキンズ（Mathew Hopkins）という男は、牧師の息子で大学生くずれであったが、あるとき一計を考案し、自分が魔女に関しては一大権威であることを宣伝屋を使って町や村に吹き込ませたうえ、そのあとで自身その町や村へのりこんでいって、魔女を発見するごとに高額の礼金をもらうという、人の意表をつく方法で生活していた。もちろん、その発見法はまったくのでたらめであったのである（くわしくは、クルト・バッシュビッツ著、川端・坂井訳『魔女と魔女裁判』法政大学出版局一九七〇年）。さきほどの新時代の祈禱師聖ケーンレヒナーの場合も、自分は高校の卒業試験の成績は抜群（平均一点と自称しているが、これは全部満点という不可能のような好成績）、法律の国家試験は一〇年間の最高点をとっている、などと自己宣伝しているのに、実際の成績は両方とも普通程度によかっただけに過ぎないということが分かっている。

しかしまた、別のタイプの祈禱師もいる。例えば最近急に名を知られだした霊医師に、シュヴァルツヴァルト地方のオッフェンブルク市（Offenburg）に近いシュッテルヴァルトランクフルスト村（Schutter-waldlanghurst）に住むヨーゼフ・ヴェーベル（Josef Weber）という名の人がいる。彼は一九七三年の一二月に、急に西ドイツ中に有名になった男であるが、当時二七歳でキャタピラー車の運転手をしていた彼は、ある夜寝室で輝く三角形を中心にもつ光る十字架を目にし、「ヨーゼフよ、お前は人の病気を治す力を持っている」という声を耳にしたということであった。その後、彼は彼が手を当てるだけで人の病気を治しうることが分かり、それを知った人々がつぎつぎとおしかけてくるので、彼の家の前には、午前四時というのに、もう多数の人々の列が並びはじめるということである（Südwest Presse 一九七四年二月五日）。

彼の治療法はただ手を当てるだけであるから、長くとも三分以内ですむというのに、この一回の治療で全治する場合もあり、また何回か通わなければ治らない場合もある。耳のきこえない娘が少しきこえるようになった例や、松葉杖をついてきたレストランの主人が急に松葉杖なしで歩けるようになった例さえ知られているとのことであるが、Südwest Presse 紙の記者が同席した一時間ほどのあいだには、ギックリ腰、頭痛、食欲不振、リューマチなどの患者たちが、一回の治療でいっぺんに痛みがなくなったり治ったりした光景をじっさい目の前にしている。しかし残念ながら、この記者のあげた病名は、すべて祈禱師病、つまり祈禱師でも治しうる暗示療法のきく病気の範囲内をでてはいないのである。

けれどもその後一年たっても、彼の家をおとずれる人々の波は一向におとろえることがなく、彼は多数の患者の整理をする必要にせまられたため、週四日午前八時—一二時と診療時間を指定せねばならぬほどにはやりつづけている。午後は、遠方から治療にやってくる専用の団体バスのお客用に当ててあるが、そのバスの数は定期的なものだけで週五台の割にも達している（Südwest Presse 一九七四年一月一九日）。しかし彼の治療効果についての医学的研究はまだなく、西ドイツの医者は、これをつまらぬことといっているそうであるが、彼自身は、自己の霊力について別に宣伝するでもなく、ただ村の人に直接きいていただけば、病気の治った人々があなたに話してくれるでしょう、と語るだけであるという。ケーンレヒナーの場合とは、その在り方がかなり違っているけれど、しかしやはり彼もまた、自らそれを意識しているか否かは別として、けっきょく詐欺師的祈禱師の部類に入るのであろうか。

日本では、この種の病気の治療師は、探せばまだ各地に何人も見つけ出すことができる。それに病気治療も行う仏教及び諸宗教の祈禱の法や各種の占いを考えれば、日本にはこの種の病気治療法は、まだ無数に存在しているということができよう。しかしこれらすべてが、本当に全部が全部無効力であるかどうかは、事実不可思議な霊的現象がじっさいおきることがあり、しかもそれの原因を完全には説明しえない現段階では、全面的に霊的現象を否定し去ることも、やはりこれはさしひかえるべきではなかろうか。

迷信撲滅運動家のクルーゼ氏は、私が西ドイツをおとずれたときまず最初に訪ねた人でもあり、彼の家に一週間も泊めていただいて接した彼の人柄は、私にとって忘れることのできない貴重な思い出でもある。彼はハンブルク市内の自宅のアパートの一室を魔女妄想関係の資料室に当て、祈禱師の用いていた道具や薬品やそれに魔女妄想関係の文献などを展示して、迷信撲滅運動の一助にしていた。

その彼があるとき、孫ほども年のちがう私に向かって、「洲二、お前も日本で迷信の撲滅運動をやってみてはどうか。例えば私のように、一部屋をその資料の展示室に当てるだけでもそれだけの効果はある」と話しだしたことがあった。私はしばらく考えていたが、しかしこう彼に返答をした。「日本は宗教自体がまだ迷信と混在していて、区別ができないような状態にあるのです。日本で迷信撲滅運動を行なおうとすれば、まず宗教自体から攻撃してかからなければならないでしょう」。

私の説明した意味が、本当にクルーゼ氏に理解していただけたものかどうか私には分からないが、しかしとにかく、もし私がクルーゼ氏の資料室のように、祈禱師の用いている発煙用の香、お守、お札、呪文のテキストなどをすべて日本でも展示することになれば、私は現在日本の仏教及び神道の各寺院及び神社が、白昼堂々と発行している各種のお札やお守をはじめ、日本各地で無数といっていいほど数多く活動している祈禱師たちが用いている諸道具も集め、これらすべてを、ところせましと展示しなければならないということになるであろう。

これらの日本の悪霊除けの諸道具及び諸作法を、すべて詐欺師的な道具及び行為と断定することは、霊力に関する研究がまだ不十分である現段階では不可能であるけれども、しかし迷信を迷信として一応分離しうる状態にある西ドイツと、宗教と迷信が混在していて不可分の状態にある日本とのその相違は、やはり日常文化一般の水準の差、というべきではなかろうか。

聖者のにせもの　にせものは民間の祈禱師ばかりではなく、カトリック信仰の根元ともいうべき、奇跡や聖者などの分野にもあらわれてくる。一九七四年の夏のことであったが、りんごの木の幹にマリアの姿が現われたというので、それ以来人々がおしよせてきて、そこはまるで巡礼地のようなにぎわいをみせたという話がある。所はオランダとの国境に近いハインスベルク（Heinsberg）という西ドイツの小さな町でのこと、ある老夫妻が自分の家のりんご畑を散歩していたところ、隣の家のりんごの木の幹にマリアが子供を抱いている姿が浮かんで見えたのでびっくりした、ということがあった。あとで分かったところでは、これは近所の子供がいたずらにりんごの木の幹を小刀でけずりとったもので、その切口の木目が、偶然マリアの姿に似ていたというだけのことに過ぎぬのであったが、そのような真相とは関係なく、そこへは、老人、子供、尼僧、車椅子や松葉杖を使っている人、先生や生徒など、多数の人々がおしかけてくるので、近くの住民は早朝から夜まで、車や人々の雑踏に悩まされつづけて困惑している、という話である。

なかには、ばらの花束を供えていく人があるかと思えば、あるいはひそかにそのりんごの木の実や葉や枝をもぎとって帰る人もあるので、持主は木のまわりに有刺鉄線をはりめぐらしたが、「聖なる汚れなきマリア」という表題の小冊子を畑の中で売らせてくれればもうけは半分やるとか、またマリアの写真を売らせてくれ、などという申し出さえあったという。持主はこれは断ったけれども、ジャムのかんを利用したさいせん箱を自分でそこへとりつけてみたところ、ときおりお金を投げ込んでいく人はいるとのことである（Stern 一九七四年七月一一日）。

りんごの木にあらわれたというマリアの姿
（Stern 1974年7月11日）

にせもの事件としては、宗教的にこれよりもっと深刻な問題ももち上っている。それは聖女として人々の信仰を集めていた女性が、実はにせものではなかったか、という話である。

テレーゼ・ノイマン（Therese Neumann 1898—1962）は、バイエルンの片田舎の彼女の生まれ故郷の村名を付して、コネルスロイトの苦悩の花（Leidensblume von Konnersreuth）などと呼ばれている女性であるが、実に数えきれないほどの病気で苦しんだことと、それが不思議に快癒することとで知られている。彼女は例えば、脊髄の病気、失明、のどの筋肉の麻痺、痙攣、足の筋肉のひきつり、背中から足一面にかけての床ずれ、胃潰瘍、横隔膜の下に膿がたまる病気、扁桃腺炎、首の腫瘍、肩及び耳の中のできもの、敗血症、リューマチ、心臓病、ときおりのつんぼとおし、目から血や膿の出る病気、膀胱と直腸の障害、脳底骨折、等々にかかったり治ったりしたといわれている。

しかし彼女をさらに有名にしたものは、両手両足の甲及び右胸のわきに生じた血の出る五ヵ所の傷口であった。この五ヵ所の傷口の位置は、キリストが十字架にかけられ処刑されたさいに受けた傷の位置と一致するというのでキリスト教では特に尊重する伝統があるが、そのため彼女は聖痕印刻（Stigmatisation）を受けた聖女として、生前すでに多くの人々の信仰を集めえていたのである。死後ももちろん奇跡を願って巡礼する人の数は多く（墓はコネルスロイト村にある。レーゲンスブルク市の北東）、事実相当数の奇跡がおこったという話も伝わっている。そのほか彼女は、幻影のなかでキリストが処刑された日の光景を目のあたりに見たとか、霊視を行なったとか、昇天するマリアにさそわれたといって、地上から一五センチほど体が浮き上ったとか、あるいは、まったく食物をとらずに生きていたとか、数々の不思議を行なったと信じられている。

この彼女の行為がにせものくさいという声はかなり以前からきかれていたし、それについての本も出版されていた。しかし彼女を信ずる者の数も多く、熱烈な信奉者はカトリックの神父のなかにもいて、彼女に対する信仰は依然として続いていたのである。ところがちかごろ彼女の実態についての詳細な研究書が部厚い本となって出版されることとなり（Josef Hanauer: Konnersreuth als Testfall. Manz Verlag, München, 1972. 五四八頁もある厚い本)、その数々の奇跡の真偽のほどが、あらためて話題となってきたのである（例えば Stern は一九七六年九月一六日に大きくとりあげている）。しかもこの本の著者は、カトリック宗派に属する神学者なのであった。

このハナウエル博士の著書によると、彼女の病状についての報告は、ほとんどすべて彼女の身辺に出入りしていた神父たちの記述だけに頼っているに過ぎないものであって、それは医師自身が診察した少数の報告例とはいちじるしく食い違っているものなのだという。また神父たちの記述も相互にかなり矛盾していて信用しがたいのであるが、例えば聖痕印刻の描写にしてみても、報告者ごとに傷の生じた日付も傷の形もさまざまであって、互いに一致してはいない。

このキリストの傷にあやかる聖痕は、彼女が人々によって聖女に祀り上げられた、もっとも重要な根拠の一つなのであるが、彼女はその五つの傷のほかにも、キリストが茨の冠をかぶせられたときに受けた額の八つの傷、十字架をかついで歩いたときの肩の傷、笞で打たれたときに受けた全身の傷、なども彼女の体には現われたと伝えられている。ところが、例えばその額の傷の実在性については、実は次のような証拠しか残っていないのである。

目や手などから血を流しているときのテレーゼ・ノイマン

一九三〇年一二月一九日のことであるが、主任司祭のナベル氏は法王大使職顧問のブルネリ氏に向かって、彼女の頭に巻いてある布に付着していた八つの血痕に注意をうな

健康なときのテレーゼ・ノイマン

がし、「ごらんなさい、これが八つの血痕です。テレーゼは頭にも八つの傷があるのです」といった。それに対しブルネリ氏は、「その傷を見ることができますか」と問うたところ、司祭の答えは、「それは小さいのです。私もまだぜんぜん見たことはないのです」というものであった。

あきらかに奇妙な話であって、血痕は人為的につけられたものと疑われるのであるが、その他にも例えば、手の甲の傷は掻き傷にちがいないと思われる記述が残っているし、胸わきの傷などは、メンスの血を塗ってまねたことが確認さえされるという。失明は彼女と同名異人の聖テレーゼの福者宣言の日にとつぜん治ったというのも不思議な話であるけれど、この他にも、胃潰瘍や盲腸などの病気も奇跡のように急に治っており、しかもそれらはみな、医者の診断によってのものではないので、にせ病ではなかろうかと推測される。また食事もとらずに生きていたという話も、それについての医学的検査を行なおうとすると、彼女の家族はしつように拒みつづけたということであるし、一度行われた尿検査では、食物を摂取した形跡があらわれていたので、彼女の母にこのことを問いつめたところ、「ときに卵などを」と恥じつつ答えたという事実も、じつは知られていることなのだという。

日本でも、僧侶や祈禱師があらわしたという奇跡が、実はにせものであったという話はたくさん知られているから、我々にとっては、これは別に珍しい話などというものではないということもできよう。しかしこの神学者のこの著書のように、奇跡の虚偽性について、具体的に精密に根拠をあげて論証した書物は、日本の宗教学者の著書のなかには、一冊もなかろうと思うのである。つまり西ドイツの宗教家及び世論は、迷信など民間信仰の在り方に対してもきびしいと同様、オーソドックスな宗教の信仰上の真偽についても、日本より相当にきびしい態度でのぞんでいるということがいえよう。

奇跡の証明

奇跡はカトリックにとってその信仰の根元をなすものの一つであるけれど、その奇跡に対する態度も時代と共に異なっており、時代が下ると共に、もっと厳密な姿勢でのぞもうとする傾向が強くなってゆくことは、すでにかなり早い時代からうかがい知ることができる。例えば、聖者の判定にしてみても、福者・聖者の二段階に分け、数年もかかるような慎重な審査を行う制度にあらためられたのは、その姿勢の一つの現われであろう。あるいはまた例えば、現在ヨーロッパ最大の巡礼地であろうと思われるフランスのルルドの聖水にしてみても、それによって本当に病気が奇跡的に治ったかどうかは、厳密な医学的判定によってはじめて認められるものであり、当地にはその検査機関である「医学証明局」という施設さえ設けられている。日本の宗教家のなかにも、やはり病気が奇跡的に治ったなどと宗教の功徳を説く人の数は多いけれど、しかし奇跡は科学的に証明されなければ認めることができない、などという規則が、正式に宗教界に打ち立てられるような日は、いったい日本の場合にもやってくることがあるものなのだろうか。

ところで奇跡というものは、一般に元来証明され

コネルスロイト村の復活祭の日。彼女が生存中はバイエルンの各地から多くの人人が集まってきた。米軍の兵士も混じっている。(Stern 1976年9月16日)

やすいような状態ではほとんどおこることがないものであるから、証明されない奇跡は認めることができない、などということになれば、奇跡などは実際ほとんどおこりえない、ということになってくる。したがって宗教は、奇跡などがおころうがおこるまいが、信ずべきことは信じなければならない、ということになってくるのであろうが、これがそもそも宗教の近代化ということであり、換言すれば、カトリックのプロテスタント化ということにつながってくるのだと思う。プロテスタントにおいては、すでに早くから、聖者も奇跡も、軽はずみにこれを必要以上に重要視してはならない、ということになっているのである。

カトリックのプロテスタント化　このカトリックの近代化、あるいはプロテスタント化の方向は、奇跡の解釈の他にも、いろいろな面にあらわれている。例えばカトリック内の動きは、やはりこの方向をめざしている。僧侶の独身制（Zölibat）ということでも、近頃のカトリックにあってプロテスタントにはない

だいたい僧侶の独身制というものは、キリスト教のその当初からあったものではなく、これが明確に定められたのは、一一三九年の公会議（Konzil 全司教が参加する会議）においてであった。それ以前はキリスト教内部でも結婚している僧の数は多く、独身制を強行しようとしたある司教が、僧たちの反対にあって、石を投げられ教会から追い出された、などという話さえも伝わっている（Rouen の司教）。しかし現在では、カトリックの神父はもちろん独身を義務づけられており、現在の法王パウロ六世は、この制度を「キリストの課した甘きくびき」などとも表現して、この制度の維持に固執している。

ところが近頃、カトリック内ではこの問題に悩む神父が急増して、ほとんどこの問題が原因でカトリック教会を離脱していく神父の数が、この一二年間で四万人にも達しているのである（西ドイツだけではなく、カトリック全体の数字。Stern 一九七六年一二月九日）。（一九六四―九の五年間では一万二八〇〇人が還俗。これはカトリックの神父全体の約三％にも当たっている。Spiegel 一九七〇年一月一九日）。ただでさえ聖職者の 志願者

が減りつつある現在では、これはカトリック教会にとって黙視できない由々しい問題となっている。神父たちのあいだに広まったこの結婚の流行は、法王庁内部にも侵入して、ヴァチカンの高僧のなかにさえ、還俗して結婚する人が現われてきたほどである。地方では最高の僧の位である司教のなかにも、還俗して結婚した人は何人かいるが、西ドイツにおいてもこの傾向は同じことで、目立たず還俗して結婚した人や、あるいは還俗にふみきれないまま、女性との関係が人々の噂になって悩んでいる神父の数がふえつつある。

西ドイツでは、一九七〇年に、テレビで人気のあったドミニコ派の神父カウフマン博士（Bertraud Kaufmann）が、雑誌社の女性編集員と結婚している。一九七三年には、バンベルク大学で教会史を担当しており、ブライトブルン村（Breitbrunn）の神父も兼任していたデンツラー教授（Georg Denzler）という人が、その神父宿舎の秘書兼家政婦とのあいだに子供をもうけてしまい、結婚したいが聖職は去りたくない、と上司とのあいだに悶着をおこして、世間一般の話題となっている。この教授の場合は、村人に特に愛されていたため、村人たちが司教庁にまでおしかけ、自分の村の神父を罷免しないで欲しい、と嘆願を行なったのであったが、しかしそれもけっきょくは無駄であった。

この教授の事件の場合にみられるように、昔ならば堕落した（gefallen 戒律を破った、の意）僧に対する世間の風当りは例外なく冷たかったのに、このごろの風潮は、必ずしもそうとは限らないのであった。教会側も還俗する僧には、ちかごろは一般に穏健な処置をとっているということであるし、還俗した僧は、西ドイツの場合には教職などについて、別に問題もなく生活している人が多いという。上層部の僧を除いては、独身制の規制は廃止すべきだという意見が神父たちのあいだにも強く（オランダなどでは特に強くて、一九七〇年の神父投票では約九〇％が廃止の意見であった）、なかにはこういった規制のないプロテスタントの

「独身制が廃止されるまえには，あなたは刺激的なお話にはとくに興味をおもちでしたのに，神父様！」 独身制廃止が話題になっていたころの西ドイツの漫画。ざんげ室を描いている

僧に、移籍する者まで現われてきている。

このようなカトリックの近代化の風潮、またはプロテスタント化の風潮とも呼ぶべき現象は、カトリックの在り方としては一つの大きな特徴をなしていた修道院の性格さえも変化させつつある。修道院は特に宗教的色彩の強い制度で、これもまたプロテスタントには存在してない制度であるが、西ドイツの修道院では新人の希望者が減る一方で、特に男子の場合などは、高齢者だけが修道院内に残っている場合が多く、やがて修道院は絶滅するのではなかろうか、とさえいわれている。比較的新人の多い女子の場合、即ち尼僧院の場合であってもこの傾向は同じことで、一九六二年には、西ドイツ全体でまだ二五五六名の新入者がいたというのに、一九七四年には、そのたった二割の四六五名の新入者がいただけであったという（Stern 一九七五年三月一三日）。

尼僧院の制度も、時代に合わせて昔のような厳格なものではなくなっており、一般社会との接触が許される機会も多いし、普通の服装でスキーや登山や旅行にさえも行けるようになっているというのであるが、例えば、美しいキーム湖（Chiemsee）のほとりにあるベネディクト派の尼僧院では、一九五一年に、九〇名の尼層たちが信仰の生活をおくっていたのに、一九七六年には、五八名に減っており、しかも一九七〇年以後は、一人の新人も入ってきてはいないのである（Südwest Presse 一九七六年一二月二四日）。（ただし

カルメル派の尼僧院だけはその制度が現代の風潮に合致するのか人気があって、収容人員に欠員が生じた場合にも常に希望者がいる。Stern 一九七五年三月一三日)。

宗教のゆくえ　同じヨーロッパ内でも例えばスペインあたりへ行くと、宗教はまだ生きているという実感がする。人々は宗教的な祭をまだ真剣な顔つきで行なっているし、修道院の建物を見物にいくと、黒いマントのような服をはおった、いかにも修道僧らしい修道僧の姿を、ときおりじっさい見かけることもある。スペインの古い教会の中では、僧たちが祭壇の両脇にそれぞれ二列ほど椅子に腰掛け、日本の読経を思わせるような古風な旋律で、いつ果てるともない経文の合唱を、ながながと行なっているような光景にであうこともある。

スペインの教会は、自然石を積み上げた大きな建物に、窓が小さく開けられている内部の薄暗いものが多いが、側壁などに祀られてある聖者像や聖遺物などの数も、西ドイツよりずっと多くて古風な感じがする。こういった建物の中で行われる赤ん坊の洗礼の儀式なども、西ドイツよりその作法が複雑でぐっと迫力がある。日曜日には神父の説教を教会できいたこともあったが、彼は信者たちのなかに入りこんだ姿勢で、椅子ではなく、床のちょっと高くなったところに直に腰を下ろし、マイクではなく、直接信者に肉声で語りかけていた。

西ドイツの教会では、神父や牧師は、マイクを使って説教するのが普通であるし、賛美歌の何番を今日歌うことになっているかは、正面わきの電光掲示板に、スイッチ一つで信者たちに数字が示される装置までつくられている。西ドイツの教会では、教会の鐘はすべて電気仕掛で自動的に打ち鳴らされるので、神父や牧師が、高い鐘楼の下で綱をひいて鐘を鳴らしているという、昔ながらの風情ゆたかな光景はもう目にすることができない。それに西ドイツなどでは、どんな片田舎の教会へいっても、必ず教会の二階には見事なパイプオルガンが仕込まれている。それは確かに技術の進歩であり、経済力の豊かさを示すものではあろうけれども、しかし宗教がじっさい生きているかどうかということになってくると、おそらくスペインのほうにこそ宗教は生きている、ということになるのではなかろうか。そして宗教が生きているということは、即ち迷信もまた根深くそこに生き続けている、ということになってくるのではなかろうか。

西ドイツの教会では、日曜日のミサに参加する人の数は、このところ年々減りつつあるし、正式に手続をとって、教会を退会していく人の数は、年々これは増えつつある（退会者は一九七〇年が最高で、その後も多いが、一応増加率はおちついてきた。また、ここでいう退会者とは、カトリック及びプロテスタントへ転向した改宗者の数は含んでいない）。しかもこの場合、年々きまって、プロテスタントの退会者数がカトリックの退会者数のほぼ三倍にも達しているのは、ただでさえ近代化されたプロテスタントが、いよいよ近代化されて、もはや宗教的形式としては人々にとってその存在に魅力がなくなってきているからであろう。

また年々プロテスタントからカトリックへ移行する改宗者の数が、その逆の場合のほぼ三倍に達しているのも、宗教的雰囲気の欲しい人にとって、現在ではそれはカトリックにしか求めえないからであろう。

しかし信者はともかく、カトリックの神父自身の立場にたってみれば、人々にこのような宗教的雰囲気を与えるためには、彼自身は近代化の波にとりのこされて、独身制という中世以来のきずなで自己を束縛し、つらい禁欲的な生活を自らに強いなければならぬことになってくるのである。だから僧侶だけの統計でみるなら、プロテスタントよりもかえってカトリックのほうにこそ、還俗者の数が多いという結果がでている。

このように、現在の西ドイツのキリスト教がかかえている情況は多難であって、けっして前途が明るいなどというものではないのだけれど、ただ一つ経済面においてだけは、西ドイツの教会は他の西欧諸国のそれより群を抜いて恵まれている。

日本の仏教寺院の習慣とは異なって、西ドイツの教会には檀家回りの続経による収入や、年忌や葬式のときなどの多額の臨時収入といったものはない。その代り日曜日のミサのさいに信者から喜捨を集めてみたり、戸別割に寄付を徴収したり、それ以外にも寄付を集めることはあって、これは相当な額に達している。けれどもなにより西ドイツの教会の経済を支えている基盤は、所得税の八—一〇%（個人の場合も企業の場合も。州により税率に多少差がある）を強制的に徴収するという、教会税の制度が敷かれていることにある。

このような制度は西ドイツ独特のものであって、ヨーロッパでも他の諸国にはみられぬものであるが、その歴史をかいつまんでたどっていくなら、まず国民の納税表の写しを教会側に手渡すことが法的に定められたのが、一九一九年のことであった。その後所得税の一定率の額を税務署自身が徴収し、これをカトリック及びプロテスタントの宗派別に、教会側へ手渡すことが法的に定められたのは、一九四八年のことである（カトリックとプロテスタントの信者だけから徴収されるもので、それ以外の者には納入の義務はない。プロテスタントの場合は、本来ドイツ全域にまたがる広域組織をもっていなかったのであるが、一九世紀に統一の機運が高まり、一九四五年になって、念願のドイツ福音教会 Evangelische Kirche in Deutschland という全国的組織の成立をみた。その後、東ドイツに属する教区は分離してしまったが、現在も西ドイツでは、この全国的組織に二一のブロックのプロテスタントの組織が加入している）。

所得税の八—一〇%という額は、この制度の定められた終戦後の当時ならまずまずの額であったのであろうが、西ドイツの経済力が伸長するにつれ、教会の収入も自動的に増加していく理屈で、ちかごろでは、両宗派とも教会が異常に金持になりすぎた、という非難が各所でおこっている。僧侶の給料は両派とも月給制で、公務員並みの額が給料表に算定されて定められており、そのほかにも諸手当が支給されるので、高位僧のなかにはベンツなどの高級車をのりまわす者もいて、これが人々のひんしゅくを買ったりする場合もある。僧侶はやたらと必要以上に立派な教会の建物を新築したがるという非難がおこっている一方、教会が本来その責務とすべき、困窮者の救済や幼稚園、老人ホーム、その他の社会事業などに支出している金額は、教会税収入のわずか一二%（一九七二年度）にしか当たっていない、などという批判も行われている（Spiegel 一九六九年三月二四日。Stern 一九七三年二月四日）。たしかに西ドイツの教会の建物を実地にみてまわっていると、それは我々外来者にも一見して分かるほど、フランスやその他の西欧諸国にくらべて、建物の修理もゆきとどいていれば、現代風の教会の建物が、あらたに新築されている光景にもよく出くわす。

宗教家でも金持である場合のあることは、昔もよくあったことであるし、日本でも宗教によって財を成した寺院や神社の数はけっして少なくない。ヨーロッパの教会では昔は所得税の一〇分の一などではなく、収穫そのものの一〇分の一の量をも徴収していた時代もあったことであるし、その当時には、キリスト教の僧侶が世俗領主と同じように、一国の領主として国を領有していることさえあったのである。だから宗教家が金持であるといっても、それは別に珍しいことでも非難すべきことでもないのかもしれないけれど、しかし宗教家が金持であるということは、なんとなくうさんくさく思われる現象であって、ことに宗教が人々の関心をひかなくなった現在では、教会の財力に人々が批判的になるのは当然であろう。

教会ではしだいに財力に余裕がでてきたため、土地の購入に資金を注ぎ込む場合が増加してきて、カトリックでは、現在ミュンヘン市の一一倍、プロテスタントではハンブルク市の二倍もの広さの土地を所有しており、これは合計すると西ドイツ全土の四・〇%にも達するのだという（Spiegel 一九六九年三月二四

日。Südwest Presse 一九七四年六月五日)。

しかし教会がこのようにずばぬけて富裕であるからといって、現在では教会が人々の心を宗教的に感化し、宗教王国の建設さえもその目標にしうるような、そんな積極的な宗教的雰囲気が西ドイツにあるとはまったく思われないし、それにまた西ドイツの人々が、いつまでもこのような強制的な教会税の徴収に、ただ黙っておとなしく応じつづけるかどうかは、はなはだ疑問に思われることなのである(教会税の不払い運動は一部ですでに行われている。Spiegel 同上)。さしあたって西ドイツの教会は、経済的には安定しすぎるほど安定してはいても、その教会の宗教的使命そのものの前途には、むしろ暗雲が深くたれこめている、と判断してよいのではなかろうか。

(以上一九七八年)

13　統計的にみたドイツ人

アルレンスバッハ世論調査所　今でこそ、日本全体の喫煙者数は、男性が何％、女性が何％、合計では何％とか、あるいは現内閣の支持者数は、各年齢層別、各職業別でそれぞれ何％、全体で何％、などという表現はごく当たり前のことになっているけれど、統計的調査のうちでも、とりわけ人々の意見を統計的に調査する、いわゆる世論調査などというものが行われだした歴史は、それほど古いものではない。

このような世論調査が行われはじめたのは、国会議員の選挙の予想を行なおうというアメリカの新聞社によって企画されたのがその草分けであって、それは一九世紀初期のことであった。しかしそれは、今日の人気投票のような投票方式による、技術的には初歩的な方法に過ぎぬものだったが、やがてしだいに改良が加えられ、一九三三年になると、世論調査の歴史の上では画期的な、ジョージ・ギャラップの活動がはじまるのである。

このコロンビア大学のギャラップ教授の活動期をもって、この方面の歴史では、近代的世論調査時代に入ったとされている。現在では世論調査の代名詞のようにさえなっているこのギャラップ世論調査所が設立されたのは、一九三五年のことであった。今でこそ、選挙をはじめ、マーケット・リサーチや国情調査には、各国の世論調査機関による調査が不可欠の条件になってはいるが、その歴史はこのように、その方法の近代化以来、わずか四十数年をへているくらいのものに過ぎない（G・ギャラップ著・二木宏二訳『ギャラップの世論調査入門』みき書房、一九七六年参照）。

西ドイツの場合は、現在マインツ大学の教授であるエリザベート・ノエル女史（Elisabeth Noelle 1919―）が、このギャラップ教授のいるコロンビア大学に留学し、そこで世論調査についての博士論文をかいたことがそのきっかけとなった。ジャーナリストのエーリッヒ＝ペーター・ノイマン氏（Erich Peter Neumann 1912―73）がこの論文に着目し（二人はやがて結婚するまでの仲になった）、この二人が協力して設立したのが、現在西ドイツでもっとも権威のある世論調査機関の、アルレンスバッハ世論調査所（Institut für Demoskopie Allensbach）というわけである。この調査機関がはじめて世論調査活動を開始したのは、この二人の結婚の翌年、つまりドイツ敗戦の二年後の一九四七年のことであった。近代的世論調査の歴史においては、西ドイツはアメリカにおくれること十年余ということになる。

私がこの調査所を訪れたのは、一九七〇年の晩春のことであった。あらかじめ連絡してあったので、実際の管理をしているフォン＝キルシュホーフェル氏が所内をくまなく案内してくれ、おかげでアンケートの文案をつくる心理学者と話をしたり、さし絵画家の仕事部屋や印刷所までみることができた。アルレンスバッハ世論調査所とは、アルレンスバッハ村にあるためそう呼ばれているのであるが、この村はそれまで西ドイツ南端の無名の小村であって、ただボーデン湖に面していることと、近在が西ドイツ有数の野菜の産地であることくらいがその特徴のような、なんの変哲もない農村であった。ところがいまやこの調査所のおかげで、アルレンスバッハの名前は西ドイツ全体に知れわたり、西ドイツでは、毎日どこかの新聞紙上に、その名がのらない日はないくらいにまで有名になってしまった。案内をしてくれたキルシュホーフェル氏に聞いてみると、このような辺地に調査所が設立されたのは、ただ第二次大戦中に、創設者がここに疎開をしていたという偶然事によるに過ぎぬとのことであったが、このような辺地にいながら、西ドイツ全体を支配できるような全国的な仕事が可能であるのは、日本のような極端な東京中心の中央集権制とは異なるところで、田舎にいながら全国的な仕事をしているその所員の自信の表情に、私はまことにうらやましい思いがしたものだった。

アルレンスバッハ世論調査所は営利企業であるから、そのアンケート調査の内容は、すべて調査の発注者の希望によってきまってくる。発注者は、政府諸機関、政治団体、宗教団体、それに商品市場などの調査を依頼してくる国内外の会社などなどであって、その内容はけっして選挙などの政治問題ばかりとは限っていない。むしろこの調査所での政治関係の受注率は、全体の一〇—一五％というから、政治問題はこの調査所にとって、かえって少ないほうといってもいい。

創設者の一人であるノエル女史は、この調査所の目的を、「探究するために人間に聞くことにある」(Seine Aufgabe sollte es sein: Menschen zu befragen, zu erforschen.) と表現しているが、この調査所の仕事には、さすがに社会学の教授である女史が関係しているだけに、単なる営利企業とは一味違ったところが感じられる。その一つの表われは、この調査所から何年目かごとに出版される、その間に行われた調査結果を項目別に整理した、部厚い統計年鑑の出版であろう。それは社会学的に興味のあるアンケートの結果を集め、家庭、宗教、教育、政治、議会、党、経済、消費、交通、福祉、軍隊、国際問題、等々の各項目別に整理しまとめたもので、現在までにすでに五冊が出版されている。それらの本に目を通すと、たんなる数字の統計表を集めただけのものであっても、西ドイツの人々全般の意識構造とでもいうべきものが、実に具体的に、我々の眼前に浮かんでくるような思いがする (Hrsg. v. Elisabeth Noelle und Erich Peter Neumann: Jahrbuch der öffentlichen Meinung. 1947—1955, 1956—1957, 1958—1964, 1965—1967, 1968

―1973. Verlag für Demoskopie, Allensbach und Bonn)。

さて、これまでいろいろな問題をとりあつかってきた本書であるが、いかに努力しようと、とうていドイツ人全体がかかえている問題などは論じきれぬことはいうまでもない。そこでせめて最後に、このアルレンスバッハ世論調査所の仕事の成果を借り、またそれに他の種々の統計的資料なども加えて、数字を利用しながら、及ばずながらも西ドイツの人々全般の全体像を把握してみよう、というのがこの章の目的である。人間の実態はけっして数的統計などによって表現できる単純な性質のものではないけれど、しかし全体像ということにでもなってくれば、やはり数的統計というものも、それにはそれなりの真実が含まれているということになろう。

〔以下にでてくるアルレンスバッハ調査所の資料は、特に断わってなければ、西ベルリンを含む西ドイツに住む二千人を対象としたもの（一六歳以上。年齢層、居住地、収入、学歴、等々の特徴別の比例配分によって抽出)。

日本の統計資料の場合は、小数点以下一位まで記載してあるのが普通であるが、これは不必要な過度の正確さであるから、ここでは西ドイツの資料に合わせて、小数点以下は四捨五入した。またその調査範囲は、特定の県名などが付されてない場合は、日本全体の調査。

表のなかにある×印は、四捨五入しても一％に満たぬことを意味する。〕

地理的環境　まず西ドイツの人々のおかれている地理的環境から探っていくことにしよう。

西ドイツは、ほぼ北緯五五度から四七・五度のあいだに位置している。これを日本と比較すれば、日本の北端は約四五・五度であるから、西ドイツの南端でさえそれよりさらに北であって、樺太（サハリン）の南部から、樺太の北端を過ぎて、さらにその北にまで広がっているということになる。

面積は二四万八六一一平方キロメートルで、日本の三七万七四三五平方キロメートルの六六％に当たっている。また南北の距離は約八〇〇キロメートルで、この長さは日本に当てはめると、青森県から静岡県ほどの距離に相当する。つまり日本のように南北に途方もなく細長く、島嶼《しょ》が多く、地形的にまとまりのわるい構造にできているのとは違って、縦長ではあっても、およそ長方形のかなりまとまりのいい地形を示している。ただし東側の東ドイツとの国境は、東ドイツと自由に往来ができないため、まるで空白地帯とでも接しているような欠点があって、この地域では、工場誘致のために特典を与えるなど、政府が経済的援助策を講じたりしている。

気候は北に位置している割には暖かく、年平均気温は、ベルリン九・〇度、ハンブルク八・六度、フランクフルト一〇・二度、シュトゥットガルト九・九度、ミュンヘン七・九度（以上は一九三一―六〇年の平均）で、これは日本なら、盛岡九・五度、青森九・一度、函館八・一度、などに相当しており、それよりさらに北の、札幌七・六度、旭川六・〇度、帯広五・七度（日本の場合一九五一―六〇年の平均）などよりむしろ暖かい。

雨量は、年間でベルリンが五八一ミリ、ハンブルク七一四ミリ、フランクフルト六〇四ミリ、シュトゥットガルト七〇三ミリ、ミュンヘン九一〇ミリ（以上は一九三一―六〇年の平均）で、これは日本と比較すると、特に雨量の少ない網走の八四五ミリよりまだ少な目ということで、札幌一一三六ミリ、盛岡一二七五ミリ、東京一五六三ミリの半分から三分の一程度、高知二六四六ミリ、鹿児島二二三七ミリ（日本の場合は一九五一―六〇年の平均）などの二分の一から四分の一程度と、西ドイツはわずかしか雨や雪が降っていない。これはじっさい西ドイツで生活すれば、その雨の少なさを体感することになる。

地勢は北部が平原状で、中部には小高い山並みがあり、南部の一部に高山があるというのが概略であるが、高山といっても、最高がツークシュピッツェ（Zugspitze）の二九六二メートル、ついでヴァッツマン（Watzmann）の二七一三メートル、つづいては二六〇〇メートル級が四つ、二五〇〇メートル級が三つと続く程度であるから、日本のアルプスほどの高山はない。しかし緯度が北寄りであるだけに、氷河をもつ高山もあり、登山熱の盛んなこのごろでは、西ドイツ南部の山岳地帯でも、年間で四〇〇名ほどの死亡事故をおこしている（一九七七年）。これに対し、中部山地の山並みは、せいぜい高くて千メートル前後程度の高さにすぎない。

さて、川は西ドイツ国内ではライン川（Rhein）が一番長くて八六五キロメートル（西ドイツ国内だけの長さ。全長は一三二〇キロ）、ついでドナウ川（Donau）が六四七キロメートル（全長二八五〇キロ）、つづいてマイン川（Main）が五二四キロメートル（全長も同じ。ライン川の支流）、つづいてはヴェーゼル川（Weser）、エムス川（Ems）、ネッカー川（Necker）の順になっている。これらの川で日本と特に異なっている特徴は、流れがゆるやかであるためもあって、堰《せき》を用いてではあるが、かなりの大船が上流近くまで航行できるということであろう。

日本の川は最長が信濃川の三六七キロメートル、ついで天塩川三一一キロメートル、利根川二九八キロメートル、石狩川二六二キロメートル、と西ドイツに比べていずれもかなり短く、しかもその上、勾配、水量、需要度などの諸原因から、これらの川では、大船が航行できるような部分はほとんど皆無にひとしい。ところが、西ドイツの川での船舶の航行可能な距離は、ライン川七一九キロ、ヴェーゼル川四四〇キロ、マイン川三九六キロ、ドナウ川三八六キロ、ネッカー川二〇三キロ、と日本最長の川の長さか、あるいはその二倍程度にも達しており、このような上流まで、かなり大きな貨物船や客船が航行可能なのである。とくに大工業地帯を結んでいるライン川などは、この点輸送力の上で、非常に有効に働いていることはいうまでもない。

しかし、西ドイツと日本の地理的環境について論ずる場合、それが人間の生活にもっとも強く影響を与えている相違といえば、それはなんといっても、日本は外国とは直接国境を接することのない島国であり、西ドイツは、九ヵ国にも国境を直接接している内陸の国家であるという特徴であろう。ヨーロッパ全体としての観点に立ってみても、西ドイツとフランスの国境は、単に二ヵ国の国境というより、ラテン系民族とゲルマン系民族が相接する民族の国境でもあり、西ドイツの南のスイスもまた、ラテン系民族とゲルマン系民族の接点に当たっている。北欧と南欧、西欧と東欧という地域もまた、ドイツを境として相接していると表現してもよく、ドイツは、ヨーロッパ全体の中心的位置に当たっているのであるが、さらにまた、政治的特徴からいっても、自由圏と共産圏の接点でもあり、また文化的観点からみても、例えば宗教面では、西ドイツ国内が、カトリックとプロテスタントとの接点となっている。

西ドイツの国境で、日本のように海洋から成り立っている部分は、北海とバルト海に接する西ドイツ北部だけで、あとは、東ドイツ(国境線一三八一キロメートル。全国境線の三三%)、オーストリア(七八四キロ。一九%)、オランダ(五七二キロ。一四%)、フランス(四五〇キロ。一一%)、チェコスロバキア(三五六キロ。八%)、スイス(三三四キロ。八%)、ベルギー(一五二キロ。四%)、ルクセンブルク(一二九キロ。三%)、デンマーク(六七キロ。二%)と、すべて他国と直接の地続き、または川や湖をへだてて相接している。これはこのような地続きの国境線を一ヵ所も持たない日本人にとっては、まさに異様な環境下にあるといってもよく、我々日本人にとっては、まったく理解に骨の折れる国情なのであるが、これらの国境線のうち、自由圏と接している箇所では、せいぜいパスポートか身分証明書の呈示と、関税品の所持検査が行われるくらいのもので、比較的簡単にたがいに往来ができる。しかしこれが共産圏、それも特に東ドイツとの国境ともなると、両者のあいだには鉄条網が張りめぐらされ、地雷原が設けられ、その背後にはさらに、背の高いコンクリート塀が、はるかかなたまでえんえんと続いている。そこではそのうえ、自動発砲装置のついた小銃が設置されているということでもあり、また一定間隔に構築された高い監視塔の上からは、東ドイツの兵士が常時こちら側を見張っている姿が、西ドイツ側から遠望することができる。近年は往来の制限がかなり緩和されたとはいっても、この国境はまだ、世界でももっとも異常な国境の一つなのである。

身体的特徴　各民族の身体的特徴のうちで、一番比較しやすいものは身長であろう。世界各地の各民族の身長の比較としては、Martin-Saller: Lehrbuch der Anthropologie. Gustav Fischer Verlag, Stuttgart 1957（一九一四年の初版以来、何人もの研究者により増改訂が加えられている）が知られており、また日本での新しい研究には、例えば、世界各民族とも乳製品を多食する民族、及びカルシウム分を多量に含有する飲料水を飲んでいる民族は身長が高い、とする高橋英次氏の論文（日本人類学雑誌、七九巻、第三号、一九七一年）などがある。

しかしともかく、一民族、あるいは一国民の平均身長は、つねに一定とは限らぬもので、とくに最近は西ドイツでも日本でも、若い世代は目に見えて身長が高くなっている。この両国民の各世代の平均身長を表にしたものが表10で、それをみると、一番若い世代と老人層とでは、西ドイツが男で七センチ、女で四センチ、日本は男で一二センチ、女で一三センチもの開きがある。日本人のほうがより急激に背が高くなりつつあるわけで、その結果、かつては日本人が西ドイツの人より男で一五―一七センチ、女で一六―一二〇センチも低かったものが、今ではその差が縮まって、男で約一二センチ、女で約一一センチ低いだけになった。しかしそれでも、けっきょく日本人の男性がようやく西ドイツの女性とちょうど同じくらいの身長に達したというところで、西ドイツでじっさい生活してみると、我々は西ドイツの男性とは見上げなが

（日　本）

年　齢　層（歳）	男	女（cm）
20	167	155
26 — 29	165	153
30 — 39	164	152
40 — 49	162	150
50 — 59	159	148
60 — 69	157	146
70 歳以上	155	142

（西ドイツ）

年　齢　層（歳）	男	女（cm）
16 — 20	179	166
21 — 29	177	165
30 — 39	176	166
40 — 49	175	165
50 — 59	174	164
60 歳以上	172	162

表10　平均身長。アルレンスバッハ及び厚生省公衆衛生局栄養課「国民栄養の現状」による。いずれも1972年

ら話をし、我々と同じ背の高さの大女の女性ばかりがまわりにたくさんいるということになる。

　さてさかのぼって、明治初期の日本人及びドイツ人の各年齢層の平均身長のデータというものも残っている。それは一八七六年（明治九年）に日本政府に招聘されて、日本の医学校創立のため多大の貢献をしたエルヴィン・ベルツ教授（Erwin Bälz 1849—1913）が、一九〇五年（明治三八年）に帰国するまでのあいだ、日本人の身体的特徴について、ドイツ人のそれと比較しながら記述した、いくつかの論文のなかにみることができる(Die Körperlichen Eigenschaften der Japaner. Mitteilungen der deutschen Gesellschaft für Natur und Völkerkunde Ostasiens, hrsg. von dem Vorstande, 28. Heft, Feb. 1883 und 32. Heft, Mai 1885)。

　それによると、明治初期の日本人の身長には、世代間の相違というものがまったくみとめられない。つまり、食生活などの生活条件の変化がなければ、世代間の身長差というものはおこりえないということなのだろうが、当時の日本人は、老人層も若年層も、いずれの世代がとくに高いということもなく、男性の成人で、一五八—六二センチの平均身長を示している。同じ

くこのベルツの論文によると、当時のドイツ人の平均身長は、男性の成人で、一六九―七〇センチということだから、両者のあいだには、八―一一センチの開きがあったことになる。

この両国の現在の青年層の身長差は、さきにみたように約一二センチであるから、せっかく近年日本人の身長がのびたといっても、その差異はけっきょく明治時代と同じことになってしまう。おそらく差異がもっと縮まっているであろうと推測される女性の場合のデータは、残念ながらこのベルツの資料には記載されていない。しかし日本の青年たちは、明治期のドイツ人の身長に近いところまではのびてきたわけで、当時のドイツ人は、ちょうど現在の日本の青年たちよりやや高い程度の大きさであったということも、以上の資料から知ることができる。

一国民の平均身長がのびれば、平均体重もおのずから増加するのはことの道理であろうが、両国民の各年齢層別の平均体重を示したものが表11である。けれども体重の場合は身長とちがって、若い世代ほど体重が多いなどという単純な結果はみられず、むしろ中年層に、いわゆる中年太りの傾向が強い。体重に関して、このところ西ドイツでも日本でも問題になっていることは、かえって栄養過多による太り過ぎの問題であろう。アルレンスバッハの調査によれば、西ドイツでは全体の約一〇％が肥満体ということであるが（一九六九年）、肥満体の判断の基準は、西ドイツと日本とでちがっているということもあって、これと正確に比較できる日本の場合のパーセントは分からない。しかし明らかに、西ドイツの人のほうが日本人より太り過ぎの感じで、しかも西ドイツの人の場合は、日本人にはみられぬような、超肥満体が目立っている。

さてこのほかの身体的特徴のうち、一見して日本人と異なるものは、髪の毛及び目の色の違いであろう。一口に西洋人といっても、北欧の人はブロンド青目が多く、南欧の人は黒目黒髪が多いといったふうに、

（日　本）

年　齢　層（歳）	男	女（kg）
20	59.0	50.0
26 — 29	59.2	49.9
30 — 39	60.1	51.6
40 — 49	58.7	52.6
50 — 59	56.9	52.1
60 — 69	54.7	48.8
70 歳 以 上	51.2	44.5

（西ドイツ）

年　齢　層（歳）	男	女（kg）
16 — 20	69.7	56.8
21 — 29	76.2	59.8
30 — 39	78.6	63.4
40 — 49	80.5	68.0
50 — 59	80.8	67.6
60 歳 以 上	76.4	69.6

表11　平均体重。アルレンスバッハ及び厚生省公衆衛生局栄養課「国民栄養の現状」による。いずれも1972年

同じく西洋人であっても、必ずしも画一的な色合いをしているわけではない。それにドイツ人はヨーロッパ中央部に位置しているだけに、目及び髪の毛の色合いも、北欧系及び南欧系の混合の度合がかなりはげしい。

この西ドイツの人の、髪の毛及び目の色の割合を統計にしたものが表12である。ドイツ人はさすがに元来ゲルマン系であるだけに、ブロンド・青目の比率がもっとも多くて三割強、黒目・黒髪の比率は一〇—一六％程度となっている。あとはその中間色かそのほかの色彩である。

さて身長及び体重、それにだれの目にも目立つ相違である頭髪と目の色の統計以外の身体的特徴となると、これはそれほど簡単に資料は入手できない。特徴というものは、他と比較してはじめて認識できるものであるから、ドイツ人だけ、あるいは日本人だけを対象とした調査結果をみているだけでは、この場合たいして役にはたたない。

ところでこの場合も、さきほどあげたベルツ教授の論文が、またもっとも興味深い資料を提供してくれるのである。明治初期当時のドイツ人にとっては、日本は非常に珍奇な国でもあり、また未開の国でもあったためか、かえって現在の学者の研究よ

髪の色

濃いブロンド	茶色	薄いブロンド	黒	赤	灰色または白または禿頭	
33(%)	19	12	10	2	25	=101

目の色

青	灰色	普通または薄い茶色	黒または濃い茶色	緑	その他の色	
35(%)	24	18	16	8	1	=102

表12 西ドイツの人の髪及び目の色の割合（1966年）

りも、その当時の人種的特徴の調査には、遠慮のない興味深いものがたくさんみうけられる。

さて、このベルツ教授の論文にもとづいて、日本人とドイツ人の身体的特徴の比較を、身体の上部に位置する頭髪からはじめて、下方のほうへ順次たどってゆくと、まず頭髪は、ほとんど例外なしに、日本人の髪の毛のほうが、ヨーロッパ人のそれよりも、ときには非常にその断面が太くできている（表13。ベルツによると、当時の日本人は男女とも生まれて七日後に頭髪全部をそり、三歳の終りまでそれをつづけていたということであるから、この習慣が日本人本来の髪の毛の形状に、多少影響を与えているということもありうるかも知れない）。また日本人の髪の毛の断面が円形に近いということも、ヨーロッパ人とは異なるところで（表13の最大直径と最小直径の比率を参照）、髪の毛というものは、断面が日本人風に円形に近いほどまっすぐな性質を示し、断面が西洋人風に偏平であればあるほど、カールする性質を示すのである。

日本人の頭髪の数量は、ヨーロッパ人より数が多いと思われる半面、ひげの数量は彼らより数が少なくなっている。ひげの最大直径はヨーロッパ人のほうが大きいが、日本人のほうは頭髪と同じく円形であって、ヨーロッパ人のほうは、頭髪の場合より、さらにいっそう偏平になっている（表14）。

（日本人）

例番号	最大 mm	最小 mm	比率 %
1	0.11	0.10	91
2	0.1	0.08	80
3	0.14	0.1	78
4	0.11	0.095	86
5	0.095	0.08	84
6	0.12	0.11	92
7	0.12	0.095	59

（ヨーロッパ人）

例番号	最大 mm	最小 mm	比率 %
1	0.11	0.075	68
2	0.1	0.08	80
3	0.075	0.05	67
4	0.09	0.07	77
5	0.075	0.05	67
6	0.105	0.06	57

表13　ヨーロッパ人及び日本人の何例かの髪の毛の直径（毛の根元を測定）

さて頭全体（つむじからあごまで）と身長との割合は、日本人の場合は六―七頭身くらいであって、かなり頭でっかちにみえる。これに対して、例えばベルギー人などは、頭と身長の比率が、男性で一三・六％、女性で一四％となっており、日本人の場合の一五―六％に比べると、七頭身を過ぎて八頭身寄りになっている。日本人の場合は、胴がかなり長くできているため、相当数の日本人及びヨーロッパ人が同席して坐ると、だいたい同じ背の高さの人々が集まったようにみえるというのに、彼らが起立した場合には、日本人は頭半分、もしくはそれ以上に、ヨーロッパ人より低くなってしまう。

これはつまり、日本人の脚が短いからで、ヨーロッパ人の場合、脚は身長の半分よりも長いのに（五二―五五％）日本人の場合は半分より短く、その身長比は、四五―五〇％となっている。

さて、ふたたび上部にもどって、顔の特徴についてみると、額の縦の長さは、日本人が顔の長さの三七％、ヨーロッパ人は四〇％と、ヨーロッパ人のほうがやや額の縦の寸法が長くできている。鼻の形はかなり両者に相違があって、ヨーロッパ人の場合は、ほぼまゆを結んだ線のあたりから隆起がはじまっているのに、日本人の場合は、それより下方からはじまっている。しかもヨーロッ

（日本人）

例番号	最大 mm	最小 mm	比率 %
1	0.15	0.13	85
2	0.16	0.133	83
3	0.17	0.13	76
4	0.13	0.125	96
5	1.15	1.13	85

（ヨーロッパ人）

例番号	最大 mm	最小 mm	比率 %
1	0.15	0.08	53
2	0.16	0.08	50
3	0.19	0.095	50
4	0.20	0.08	40
5	0.18	0.125	70

表14　ヨーロッパ人及び日本人の何例かのひげの直径

パ人の場合は、目から下の顔の部分が、全体に額より奥へひっこんでいるため、おかげで鼻の隆起はいっそう高く感じられる理屈で、上唇の上部から鼻の最も高い所までの落差は、ヨーロッパ人の場合、身長の二％以下になることはないのに、日本人の場合は、男で一・二％、女で一・一％にしかなっていない（ベルツは日本人の男性の平均身長を一五八—九センチ、ドイツ人のそれを一六九—七〇センチとしているから、したがって鼻の高さは日本人の男で一・九センチ、ドイツ人の男で三・四センチ以上ということになり、両者の間には一・五センチ以上もの差異がある）。そのため鼻の穴は、日本人の場合、小さい円形をなしているのに、ヨーロッパ人の場合は、縦細の大きな穴になっている。

目は、ヨーロッパ人の場合は、いまふれたように、額の線よりも奥にひっこんでいるため、例えば額から頬にかけて棒か指を渡してみても、これがまぶたに圧迫感を与えるということはない。まつげは、日本人のほうが少なく且つ短くできており、それに付け根の部分が内側を向いているため、日本人の場合は、まつげの根元を前からみることはできないが、ヨーロッパ人の場合は、これを前からみることができる（次頁図）。また日本人の目は、上下ともまぶたに深くおおわれているから、眼球それ自体は両者とも変りがないのに、日本人の眼は細長くみえるのに対し、ヨーロッパ人の目は大きくみえる。ヨーロッパ人の場合、目の上下幅は目の横の長さの三分の一以上から二分の一、もしくはそれ以上にも及んでいるのに、日本人の場合は、三分の一になるかならぬか、ときには五分の一くらいにしかならぬ細い目もある。

日本人の頬が、ヨーロッパ人より広く平たくみえるのは、上顎骨（Oberkiefer）と頬骨（Jochbein）が、大きく広がっているのがその原因である。

口については、日本人はこれを小さいほどよしとするけれど、上流社会の人でも必ずしも小さくはなく、それに、口をことさらすぼめて「ほほほ」と笑うと、まるで愚女の笑い顔のようにしかヨーロッパ人には思われぬみにくいしわが口のまわりにできる。

日本人の身体のなかで、もっとも美しい部分は、首、肩、腕、手、であろう。この部分は、構造的に一連のものであるが、例えば日本にいる外国人で、彼の前を歩む女性の姿をみて、このような首にはどのような美しい顔がのっているのだろうかと想像し、追い抜いてみた途端、あるいはたまたま彼女がふりむいた瞬間、そこに老婆のような顔、あるいはじっさい老婆の顔があるのをみて、びっくりした経験をもたぬ者がいるであろうか。それほど首から肩にかけては、日本人は年をとっても美しいのである。

肩はヨーロッパ人の、武骨で角ばっていかついのとは違って、日本人の場合は、ふくよかで美しい丸みがあり、筋肉質でもあるのに、軽く自由に動かすことができる。日本人の腕は細めで、脊柱の長さよりはほとんど常に短いが、ヨーロッパ人の場合は、腕のほうが脊柱の長さよりも長くできている。日本人の手

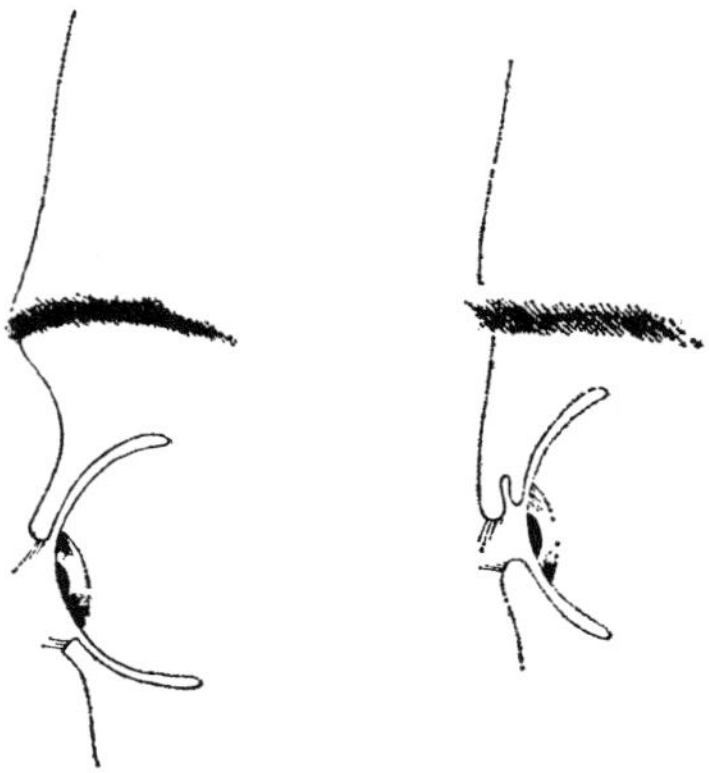

ヨーロッパ人及び日本人の目（ベルツ）

は、どのような労働者のものでも美しくできており、どの民族のものより美しいといっていいかもしれない。

しかし腕や手が美しいのに対し、日本人の脚や足はそうとは思えない。脚は短く且つ曲っていて、まっすぐにのばした場合には、両ひざが互いにつくのはまれである（特に女性はまれである。この体格の性質は、坐る習慣も影響しているのであろう――ベルツ）。

足は短くて横に広がっており、手のように美しいとは思えない。足指は短く、また親指がまっすぐのびているので、足の内側の線は親指の先まで一直線になっているが、ヨーロッパの場合には（特に女性では）親指が中指側に曲っている（これは靴の影響と思われる――ベルツ）。また日本人の足指は、中指が親指より長くなっているのも特徴で、ヨーロッパ人とは異なっている。しかしそれより注目すべきは、日本人は足の親指だけを独立して動かすことができるし、これと中指とのあいだで、こまかいものでもしっかりと押えることができることである。日本人の足の感覚は、ヨーロッパ人とは異なっており、例えば急勾配の屋根の上にはだしでのっていても、日本人なら安定して立っていることができる。これは日本人の場合、足の裏でぴったりとからみつくように、屋根の上をおさえることができるからである。

以上がベルツの論文によるところの、日本人とヨーロッパ人を比較した、頭の上から足の先までの、身体的特徴の記述の概略である。

人口、住宅　さてではつぎに、このような身体的特徴をもつ、日本人及び西ドイツの人々が住んでいる住宅や、その住宅の立つ土地面積、それにその人々の人口密度など、住宅関係の統計をみてみることにしよう。

日本の総人口は、一九七二年で、一億七三三三万二千人、西ドイツは同年で、六千一六六万九千人であって、その比率は、西ドイツが日本の五七％に当たっている。

総面積は、すでに「地理的環境」の項でみてきたように、日本の六六％に当たっており、いまこれを一平方キロメートル当たりの人口密度でみると、日本が二八八人、西ドイツが二四九人となる。西ドイツはヨーロッパ内では、どちらかというと人口密度の高いほうであるのに、戦後東ドイツや東欧圏からの難民を加え、さらに労働条件の良さから多くの外人労働者の流入を加えて、いよいよ人口密度の高い国となった（ヨーロッパでは、同年で、フランスは九五人、スペインは六八人と低く、イタリアでも一八〇人である。多い所ではオランダの三三六人、ベルギーの三一八人などがあるが、逆に北欧はスウェーデンが一八人、ノルウェーが一二人とずっと人口密度が低い）。我々は日本をとくに人口密度の高い国と思い込んでいるけれど、この点西ドイツは、むしろ意外なほど、日本に近い人口密度をもった国ということができよう。

ところが、じっさいの生活面での実情はというと、西ドイツは日本のような山地の多い土地柄とは違い、全土がほとんど農地にも宅地にもなりうるような平坦地の多い国であるから、人々が家を建築しうる宅地化可能面積ということになると、その点は段違いに西ドイツのほうが有利なのである。

例えば、比較的簡単に宅地化できるという意味合いで、両国の農地面積を比較してみると、やはり一九七二年で、日本は五六八万三千ヘクタールであるのに対し、西ドイツは一千二七二万一千ヘクタールと、日本の二・二倍もの農地を所有している。それに西ドイツの場合は、統計上森林地帯という名目になっている土地でも、日本の山地の森林地帯とは違って、ただの平坦地に赤松やもみなどの森林が広がっている場合が多いので、このようなことを考慮すれば、西ドイツの一人当たりの宅地化可能面積は、農地だけ計算に入れても日本の三倍以上、森林地帯をこれに含めれば、おそらく日本の五〜六倍以上も多いということになってこよう。これがなんといっても、宅地の問題では、西ドイツのほうが日本より有利であるその

	1人世帯	2人世帯	3人世帯	4人世帯	5人世帯	6人世帯	7人世帯	8人世帯	9人世帯	10人世帯
西ドイツ	25(%)	27	20	15	13(5人以上の世帯全部を含む)					
日本	11	15	20	26	14	8	4	1	×	×

表15 家族の世帯人員別の比較(1970年)。一世帯当たりの平均人員は，西ドイツが2.7人，日本が3.7人

第一原因であろう。

さてこのような土地の上に、西ドイツでは一九七二年に、九六三万七千戸の住宅があり、日本では二千五五九万一千戸と、その約二・七倍もの数の住宅が建っている。数からいうと、日本のほうがずっと住宅問題では恵まれているように思われるが、しかし事実はまったく逆であることは、すでに「環境—住宅」の章でみてきた。つまりこのような場合、住宅の数の単純な比較だけでは、ほとんど優劣の判断の基準にはならないのである。

いまこれを、住宅数ではなく、住宅内の一人当たりの部屋の占有面積の比較でみると、西ドイツでは、一戸当たりの室内面積が日本の場合よりかなり広いため、日本では平均して一・〇三人がようやく一部屋を占有し、一人当たり約九平方メートルの空間を享受しているのに、住宅数の少ない西ドイツのほうが、かえって一人で一・四部屋を占有し、各部屋の面積も広いだけに、一人が二三・八平方メートルと、日本の二・六倍もの空間を享受している。

このように、元来性格の異なっている住宅を、ただ単純に数字だけで比較しても、それは種々の誤解をまねくだけであるから、住宅に関してはすでにみてきた「環境(一)——住宅」の章にゆだねて、ここではこれだけにとどめておくことにしたい。

家族 では、このような家の中に住んでいる家族、とくに家族構成の状態はどうなっているのだろうか。それを示すのが表15である。

あなたが年をとったとき，子供と一緒に住みたいと思いますか。それとも別に住みたいと思いますか。（2—25歳の子供をもつ981組の両親）

	別居	同居	その他
両親全体	69	19	12(%)
父	68	20	12
母	70	18	12

表16 西ドイツでの同居か別居かのアンケート（アルレンスバッハ，1965年）

この表でまず目立つことは、両国の核家族化の進行度の度合の差であろう。すでに「心(一)——家族」の章でみてきたように、西ドイツでは核家族化現象が日本より早くから進行したため、そこでは三人までの世帯が主体をなしており、四人世帯はもう少な目で、五人以上の世帯となると、一括してみても全体のわずか一三%に過ぎなくなっている。ところが日本では、まだ四人世帯の家族も多く、五人、六人世帯の家族も相当数みられるのである。両国の家族構成を比較した場合、そのもっとも大きな相違点は、このような核家族化の進行度の度合の差にあるといってよかろう。

例えばいま、日本と西ドイツとで、親子の同居という問題について同じような内容のアンケート調査を行なった場合でも、その結果は表16及び表17のように、非常に異なった結果を示す。西ドイツでは、もはや同居を希望する人は、親の立場からいっても全体の一九%に過ぎないのに、日本では、同居したほうがよいという意見をもっている人は、まだ四六%（身体が弱ったら同居する、を加えると八四%）もいる。これは国民性の差などではなく、核家族化の進行度の度合の差からきている意見の相違とみるべきであろう。

日本の現在の家族問題では、この核家族化現象がその過度期にあることが一番の大問題であるため、日本では、この種の世論調査はいく通りも行われている。

例えば、岐阜県で行われた、「若い世代は結婚すると両親と別に生活をするといういわゆる核家族化が進んでいますが、これについてあなたのお考えはいかがでしょうか。つぎの中からあなたのお考えに近いものをあげて下さい」（二〇歳以上の男女、岐阜県広報課、一九七六年）というアンケートでは、もっとも多い答えは、ほぼ半数の四八％の人が「この傾向は好ましくない。親と子供は一緒に住むのが自然である」を選んでいた。つぎに多い答えは、「この傾向は好ましくないが、これも時代の趨勢でしかたがない」というもので、三八％であったが、この答えも、少なくとも感情的には核家族化に対し否定的なもので、新時代の核家族的生活に適応した、「親と子供とは考え方がちがうのだから、別々に住むのが自然である」という返答を選んだ人は、わずかに一〇％に過ぎなかった。日本でのアンケート調査は、他の場合でもだいたい結果は同じようなもので、このような意見の分布が、日本人の現在の平均的心情というところであろう。

ところが西ドイツにおいては、このような核家族化の問題はすでに通り過ぎてしまった問題なのである。現在の西ドイツにおいては、日本でならまだ当分は行われえないであろうような内容のアンケートが、家族問題に関してごく普通に行われている。即ち、

「あなたはいく組かの夫婦が家政や子供の教育を分かち合う大家族（Großfamilie）に賛成ですか。つぎの答えのなかから選んで下さい。」（二一―二五歳の子供をもつ九八一組の両親、アルレンスバッハ、一九七二年）

ここでいう大家族とは、家長のもとに多数の親族が共同生活をいとなむ、昔の大家族制のことをいっているのではない。これは近頃はじまりだしたごく新時代の家族形態のことをさすのであって、ま

歳とった親と子の暮らし方には，同居する場合と別居する場合とがありますが，このことについて，あなたは，どうお考えですか。（全国の30―55歳未満の男女）

同居するのがよい	46(%)
別居するのがよい	16
親が元気なうちは別居し，親の身体が弱ったら同居するのがよい	38
不明	1

表17 日本での同居か別居かのアンケート（内閣総理大臣官房老人対策室，1975年）

ったく血縁関係のない数家族が一緒に暮す、共同生活のことを意味しているのである。これに対する答えは、「原則的に反対」が六一％、「他の夫婦との性的交換がなければ賛成」が一九％、「他の夫婦との性的交換があっても賛成」が三％であった。「核家族もさらに崩壊するか」の項でみてきたように、西ドイツの核家族は、すでに核家族の段階からさらに進んで、もう一歩さきの、もっと別の家族形態の時代に移行しつつあるのであろう。

したがって、西ドイツでのアンケートをみていると、日本ではようやくごく一部の人たちのあいだで行われているに過ぎない契約結婚についても、それを「よい考え」とする人が二五％もいるのである（アルレンスバッハ、一九七三年）。また同棲についても、それを「よいと思う」人は一八％、「どちらでもよい、彼ら自身の問題」とする人は四九％にも及んでいる（アルレンスバッハ、一九七二年）。

西ドイツで、核家族化現象がはじまりだしたのは一八世紀のことで（「核家族化の進行度の差」の項参照）、それは日本より一〇〇年ほどもまえのことなのである。この一〇〇年ほどの核家族化の進行度の度合の差は、両国の家族における家族構成員間の勢力関係にも大きな影響を与えており、例えば、日常的な家庭問題について同じようなアンケートを行なった場合でも、日本と西ドイツとでは、その相違がかなり異なった結果となってあらわれてくる。

「家族が旅行をしようと思い、行先を考えています。父はオーストリアへ、母はスイスへ、二人の娘はフランスへ行きたいと思っております。あなたはだれの希望に従ったほうがよいと思いますか。父ですか、母ですか、それとも二人の娘ですか」と西ドイツで質問すると、「父」の希望に従うが三五％、「母」が一〇％、そして「娘」と答えた人は三％に過ぎないのであった（「その他」二四％、「どちらともいえない」二八％。二一―二五歳の子供をもつ九八一組の両親、アルレンスバッハ、一九六五年）。

ところが日本で、「家族旅行のプランは主にだれの意見で決めますか」と同じようなアンケートを行なった場合、「夫」の意見で、と答えた人は五六％、「妻」は一五％、そして「子供」と答えた人は一六％もいたのである（夫のある五〇歳未満の女性、日本交通公社、一九七五年）。アンケートのとりかたもその答えも、西ドイツの場合と条件が同じでないため、比較は正確とはいえないが、しかし西ドイツでは子供の意見はさほど重要視されていないのに、日本では子供の希望は、母親の希望と同程度に重要視されるという結果が一応でている。

日本で、「家庭は、夫婦中心の家庭と、子供中心の家庭と、どちらが望ましいと思いますか」というアンケートを行なった場合、「子供中心」と答えた人は三七％、「夫婦中心」という答えは二三％、「どちらともいえない」は三八％であった（二五歳―六五歳の有配偶女子、北海道総務部、一九七五年）。日本の家庭では、現在のところ子供のほうがかえって最重要の位置を占めてさえいるといえる。

そして今度は日本の子供たちに対し、つぎのように彼らの意見をきくと、即ち「老後の親をやしなうことについて、あなたの考えにいちばん近いものをひとつだけあげてください」というアンケートでは、「どんなことをしてでも扶養する」が四二％、「自分の生活力に応じて扶養する」が四二％と、親に対する扶養の義務感がかなりの高率を示すのであった（一五―二五歳の男女、宮崎県青少年問題協議会、一九七六年）。日本の核家族化がまだその初期の段階にあることは、このような子供たち側の意識面からいってもいえることであろう。

しかし、やがて日本においても社会保障制度が進んできて、子供たちにとって老後の親を扶養する必要がなくなってきたような場合には、それはまた親の側からみると、子供たちをさほど重要視する必要がなくなったことを意味するのである。西ドイツの核家族化現象の初期の時代、つまり一九世紀は、ドイツに

	要らない	1人	2人	3人	4人	5人以上
西ドイツ	4	11	61	19	4	1(%)
日　　本	1	3	40	42	8	2

表18　欲しいと思う子供の数。（西ドイツ：義務教育の子供をもつ両親，アルレンスバッハ，1972年。日本：夫のある50歳未満の女性，毎日新聞社，1975年）

おいては子供の世紀などとも呼ばれていたが（「子供は生まれた時から一人」の項）、当時のドイツにおいては、まだ老後は子供たちの世話にならねばならぬ状態でありながら、しかも核家族化の影響で、子供の心は親から離れていく一方であるのに、そのうえ子供たちに一人立ちする能力を与えるためには、教育面でも物質面でも、ちょうど今の日本のように、親は子供たちに対するサービスに専念せねばならなかった時代に当たっていたのであろう。

しかし老後の社会保障の発達した現在の西ドイツでは、子供の価値はしだいに下落し、子供にかかる教育面での費用や労力の増加ともあいまって、子供を多く持ちたいと思う親の割合も、日本よりすでに相当程度減少してしまっている。日本で親が持ちたいと希望する子供の数は、表18のように、現在では「三人」及び「二人」が最大であるのに、西ドイツではもう「三人」という希望者がすでに少なくなって、「二人」が断然多く、「一人」または「子供は要らない」という親の割合も、いずれも日本の場合の四倍ほどにも達している。やがて日本の家族関係もこのような状態に移行していくことは、ちかごろの日本の若い世代の人々の心情の変化を眺めていれば、もはやさけられえない趨勢というものであろう。

生活方針——家庭か職場か　では西ドイツの人々は、いったいどのような関心をもちながら、毎日の生活を送っているのだろうか。

「このカードにはさまざまな言葉が記述されています。あなたが私の考えも

そうだ、と思うものを（いくつでも）選んで下さい」というアンケートが西ドイツにあるが、上位を占めた答えは、

一、自分の家の部屋の中が一番いい（六二％）
二、事件のないのが最上。不意の事件は好まない（五七％）
三、家族のなかにいるのが最も幸福。私はまさに家庭的人間だ（五〇％）
四、健康に生活できるよう非常に注意している（四七％）
五、友人や知人を招待し、できるだけ快適な時間を持つようにする（四三％）、であった（一六歳以上のカトリック教徒四四〇万人、アルレンスバッハ、一九七〇年）。

家族に囲まれた平穏無事な家庭的人間、というところが、西ドイツの人々の過半数の理想ということであり、それはまた、たいていの国での過半数の人々の理想でもあろうが、しかし西ドイツの人々が家庭的人間である度合は、現在の日本人よりやや強いように思われる。

家庭	49(%)
仕事	21
自分の余暇活動	14
宗教	7
教養	2
社会奉仕	1
その他	3
不明	1
計	98

表19　「生きがい」を感じる順位。（20歳以上の男女，広島県企画部，1975年）

「次の言葉を、《非常に重要》《重要》《それほど重要でない》《反対意見である》の四段階に分けて下さい」という西ドイツでのアンケートのなかで、「家庭生活を職業より大切にする」という言葉に対する評価は、《非常に重要》が二五％、《重要》が四一％で、それを合計すると六六％を占めており、《それほど重要でない》は一五％、《反対》はわずか三％だった（一六歳以上のカトリック教徒四四〇万人、アルレンスバッハ、一九七〇年）。

日本においては、これとまったく同様のアンケートは行われては

家庭生活を何よりも大切にする父	10	55%（家庭重視）
どちらかといえば，仕事より家庭生活を大切にする父	45	
仕事をなにより大切にする父	10	44%（仕事重視）
どちらかといえば，家庭生活よりも仕事を大切にする父	34	

表20　望ましい父親像。（15—25歳の男女，宮崎県青少年問題協議会，1976年）

いないが、しかし「あなたが今の生活において《生きがい》を感じているのは、この中のどれでしょうか。一つだけあげて下さい」というアンケートがあって、その結果は表19のように、一位が「家庭」の四九%、二位が「仕事」の二一%であった。日本人もマイホーム化してきたとはいえ、まだ仕事第一と考える人の比率は、西ドイツより多いようである。

日本の若者たちに、「あなたは、父親としては、どういう人が望ましいと思いますか」ときいた場合でも、表20のように、「家庭を大切にする人」と「仕事を大切にする人」とは、まずまず互角の比率を示している。まだ日本においては、若い世代の意識の中でも、マイホーム主義は西ドイツほど徹底するまでには至っていないとみてよかろう。

そもそも核家族的な家族形態が増加したのは、産業革命の影響、つまり商店も職人仕事も企業化し、職場と家庭とが分離したことにその原因があるのであって、その時期は西ドイツのほうが、日本より一〇〇年以上も以前のことなのである（「職階上の社会階層の区別——アンゲシュテルテとアルバイター」の項）。西ドイツでは、職場は職場、家庭は家庭と分離して考える動きは、したがって日本より一〇〇年以上も早かった理屈で、それは職場と家庭がじっさい分離している生活を送った経験が、日本より一〇〇年ほども長かったということを意味しているのである。

あるいはまた、例えば家庭中心という意識をさぐるために、隣人という概念をとりあげてみても、日本人と西ドイツの人々とでは、異なった感覚をいだいている。

西ドイツで行われたアンケートに、「近所の人々が自分のことをどう考えているかはどうでもいいことではない、たしかに少しはそのことを考えなければならない、という人は相当います。しかし他の人は、近所の人が何を考えようと全くどうでもよい、それは私には全く関心のないことだ、といいます。どちらかというと、あなたはいずれに属しますか」という質問があるが、それに対する西ドイツの人の答えは、「少し気にする」が五二%、そして「関心がない」と答えた人は、四二%もいた（アルレンスバッハ、一九七一年）。

日本の場合には、「あなたは近所づき合いをよくしたり、地域の連帯意識をたかめたりすることは、日常生活の上で大切なことだと思いますか。それともそうは思いませんか」というアンケートが行われており、その質問の内容は西ドイツの場合と多少異なっているが、答えは「大切だと思う」という人がほとんど全員に近い九〇%にも達していた。これに対し、「そうは思わない」という人は、わずか五%に過ぎないのである（二〇歳以上の男女、内閣総理大臣官房広報室、一九七五年）。

しかしこのような結果から、西ドイツの人々は他人のことなどぜんぜん考慮しない利己主義の人々ばかりだ、と早急に結論を下すのは大変な思い違いであって、「近所の人」という言葉がもつ意識は、日本と西ドイツとでは相当異なっている。西ドイツでは、たとえ「近所の人が何を考えようと関心はない」にしても、しかし近所の人に、騒音などによる社会的迷惑をかけてはいけないし、また迷惑をかけられた場合は、これにはっきりと抗議を申し込む意識がより浸透しているのに対し、日本の場合には、「近所と親しくする」という意味は、ややもすれば、「家族同様」のつきあいということであり、また逆に、「近所づき合いや地域の連帯意識を大切とは思わない」という意味は、こんどはややもすれば、社会的な迷惑を近所にかけても一向平気でいられるという、共同体意識の欠如を意味しかねない。つまり、日本においては自

満足である	15%
まあ満足である	51
やや不満である	25
不満である	6
無回答・不明	2
計	99

表21　職場に対する満足度。（15—23歳，総理府青少年対策本部，1975年）

己と隣人との分離意識が、家族内の親子関係の場合と同様、まだその過渡期にあって、各自が分離独立して責任を負わされる生活をいとなむ習慣になれていない状態である、と理解すべきであろう。

職　場　じっさい職場で働いている西ドイツの被雇用者に、「現在の職場に全く満足していますか、それともただ部分的に満足していますか、それとも全く満足していませんか」ときくと、例えば一九七三年七月で、「全く満足している」が五四%と半数以上、「部分的に満足している」が四〇%、「全く満足していない」は五%であった（アルレンスバッハ）。このアンケートは、何年間にもわたって何回も行われているものだが、結果はいずれも満足しているが大多数で、全く満足していないは数パーセントに過ぎなかった（一九六七年七月から一九七三年七月の間で、「全く満足している」は四四―六四%、「部分的に満足している」は三〇―四八%、「全く満足していないは」四―八%）。

日本の場合も、「あなたは、今の職場（または職業）に満足していますか。それとも不満足ですか」というアンケートが行われているが（表21）、しかしこの場合は、被質問者が一五―二三歳の青少年ばかりに限られているため、西ドイツの場合との正確な比較はできない。けれども、この西ドイツの「全く満足している」の五四%は、じつに感嘆すべき数字であって、西ドイツの労働環境の優良性を示している。

西ドイツと日本の労働環境に関するアンケートを比較した場合、そのもっとも大きな相違は、西ドイツでは転職者の数が多く、日本では転職者はまれ、ということであろうか。西ドイツでは能力をみこんでの引き抜きも多いし、また自分からの売り込みも多い。

あなたは去年職場を変えましたか（%）	1959	1960	1961	1962	1963	1964	1965	1966	1968	1969	1970	1971	1973
被雇用者全体	11	10	12	10	11	12	11	13	14	14	12	11	10
アンゲシュテルテ	10	9	8	11	9	9	7	11	14	14	9	10	10
アルバイター	12	11	14	10	12	14	19	14	14	13	13	12	11

表22　転職率。（アルレンスバッハ。アンゲシュテルテとアルバイターについては「職階上の社会階層の区別——アンゲシュテルテとアルバイター」の項参照）

西ドイツでは、いったい何パーセントくらいの人が毎年転職しているかを示す数字が、表22である。この表によると、転職者の率が一〇%を下回った年は、一九五九—七三年の一五年間に一回もないが、一〇%以上とは、単純にいえば一〇年に一度はみなが転職しているという数字で、彼らは職場に不満があった場合には、自分に合った職場をさがして、遠慮なく転職していく。職場に「全く満足」している人の多い秘訣は、一つにはここにあるのかもしれない。

だいたいが転職者の少ない日本においては、転職率を問うアンケートは行われていないが、その代り、つぎのようなアンケートが行われている。即ち、「わが国では、一度勤めると職場をめったに変えない、という習慣が続いてきましたが、最近では、転職する人が増えています。あなたは今後三〇年くらいの後の社会では転職する人の割合は現在より増えると思いますか。減ると思いますか。この中ではどうでしょうか。」結果は表23で、転職者は増える、と予想した人が半数をやや上回っていた。日本にもやがて西ドイツ風の労働環境がおとずれるであろうという予感は、すでに日本人のあいだにも宿りつつあるわけである。

ところで、このアンケートはこれにつづいて、「仮に、今後転職する人が増える傾向があるとすれば、このような傾向は好ましいと思いますか、好ましくないと思いますか。この中ではどうでしょうか」と質問している。

非常に増える	12(%)
やや増える	44
現在と変らない	21
やや減る	8
非常に減る	2
わからない	14
計	101

表23　転職者は増加すると思うか。（20歳以上の男女，内閣総理大臣官房広報室，1975年）

非常に好ましい	3(%)
まあ好ましい	16
どちらともいえない	36
あまり好ましくない	33
非常に好ましくない	5
わからない	8
計	101

表24　今後転職者が増えることは好ましいと思うか。（20歳以上の男女，内閣総理大臣官房広報室，1975年）

日本人には、転職即ち首切りの結果、あるいは自ら転職した場合は、これを不道徳的な行為とみなす傾向がまだつづいているため、転職者の多い労働環境は即ち不良な労働環境、と解するくせがまだ抜けていないのであろう。結果は表24にみられるように、「好ましくない」と考える人のほうが、「好ましい」と考える人をかなり上回っていた。

職場は職場、家庭は家庭と分離して考える習慣になれている西ドイツの人にとっては、職場は自分の才能を生かして報酬を受けとる場所であってそれ以上のものではない、と割り切って考える習慣が、日本の場合より浸透している。したがってその点西ドイツでは、職場は働く場所という意識がより明確であるだけに、仕事では能率を重視する一方、またそれに見合っただけの賃金を受けとりたいという意識は、日本よりかなりきびしいものがあるように思う。

「次の言葉を《非常に重要》《重要》《それほど重要でない》《反対意見である》の四段階に分けて下さい」という西ドイツで行われたアンケートの中から、職場に関するものだけを拾ってみたのが、表25である。「業績の多い場合は給料も高い」とか、「勤勉な者は怠惰な者より尊重される」とか、「各自が努力しまた能力を発揮する刺激として自由競争にする」、といったような、一生懸命働く代りに給料も多く支給せよ、という趣旨の言葉には、当然といえば当然ながら、「非常

	「非常に重要」	「重要」	「それほど重要でない」	「反対意見である」	「わからない」
業績の多い場合は給料も高い	31	52	7	×	10%
職場では搾取されているようには感じない	31	45	11	1	13
勤勉な者は怠惰な者より尊重される	23	43	18	3	13
各自が努力しまた能力を発揮する刺激として自由競争にする	15	41	22	3	19

表25 職場で大切なこと。（アルレンスバッハ，1972年）

に重要」または「重要」と考える人の率が非常に高くなっている。

日本でのアンケートに、「もしこれから、あなたが新しいつとめ（仕事）につこうとするとき、最も望ましいつとめのあり方は次のうち、どれですか。いまやっているお仕事とは関係なくいってください」というのがある。現在の日本人の考えている理想的な職場像を問いたい、ということなのだろうが、結果は表26であった。「失業のおそれのないこと」という安全主義者の多いことは別としても、相当数の人が、「自分の能力に応じて出世のできること」、「仕事のできぐあいにより収入の得られること」、「自分のやりたいことを自由にできること」、などの能力尊重主義を望んでおり、人間関係においては、「家庭的なふんいきのあること」、という従来の日本的な考えを尊重する人も一割はいる半面、ほぼ同数の人が、「めんどうな人間関係のないこと」という、現代的な空気を望んでいる。これは理想像であって、それがいつ実現するかは分からぬが、しかしこれからの日本の職場も、しだいに西ドイツと同じ方向へ変っていく傾向にあることは予測できよう。

さて余談になるけれど、ベストセラーにもなったという篠田雄次郎著『日本人とドイツ人』（光文社、一九七七年）という本の中に、西ドイツの人と日本人の職場観を比較した箇所があって、

失業のおそれのないこと	20(%)
自分のやりたいことを自由にできること	19
自分の能力に応じて出世のできること	16
仕事のできぐあいにより収入の得られること	15
めんどうな人間関係のないこと	11
家庭的なふんいきのあること	10
年月をかけてまじめにはたらけば出世できること	4
その他。無回答	5

表26 最も望ましいつとめのあり方。
（16歳以上の男女，毎日新聞社，1975年）

（西ドイツでは）私用での時間が会社からはっきり規制されるくらいだから、会社の「もの」も、私用とのけじめははっきりしている。
この点、日本の給料生活者男女はなんとも恵まれている。会社の便箋でラブレターを書いたとか書かないとかが新人教育のテーマになるくらいだから、ホチキスにしろテープにしろどんどん家に持って帰る。「おい、あの切れるハサミはどこだ」ときくと、「ああ、あれは家で重宝してます」なんてくる。

などとある。

ところで、ちょうどこれと同じテーマのアンケートが、アルレンスバッハで行われている。

「会社に職員（アンゲシュテルテ）または労働者（アルバイター）として働いている人は、会社から便箋や鉛筆やその他こまかい会社の品物を家に持ち帰り、私用に使うということがどうもよく行われているようです。あなたはそのようなことを平気でやってよいと思いますか、それともただ例外的な場合だけはよいと思いますか、それともけっしてやってはいけないと思いますか」というのである。

つまり西ドイツにおいても、職場の便箋やホチキスくらいは平気で家に持ち帰って私用に使っている人が相当いるからこそ、こういったアンケートも行われているわけであろう。結果は表27のように、持ち帰ってはいけない、と断言する人が半数強はいる半面、残りの半数は、かならずしもそうとは確信していな

職員の場合は		労働者の場合は
平気で持ち帰ってよい	13(%)	10(%)
例外的な場合だけよい	29	29
いかなる場合もよくない	52	55
きめられない・無回答	6	6

表27 便箋などの会社の品物を家に持ち帰ってもよいか。（16歳以上の男女1000人，アルレンスバッハ，1971年）

い。実情は篠田氏の描くドイツ人像とは少し異なっていたようで、ドイツ人も日本人も、やはり同じ人間である以上、たとえ社会習慣にずれがあったとしても、そのもっている生活感情には、基本的に相通ずるものがたくさんあるというところであろうか。

余　暇　仕事は仕事、個人生活は個人生活と割り切って考える習慣が浸透すれば、余暇はなるべくたくさん欲しいという希望がでてくるのは当然のことで、日本でもこのところ週休二日制を実施したり、長期の休暇をとって旅行にでかけるケースがどんどん増えつつある。

日本でのアンケートでさえ、「ところで、あなた自身は、仕事と余暇についてふだんどのように考えていますか。この中であなたのお考えに近いものを一つだけあげて下さい」ときいた場合、「仕事一本に打ち込み、余暇はあまり必要ではない」と答えた人はわずか六%に過ぎず、もっとも多い答えは、「仕事は人並みにやり、余暇も楽しみたい」の四八%、ついで「仕事には人一倍打ち込み、余暇も人一倍活用したい」が二四%、そして「仕事もやるが、余暇を楽しむことに、より重きをおきたい」が一一%であった（二〇歳以上の男女、内閣総理大臣官房広報室、一九七五年）。日本でも、余暇の価値の認識はもう十分浸透しているとみてよかろう。

けれども西ドイツにおいては、余暇の評価など、いまさらもう問う必要もないアンケートなのである。週休二日制はもちろんのこと、長期の年次休暇の習

	日　本	西ドイツ	アメリカ
1960年	48.1	42.1	37.4時間
1971年	42.4	37.4	37.5

表28　週平均の労働時間（祝祭日などを考慮，製造業・生産労働者）。（余暇開発センター編：余暇ハンドブック，1973年版）

慣も徹底している西ドイツでは、休暇についてのアンケートといえば、ただ、「あなたにもっとも関心のある趣味はなんですか」とか、「休暇で去年いった旅行先はどこですか」とか、「同好会には加入していますか」などといった内容のものしかみあたらない。

いま週平均の労働時間を比較してみると、表28のように、一九六〇年で六時間、一九七一年で五時間、日本人のほうが多く働いている。日本は一九七一年に、ちょうど西ドイツの一〇年前の状態まで漕ぎつけたわけである。また、年次有給休暇の日数を比較してみると、一九六八年で、日本が八日、西ドイツが一八日と、一〇日の開きがある（西ドイツでは年次休暇は一般に完全消化されるため、日本の数値は取得日数による）。さらに例えば、とくに年次休暇の多いフランスなどでは、この年で二四日ということであるから、これなどと比較すれば、日本の年次休暇は、さらにまた少な目ということになる（余暇開発センター編、余暇ハンドブック、通商産業調査会発行、一九七三年版）。

それでは、暇なときには人々は何をするのだろうか。それについての適当なアンケートは、日本にも西ドイツにもみあたらないが、趣味的な関心の大小を問うアンケートが両国ともに行われているので、その結果を上位順に並べたものが表29である。西ドイツの質問は、「あなたにもっとも興味のある主要関心事はなんですか（それが職業の場合も可）」（二一―二五歳の子供をもつ九八一組の両親、アルレンスバッハ、一九七二年）となっており、日本の場合は、「あなたは、いま、趣味をおもちですか」（三〇―五五歳の男女、内閣総理大臣官房老人対策室、一九七五年）という質問になっている（両国とも、呈示された答えのリストの中からいく

	西ドイツ	(%)	日本	(%)
1	娯楽としての音楽，レコード	42	旅行，ハイキング，ドライブ，サイクリングなど	33
2	植物，花，園芸	35	手芸，園芸など	27
3	スポーツ	33	読書	15
4	旅行	31	スポーツ見物	12
5	本	29	映画・演劇・演芸の観賞	12
6	料理	26	囲碁，将棋，チェスなどの室内ゲームをする	10
7	手仕事，縫い物	26	お茶，お花など	8

表29　趣味はなにか。（上位七位まで記載）

つ選んでもよいという形式)。

結果に目を通してみると、西ドイツには音楽愛好家が非常に多いのが目立つが、これはさすがにお国振りという以外に、日本の場合は、元来生活に根ざしていた日本本来の音楽である民謡などが、洋楽の流入と共にしだいに生活から分離した半面、本当に生活に溶け込んだ音楽がまだ生まれていないという事情が、これほど大きく日本と西ドイツの音楽愛好家の数に影響しているともいえると思う。西洋の場合には、日本のような和洋音楽の区分などはもちろんなく、老人層にとっても若年層にとっても、互いに異質的でない音楽がたくさん存在している。

またスポーツ愛好家の数も、日本の場合はただ見る場合が多く、西ドイツの場合はじっさいやる人が多い、という相違がでている。これは体育館の設備の差や、同好会組織の伝統の差にその原因があることで、西ドイツではスポーツをじっさいやっている人の数は、「規則的にやる」が全体の一八%、「ときおり」が二六%、「やらない」が五六%と、西ドイツの人全体の約半数(四四%)もが、なんらかのスポーツをやっているという高水準を示している(アルレンスバッハ、一九七三年)。

スポーツや合唱団などの同好会組織の伝統が、日本の年号では明治をさらにさかのぼる古くからのものであることや、また都会にも田舎にもその組織があって、彼らが協力して体育館づくりやその運営にあたっている様子は、すでに「ヒルリンゲン村」の章の「同好会」の項でみてきた。スポーツ関係だけでみても、同好会に加入している人数は、西ドイツの人全体の二三％にも及んでいる（アルレンスバッハ、一九七三年）。

日本の場合は、スポーツでも演劇でも、ただ見るほうが主体であって、自分でやるものといえば、囲碁、将棋、お茶、お花など、せまい空間でもやれるものか、旅行、ハイキング、ドライブ、サイクリングなど、体育館のような設備もなしで、野外でかってに個人で実行可能なものばかりである。

これからはやがて日本でも、休暇の日数が西ドイツ並みに増加してくることだろうが、それにともなって、その休暇の過ごし方の技術面である、体育館や同好会などの運営法も、それにおくれず修得していかねばならぬであろう。

最後に、バカンスを利用しての長期旅行についての統計をみると、一九七二年で、西ドイツの人全体の五三％がバカンス旅行をしており、そのうちわけは国内旅行が四二％、外国旅行が五八％、東ドイツ旅行が三％であった（アルレンスバッハ）。もちろん西ドイツの人にとっての外国旅行は、日本の場合ほど大げさなものではないが、しかしこの頃はアフリカや西南アジアなど、遠くまで足をのばす人が増えつつある。

食生活　こんどは両国の食生活について比較してみよう。

まず日本の場合をみると、日本人は全体の一日平均一人当たりの食料摂取量は、二二七三カロリーである（一九七三年。厚生省）。西ドイツの場合は、同年で一五歳以上の人の平均が、三三〇〇カロリーと発表されている（アルコール分を含む。健康省）。西ドイツのほうが、かなり多量に摂取しているらしいということは分かるが、なにしろ統計の基礎が異なっているので、どうも正確には比較しがたい。

このところ先進国では、どこでもかえって栄養不足より、栄養過多に悩まされており、人々は肥満体の解消に苦労している。西ドイツの健康省の大臣の談話によれば、西ドイツでは成人で三人に一人、子供で一〇人に一人が肥満体ということだが（Südwest Presse 一九七三年六月二日）、これは同年の日本の厚生省の発表による、男性で一三・五％、女性で一九・四％が肥満体であるという数字をかなり上回っている。しかしこの場合も、両国の統計の基礎が異なっているし、それに肥満体の判定の基準も両国では異なっている。

肥満体の判定は、日本の場合では、上腕の後部と肩胛骨の下部で脂肪の厚さを計り、その合計が男性で四センチ、女性で五センチを越すと肥満と呼ぶ。西ドイツの場合は、通常体重（キロ）が身長（センチ）引く一〇〇、理想体重が通常体重引く一〇％、肥満体（Übergewicht）が通常体重に一〇―二五％加算、脂肪過多症（Fettsucht）が通常体重に二五％以上加算、という判定で行う。

このように、両国ではその統計の基礎が異なっているため、相互の比較は行いにくいが、栄養過多問題をかかえている両国では、このところそれぞれその国の平均的な理想的栄養摂取量というものを発表している。それによると、日本の場合は昭和五〇年（一九七五年）をメドに定めたその基準量は、二一五〇カロリー（厚生省）であるのに対し、西ドイツの場合は一九七四年の健康省の発表で、二六〇〇カロリーである。両者のあいだに四五〇カロリーの差があるのは、片や総人口、片や一五歳以上という統計上の基礎の差のほかに、体格の相違からくる必要量の差がその原因であろうが、いまこれを現実に人々が摂取している熱量と比較してみると、日本では一一二三カロリー過剰に摂取しているところを、西ドイツの人は、なん

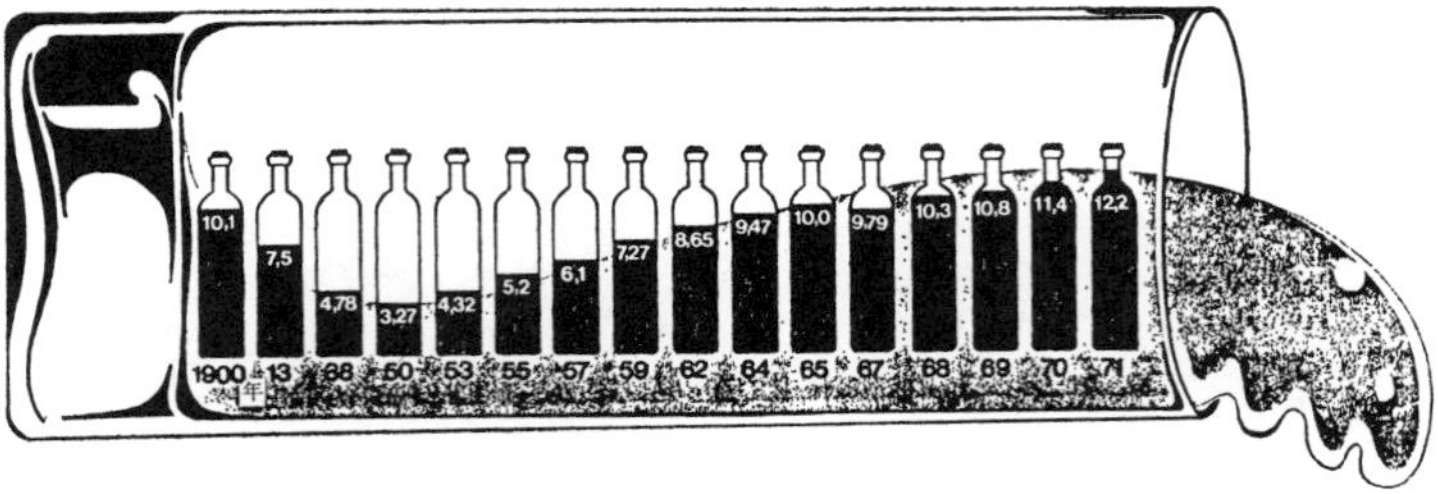

表30

西ドイツの１人１年間のアルコール摂取量（100%アルコールに換算，単位リットル）。（Stern，1973年10月31日）

と七〇〇カロリーも理想的基準量より多量に摂取している。この数値こそ、西ドイツの人が、いかに日本人より多量に栄養を摂取しているかを如実に示してくれる、具体的な数値といえるものであろう。

このような栄養過多の傾向は、誇るべき文明というより、むしろ文明病とでも称すべきものであって、西ドイツのマスコミは、このような傾向に対し、「フォークとナイフによる自殺」、などという言葉を使って警告を発している。同じようなことは、食料のうちとくにアルコール分の摂取についてもいえることで、このところ家計状態の好転と共に、アルコールの摂取量は年々増加の一途をたどっている（表30）。

世界の主要国の酒類の摂取量を、純粋アルコールに換算して、一人当たりの摂取量がもっとも多い国から順番に並べたものが表31である。西ドイツは一二・四リットル、日本は五・六リットルと、そこに二倍以上の開きがみられるが、ビールだけでみると、さすが本場だけに、西ドイツは日本の四倍もたくさん飲んでいる。これがまたドイツ人の、いわゆるビール腹助長の大きな原因になっているのであろう。

しかし酒類の過剰摂取の弊害は、なんといってもアルコール中毒症である。表31でみると、世界最高のアルコール多量摂取国はフランスで、一人当たりが一六・三リットルとなっているけれど、例えばスウェーデンなどは、かつてはそれをさらに上回る一人当たり二〇リットルも飲んだ経験をもつ国で、そのときの弊害にこり、種々の取り締り規制を施行し（例えば三％程度以下の酒類しか製造させない等の法令を実施している。目下ヨーロッパではもっともアルコールに関し取り締りのきびしい国といわれている）、ようやく現在の日本並みの、五・九リットルにまで下げることができたのである（Stern 一九七七年一月一三日）。

順位	国名	全酒類計（100％アルコール換算）	内訳 ビール	ワイン	ウイスキー・ブランデー類
①	フランス	16.3	46.2	100.9	5.8
②	ルクセンブルク	14.5	121.4	49.3	10.9
③	ポルトガル	14.1	29.4	97.0	2.3
④	スペイン	13.1	46.7	65.0	7.0
⑤	西ドイツ	12.4	148.7	23.4	6.8
⑥	イタリア	12.1	14.0	93.5	4.7
⑦	ハンガリー	11.3	80.0	35.0	10.2
⑧	オーストリア	11.2	103.1	36.1	4.0
⑨	アルゼンチン	11.1	9.8	88.5	—
⑩	スイス	10.6	68.6	44.9	4.4
㉑	米国	8.1	86.8	6.67	7.3
㉒	英国	8.0	117.8	5.41	3.3
㉘	ソ連	6.1	24.0	13.3	7.7
㉛	日本	5.6	36.4	ワイン 0.5 清酒14.8	3.7

表31 世界主要国の１人１年間のアルコール摂取量（100％アルコールに換算，単位リットル）。（麒麟麦酒の調査による。京都新聞，1979年１月７日）

このように、大酒癖の歴史はなにも現在が初めて迎える最悪時代、ということではないのだが、しかし一二・四リットルという数字は、そろそろ西ドイツでも、なんとか手を打たねばならぬ限界線が近づいたということで、このところ西ドイツでは、この方面の各種の調査が行われている。

例えばDHS（ドイツ疾病対策本部 Deutsche Hauptstelle gegen Suchtgefahren）が、ミュンヘンにある世論調査所のインフラテスト（Infratest）に依頼して調べた結果によると、西ドイツでは、二〇―六四歳の人のうち、二人に一人がほとんど毎日アルコール類を常飲しており、八％の人は仕事中にもアルコール類を飲用している（事務員などは事務机の上にビールびんを置き、屋外労働者は工事現場の地面の上などにビールびんを置いたりして、ときどき仕事の合間にもアルコール類を飲んでいるのは、西ドイツでよくみかける光景)。大酒家といえる人は三七％にも及んでおり、四％の人(男性七％、女性一％)は、治療を必要とするアルコール中毒にかかっているという。そしてまた、まったく酒を飲まない人は、一〇人に一人という割合であった(Südwest Presse 一九七五年一〇月二五日及び一一月五日、一九七七年七月二三日)。

同じくDHSの発表によると、アルコール中毒患者数は、一九六一年に三〇万人であったものが、六七年には四〇万人に増加し、七〇年には六〇万人、七二年には九〇万人と、加速度的に急増している。しかも、七二年度の場合は、患者のうち五人に一人は女性、九人に一人は二一歳以下の青少年なのである(Stern 一九七三年一〇月三一日)。

またキール大学の研究班が調査したところでは、一〇—一八歳の青少年二三五九人のうち、その六分の一がアルコールによる危険状態にあったという結果がでている。彼らのなかで、アルコール類をまったく飲まない者は一八％で、祭などの場合だけ飲む者は四一％、適度の飲酒者とみられる者は二四％であったが、これに対し、八％は週末などにコップ六ぱい以上もビールなどを飲む大酒家であり、九％はほとんど毎日四はい以上もビールなどを飲む常飲者であった(Südwest Presse 一九七六年一二月四日)。

その体格からいって、一般に西ドイツの人は日本人よりアルコールに対し抵抗力が強い、ということは分かるが、しかし西ドイツの人の飲酒量も、そろそろ限界に近いというところであろう。

消費生活　日本の経済企画庁の「海外経済動向指標」によると、国民所得の一人当たりの国際比較では、一九七五年で、西ドイツが六〇三〇ドル、日本は三七七〇ドルとなっている。西ドイツはアメリカとほとんど同水準に、日本の場合は、イギリスを六四ドルだけ追い越すほどの成長ぶりをみせているわけである。食生活でも栄養不足よりむしろ栄養過多を心配せねばならぬような両国では、消費生活一般においても、一昔とは違ってややゆとりのあるところをみせている。

日本でのアンケートで、「物を選ぶとき、できるだけ値段の安い物を選ぶ方ですか。買う以上は高くてもよい物を選ぶ方ですか」という調査に対する結果では、一番多い答えが「高くてもよい物」を選ぶの六四％で、「安い物」と答えた人は二一％に過ぎなかった（「その他」が一五％。二〇歳以上の男女、朝日新聞社、一九七五年）。

また、「新しい商品が出たら買い替えたい方ですか。古くなっても長く使いたい方ですか」という質問では、「長く使いたい」という答えが八四％と大部分を占め、「買い替えたい」と答えた人は一一％だけであった（「その他」五％。同上）。日本人の購買心理も、かなり落着いてきているということがいえると思う。

西ドイツで行われたアンケートは、これとは少しニュアンスが違っているが、例えば、「まったく一般的にいって、物を買う場合、よいと思うやり方はどれですか。もしかなり大きな買物をする場合なら、いつも最上あるいは非常に上等な物を選んだほうがよいと思いますか。それともまたときに中級品を選んだほうがよいと思いますか」という質問では、結果は、「いつも最上あるいは非常に上等」という答えが四〇％で、「ときに中級品」が四五％、「きめられない・無回答」が一五％であった（三千人以上の人口の町で二人以上の世帯に住む一六—六五歳の主婦千人、アルレンスバッハ、一九六八年）。質問の内容が「かなり大きな買物」となっているところと、上等と中級に分けてあって、安物のことをきいてないところが日本の場合と異なっていて比較しにくいのであるが、しかし「つねに最上あるいは非常に上等」を買うのがよいと答えた人が四〇％を占め、「安い物」を買うという意見をアンケート自体が無視している点など、相当にゆとりのある購買心理をあらわしているといえるであろう。

次の品物を買う場合，できるだけ安い物を買いますか
それとも中級品，それともかなり高級品を買いますか

（女性の場合）	かなり高級	中級	安い物	合計(%)	（男性の場合）	かなり高級	中級	安い物	合計(%)
衣服	32	55	6	＝ 93	衣服	34	53	6	＝ 93
ブラウス	24	53	11	＝ 88	ワイシャツ	25	45	10	＝ 80
下着	24	55	16	＝ 95	下着	16	45	14	＝ 75
ストッキング パンティストッキング	14	42	38	＝ 94	ひげそり用化粧水	16	36	12	＝ 64
洗剤	10	46	33	＝ 89	オーデコロン（香水）	12	21	6	＝ 61
オーデコロン（香水）	26	39	7	＝ 72	自動車付属品（自動車手入れ用品）	12	33	16	＝ 61
口紅	20	34	11	＝ 65					

表32　どの程度の品物を買うか。（16―70歳，4000―8000人，アルレンスバッハ，1970年）

この西ドイツでの買物心理を、各買物の品目別に、上等なものを買うか、それとも中級品を買うか、または安い物を買うか、と質問したアンケートの結果が表32である。ストッキングと洗剤では安物を買う人もかなりいたが、その他の品目では、安物買いをもっぱらとする人が平均して一〇％程度であるから、日本の安物買いをもっぱらとする二一％と比較すると、やはり西ドイツのほうが、一般に日本より、より高級品をねらっているということができるであろう。

さてこの他には、日本のほうに比較すべきアンケートが見当たらないので、西ドイツの調査結果だけを追うよりほかはないのであるが、しばらく西ドイツの人の買物心理を眺めてみると……

まず、「かなり大きな買物をする場合、買う前にいくつかの店で値段を比較してみますか」というアンケートでは、「つねに比較する」が五九％、「ほとんどつねに」が二七％と、値段に非常に関心のある人は合計して八六％おり、「ときおり」が一〇％、「めったにない、まずない」が四％であった（アルレンスバッハ、一

九七三年)。

これが「食料品」を買う場合となると、「つねに比較する」が二八%、「ほとんどつねに」が二八%、合計して五六%と、当然大きな買物をする場合より値段を比較する人が少し減って半数強の人数になる。「ときおり」は二〇%、「めったにない、まずない」が一二%、「食料品を買ったことがない」が一二%である(アルレンスバッハ、一九七三年)。

商店と値引きの交渉をする習慣は西ドイツにもあって、人により得意不得意があることも日本人と同じであるが、それについてのアンケートもある。「かなり大きな買物をする場合、人はよく値引きの交渉をしますが、あなたは値引きの交渉のうまいほうですか、それとも得手ではないほうですか」という質問で、結果は、「うまい」が二二%、「得手ではない」が七四%である(三千人以上の町で二人以上の世帯に住む一六―六五歳の主婦千人、アルレンスバッハ、一九六九年)。

「特価品」を並べて客足をさそう商法も西ドイツにはある。

「特価品をしばしば買いますか」というアンケートでは、「よく買う」が三〇%、「ときおり」が三三%、「ほんのときたま」が一六%、「買わない」が二一%であった(アルレンスバッハ、一九六八年)。またこれに関連した「特価品をおいている店では、その他の品物も割得であると思いますか、それともそうは思いませんか」というアンケートでは、結果は「一般に割得」が四六%、「いや、すべて割得とは限らない」が二七%、「きめられない」が二七%であった(同上)。

すでに前項でみてきたように、西ドイツの食生活では、日本以上に栄養過多に悩まされている人が多いが、「もし値段がそれほど高くなければ、次の食料品ではどの品をもっとたくさん食べるでしょうか」というアンケートが何年間にもわたって行われており、その結果(表33)をみると、戦後一〇年頃まではも

もっと多く食べたい	1953 8月	1957 4月	1958 4月	1959 11月	1964 4月	1972 4月
バター……	62	55	56	57	33	17(%)
肉……	52	41	37	44	42	34
ソーセージ……	41	30	23	28	24	17
卵……	38	20	23	21	11	6
食べたくない……	24	32	33	32	44	59
	217	178	172	182	154	133

表33　もし値段がそれほど高くなければ，もっと多く食べたいか。（2—25歳の子供を持つ両親，アルレンスバッハ）

ちろん、一九六四年でも、まだまだ値段が高くなければもっと食べたい人は半数以上もいたのに、一九七二年では、もう肉を除くと要望はほとんど満たされかけた感じで、「これ以上食べたくない」という人が半数以上の五九%にまで増加している。西ドイツの基本的な食生活面での充足ぶりは、このような統計からもうかがい知ることができる。

最後にもう一つだけ、おそらく日本でなら、全く別の結果がでるであろうと思われるアンケートを紹介しておくと、「値段も品質も同等ならば、ドイツ製品と外国製品と選べる場合、あなたはドイツ製品を買いますか、それとも外国製品を買いますか。それともどこの国の製品かはどちらでもよいですか」というアンケートがあって、その結果は、「ドイツ製品を買う」が、六八%と過半数を占めていた。おそらくこれが日本ならば、舶来品は上等品という外国製品崇拝の気持は、まだ現在でも抜け切れていないのではあるまいか。西ドイツでのこのアンケートでは、「どちらでもよい」と答えた人は三五%、そして「外国製品を買う」はただの一%に過ぎなかった（三千人以上の人口の町の二人以上の世帯に住む一六—六五歳の主婦千人）。ドイツ人の自国製品に対する自信のあらわれというべきであろう。

宗教——宗教づく三割　さてこんどは方面をがらりと変えて、宗教についてのアンケートを検討してみよう。宗教一般に関しては、すでに前章でもっぱらそのことだけをとりあげてふれてあるので、ここではアンケートの結果からでてくる、ある興味ある事実だけに、とくに的をしぼって考察をすすめてゆきたい。

日本の場合は、まず宗教に関するアンケートがほとんど行われていないというのが、かえってその一つの特徴であろう。日本人の宗教意識は、全国的な規模で、人々に一般的なアンケート調査を行うほど、全体としてまとまった宗教上の関心もなければ、問題意識もない、というところが結局その原因といえるものであろうか。

では、この数少ない日本での宗教関係のアンケートを頼りながら、日本人の宗教意識をさぐってみると、まず、「首都三〇キロ圏内及び横浜市」だけの調査とあるから、大都市の住民の調査ということになろうが、「宗教についておききしたいのですが、たとえばあなたは、何か信仰とか信心とかを持っていますか」というアンケートがあって、結果は「もっている、信じている」が二九％、「もっていない、信じていない、関心がない」が七一％であった（有権者九二四人、日本文化会議、一九七六年）。

また富山県だけのアンケートに、「あなたは宗教についてどう思いますか。次の中から一つえらんでください」という質問があって、結果は表34のように、「信じる」が四一％であった。地方の人々は、一般的に大都会の人々より信仰心が強い、ということはいえると思う。

これが西ドイツとなると、神を信じているかどうかというアンケートをとった場合は、全西ドイツで九〇％の人が「信じている」と答えており、「信じていない」は、わずか一〇％に過ぎないのである（アルレンスバッハ、一九六八年）、キリスト教の教化の程度は、これほどまでに深く、人々の心に浸透しているということになる。

しかしいま、この事実をさらに深くつっこんで、「信じている」と答えた人たちの、さらにその信仰の

信じる	41(%)
信じないが，宗教儀式は必要だ	34
信じない	12
無関心	13
不　明	1
計	101

表34　あなたは宗教についてどう思いますか。（20歳以上の男女，富山県県民生活局，1975年）

度合の程度の内訳をさぐってみると（表35）、本当に強い信仰心をもっていて、「神と強く結ばれていると感じている」人は、全体の二六％であるということが分かる。日本では大都会に住みながら、しかも「信仰心がある」と答えた人が二九％であったから、この約三割という割合は、日本の場合も西ドイツの場合も、まわりの人々が信じているから自分も信じなければ差し支えがある、という意味合いで、他人を気づかっての信仰心から神を信じている人たちとはおのずから異なるわけであって、その点本来性格的に宗教づく人の割合は、一般にこの約三割の近辺を上下する、という推定が可能なのではなかろうか。

「次の文章を（非常によくあてはまる）（ややあてはまる）……などの五段階に分けて下さい」とあって、とくに宗教関係のことばかりとは限らぬいくつかの文章が並べてある日本でのアンケートの中に、「先祖は大切に祀っている」という文章が含まれており、そのアンケートの結果は、（非常によくあてはまる）と、自分自身を人並以上に宗教心をもっていると自認した人が、やはりこの約三割の三二％であった（二〇―七〇歳の男女、余暇開発センター、一九七五年）。

また、「良い行ないをしたときも、悪い行ないをしたときも神や仏はこれを知っていると思いますか」という日本でのアンケートにおいても、「そう思う」と答えた人は二六％と約三割、そして、「悪い行ないをすれば、たとえその人には何事もなかったとしても、その子や孫に必ず報いがあらわれるという言いつたえがあります。あなたはそう思いますか、そう思いませんか」という日本でのアンケートでも、「そのとおりだと思う」と宗教づいた回答をした人は、三三％と、やはり約三割の線を示していた（首都三〇キロ圏内及び横浜市、日本文化会議、一九七六年)。日本人の信仰心は、祖先崇拝のように、血縁的な意識の強さがその一つの特徴ではあるが、しかしいずれにしろ、強く宗教づく性格の人の割合は全体の約三割という推定は、この場合もうまくあてはまっている。

ところで、「悪いことをしたらバチがあたると思いますか」とか、「ひとのタタリはあると思いますか」などという、単純な、いわば原始的な宗教心の有無を問うアンケートとなると、その結果は、「そう思う」と答えた人が、前者で五八%、後者で四六%(同上)と、この三割の線よりは、かなり増加した数を示すという傾向はみられる。これはまた宗教づく人とは別の問題であって、ごく原始的な心理状態を問うたアンケートということになろう。

神を信じているという人だけに対し,「あなたは次のリストの中ではどれにあてはまりますか」	
神と強く結ばれていると感ずる	26(%)
多分私の信仰はたいていの人より強くも弱くもない	47
神と結ばれているとはほとんど感じない	9
どれも当てはまらない	8
神を信じない	10

表35 神とどの程度結ばれているか。(2—25歳の子供を持つ981組の両親,アルレンスバッハ,1968年)

さてこのような日本のアンケートの質問内容に対し、西ドイツの場合は、キリスト教の伝統が人々のあいだに深く浸透しているだけに、アンケートの質問自体においても、例えばさきほどの日本の場合のような、原始的な宗教観にもとづく、「タタリ」とか「バチ」といったようなことを問うアンケートはまったく行われていない。西ドイツでの宗教関係のアンケートは、すべてキリスト教を意識したアンケートばかりしかないということがいえる。

けれども例えば、「神のことは思い浮かべることはむずかしいことですが、もし神がどこかにいるとすれば、次のうちのどこですか」という西ドイツで行われたアンケートの答えを分析してみると、「世界及び宇宙に遍在」（四〇％）などという答えは、これは汎神論的ともあるいは近代的ともいうべき答えと考えられるもので、本来のキリスト教的信仰とは異なっており、我々はこれを特に宗教づいた人の回答とは受けとりがたい、という判断もなりたつのではなかろうか。これに対し、本来のキリスト教的な答えともいうべき、神は「天」にいる（一七％）とか、「世界と宇宙のかなた」にいる（一一％）などという答えは、やはり合計して二八％、つまり西ドイツの場合も、例の約三割の線という数値を示すのである（二一―二五歳の子供を持つ九八一組の両親、アルレンスバッハ、一九六八年）。

この様子をもっと明確に示してくれるものは、キリスト教の教理について、さらに露骨に、キリスト教的に質問した、「キリストが死後墓場から復活したと聖書にありますが、あなたはそのときキリストの肉体も復活したと思いますか、それともこれを象徴的に理解し、精神だけ復活したものと思いますか」というアンケートに対する答えであろう。結果は、聖書を文字通り信じて、「肉体ごと墓を出た」、とキリスト教を信じない人々には、むしろこっけいとしか思えないような返答をした人は、やはり三三％と、例の約三割を示していた。この場合もっとも多かった「精神だけが復活した」という回答（四七％）は、いわば近代化された、宗教づいていない人々の回答、と理解すべきであろう（アルレンスバッハ、一九七〇年）。

同じく、「聖書には死後キリストが弟子たちに姿を現わし語りかけた、とありますが、これは事実おこったことだと思いますか、それともただ弟子たちの心の中にキリストが現われた、ということなのでしょうか」という聖書をそのまま信ずるのか、それともただ象徴的に理解するのか、というアンケートに対する答えでも、「事実おこった」、と聖書を文字通りに信じている人の割合は、三四％と、この約三割の線を示していた（アルレンスバッハ、一九七〇年）。そしてまた、これは単にキリスト教だけの問題とはいいえぬ質問であろうけれど、「死後の生命を信じますか」という宗教上のアンケートに対しては、「信じる」と答えた人は三五％（一六歳以上の千人、アルレンスバッハ、一九七一年）、そして「人間の魂は不死であると信じますか」という、これもキリスト教的というよりは宗教一般的なアンケートでは、「信じる」とした人が三九％（同上）と、このような一般的な問題では、単に宗教づく人々以上の割合を示している。

このような結果をみると、同じくキリスト教の信者であっても、その中で、本当に聖書を文字通り信じている特に信仰者めいた信者は、全体の約三割という想定が一般的になりたつのではなかろうか。そして私はこの三割という数字を、西ドイツにおいても日本の場合も、一般に特に宗教づく性格の持主の、全体の人々に対するある一定の割合、と考えたいと思うのである。

けれども例えば、聖書を文字通り信じきっている、といっても、「悪魔は人を誘惑する超自然的な人格であると思いますか、それともすべての悪に対する象徴的な表現だと思いますか」といったようなアンケートを行なった場合には、これに対してわずかに一二％の人が、これを単なる象徴ではなく、「超自然的な人格である」（アルレンスバッハ、一九七三年）と返答しただけに過ぎなかった。いくらキリスト教を文字通り信じるといっても、それにはおのずから時代的な変遷が影響してくるもので、これがかつての中世及び近世初期のヨーロッパであるなら、悪魔を「実在する超自然的な人格」とは信じないと公言するような人は、これを異端者ときめつけ、事実処刑さえも行われたような社会情勢のときもあったのである。

兵役　日本にはなくて西ドイツにある、社会生活上での大きな特色の一つは、西ドイツの男子に課せられた義務的な徴兵制度であろう。日本の場合と同じく、朝鮮動乱がそのきっかけで発生した自衛軍ではあったが、西ドイツの場合はこの自衛軍を、徴兵制度にまで発展させていったのであった（一九五六年）。西ドイツの法律によると、西ドイツの満一八歳以上のすべてのドイツ人男子は、兵役義務者に該当している。しかし通常の国際情勢の場合には、満二〇歳になったとき自衛軍に入隊し、一五ヵ月の訓練を受けた後、除隊するのが通例である。

兵役義務に服したくないという人たちに対しては、兵役義務拒否の申請をし、もしその申し立てが審査委員会での審査で認められれば、兵役義務の代りに、やはり一五ヵ月の社会奉仕的な代替勤務をする道がもうけられている。けれども、良心の審査（Gewissensprüfung）とも呼ばれるこの審査委員会での審査は相当厳格なもので（この審査の方法にはかなり批判もある）、兵役拒否は一般にそう簡単に実現するものではない。また拒否が認められた場合の代替勤務は、養老院や神経科などの病院での看護の仕事や、消防署や官庁のサービス機関などでの仕事等、人々のあまり好まぬ仕事にふりむけられるのが通例である。

さて、「あなたは全体として、自衛軍についてこれをよしとする意見をおもちですか、それともよいとは思いませんか」というアンケートでは、「よい」とする人が三五％、「場合により」が二五％、「よいとは思わない」が二七％であった（アルレンスバッハ、一九七一年）。意見はかなり分裂している、とみてよかろう。

また、「あなたは兵役に服した人が、服さなかった人より、人々に尊敬されている（angesehener）と思いますか」というアンケートでは、「尊敬されている」が二二％、「そうは思わない」が五九％、「きめられない、場合により」が一五％であった（アルレンスバッハ、一九六八年）。別に尊敬するほどのことではない、という意見が過半数を占めている。しかし、質問をかえて、「あなたはある青年が兵役をすましたときいた場合、彼は兵役をすましていない人より、そのことでいくぶんまさっている（etwas voraushaben）と思いますか」という質問内容のアンケートをとった場合には、「いくぶんまさっている」という返答が五〇％と半数、「そうは思わない」が三一％、「きめられない」が一八％であった（アルレンスバッハ、一九七二年）。兵役をすましたところで尊敬するほどのことはないが、しかしいくぶんはまさっていると考えてよかろう、というところか。とにかくこれらのアンケートの結果をみると、兵役についての意見はかなりまちまちであって、多分に懐疑的でもあるということができよう。

兵役拒否者についてのアンケートも行われている。

「兵役拒否者のことですが、これらの人々はおそらく誠実な確信から兵隊になろうとはしない人なのですか、それともたいていはただずらかりたいと思っているに過ぎない人たちなのですか」というアンケートである。結果は、「確信をもった人」と思う、が三二％であったが、しかし「ずらかりである」と思う、という人も四五％もいた。「きめられない」は一八％である（アルレンスバッハ、一九六八年）。

また、「ある青年が兵役を拒否し、兵隊になることは私の良心にそわない、といったと仮定しますと、あなたはこの人を非常に尊敬しますか（Achtung haben）、それとも尊敬などはあまりしませんか」というアンケートでは、「非常に尊敬する」が三九％であったけれど、しかし「尊敬などはあまりしない」という答えも四二％と、「尊敬する」人の数を多少上回っていた。「他の回答、無回答、場合により」は一〇％である（アルレンスバッハ、一九七一年）。

このように、兵役拒否者に対する評価もかなりまちまちであるが、しかしだまって兵役についた人たちが、そのことで損をすることのないような処置はとるべきだ、という意見はある程度まとまった結果を示している。「兵役につく人と兵役につかない人とでは、不公平を是正する処置をとることが重要なことだ、とあなた自身は思いますか」というアンケートがそれで、答えは「不公平の是正が必要」が六四％と過半数を占めていた（アルレンスバッハ、一九六七年）。

朝鮮動乱当時は、世界情勢も相当に緊迫しており、自衛軍創設の必要性に対しても、ある程度の世論の支持をまとめえたのではあったが、しかし東欧諸国をはじめ、ソ連及び中国などとの関係がまずまず順調な展開をみせている昨今では、兵役に対する世論も、このところしだいに否定的なものになりつつある（例えば Südwest Presse 一九七四年一月一六日）。また、自衛軍自体が行なったアンケート調査によっても（同軍内の社会科学研究所による調査）、兵役期間中は「つまらぬ体験ではなかった」と答えた人は、わずかに一五％だけで、「自分の職場にとってプラスになるようなことはなにも学ばなかった」と答えた人は、七五％にも達している。この調査はその結論として、「兵役義務者に兵士としての意義と任務を確信させることには成功してはいなかった。それは養成教官に対する過小評価と、また彼ら教官に対する過大な要望に原因があるであろう」と結論を下している（Südwest Presse 一九七五年三月八日）。

このような情勢を考慮してか、西ドイツ政府は、現在の野党である保守党と論争のすえ、とうとう兵役拒否者の審査制度の廃止に踏み切ってしまった（一九七七年八月一日をもって廃止）。その結果、当然のことながら兵役拒否者は急増し、これまでの最高であった一九七三年の一年間の拒否申請者数三万五一九二人（大体これまで年間平均三万人強であった）を大幅に上回り、すでに法令発令後三ヵ月にして、その数は二万三千人にも達している。これは前年度の同月に比較すると約三倍増にも当たるのである（Südwest Presse 一九七七年一一月二三日）。

それでも兵役服務者数の減少について政府が心配しないのは、ちょうどこの世代がベビーブーム時代に当たっているからで、むしろ政府はこれでも増加する兵士数と、代替勤務者に支給すべき政府予算のやりくりに苦慮している状態であるという。けれども、もしこの審査制度の廃止が固定することにでもなれば、西ドイツの自衛軍は、その在り方自体が将来は変質してしまうことは確実であり、そのため野党は、連邦憲法裁判所に提訴するなどして、政府をきびしく追及する構えをみせている（同上）。

とにかく西ドイツの自衛軍も徴兵制度も、世論の動きからこれを判断するに、あまり順調な足どりはみせていないといえるであろう。

外国について㈠——東ドイツ　西ドイツの人にとって東ドイツは、他のどの国よりも交際しにくい国でありながら、一方他のどの国よりも、彼らと密接な関係をもっている国なのである。西ドイツの住民のうち、その九%が親子・兄弟・姉妹・孫・祖父母などの関係にある肉親を、そして二一%が、その他の関係にある親類を、そして一四%が、彼らの知人を東ドイツにもっているというのに（アルレンスバッハ、一九七〇）、その国境は、世界中の国境のなかでも、おそらくもっとも越境しにくい国境であろう。この両国の関係やそこに住んでいる人々の意識は、このような状態を体験したことのない我々日本人にとって、やはりかなり理解しにくい問題の一つであろう。

「あなたは、ドイツの分割をまったく耐えがたい状態だと思いますか。それとも、しだいにそれになれてしまったとお考えですか」というアンケートが、何年間かにわたって行われている（表36）。それによると、不自然な状態ながら、西ドイツの人々も、そのことにしだいになれてきつつある様子をみてとることができる。

「あなたは、東西ドイツが再び統一される日を、自分の目でみられるだろうと思っていますか」というアンケートでは（表37）、人々はもはやそのような希望をしだいに失いつつある、ということが分かる。

けれども、「東西ドイツ関係は、このところ改善されたと思いますか、それとも改悪された、あるいは同じことだと思いますか」という一九七三年のアンケートでは、「改善された」が五九%と過半数、「同じ」は二八%、「改悪された」はわずか五%しかなかった（一六歳以上の千人、アルレンスバッハ）。とりわけ社会主義政党が政権をとって以来（一九六九年）、東西ドイツ関係は好転しつつある、と一般に考えられている。

	1956年	1962年	1963年	1967年
耐えがたい……………………	52	61	53	31(%)
しだいになれた………………	33	28	32	54
きめられない…………………	15	11	15	15

表36 ドイツ分割は耐えがたいか，それともなれたか。（アルレンスバッハ）

それではこんどは、西ドイツの人々の、東ドイツの人々に対する、個人的な感情面をさぐってみることにしよう。現在はともかく、かつては同一の国民であった東ドイツの人々に対し、西ドイツの人々はどのような感情をもっているのであろうか。

まず、「あなたが休暇旅行で黒海のどこかにいると仮定して下さい。ある日あなたはそこで一人のドイツ人と知り合いになりました。話しているうちにあなたは彼が東ドイツから来た人で、東ドイツに住んでいるということが分かりました。あなたはそのことを知ったときに、まずはじめに何を考えるでしょうか」というアンケートが行われている。

結果は表38であるが、かつて一時期は互いに犬猿の仲とさえいっていいような時代もあったのに、いまでは同じドイツ人に会ってうれしいと思い、歓談してみたいと思い、たとえ政治体制の違いから腹蔵のない意見はきけないであろうとしても、とにかくまずは一ぱいくみかわしたい、という気持をもっている人が半数、あるいはそれ以上もいる、という結果がでている。

同じような問題をとりあつかったものに、一九七二年のミュンヘン・オリンピックの直前に調査された、次のようなアンケートがある。

「あなたは、ミュンヘンで東ドイツの国旗があがり、東ドイツの国歌が演奏されると、不愉快な感じをもちますか、それとも不愉快には思いませんか」というのである。結果は、「不愉快ではない」が六六%、「不愉快だ」が二一%で、「きめられない」が一三%であった（アルレンスバッハ、一九七二年）。過半数の人は別に反感をいだいては

	1966年	1967年	1969年	1970年	1972年
みられる……………………	29	21	18	14	15(%)
みられない…………………	47	49	62	66	69
答えられない………………	24	30	20	20	16

表37 東西ドイツが統一される日を自分の目でみられるか。（アルレンスバッハ）

いないけれど、しかしまだ二割程度の人は、同じドイツ人に対してであっても、彼らが成功した場合、不快感さえおぼえるのである。

しかし過半数の西ドイツの人にとって、その実現性はともかく、ドイツ統一が彼らの悲願であることには変りはない。「私たちドイツ人にとって、フランスやイタリアのように、分割されていない国家で生活できれば、それは最上のことと思いますか。それともそれは、今日では無理をしてまで努力をする価値のないことと思いますか」というアンケートをとった場合には、もちろん、「一国家が最上」という答えが一番多くて、六〇%を占めている。しかし現実の情勢を考えれば、「今日では無理をしてまで努力をする価値がない」という答えも無理からぬところで、三〇%の人がそう答えている（一六歳以上の千人、アルレンスバッハ、一九七一年）。

それではいったい、そのドイツ統一をさまたげる国際情勢とは、けっきょくどのような国の人々の意志によってのことなのだろうか。それはただ単純に想像されるように、東ドイツ、ソ連などの共産圏諸国の意志だけによって、ドイツ統一がさまたげられているのであろうか。

「あなたはアメリカ（イギリス、イタリア、フランス）がドイツ統一に賛成すると思いますか。それともそうは思いませんか」というアンケートがとられているが、結果は表39のように、意外や西ドイツの人々は、これらの自由圏の人々さえ、ドイツ統一には、むしろ賛成者より反対者数のほうが多いであろうと予想している。

ではいったい、これらの国々のその反対の理由は、どこにあるというのであろうか。

（肯定的反応）	
彼と歓談したいという好奇心が動く	71(%)
うれしい	62
我々は外国にいるドイツ人として互いに分かり合えると思う	59
一緒にちょっと飲もうじゃないかと提案したい	45
（否定的反応）	
彼はきっと我々とは違う考えをもっているから，西ドイツ国民の私が彼のテーブルにいるのは好まないだろうと思う	13
互いにあまり話すことはないだろうと思う	11
彼の前から立ち去りたいと思う	3
がっかりする	2
（中間的反応）	
彼は本当の意見はいわないだろうから，彼の本当の意見は分からないだろう	40
スパイするのではないかと思う	5
その他の回答	2
回答なし	1
	314

表38　あなたが黒海の休暇地で東ドイツの人に会ったとき，まず何を考えるか。（16歳以上のカトリック教徒440万人，アルレンスバッハ，1970年）

いま現実に、本来のドイツの半国である西ドイツ一国でもってさえ、西欧圏内で強国になりえたこの西ドイツが、やはりこれも半国でもって、東欧圏内で強国になりえた東ドイツと、将来もしその合併策が成功するようなことにでもなれば、そのときその両国を併合した統一ドイツの国力は、とりわけヨーロッパ内において、当然他の諸国を圧する一大脅威になりかねないという危惧が、他のヨーロッパ諸国内には、第一次、第二次大戦の記憶と共に、とくに中年層以上の人々にとって、いまでも根深く潜在しているのである。

外国について㈡――アメリカ、ソ連、ヨーロッパ合衆国など　西ドイツの人々に、「政治体制からいって、あなたはどの国が一番気に入っていますか、一番住んでみたいと思う国はどの国ですか。ただし西ドイツを除いて」と質問すると、「スイス」（二九%）、「スウェーデン」（一七%）、「アメリカ」（一六

%）の順の回答になる（アルレンスバッハ、一九六七年）。

こんどは逆に、「政治体制からいって、絶対住みたくない国はどの国ですか、政治体制のもっともきらいな国はどこの国ですか」ときくと、回答は「ソ連」（三七%）、「中国」（二〇%）、「東ドイツ」（一三%）の順になってくる（アルレンスバッハ、一九六七年）。一般的にいって、西ドイツの人々は自由圏が好きで、共産圏はきらいだ、というところがその結論であろう。

また、「私たちは、どの国ともっとも密接に協力すべきでしょうか。次のリストの中から選んで下さい」（何ヵ国選んでも可）というアンケートをとると、「アメリカ」（七二%）、「フランス」（六三%）、「イギリス」（五五%）、「ソ連」（四九%）、「日本」（四四%）、「イタリア」（三三%）、「ポーランド」（三二%）、「イスラエル」（二五%）、「スペイン」（二一%）の順の回答になる（「その他・無回答三%、合計四〇一%、一六歳以上の千人、アルレンスバッハ、一九七二年）。この場合は、政治体制というより、西ドイツとの経済協力関係が選択の主要動機になっていると思われる。

世界全体との関連で考える場合には、アメリカとソ連は、西ドイツにとっても、もっとも重要な大国であるけれど、まずアメリカについて、西ドイツの人々はどのような考えをもっているのであろうか。

「あなたの意見では、よりよい外交策は次のうちのどちらでしょうか。即ち、私たちは軍事的に、これからもアメリカとしっかり提携していくべき

（アメリカ人は）	
統一に賛成と思う	37(%)
そうは思わない	42
判断なし	21
（イギリス人は）	
統一に賛成と思う	32
そうは思わない	43
判断なし	25
（イタリア人は）	
統一に賛成と思う	20
そうは思わない	40
判断なし	40
（フランス人は）	
統一に賛成と思う	28
そうは思わない	50
判断なし	22

表39　ドイツ統一に賛成と思うか。(16歳以上の500人，アルレンスバッハ，1969年)

	1961年	1965年	1969年	1973年
アメリカと提携	40	46	44	41(%)
中　立	42	37	36	42
きめられない，わからない	18	17	18	17

表40　アメリカと軍事提携すべきか，それとも中立的であるべきか。（アルレンスバッハ）

でしょうか。それとも例えばスイスのように、中立的であるべきでしょうか」というアンケートが四年目ごとにとられており、その結果が表40である。日本においても、これとは多少違っているが、やはり同じような趣旨のアンケートがとられている。

「当面の日本の防衛のあり方について伺いますが、あなたは、日本の安全を守るためには、どういう方法をとるべきだと思いますか。この中ではどうでしょうか」という形式の質問で、その結果は表41である。この二つのアンケートの結果によると、西ドイツの場合は、「アメリカと軍事提携すべきである」という意見が四割強とでており、日本の場合は五割強となっている。両国のおかれている立場は、非常に似ているのであるが、日本の場合はアメリカ以外にこれといって頼れるような国がないのに対し、西ドイツの場合は、フランス、イギリス、イタリアなどの西欧諸国とも軍事同盟関係にあり、また、ソ連など共産圏諸国との国際外交も、日本より積極的に行われている、という点がやや異なっているところであろう。

西ドイツの人に、「あなたの個人的な立場はどうですか。あなたは現在の世界各国間の係争については、西側あるいは東側につきますか。あるいは西側にも東側にもつかず、中立的な立場をとりますか」ときくと、約七割の人が、西側と答え、東側につくという人は、一—二％にしか過ぎない（表42）。しかしまた、「西ドイツの外交政策について、ごく一般的な意見をうかがいますが、私たちは将来、

安保条約をやめ，自衛力を強化して，わが国の力だけで日本の安全を守る	9(%)
現状どおり，日米の安全保障体制と自衛隊で日本の安全を守る	54
安保条約をやめて，自衛隊も縮小または廃止する	10
その他	1
わからない	27
計	101

表41 日本の安全を守るためには，どういう方法をとるべきか。（20歳以上の男女，内閣総理大臣官房広報室，1975年）

アメリカ及びソ連と、同じ程度に密接に協力して仕事を進めていくべきでしょうか、それともむしろソ連またはアメリカの一方と、より密接に協力して仕事を進めていくべきでしょうか」というアンケートをとると、結果は、「アメリカ及びソ連と同じように密接に」という回答が五四％もあって、「アメリカとより密接に」という回答の三六％を上回っている（表43）。即ち、個人的には西側に共感を覚えるけれど、外交政策としては、アメリカともソ連とも協力していこう、というところが、西ドイツの人々の多数意見ということであろう。

さてまた、「ソ連が戦争を始めたと仮定して、このソ連の攻撃を防ぎ、ソ連の侵入を阻止できる程度に、我々はＮＡＴＯとの協力のもとで、十分な兵力を所有している、とお考えですか。それともそのような緊急な場合には、ソ連を防ぎえない、とお考えですか」というアンケートをとった場合には、「防ぎえない」と答えた人の数が、「十分防備ができている」と答えた人の数をかなり上回っている（表44）。つまり西ドイツには、ソ連のとつぜんの攻撃を防ぎ切るほどの軍事力はない、という意見のほうが強いということになる。

しかしソ連という国に対する西ドイツの人々の考え方は、年々着実に変化しつつある。「あなたはソ連によって脅威を受けているという感情をお持ちですか、それとも脅威を受けていないとお感じですか」というアンケ

	1950年	1964年	1965年	1966年	1971年
西側につく	64	80	75	72	70(%)
東側につく	2	×	1	1	2
中　立	26	15	16	17	20
無関心 きめられない	8	5	8	10	8

表42　世界各国間の係争では，西側あるいは東側につきますか。（アルレンスバッハ）

ートが何年間にもわたってとられており（表45）、その結果は、はっきりと脅威が薄らぎつつある、という意識の変化を示している。また「ソ連は今日、けっきょく西側との理解に好意的であると思いますか。それともそうとは思いませんか」というアンケートや（表46）、その内容をさらに具体的な質問にした表47のようなアンケートもとられているが、一九五〇年代から一九七〇年代にかけてのその結果は、いずれも西ドイツの人々のソ連に対する感情が、着実に好転しつつあることを明瞭に示している。

西ドイツが、アメリカ及びソ連の二大国家の勢力均衡のもとに、自国の平和を維持している状態は日本と同じであるとはいっても、しかしさきほど述べたように、日本は他にこれといって頼るべき国もないのに対し、西ドイツはフランス、イギリス、イタリア等々の西欧諸国とも密接な軍事及び経済協力関係にあり、しかもこれらの西欧諸国がもし完全に合体した場合には、その総力はアメリカ一国やソ連を凌駕しかねぬほどの能力さえ持ち合わせているのである。

そしてこのヨーロッパ諸国の合体、即ちヨーロッパ合衆国（die Vereinigten Staaten von Europa）の構想は、一九七四年のヨーロッパ共同体（EG. 英語は EC）九ヵ国の首脳会議のあとで、ついにこの九ヵ国の住民の直接普通選挙によるヨーロッパ会議（Europa-Parlament）の実現に向かって歩み出すことになった。議員数は四一〇名ということで（西ドイツ、イギリス、フランス、イタリア各八一名。オランダ二五名。ベルギー二四名。デンマーク一六名。アイルランド一五名。ルクセンブルク

	1960年	1971年
防ぎえない……	37	37(%)
十分防備ができている……	19	27
答えられない…	44	36

表44　ソ連軍を防ぐことができるか。(アルレンスバッハ)

アメリカ及びソ連と同じように密接に	54(%)
アメリカとより密接に	36
ソ連とより密接に	3
きめられない，判断なし	7

表43　外交政策では，アメリカ及びソ連と同じように密接に関係すべきか，それとも一方だけとより密接に関係すべきか。(16歳以上の1000人，アルレンスバッハ，1973年)

六名)、当初は一九七七年をめどに選挙を行い、第一回の会議をフランスのストラスブールで開催する予定であったが、しかしその後予定がややおくれて、現在は一九七九年六月をめどに、その選挙の準備が進められている(Südwest Presse 一九七七年三月二四日、二六日、四月一三日、一二月一五日、一九七八年六月三〇日、一一月一四日)。

さてこれにさきだって、アルレンスバッハでは、一九七二年に、経済上の協力体制であるヨーロッパ共同体を、さらにすすめて政治的な共同体である合衆国にまで発展させることの是非について、アンケートを行なっている。「この共同体が、ヨーロッパ合衆国という政治的な共同体に発展することに賛成ですか、反対ですか」というものであるが、結果は、「賛成」が七九%にも達しており、「反対」はわずかに九%、「きめられない」は一八%であった。

また、その一年前の一九七一年には、アルレンスバッハばかりではなく、関係する六ヵ国のそれぞれの世論調査所が、「ヨーロッパ合衆国ができ、その首相が一般人によって選挙されると仮定した場合、あなたはその候補者の人物の印象がよく、またその政策がより気に入った場合には、たとえその候補者がドイツ人(この単語はそれぞれの国によって変えてある)でなかったとしても、あなたはその人に投票しますか」というアンケート調査を行なっており、その結果は表48のように

	1952年	1958年	1964年	1968年	1969年	1971年
脅威を受けている	66	51	39	54	32	28(%)
脅威を受けていない	15	27	37	32	55	46
きめられない，判断なし	19	22	24	14	13	26

表45 ソ連によって脅威を受けていると感じるか。（アルレンスバッハ）

	1959年	1965年	1966年	1970年	1971年
そう思う ……………………	17	23	26	33	34(%)
思わない ……………………	57	56	54	46	50
きめられない，判断なし……	26	21	20	21	16

表46 ソ連は今日けっきょく西側の理解に好意的だと思うか。（アルレンスバッハ）

二人の男性がソ連について話しております あなたはどちらの意見に同意しますか	1965年	1966年	1970年	1972年
ソ連に対し以前より不信感を少なくする理由は何もない。ソ連は変ったのではなく，ただ方法を変えただけだ。けっきょくソ連は我々にとって以前と同様今日も危険である	55	51	52	45 (%)
ソ連に対しただ不信感を抱き，いつまでもスターリン当時の悪いロシア人に対すると同じ態度をとるのは止めるべきだと思う。あれ以来ソ連は非常に変ったのだ	27	30	34	34
きめられない	18	19	14	21

表47 ソ連は昔とは変ったか。（アルレンスバッハ）

	西ドイツ	オランダ	フランス	イタリア	ベルギー	イギリス
自国人でなくとも投票する	68	59	56	49	45	43(%)
しないと思う	17	22	25	22	24	46
きめられない，判断なし	15	19	19	29	31	11

表48 ヨーロッパ合衆国の首相候補が，たとえ自国人でなくとも，人物の印象がよく政策が気に入れば投票するか。（アルレンスバッハ等，1971年）

	西ドイツ	イタリア	フランス	オランダ	ベルギー	イギリス
同意する	58	52	47	40	34	22(%)
同意しない	22	13	27	28	25	60
きめられない，判断なし	20	35	26	32	41	18

表49 自国の政府の上に外交，国防，経済の分野で共通の政策を決定できるヨーロッパ政府をもつことに同意するか。（アルレンスバッハ等，1971年）

なっている。イギリスを除いては、他のどの国も、自国人でなくとも投票するという人の数が、そうはしないという人の数の、二倍以上にも達している。

また、「あなたは、西ドイツ（この単語はそれぞれの国で変えてある）の上に、ヨーロッパ政府があり、その政府が外交、国防、経済の分野で共通の政策を決定できるということに同意しますか」というアンケートも、これらの六カ国で行われており、その結果をみると（表49）、これもやはりイギリスを除いては、同意者のほうが、同意しない人の一・五倍から四倍にも達している。

イギリスという国は、島国でもあるという関係もあって、昔から西欧の先進国内でも特殊な国であったけれど、事実最近になっても、まだイギリス国会は、このヨーロッパ合衆国の実現には積極的ではないのである（例えば Südwest Presse 一九七七年一二月一五日）。しかし西欧の主要諸国の大勢は、すでにヨーロッパ合衆国の実現に傾きつつあることは確実であって、今後はこの動向が、もっとも西ドイツの運命に、大きな影

	1953年	1962年	1965年	1972年
強国になると思わない	48	53	52	67(%)
強国になると思う	25	19	17	12
答えられない	27	28	31	21

表50　ドイツは再び世界の強国になると思うか。（16歳以上の1000人，アルレンスバッハ）

響を与えることになるであろう。

ドイツ人の自画像　それでは最後に、ドイツ人自身によるドイツ人観、つまりドイツ人の自画像とでもいうべきものをさぐり、この「統計的にみたドイツ人」の章をおわりたいと思う。

まず、「あなたは、またもう一度ドイツが、世界の強国に数えられるようになると思いますか」というアンケートがとられているが、その結果は表50である。一九五五年の第一回目の調査以来、「強国になると思う」という人は減る一方であり、「強国になると思わない」という人が増える一方であるのは、現在の世界情勢がもうだいたい固定したという感じがしだいに強まり、かつてのドイツ人が描いたような未来像を夢みる人々は減りつつある、ということであろう。

ところで、こんどは、「あなたの感じでは、今世紀中でドイツがもっともよかったと思われる時期はいつですか」ときくと、答えは表51のように、年を追うごとに着実に「現在」と答える人の数が増えている。世界の強国に数えられることはもうあるまいとしても、しかし西ドイツの現状には満足している心境とみてよかろう。

この表51のアンケートの結果で注意したいことは、一九三三—三九年のナチス台頭時代が、ドイツ人の記憶には相当高く評価されているということであろう。ヒトラーに対するドイツ人自身の評価は、我々日本人のそれとは異なるもので、例えば日本の東条英機などとは違って、ヒトラーの場合には、軍事独裁者以前の、

	1951年	1959年	1963年	1970年
現在，今日	2	42	62	81(%)
第二次大戦中	×	×	1	×
1933—1939（ナチス台頭時代）	42	18	10	5
1920—1933（ワイマール共和国時代）	7	4	5	2
1914年以前（第一次大戦前のドイツ帝国時代）	45	28	16	5
分からない	4	8	6	7

表51 今世紀中でドイツがもっともよかったと思われる時期。（アルレンスバッハ）

政党政治家としての評価も加味されているのである。

現在の西ドイツにおいても、「あなたの意見では、ドイツにもっとも貢献した偉大なドイツ人はだれだと思いますか」というアンケートをとった場合、「ヒトラー」と答える人が必ず二%以上は含まれている（表52。一九五〇年には一〇%もいた）。この評価は、アデナウアー、ビスマルク、ブラント、エアハルトなどの宰相・首相に次ぐ順位で、フリードリッヒ大王を上回るほどの人気なのである。

またもしさらに、ヒトラーだけに焦点をしぼって、「一九三三—三九年の間に築かれたもの、またその他にも多くのものが戦争で破壊されました。あなたは、もし戦争がなければ、ヒトラーはドイツのもっとも偉大な政治家の一人であったと思いますか」と質問すると、表53にみられるように、一〇年間にもわたる調査でも、ほとんど三割強の人が彼の功績を肯定している。これが正当な判断にもとづく評価か否かは問題があろうけれど、とにかくヒトラーに対する評価においては、ドイツ人にはドイツ人なりの、独自の基準というものがあるようにみうけられる。

では、西ドイツの人に、「あなたはドイツ人であることを誇りに思っていますか」と問うと、約七割の人がそうだと答える（表54）。そして「まったく一般的にいって、ドイツ人のもっとも良い性質はなんだと思いますか」と質問すると、いつもきまって断然多い答えは、「勤勉、有能、努力」、ついで

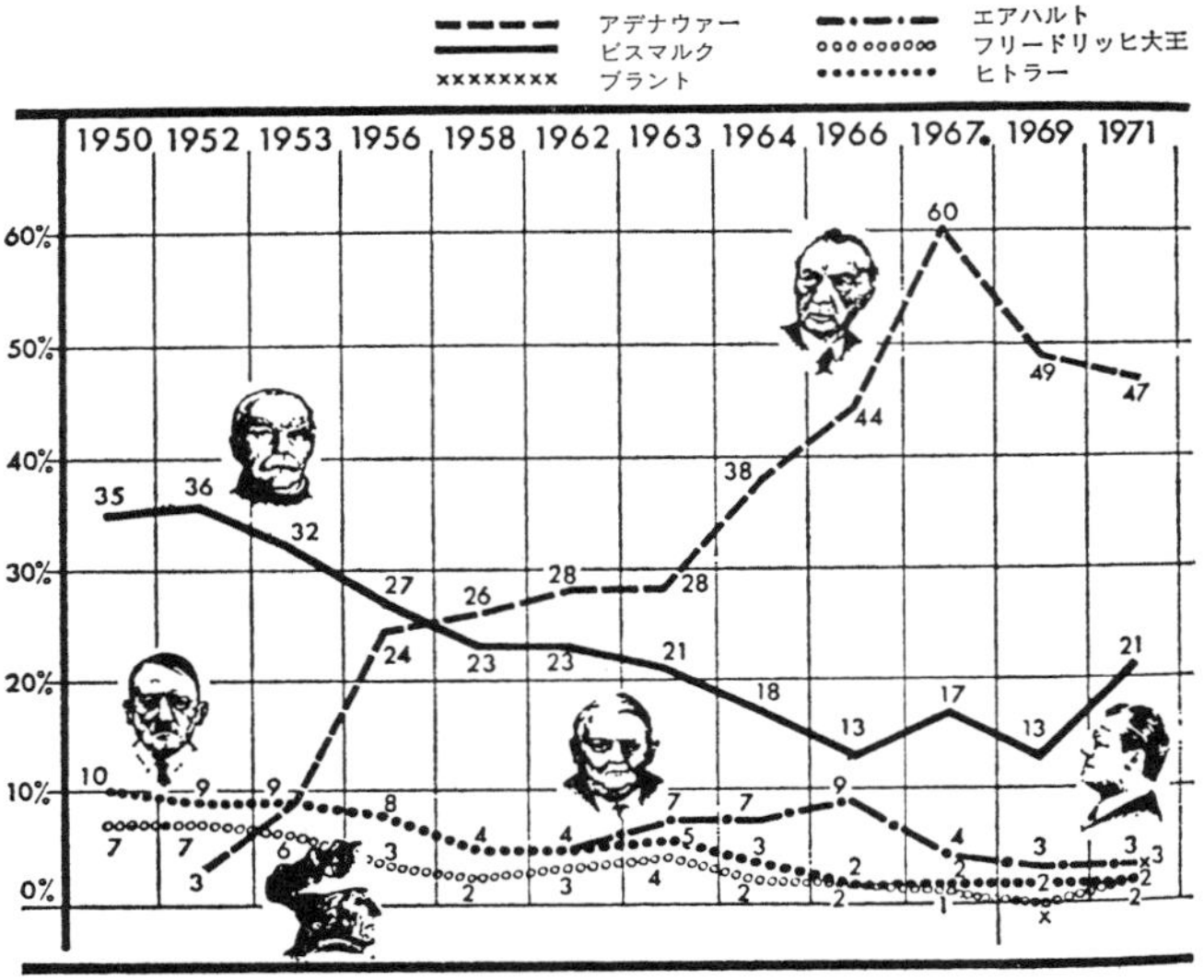

表52　ドイツにもっとも貢献した人。（義務教育の子供をもつ604組の両親，アルレンスバッハ）

「秩序愛好、信頼がおける、徹底性」などの特徴である（表55）。こういったところが、たとえドイツ人でなくとも、一般に認めざるをえないドイツ人的長所というところであろう。その他にもあげられている「清潔好き」「倹約」「正直、率直」「知的」「親切」「強靱」「勇敢」などの特徴も、他のヨーロッパ諸国の人たちと比較した場合、たしかにドイツ人的な性質といえるものであろう。

そこでこんどは、「まったく一般的にいって、ドイツ人のもっとも悪い性質はなんだと思いますか」ときくと（表56）、「尊大、傲慢」という答えがもっとも多く、ついで「物質執着的、飲み過ぎ食べ過ぎ」、そして「非寛容、独善的」「功名的」「厳密過ぎ」などの特徴があげられる。これらの大部分は、長所であった「勤勉、努力、秩序愛好、徹底性」などの特徴の裏返しともいうべき性質で、例えば自分が「秩序を愛好」する性質が強ければ強い

	1962年	1963年	1964年	1967年	1972年
そうではないと思う	43	44	44	52	48(%)
そう思う	36	35	29	32	35
他の答え	2	1	3	×	4
分からない	19	20	24	16	13

表53 戦争がなければヒトラーはドイツの偉大な政治家の一人か。（アルレンスバッハ）

絶対誇りに思う	42(%)
非常に誇りに思う	34
むしろそう思わない	7
全く思わない	4
きめられない	13

表54 ドイツ人であることを誇りに思うか。（アルレンスバッハ，1971年）

だけ、それだけ他人には「非寛容」になることが多く、もし自分が、「勤勉、有能、努力」型であればあるほど、他人に対しては「尊大、傲慢」になることが多い、といったところであろう。

さらにまた、「ドイツ人は世界各地できらわれている、などとしばしば耳にしますが、あなたはその原因がどのようなところにあると思いますか」というアンケートをとってみると、答えは表57のように、「戦争、特にヒトラーの第三帝国」をその主原因と考えている人の数がもっとも多く、その他にはいまあげたような欠点、あるいは逆に、ドイツ人の長所とされる「勤勉、有能」などの性質のために、かえって他の国の人々からきらわれることが多い、と考えている。

さて一九七六年のことであるが、西ドイツのシュテルン誌は、アルレンスバッハ世論調査所を通じて、フランス及びイギリスの世論調査所である COFREMCA 及び Reseach Services に依頼し、それぞれの国民が、西ドイツの人々に対して、どのような感情を抱いているかを調査している。世論調査も、もう国内の世論だけですまされる時代ではなく、国際時代に入っているのである。

その結果によると（表58）、フランスでもイギリスでも、西ドイツの人を「好きだ」と答えた人は、約半数の四五—六%に及んでおり、ことにイギリスの

	1952年	1973年	1975年	1976年
勤勉，有能，努力	72	58	62	67(%)
秩序愛好，信頼がおける，徹底性	21	26	22	26
清潔好き	4	12	15	13
倹　約	×	×	14	10
正直，率直	×	7	7	7
知　的	9	2	4	7
親　切	12	4	3	5
強　靱	8	2	3	3
勇　敢	7	1	1	1
謙　虚	3	1	×	×
内面的，敬虔	2	×	×	×
⋮				

表55　ドイツ人のもっとも良い性質はなにか（各項目には，たとえば「発明の才能が豊か」は「知的」の項目の中へ入れてあるように，同属概念が一括してある）。（アルレンスバッハ）

	1952年	1973年	1975年	1976年
尊大，傲慢	13	12	16	20(%)
物質執着的，飲み過ぎ食べ過ぎ	×	12	8	11
非寛容，独善的	6	7	8	10
功名的	5	6	8	8
厳密過ぎ	×	4	5	7
外国での目に立つ態度	×	4	3	6
利己的	5	6	5	4
国民意識なし	11	4	3	3
国粋主義的	×	5	2	3
狂信的過激	×	2	1	3
態度悪し，無礼	×	5	4	3
偏狭	×	2	2	3
ねたみ	6	2	2	2
⋮				

表56　ドイツ人のもっとも悪い性質はなにか。（アルレンスバッハ）

(A) 我々の欠点により	60(%)
そのうちわけ	
尊大，独善的	13
外国での態度悪し	6
過度の野心・功名心	4
戦争，第三帝国などのため	38
(B) 我々の長所により	20
そのうちわけ	
勤勉，有能	19
我々は愛されていないことはない	9
その他の説明	3
分からない，具体的返答なし	14
	106

表57 ドイツ人がきらわれる原因はどこにあるか。(義務教育の子供をもつ604組の両親，アルレンスバッハ)

	イギリス人	フランス人
良くなった	23	14(%)
悪くなった	2	3
同じ	56	61
返答なし	19	22

表59 この五年間に，西ドイツの人に対する評価は良いほうに変化したか，悪くなったか，それとも同じか。(1976年)

	イギリス人	フランス人
好きだ	46	45(%)
好きでない	10	36
きめられない，分からない	44	19

表58 西ドイツの人が好きか，それとも好きではないか

場合は、「好きでない」と答えた人を大きく上回っていた。しかし、かえって直接地続きで接している上に、しかもこの一〇〇年間だけでも、三回も国内にドイツ軍が侵入してきた経験をもつフランスでは、「好きでない」と答えた人も三六％はいるのである。これをイギリスの場合の一〇％と比較してみれば、かなりの相違ということができる。

けれどもこのフランスの場合も、この数字の内訳をさぐってみると、一八―二四歳の若年層では、その六〇％が西ドイツの人を「好きだ」と答えており、わずか二二％だけが、「好きでない」と答えて

いるに過ぎないのである。当然、六五歳以上の老年層では、逆に「好きだ」と答えた人が三四%、「好きでない」と答えた人が四五%と、その比率が逆になっている（Stern 一九七六年八月一二日）。つまりこれは、やがて年月さえたてば、かつての宿敵に対する怨念も、しだいにやわらいでくることを暗示する数字とみるべきであろう。

事実、西ドイツの人々に対する、この両国の人々の、この五年間の意識の変化を調査したアンケートも行われており、その結果によれば（表59）、西ドイツの人々に対する感情は、一九七六年までの五年間に、かなり好転している。やがてヨーロッパ合衆国の実現さえもめざそうというこれらの国々においては、もう互いの好ききらいなどをいっていられる段階などではなかろうし、毎日毎日、無数の人々が互いの国境を自動車や徒歩で往来している昨今では、これらの国家間での戦争など、もうとうてい考えられもしない時代に移行してしまったのである。

（以上一九七九年）

あとがき

原稿を書き上げてから出版までに、思わぬ年月が流れてしまった。そのあいだに西ドイツは不況に見舞われ、失業時代を迎えたり、同じく不況であっても、アメリカやヨーロッパへの輸出攻勢を活発化した日本とのあいだに、経済摩擦をおこすような時代に移行していった。しかしここで取り扱っている生活文化というものは、少々の政治・経済の変動などでは大きく変化するような現象ではない。それにそのあいだにまた、日本でも民俗学会などでは、都市民俗学など、現代の世相に合致した民俗学の近代化という話題が、かなり大きな問題として取り上げられるように変ってきた。西ドイツで一足早くおこった民俗学の近代化の問題は、もう日本でも無視するわけにはいかないような状態まで進んできたのである。その点この出版のおくれは、この本が世間に受け入れられやすくなったということでよかったのかもしれない。とにかく本書が刊行されるまで、法政大学出版局の稲義人・藤田信行両氏にはいろいろとお世話になった。ここに謝辞を呈して、感謝の気持を表したい。

一九八二年八月

＊ 学会誌

Zeitschrift für Volkskunde. die deutsche Gesellschaft für Volkskunde, W. Kohlhammer Verlag, Stuttgart.

Deutsches Jahrbuch für Volkskunde. Institut für deutsche Volkskunde an der Deutschen Akademie der Wissenschaften zu Berlin, Akademie-Verlag, Berlin.

『日本民俗学』日本民俗学会

＊ 年鑑，週刊誌，新聞など

Statistisches Jahrbuch für die Bundesrepublik Deutschland. hrsg. von Statistischem Bundesamt, W. Kohlhammer Verlag, Stuttgart.

Jahrbuch der öffentlichen Meinungen. 1947–55, 1956–57, 1958–64, 1965–67 und 1968–73. hrsg. von Elisabeth Noelle und Erich Peter Neumann, Institut für Demoskopie Allensbach, Verlag für Demoskopie, Allensbach・Bonn.

Der Spiegel. Hamburg.

Stern. Hamburg.

Eltern. Hamburg.

Südwest Presse. Tübingen.

『日本統計年鑑』総理府統計局編集，日本統計協会，毎日新聞社発行

『理科年表』東京天文台編纂，丸善

『国民生活統計年報』国民生活センター編，至誠堂

『世論調査年鑑』内閣総理大臣官房広報室編集，大蔵省印刷局発行，昭和44年版

München 1963.
Zauberei und Frömmigkeit. Tübinger Vereinigung für Volkskunde E. V., Tübingen 1966.
Das sechste und siebente Buch Mosis. Philadelphia.
Josef Hanauer: Konnersreuth als Testfall. Manz Verlag, München 1972.
Adolf Spamer: Die deutsche Volkskunde. Herbert Stubenrauch Verlagsbuchhandlung, Berlin 1934.
Erwin Bälz: Die körperlichen Eigenschaften der Japaner. Mitteilungen der deutschen Gesellschaft für Natur und Völkerkunde Ostasiens, hrsg. von dem Vorstande, 28. Heft, Feb. 1883 und 32. Heft, Mai 1885.

浮田典良著『北西ドイツ農村の歴史地理学的研究』大明堂，1970年
有泉享編『ヨーロッパ諸国の団地管理』東京大学出版会，1967年
上田篤著『日本人とすまい』岩波書店，1974年
上田篤・土屋敦夫編『町家』鹿島出版会，1975年
中野光・三枝孝弘・深谷昌志・藤沢法暎著『戦後ドイツ教育史』お茶の水書房，1966年
大西誠一郎編著『親子関係の心理』金子書房，1971年
労働省労働統計調査部調査課編『諸外国の賃金事情』労働法令協会，1966年
桜井徳太郎著『民間信仰』塙書房，1966年
岩井宏美著『絵馬』法政大学出版局，1974年
石塚尊俊著『日本の憑きもの』未来社，1959年
クルト・バッシュビッツ著／川端豊彦・坂井洲二訳『魔女と魔女裁判』法政大学出版局，1970年
ジョージ・ギャラップ著／二木宏二訳『ギャラップの世論調査入門』みき書房，1976年
余暇開発センター編『余暇ハンドブック』通商産業調査会，1973年
荻原勝著『酒類業界』教育社，1976年
『日本民俗学大系』（全13巻）平凡社，1962年
『講座 家族』（全8巻）弘文堂，1974年

lag, Gelnhausen · Berlin 1974.
Gertrud Benker: Christophorus. Verlag Georg D. W. Callwey, München 1975.
Alois Selzer: St. Wendelin. St. Gabriel-Verlag, Mödling bei Wien 1962.
Gottfried Korff: Heiligenverehrung in der Gegenwart. Tübinger Vereinigung für Volkskunde E. V., Tübingen 1970.
Franz Xaver Hoedl: Bruder Konrad. Drittordensverlag, Altötting 1967.
Franz Xaver Hoedl: Altötting. Drittordensverlag, Altötting 1969.
Friedrich Leeb: Altötting, Orts-und Wallfahrtsgeschichte. Drittordensverlag, Altötting 1968.
Paul Bauer: Horoskop und Talisman. Quell-Verlag, Stuttgart 1963.
Lenz Kriss-Rettenbeck: Bilder und Zeichen religiösen Volksglaubens. Verlag Georg D. W. Callwey, München 1971.
Lenz Kriss-Rettenbeck: Exvoto, Zeichen, Bild und Abbild im christlichen Votivbrauchtum. Atlantis Verlag, Zürich · Freiburg im Breisgau 1972.
Leander Petzoldt: Schenkenberg—eine Wallfahrt im Hegau. Huggle +Meurer KG, Druck und Verlag, Radolfzell/Bodensee.
Karl-Sigismund Kramer: Bauern und Bürger im nachmittelalterlichen Unterfranken. Kommissionsverlag Ferdinand Schöningh, Würzburg 1957.
Karl-Sigismund Kramer: Volksleben im Fürstentum Ansbach und seinen Nachbargebieten. Kommissionsverlag Ferdinand Schöningh, Würzburg 1961.
Karl-Sigismund Kramer: Volksleben im Hochstift Bamberg und im Fürstentum Coburg. Kommissionsverlag Ferdinand Schöningh, Würzburg 1967.
Johann Kruse: Hexen unter uns? Verlag Hamburgische Bücherei, Hamburg 1951.
Herbert Schäfer: Der Okkulttäter. Kriminalistik Verlag für kriminalistische Fachliteratur, Hamburg 1959.
Herbert Anhofer: Aberglaube und Hexenwahn heute. Herder, Freiburg · Basel · Wien 1960.
Kurt Baschwitz: Hexen und Hexenprozesse. Rütten+Loening Verlag,

Abschied vom Volksleben. Tübinger Vereinigung für Volkskunde E. V., Tübingen 1970.
Heinrich Winter: Das Bürgerhaus zwischen Rhein, Main und Neckar. Verlag Ernst Wasmuth, Tübingen 1961.
Max Eberhard Schuster: Das Bürgerhaus im Inn-und Salzachgebiet. Verlag Ernst Wasmuth, Tübingen 1964.
Christoph Simonett: Die Bauernhäuser des Kantons Graubünden. Verlag Schweizerische Gesellschaft für Volkskunde, Basel 1965.
Der Raum Westfalen. Beiträge zur Volkskunde und Baugeschichte. Aschendorffsche Verlagsbuchhandlung, Münster 1965.
Hans Hitzer: Die Straße. Verlag Georg D. W. Callwey, München 1971.
Max Kromer: Wasser in jedwedes Bürgers Haus. Verlag Ullstein, Frankfurt am Main · Berlin 1962.
Katrin Zapf: Rückständige Viertel. Europäische Verlagsanstalt, Frankfurt am Main 1969.
Uwe Schultz (Hrsg.): Umwelt aus Beton oder unsere unmenschlichen Städte. Rowohlt Taschenbuch Verlag, Reinbek bei Hamburg 1971.
Ingeborg Weber-Kellermann: Die deutsche Familie. Suhrkampf Verlag, Frankfurt am Main 1974.
Dieter Claessens · Petra Milhoffer (Hrsg.): Familiensoziologie. Athenäum Fischer Taschenbuch Verlag, Frankfurt am Main 1973.
Rudolf Schenda: Das Elend der alten Leute. Patmos-Verlag, Düsseldorf 1972.
Margret Tränkle: Wohnkultur und Wohnweisen. Tübinger Vereinigung für Volkskunde E. V., Tübingen 1972.
Ludwig-Wilhelm Ries: Als der Bauer noch keine Maschienen hatte. Hellmut-Neureuter-Verlag, Wolfratshausen bei München 1969.
Friedhelm Neidhardt: Die Familie in Deutschland. C. W. Leske Verlag, Opladen 1966.
Wilhelm Heinrich Riehl: Die Naturgeschichte des deutschen Volks. Alfred Kröner Verlag, Leipzig 1935.
Maria Schmidt: Das Wohnungswesen der Stadt Münster im 17. Jahrhundert. Verlag Aschendorff, Münster 1965.
Ulfert Herlyn: Wohnen im Hochhaus. Karl Krämer Verlag, Stuttgart · Bern 1970.
Helmut Hild (Hrsg.): Wie stabil ist die Kirche? Burckhardhaus-Ver-

主要参考文献

＊ 単行本

Gottlieb Schnapper-Arndt: Hoher Taunus, eine sozialstatistische Untersuchung in fünf Dorfgemeinden. Verlag für Demoskopie, Allensbach · Bonn 1963.

Oscar Kurz: Hirrlingen. Buchdruckerei Georg Mohr, Stuttgart 1951.

Herbert Schwedt: Kulturstile kleiner Gemeinden. Tübinger Vereinigung für Volkskunde E. V., Tübingen 1968.

Heimatzunft Hirrlingen E. V. (Hrsg.): Hirrlinger Heimat=Fest. Paul Fuhrer, Rottenburg 1969.

Heinz Schmidt - Ebhausen, Friedrich: Forschungen zur Volkskunde im deutschen Südwesten. Siebenburg Verlag, Stuttgart 1963.

Hermann Bausinger · Wolfgang Brückner: Kontinuität? Geschichtlichkeit und Dauer als volkskundliches Problem. Erich Schmidt Verlag, Berlin 1969.

Ingeborg Weber-Kellermann: Deutsche Volkskunde zwischen Germanistik und Sozialwissenschaften. Carl Ernst Poeschel Verlag, Stuttgart 1969.

Hermann Bausinger · Markus Braun · Herbert Schwedt: Neue Siedlungen. W. Kohlhammer Verlag, Stuttgart 1959.

Hermann Bausinger: Volkskultur in der technischen Welt. W. Kohlhammer Verlag, Stuttgart 1961.

Hermann Bausinger: Volkskunde. C. A. Koch's Verlag, Berlin · Darmstadt · Wien 1972.

Heinrich Renner: Wandel der Dorfkultur. Siebenburg-Verlag, Stuttgart 1965.

Gerd Spies: Hafner und Hafnerhandwerk in Süddeutschland. Tübinger Vereinigung für Volkskunde E. V., Tübingen 1963.

Fasnacht. Tübinger Vereinigung für Volkskunde E. V., Tübingen 1964.

Hermann Fischer: Volkslied-Schlager-Evergreen. Tübinger Vereinigung für Volkskunde E. V., Tübingen 1965.

Populus Revisus. Tübinger Vereinigung für Volkskunde E. V., Tübingen 1966.

著 者

坂井洲二（さかい しゅうじ）

1930年，新潟市に生まれる．北海道大学文学部卒業．京都大学大学院文学部修士課程修了．1969－70年，チュービンゲン大学民俗学科に客員として留学．1973－98年，関西医科大学教授．ドイツ民俗学専攻．
著書：『伊勢と仏とキリストと』，『水車・風車・機関車』，『ドイツ人の家屋』，『ドイツ人の老後』，『年貢を納めていた人々』，（以上，法政大学出版局）．
訳書：バッシュビッツ『魔女と魔女裁判』（共訳，法政大学出版局），ベーバー『ドイツ商人幕末をゆく』（新潟日報事業社）．

ドイツ民俗紀行

1982年 9 月10日　初版第 1 刷発行
2011年 5 月10日　新装版第 1 刷発行

著　者　坂井洲二
発行所　財団法人 法政大学出版局
〒102-0073 東京都千代田区九段北 3-2-7
Tel. 03（5214）5540／振替 00160-6-95814
製版，印刷：三和印刷
製本：誠製本

ISBN 978-4-588-27635-4
Printed in Japan